The Walk of the Spirit The Walk of Power

The Vital Role of Praying in Tongues

by Dave Roberson

The Walk of the Spirit
The Walk of Power :
The Vital Role of Praying in Tongues

ISBN 1-929339-10-0
Copyright ⓒ 1999 by Dave Roberson Ministries
All Rights reserved. Reproduction in whole or in part
without written permission from the publisher is prohibited.
Printed in the United States of America.

Dave Roverson Ministries
The Family Prayer Center
P. O. Box 725
Tulsa, OK 74101

성령의 삶 능력의 삶

1판 1쇄 발행일 · 2004년 4월 17일
1판 11쇄 발행일 · 2025년 6월 30일

지은이 | 데이브 로버슨
옮긴이 | 김진호
발행인 | 최순애
펴낸곳 | 믿음의 말씀사
주소 | (우) 18365 경기도 화성시 만년로 915번길 27 B동
전화번호 | 031) 8005-5483   FAX : 031) 8005-5485
홈페이지 | http://faithbook.kr
출판등록 | 제68호 (등록일 2000. 8. 14)

ISBN 89-90836-10-7 03230
값 25,000원

성령의 삶
능력의 삶

방언 기도에 관한 놀라운 계시

데이브 로버슨 지음 | 김진호 옮김

믿음의말씀사

목차

번역을 마치고 _ 6

서문 _ 8

1 성령의 내부 사역 _ 12
2 계시 지식을 향한 나의 개인적인 여정 _ 28
3 영적 은사와 그 역사들 _ 58
4 하나님의 다스림 안에서의 각종 방언 _ 78
5 네 가지 종류의 방언 _ 100
6 바울의 계시의 근원 _ 130
7 하나님의 계획의 비밀을 기도하기 _ 160
8 성령께서 말씀하시는 채널 _ 190
9 세우는 과정 _ 216

10   깨끗이 하기와 육신의 열매를 죽이기 _ 244

11   기도의 곤경을 극복하기 _ 290

12   틈 사이에 서 있도록 깨끗하게 되다 _ 330

13   기도와 금식 : 능력의 쌍둥이 _ 356

14   어떻게 방언으로 효과적으로 기도할까요? _ 394

15   아가페 사랑을 향하여 하나님의 능력으로 전진하기 _ 434

부록

1   성령 세례를 받는 데 방해가 되는 것들 _ 474

2   구원을 위한 기도 _ 487

3   성령으로 충만 받기 위한 기도 _ 489

번역을 마치고

주님이 가시는 곳에는 언제나 표적과 기사가 있었고 허다한 무리가 좇았습니다. 주님은 자기를 따르는 허다한 무리에게 주님을 따르려면 자기 부모, 자기 목숨, 자기의 모든 소유까지 부인해야 한다고 말씀하시면서 자기를 따르는 데 드는 비용을 계산해 보고 따라 오라고 말씀하셨습니다. 주님을 따르며 기꺼이 값을 치렀던 사도들의 삶에서도 같은 표적과 기사와 열매를 보면서 우리는 초대교회 같은 교회를 사모합니다.

역사적으로도 가끔 이런 사람들이 있었습니다. 스미스 위글스워스 Smith Wigglsworth나 잔 레이크John G. Lake 같은 사람들의 사역에도 표적과 기사가 풍성했었습니다. 가까이는 중국 지하 교회의 표적과 기사와 제자들의 치른 값에 대한 이야기를 들으며 진정한 그리스도의 제자와 본래의 교회의 모습을 발견합니다.

기독교의 잃어버린 연결고리 하나는 바로 하나님의 표적과 기사의 상실입니다. 그러면 도대체 어떻게 그 잃어버린 소금의 짠 맛, 빛의 빛 됨을 회복할 수 있을까요? 여기 하나님을 갈망하여 그분의 임재를 사모하는 한 주님의 종에게 하나님께서 깨닫게 해 주신 계시를 기록한 책이 있습니다. 그것은 바로 하나님의 영광을 사모하는 갈급한 마음으로 하나님의 손이 만져 주실 때까지 기도하며 기다리는 데 있었습니다. 하나님의 영광을 대체한 다른 조잡한 인간의 수단을 포기하는 것입니다.

개척 십년 동안의 방황을 마치고 낙심하여 안식년을 맞아 털사의 레마 성경훈련소에서 공부할 때 만난 데이브 로버슨 목사님은 해긴 목사님의 테이프를 듣고 기도하며 정진한 결과로 저의 좋은 사도요 모델이 되어 주셨습니다. 데이브 목사님을 만난 후 매년 3월과 10월 첫 주에 열리는 '기도와 능력 집회'에 참석하여 기름 부음을 사모하며 나의 숙제를 하려고 노력하면서 여전히 나와 같이 방황하고 있을, 수많은 이 땅의 그리스도인을 위해서 번역의 사명을 감당했습니다.

깊은 땅 속에서 금광석 덩어리를 캐내는 수고를 한 분이 데이브 로버슨 목사님이라면, 채광하여 온 것을 용광로에 넣고 부수고 끓여서 찌꺼기를 걸러내고 순금을 분리해서 자기 재산으로 삼는 숙제는 우리들 각자의 몫입니다. 이렇게 귀한 계시를 찾아 숲 속에 오솔길을 처음 만들어 내는 사람도 있는데 남이 내어 놓은 길을 따라 가기만 하면 되는 쉬운 길도 게을러서 가지 않는다면 얼마나 부끄러운 일입니까? 넓은 길을 포기하고, 이 좁은 길로 들어서서 성령으로, 능력으로 걷게 될 때까지 정진합시다!

2004년 4월

김진호
새로운 피조물 미니스트리 대표 · 예수선교사관학교장

서문

지난 몇 년은 내 생애에 있어서 가장 위대한 해였습니다. 나는 25년 이상 사역하면서 주님과 많은 놀라운 만남을 경험했었지만, 지난 몇 년 동안 하나님께서 내게 주신 계시의 지식은 나의 생애를 완전히 바꾸어 놓았으며, 내가 전에 상상하지도 못했던 곳으로 하나님께서 나를 이끌어 가셨다고 말할 수 있습니다.

그렇지만 기초공사를 하지 않고 벽을 세울 수는 없습니다. 벽을 세우지 않고 지붕을 덮을 수는 없는 것입니다. 이와 같이 하나님께서 제게 보여 주셔서 내 생애를 바꾼 이 진리들이 한 구절 한 구절씩, 한 개념 한 개념씩, 수많은 시간과 수년 동안 말씀을 낮은 소리로 읊조리며 방언을 하면서 내 안에 건축된 튼튼한 말씀의 기초foundation가 없었다면 내 삶에 더해질 수 없었을 것입니다.

나는 이제 방언 기도가 나의 생애에 말씀의 기초를 놓도록 도와준 계시의 은사인 것을 이전보다 더 잘 알고 있습니다. 하나님께서는 앞으로 올 날들을 대비하여 그분이 내 영에 지금 부어주고 있는 경외스럽고 영원한 진리들을 위해 나를 준비시켰던 것입니다. 하나님께서는 여러 해 동안 했던 방언 기도를 정점으로 사용하여서 그리스도 안에서 완전히 새로운 이해의 영역을 내 안에 열어 주셨습니다.

신자의 삶에 있어서 그가 얼마나 하나님의 능력을 누리고 있는가는 바로 그의 삶이 얼마나 성령에 의해 진행되는가ordered에 달려 있습니다. 그러므로 맨 처음부터 저의 사역의 주된 메시지는 방언 기도였습니다. 몇 십 년 동안 주님은 이 주제에 관하여 부요한 계시를 내 영에 허락하셨습니다.

한 걸음 한 걸음씩 주님은 육신이 지배하는 삶에서 벗어나서 성령이 지배하는 새로운 삶을 사는 방법을 어느 것과도 비교할 수 없는 기도 은사인, 나의 하늘나라 기도언어를 통해 가르쳐 주셨습니다.

1997년 주님은 내 영에게 "방언에 대한 메시지가 성숙한 단계에 이르렀다"고 강하게 말씀하셨습니다.

처음에 나는 이 메시지가 내 안에서 성숙한 단계에 이르렀다는 뜻으로 받아들였습니다. 후에 이것이 나를 두고 특별히 말씀하시는 것이 전혀 아니라는 것을 알게 되었습니다. 주님은 수년 동안 방언 기도에 관하여 내게 주신 계시의 지식을 더 널리 나누어야 할 시기가 되었다고 말씀하시는 것이었습니다. 그리스도의 몸을 위하여 이 메시지는 성숙한 단계에 달했던 것입니다.

신자들이 성령이 말하게 하심을 따라 방언으로 기도하면서, 항상 말씀의 기초 위에 건축을 하여, 그들이 영 안에서 행함으로 어떻게 능력 있는 삶을 살 수 있는지 신자들에게 가르치는 사명을 주님은 내게 주셨습니다.

이 책은 바로 하나님이 주신 사명에 충실하고자 하는 나의 소원으로 인하여 쓰여진 것입니다.

나는 이 책의 내용을 수년 동안 가르쳤을 뿐만 아니라, 개인적으로도 하나님과 동행하는 데 나의 모든 마음을 다하여 추구했었습니다. 그러므로 제가 지금 하는 이 말을 믿어주십시오. 여러분이 이 책을 읽으면서 부지런히 적용한다면 당신은 과거의 삶을 돌아보면서 경외감과 놀라움으로 "나는 전과 같은 그런 사람이 아니야. 성령 안에서 걷는 법을 배웠더니 이것이 내 생애를 영원히, 완전히 바꾸어 놓았네!"라고 말할 그날이 올 것입니다.

데이브 로버슨

내 영에는 네가 나의 영을 통해서만 얻을 수 있는
깊은 지혜가 있다.
왜냐하면 이 지혜는 비밀로 감추어져 있기 때문이다.
은혜의 영이 말씀하십니다.

오, 나는 나의 은혜의 교회 안에 있는 자들에게
이 비밀을 허용하였다.
나의 임재 안에 머무는 법을 배워라.
너의 얼굴을 대고 머무는 법을 배워라.
그리하면 내가 밭에 감춰진 보화를 열어줄 것이고
그러면 너는 마귀조차도
물러갈 수밖에 없음을 보게 될 것이다,
은혜의 영이 말씀하십니다.

1

성령의 내부 사역

영원 전부터 인간을 향한 거대하고 세밀한 계획이 하나님 안에서 전개되었습니다. 하나님은 그분의 영원한 지혜로 수없는 시대를 내려다보시면서도 단 하나도 빠뜨리지 않으셨습니다. 하나님은 이 지구상에 살게 될 각 사람의 생애에 관한 복잡한 세부사항까지 세대 세대마다 계획하셨습니다. 하나님의 소원은 사탄의 진영으로부터 될 수 있는 한 많은 사람을 하나님께로 모아서 하나님께서 그분의 가족이라고 부를 수 있는 사람들로 만드는 것입니다.

시간이 시작되기도 전 하나님이 모든 것을 계획하시던 과정 가운데 어딘가에서 하나님은 당신의 이름을 만났습니다! 그리고 하나님은 지금까지 태어났던 어떤 사람을 위한 어떤 계획과도 다른 오직 당신만을 위한 완전한 계획을 마련하셨습니다. 하나님 아버지께서 거대한 우주와 시간을 내다보고 당신이 이 지구상에 살게 될 시간을 보셨습니다. 그러고는 어떻게 이 순간들을 채울 것인지를 정확하게 결정하셨다는 것을 상상해 보십시오!

우리는 그분의 계획을 선택해야 합니다

하나님은 우리 각 사람을 위하여 놀라운 계획을 잉태하고 계십니다. 그 계획 안에서 우리는 십자가에서 그의 아들과 딸이 되도록 예정되어 있었습니다. 그러나 하나님의 완전하신 목적으로 잉태된 우리 사이에는 단 하나의 잠재적인 장애물이 있습니다. 우리가 하나님께서 우리에게 주신 자유의지를 사용하여서, 하나님께서 우리의 생애를 위하여 예정하신 그 계획을 따라 걷기를 선택해야 합니다.

하나님께서는 우리의 생애를 위한 그분의 개인적인 계획을 우리에게 제시하기 위하여 우리 각 사람에게 접근할 길을 찾고 계십니다. 하나님은 십자가를 설교함으로써 우리가 예수 그리스도를 구세주와 주님으로 영접하도록 우리를 격려함으로 시작을 하십니다. 우리는 예수님을 영접함으로 하나님께서 세상의 기초를 놓기도 전에 우리를 위하여 예정하셨던 하나님의 계획 안으로 첫 발을 내딛게 되는 것입니다. 그러나 우리가 예수님을 거절하면 우리 이전의 수많은 사람과 같이 우리는 우리의 존재를 위한 하나님의 목적 안으로 이 첫 발자국을 내딛는 것 즉, 구원도 없이 살다가 죽게 됩니다.

한번은 인도에서 내 앞에 있는 수천 명의 군중을 바라보고 있다가 하나님께서 이 거대한 무리의 각 사람 모두에게 특별한 계획을 가지고 계시다는 사실에 놀란 적이 있습니다. 하나님께서 아담 이래로 모든 개인을 위한 완전한 계획을 완성해 놓으셨다는 것은 진실입니다. 그분은 단지 각 사람이 그 계획이 무엇인지를 발견하고 그 계획 안에서의 삶을 선택하기를 기다리고 계시는 것입니다. 예수님께서는 인간을 위해 영원한 생명을 계획하신 것을 마태복음 7장 13-14절에서 말씀하셨습니다.

> 좁은 문으로 들어가라 멸망으로 인도하는 문은 크고 그 길이 넓어 그리로 들어가는 자가 많고 생명으로 인도하는 문은 좁고 길이 협착하여 찾는 자가 적음이라

예수님의 말씀은 대부분의 사람들이 주님 없이 살다가 하나님 없는 영원 속으로 그들의 마지막 여행을 마무리 짓는 삶을 산다는 것을 가리키고 있습니다. 사람은 예수님을 알지 못하거나 자신을 위한 하나님의 계획을 성취하지 못하고 살다가 죽어서 지옥에 갈 수 있습니다. 그러나 이 사실이 하나님께서 그 사람에 대한 하나님의 목적과 완전한 구원 계획을 가지고 계셨다는 사실을 바꿀 수는 없는 것입니다. 그는 단지 그것을 한 번도 발견하지 못했을 뿐입니다.

그러나 하나님을 찬양합시다! 당신은 그런 사람들 중의 하나가 되지 않아도 됩니다! 당신이 십자가를 발견하고 예수님을 당신 개인의 구원자로 삼았다면 아무도 당신의 인생에 하나님이 계획하신, 남은

하나하나를 발견하는 것을 막을 수 없습니다. 당신이 해야 하는 일은 오직 주님께 순종하기로 결단하는 것뿐입니다.

성령께서 우리를 위해 기도하십니다

자신의 피조물을 위한 하나님의 위대하고 놀라운 계획의 어느 시점에서 어떤 방법인지는 모르지만 당신의 이름이 나타났던 것입니다. 하나님은 그의 영원한 지혜와 명철로써 당신 개인의 생애를 위한 완전한 계획을 펼치셨습니다.

그러자 성령께서 놀라운 일을 하셨습니다.

아버지께서 당신의 출생, 당신의 사역, 당신의 부요함과 당신의 구원의 모든 분야와 개인적인 삶을 계획하실 때, 성령님은 당신 삶의 모든 세밀한 부분까지 주의 깊게 귀를 기울여 들으셨습니다.

사실, 당신 개인의 삶을 위한 하나님의 계획을 감독할 책임을 맡은 분은 성령님이십니다. 성령님보다 그 계획을 더 잘 제시할 수 있는 사람은 아무도 없습니다. 성령님은 거기 계셨습니다. 성령님은 하나님 아버지께서 세우신 계획의 모든 세밀한 것들을 들으셨습니다.

그뿐만이 아닙니다. 제 삼위의 하나님이신 이분은 하나님의 다른 두 멤버인 저 위대한 여호와와 전능한 로고스(예수)와 모든 면에서 절대적으로 동일할 뿐만 아니라 얼굴과 얼굴을 맞대고 계신 분입니다. 그러나 당신이 하나님의 자녀로 태어나는 순간 성령님은 실제로 당신 안에 거처를 마련하고 당신을 섬기기로 동의하셨습니다! 성령님께서 오신 주된 이유 중 하나는 당신을 위해 기도하는 것입니다.

왜 하나님께서는 성령님을 당신 안에 살도록 보내셨을까요? 그래야만 성령님이 당신을 하나님의 아들의 형상으로 변화시킬 수 있기 때문입니다. 이 목적을 달성하기 위해서 성령님은 그가 올 때 자신의 기도 언어를 가져와서 당신에 관한 모든 것을 위해 기도합니다.

이 기도 언어를 통하여 성령님은 어느 누구로부터도 독립해서 심지어 당신의 마음과도 상관없이 직접 당신의 일에 간섭하십니다. 성령님은 당신을 위해 기도할 때 아버지께서 말씀하신 계획을 듣고 그것을 당신의 영에 부어 주십니다. 당신을 통하여 흘러나오는, 성령님이 그 계획을 표현하는 언어가 바로 초자연적인 방언입니다.

당신이 성령님께 기회를 드리기만 하면 성령님은 이 언어를 사용하여 당신의 영을 건축하시고edify, 당신을 그의 거룩한 능력으로 충전시키기charge 위하여 당신을 향한 하나님의 계획과 당신의 부르심을 위해 기도합니다. 당신의 믿음이 성령께서 당신의 영 안에서 활성화되도록 허락함에 따라 그분은 자신을 당신에게 빌려줄 것입니다. 그분은 예수께서 자유케 하신 모든 저주로부터 당신을 끌어내어 당신이 그리스도 안에서 어떤 존재인지에 대해 그분이 말씀한 모든 것으로 이끌어 가실 것입니다.

당신이 원하면 당신은 당신의 방으로 들어가서 두 시간 혹은 열두 시간이라도 이 초자연적인 언어로 기도할 수 있고 성령 하나님께서는 당신의 입으로부터 나오는 한마디 한마디를 창조하실 것입니다.

기도할 것인가 말 것인가는 당신의 선택입니다. 그러나 당신이 기도하기로 작정할 때마다 당신이 기도하지 않은 때보다 당신을 향한 하나님의 계획과 목적에 있어서 좀 더 세움을 입은 more edified 상태로 그 기도 시간을 마치게 될 것입니다.

당신을 위한 하나님의 계획은 성령 안에 있고, 성령님은 당신 안에 있습니다. 성령님은 땅의 기초를 놓기 전에 당신을 향한 하나님의 구원 계획에 관하여 들은 모든 것에 대한 지식으로 무장하고 있습니다. 당신의 심령을 살필 때마다 그분은 그 계획, 즉 당신에 관한 하나님의 마음을 기도함으로 당신의 삶에 실제로 그것들이 나타나게 하십니다.

자연의 법은 영적인 법칙에 복종하게 됩니다

오래 전에 성령으로 충만함을 받았지만 제 삼위 하나님께서 우리와 함께 살기 위해 오셨다는 것이 아직도 나는 놀랍기만 합니다! 우리가 초청할 때 성령님은 세례로 우리를 채우고 우리의 생애를 향한 하나님의 계획을 감독한다는 것을 생각하는 것은 우리가 바랄 수 있던 어떤 것보다 더 큰 은혜입니다. 우리가 그 완전한 계획을 발견할 수 있도록 도와주기 위하여 성령님께서 오실 때 동반한 초자연적인 언어야말로 아마도 이 모든 것 중에 가장 위대한 현상일 것입니다.

우리가 하나님의 계획을 더 많이 발견하면 할수록 영적인 법의 실행자이신 성령님은 우리 삶에서 자연의 법이 영적인 법에 복종하도록 하실 수 있습니다. 자연의 법은 우리를 둘러싸고 환경을 다스려서 어떤 일들이 우리를 위하게 하거나 거슬리게도 하고, 우리를 가난하거나 부요하게도 하고, 아프거나 건강하게도 하고, 행복하거나 슬프게도 합니다.

그러나 하나님께서는 자연의 법이 영적인 법에 순복하도록 하였습니다. 우리의 생애를 위한 하나님의 계획은 하나님의 심장으로부터 나오기 때문에 영적인 법으로써 실행됩니다.

우리가 얼마 동안을 성령으로 기도하며 시간을 보내든지 우리는 하나님의 비밀 즉, 영적인 법을 말하고 있는 것입니다. 그러면 성령님께서는 이 법을 활용하여서 우리의 환경, 즉 자연의 법이 우리를 향한 하나님의 계획과 목적에 일치하도록 합니다. 우리가 지속해서 기도하기만 하면 얼마 지나지 않아서 우리를 향한 하나님의 계획에 속하지 않는 것들은 떨어져 나가기 시작합니다.

한번은 내가 주님께 여쭈어보았습니다. "왜 주님은 우리가 기도할 때 이렇게 특이한 언어를 주셨습니까?" 주님은 내 영에게 말씀하셨습니다.

"그리스도 예수로 말미암아 네 안에서 내가 누구인지를 표현하는 단어를 가진 언어가 사람들 가운데는 존재한 적이 없었다. 이런 단어를 가진 언어가 없기 때문에 내가 내 언어를 만들어서 네가 땅 위에 있는 동안 너에게 빌려주어야만 했다. 네가 천국에 올라올 때까지 내가 빌려준 것뿐이다. 그 언어는 천국에서는 끊어질 것이다.

그때까지 너는 부분적으로 알고 나는 영원까지 이르는 나의 전 구원 계획의 모든 것을 알고 있다. 마귀가 너를 대적할 때는 언제든지 걱정하지 말아라. 너의 연약함 때문에 내가 그 계획을 따라 너를 위하여 중보기도하기 시작할 것이다. 너는 비록 부분적인 것만 알지만 나는 네게 필요한 부분을 알고, 그것을 위해 기도할 것이다."

위대한 교환 : 우리의 계획을 하나님의 계획과 교환하기

우리가 방언으로 기도하는 동안에 초자연적인 교환거래가 발생합니다. 로마서 8장 27-28절이 말씀하고 있는 것을 보십시오.

> 마음을 살피시는 이가 성령의 생각을 아시나니 이는 성령이 하나님의 뜻대로 성도를 위하여 간구하심이니라 우리가 알거니와 하나님을 사랑하는 자 곧 그의 뜻대로 부르심을 입은 자들에게는 모든 것이 합력하여 선을 이루느니라

'마음을 살피시는 이'는 무엇을 의미합니까? 그것은 성령님께서는 하나님, 즉 계획자가 되시는 당신의 아버지, 즉 하나님의 뜻과 상반되는 것은 모두 제거할 의도로 당신의 심령을 끊임없이 살피고 있다는 뜻입니다. 그리고 나서 성령님은 시간이라는 것이 시작되기도 전에 하나님께서 당신을 향한 계획을 형성하실 때에 당신 개인의

삶에 관하여 들었던 그 계획을 대신 그곳에 바꾸어 놓습니다. 성령님은 하나님의 완전한 계획을 당신의 영 안에서 기도함으로써 당신의 부르심이 무엇인지 알게 해주실 뿐만 아니라, 그 소명을 하나님의 완전한 시기와 온전하신 뜻에 맞추어 하나님의 능력으로 성취하게 하십니다.

하나님께서는 초자연적인 교환 수단인 개인을 세우는 방언을 통하여 당신의 자연적인 계획과 생각들을 하나님의 것과 교환하십니다. 당신이 방언으로 기도함으로 하나님의 교환에 자신을 내어드린다면, 당신은 하나님을 사랑하고 있고 하나님의 목적을 따라 부름 받았으므로 모든 것들이 실제로 당신을 위하여 합력하여 선을 이룬다는 것을 조금도 의심 없이 알 수 있습니다.

그분은 우리가 부르심을 발견하도록 도와주십니다

당신이 하나님의 말씀을 읽는 것만으로는 하나님께서 당신을 통해 이루고자 하는 부름 받은 목적을 발견할 수 없습니다. 그러나 당신은 말씀 안에서 모든 신자에게 속한 상속에 관해 당신이 알아야 할 모든 것을 알 수 있습니다. 말씀을 통해서 당신은 구원, 병 고침, 부요함, 의롭게 됨, 천국, 피, 사역의 직임에 관하여 배울 수 있습니다. 그러나 말씀만 가지고는 그리스도의 지체인 개인으로서 하나님께서 당신이 무엇을 이루도록 부르셨는지를 알 수 없습니다.

내게 개인적인 가르침을 주는, 내가 찾아 의지할 수 있는 '로버슨의 책'이란 것은 없습니다. 내 안에서 일하시는 성령님의 계시를 통해서 나에 대한 하나님의 부르심을 내가 발견해야 합니다.

누구도 성령님보다 우리의 소명을 더 잘 알지는 못합니다. 성령님은 우리의 소명이 처음 계획될 때 하나님과 함께 계셨습니다. 그렇기 때문에 그분은 우리 안에 살기 위해 오셨을 때 그분의 초자연적인 언어를 함께 가지고 오셨습니다. 우리의 소명에 관하여 어떻게 기도해야 할지를 알기에는 우리는 정말 너무나 무지합니다. 그래서 그분의 거대한 지혜와 모략의 저수지가 우리의 영 안에 거주하면서 방언 기도로 풀려놓게 되기만을 기다리며 있는 것입니다.

고린도전서 14장 14절은 우리가 알지 못하는 언어로 기도하면 우리의 영은 기도를 하고 있지만 우리의 마음은 열매를 맺지 못한다(즉, 우리의 생각으로는 이해할 수가 없다)고 말씀하고 있습니다. 이것은 성령님께서 우리의 영의 사람our spirit man 안에 초자연적인 언어를 창조한다는 것입니다. 그러면 언어와 권세의 전환transfer이 성령의 인격the Person of the Holy Spirit으로부터 우리의 영our human spirit에 일어납니다.

이 신적인 전환은 하나님의 다른 두 위the other two members of the Godhead께서 우리의 기도에 응답하시리라는 것을 알고 있으므로 우리로 하여금 이 땅 위의 그리스도의 몸의 개인 지체로서 하나님의 권세를 가지고 방언으로 기도할 수 있도록 해 줍니다. 만일 이 전환이 전혀 발생하지 않았다면 기도는 성령님이 기도한 것이지 우리가 한 것이 아닐 것입니다. 그러나 이 전환으로 인하여 방언 기도는 문자 그대로 성령님께서 창조하시는 기도를 우리의 사람의 영이 기도하는 것입니다.

하나님의 방법이 최고의 방법입니다

우리는 어떻게 우리의 유산을 주장할지 알고 있을 수도 있습니다. 우리는 "병 고침은 내 것이다. 부요함도 내 것이다"라고 선언할 수도 있습니다. 그러나 어떻게 하면 예수님을 죽음에서 일으켰던 그 능력, 즉 우리 안에 계시는 성령님의 엄청난 능력을 우리가 당면하고 있는 문제에 적용하여 복이 우리의 삶에 나타날 수 있도록 할 수 있을까요? 그리고 이보다 더 중요한, 우리를 향한 하나님의 소명을 발견할 수 있는 방법은 무엇일까요?

하나님께서 그것을 계획하셨을 때 우리를 대표하라고 성령님을 지명하여 보내신 하나님의 이 방법보다 이 질문에 답할 더 좋은 방법을 찾을 수 있을 정도로 우리가 지혜롭습니까?

하나님께서는 자기를 섬기고 있는 수천의 천사들에게 우리를 위탁하지 않으셨다는 사실을 아십시오. 하나님께 우리는 이보다 더 가치가 있습니다. 하나님은 자신이 가실 수 있는 가장 높은 곳에 가셔서 우리를 성령님께 위탁하심으로, 성령님은 우리 안에 살려고 오시게 되었습니다. 하나님의 제 삼위께서 기도를 창조하시고 다른 하나님의 두 위께서는 그 기도가 이루어지도록 하는데, 어떻게 우리가 실패할 수 있겠습니까? 나는 이것을 바보라도 할 수 있을 만큼 수월한 계획 a foolproof plan이라고 부르겠습니다!

사탄의 전략에 대한 하나님의 지혜

기도하면서 주님과 긴밀한 시간을 보내기 위해 당신이 자신을 기도실에 가두어 두기로 작정하는 그날이 바로 당신이 성령님을 당신의 선생님으로 모시고 여기 이 땅 위에 있는 '천국 교실'로 들어가는 날입니다. 만일 당신을 향한 하나님의 소명을 이루기를 바란다면 당신에게는 이런 '교실'이 필요합니다.

하나님께서 우리에게 뱀 같이 지혜롭고 비둘기 같이 순결하라고 말씀하시는 것을 기억하십시오(마 10:16). 왜 하나님이 이런 말씀을 하실까요? 이는 사탄은 하나님의 지혜로만 싸워 이길 수 있는 모든 무기의 화력을 가지고 있기 때문입니다.

예를 들어, 사탄이 뿔과 꼬리를 보이면서 "착한 그리스도인님, 제가 당신의 심령으로부터 하나님의 말씀을 제거할 동안 잠깐 실례 하겠습니다"라고 말하면서 당신 방으로 들어선다고 가정해 보십시오. 당신은 그를 똑바로 바라보면서 "넌 내 말씀을 못 빼앗아가!"라고 말할 것입니다.

그러면 그는 "왜 안돼?"라고 묻겠지요.

"너는 마귀니까!"

"너 어떻게 나를 알아봤지?" 그가 물을 것입니다.

"네 뿔과 꼬리를 보고 알았지."(이것이 바로 그리스도인들의 민담에 등장하는 마귀의 전통 복장입니다.)

이쯤 되면 마귀는 이렇게 말합니다.

"다시는 이런 옷을 입고 나타나지 말아야 되겠다. 양털을 구해서 뒤집어써야겠다. 그리고 아무도 눈치채지 못하게 살며시 숨어들어가서 말씀을 훔쳐야 되겠다. 너를 유혹하기 위하여 종교를 사용할 것이기 때문에 너는 누가 훔쳐 가는지 조차도 모르게 될 것이다. 나는 환경을 이용할 것이다. 나는 경제를 탓하도록 할 것이다. 너의 남편이나 너의 아내를 탓하도록 할 것이다. 그러나 어떤 방식으로 하나님의 말씀을 너로부터 **빼앗아가도** 너는 누가 **빼앗아** 가는지도 모를 것이다."

예수님께서는 우리에게 사탄이 오는 이유 세 가지를 가르쳐 주셨는데, 그것은 죽이고 훔쳐가고 멸망시키기 위함입니다 to kill, to steal, to destroy. 당신도 이미 알고 있겠지만 마귀는 이 일을 아주 잘합니다! 마귀는 다른 일은 하지 않고 이 세 가지 일만 합니다. 자신의 빛이 꺼지고 천국에서 쫓겨난 이래로 죽이고 훔치고 멸망시키는 일은 마귀의 전공이 되었습니다(사 14:12). 당신이 마귀를 심각하게 생각하지 않고 오판하는 날에 그는 당신을 멸망시킬 수 있습니다!

이제 당신은 우리가 뱀 같이 지혜롭고 비둘기 같이 순결해야 한다는 말을 알게 되었을 것입니다. 그럼에도 불구하고 어떤 사람들은 우리가 기도할 때 성령님의 도움이 필요 없다고 말합니다. 그런 사람들은 성령님의 언어를 제쳐두고 성령님께서 그들을 위하여 수많은 시간을 그들을 위한 하나님의 마음을 기도하도록 허락하지 않습니다. 그들은 상대가 영적으로 나약한 자라고 생각하는 모양이죠?

사탄은 가볍게 생각할 적이 아닙니다. 마귀는 영리한 놈입니다. 그는 오직 한 가지 이유 곧 당신을 죽이려고만 접근합니다. 마귀는 다른 일은 하지 않습니다. 다른 것은 할 줄 모릅니다. 만일 당신이 하나님께서 주신 지혜로 마귀의 전략을 다루지 않는다면 그는 당신의 삶에서 모든 좋은 것들을 다 죽여 버릴 것입니다.

이것이 진리라면 어떻게 신자가 두세 시간 기도하는 데 보내는 시간을 희생으로 여길 수 있겠습니까? 그가 실제로 말하는 것이 무엇입니까? "나는 어젯밤에 개인적으로 큰 희생을 감수하였지. 나는 하나님께 세 시간이나 나를 위해 기도하시도록 해 드렸다니까!"

그렇지 않습니다. 그는 크나큰 희생을 치른 것이 아닙니다. 그는 단지 성령 안에서 기도하는 값으로 계산할 수 없는 특권을 누린 것입니다. 성령님은 신자 안에서 기도 언어를 만듦으로써 그리스도의 마음에 들어가 신자를 위한 전능하신 하나님의 무한한 지혜를 접하게 해 주는 것입니다!

어떻게 이 초자연적인 과정이 일어나는지는 나의 자연적인 이해력을 초월하는 것입니다. 그러나 나는 그분이 내게 주신 것을 반드시 사용할 것입니다!

나의 하늘 아버지께서 이것을 약속하셨고 나는 이것을 당신에게 전할 수 있습니다. 만일 당신이 성령님의 힘으로 하나님을 알아가기를 계속한다면 – 이 과정의 중요한 부분이 바로 다른 방언으로 기도하는 것입니다 – 지금부터 5년쯤 뒤에 당신은 현재 상태와 똑같을 수 없을 것입니다. 하루하루가 똑같고 다달이 같은 3~4년이 지나가고 결국은 처음 시작할 때 그대로 실패하고 변화되지 않은 자신을 발견하고는 지난 세월을 되돌아보면서 애통하지 않을 것입니다.

만일 당신이 성령의 도움으로 하나님을 추구한다면 5년 후에 당신은 자신을 뒤돌아보며 영적인 성장을 경험한 것을 알 수 있을 것입니다. 당신은 더 좋은 상태로 변화되어 있을 것입니다. 당신은 성령님께서 당신에게 예수님을 계시해 줌으로 그분에 대해 알기 시작할 것입니다. 당신 앞에 펼쳐지는 하나님의 소명을 이루는 길을 잘 가고 있을 것입니다!

그러므로 성령의 도움으로 나를 아는 단계로 들어가라.
그러면 내가 너를 영광에서 영광으로 이끌어 갈 것이다.
네게 상속을 먹여줌으로
너로 하여금
나의 능력과 나를 알고자하는
내부의 굶주림과 불타는 마음을
어떻게 없앨 수 있는지 알게 해 주겠다.

내가 네게 이런 것들을 보여주겠다.
그러나 너는 나의 임재 속으로 들어와야 한다.
그리고 내가 너의 섬김으로써 너를 먹일 때까지
거기 머물러 있어라.
은혜의 성령님이 말씀하십니다.

2
계시 지식을 향한 나의 개인적인 여정

나는 성인이 될 때까지 내 자신의 삶에 대한 하나님의 계획을 찾아내지 못했었습니다. 어린 나에게 어떻게 그것을 발견할 수 있는지 가르쳐 주는 사람은 한 사람도 없었습니다.

시작

나의 어머니는 내가 '주기적인 알콜 중독자'라고 했던 그런 사람이었습니다. 어머니는 간경화증으로 50대 초반에 돌아가셨습니다.
나의 아버지는 목사의 아들이었습니다만 내가 성인이 되어 목회 사역의 부르심에 순종한 뒤 오랜 후까지도 그 사실을 나는 몰랐습니다. 그는 목사의 아들로서 험한 인생을 살면서 대부분의 생애를 감옥에서 보냈습니다. 그는 내가 아주 어렸을 때 집에 왔다가는 떠나버리곤 했습니다. 내가 이해할 수 있는 나이가 되자, 어머니께서는 내가 두 살이었을 때 나를 너무나 심하게 때리던 아버지로부터 마침내 도망을 쳐서 집을 나오게 되었다고 내게 말씀해 주셨습니다.

나는 장난감 비행기를 내 침대 밑에 감추던 일을 기억할 수 있습니다. 어머니께서 식료품 값에서 절약하셔서 나를 위해 사 주신 것이었습니다. 아버지가 와 계실 때는 이 장난감을 숨겨야 한다는 것을 알 정도였습니다. 아버지는 "소금을 사냥총에다 가득 채워서 너를 쏘아버리겠다"는 등의 말을 하면서 나를 항상 위협했습니다. 그러나 두들겨 맞던 것에 대해서는 별로 기억이 나지 않습니다. 자라면서 내게는 잠시 동안 왔다가 떠나가는 일시적인 아버지들이 많이 있었습니다. 나는 그들에 대해서도 별로 아는 것이 없습니다.

가끔 이웃 사람들이 나와 나의 형제와 자매들을 데리러 오곤 했습니다. 그들은 우리의 얼굴을 닦아준 다음 차에 싣고 교회로 데리고 갔습니다. 우리가 부모의 돌봄을 받지 못하고 방치되어 있었다는 것이 분명했습니다.

마침내 우리 할아버지께서 우리를 데리고 가셨습니다. 할아버지께서는 나의 고등학교 시절에 마치 일하는 말처럼 – 내가 일이라고 하는 것은 정말 힘든 일입니다 – 나에게 일을 시켰습니다. 미 해군에 입대할 때쯤 되어서 나는 몸이 최고로 단련된 상태가 되어 있었습니다. 나는 평생에 팔굽혀펴기나 윗몸일으키기 등을 일부러 연습한 적이 전혀 없었음에도 불구하고 우리 함대에서 팔씨름 대회를 할 때 챔피언이 되었습니다! 나는 해군 권투 선수로 나가도록 종용을 받기도 했습니다. 이 모든 육체적인 힘과 훈련은 나의 십대 시절에 할아버지께서 나를 짐승처럼 일을 시켰던 덕분이었습니다.

할아버지께서는 아이들을 기르는 데 있어서는 옛날 '강훈련' 교육 사상을 가지고 있었습니다. 나는 하나님의 사랑이나 나 자신의 사랑이나 어느 것도 별로 아는 것이 없었습니다. 기회만 있으면 언제나 할아버지께서는 내게 "네 녀석은 아무것도 못 될 거다. 아무것도! 네 녀석은 커서 네 애비와 똑같이 아무 짝에도 쓸모없는 놈이 될 것이다"라고 말했습니다.

내가 열여섯 살이었을 때 목사 아들인 한 친구가 여자 애들을 만나기 위한 단 한 가지 목적을 가지고 매 주말에 한 오순절 교회에 가도록 나를 설득했습니다. 교회에 갔다 와서 우리는 술을 마시러 갔습니다.

어쨌든 목사님의 설교는 내 친구를 조금도 귀찮게 하지 못했지만 나를 슬슬 건드리기 시작했습니다. 어느 날 밤 나는 너무나 심령에 책망을 받아서 예배가 끝난 뒤에 목사님 댁에 가게 되었습니다.

나는 목사님 댁 대문을 두드렸습니다. 목사님이 나오시자 나는 "내가 무언가 잘못된 것 같습니다."라고 말씀드렸습니다. "형제는 책망을 받으시는 것 같군요."라고 목사님이 대답했습니다. "형제가 해야 할 일은 예수 그리스도를 형제 개인의 구원자로 영접하는 것입니다." 그러더니 그는 나를 의자 곁에 무릎을 꿇게 한 다음 내가 영접 기도를 하도록 인도해 주셨습니다.

나는 홀가분하고 행복한 기분으로 목사님 댁을 떠났고, 다음에 내가 그 친구와 외출했을 때 나는 그들과 함께 술 마시는 것을 거절했습니다. 그렇지만 교회에서는 '그다음 조치'를 취하여 내가 성령 충만을 받거나 영적인 삶을 살면서 성장할 수 있도록 도와주는 사람은 아무도 없었습니다. 그리하여 나의 처음의 좋은 의도는 단지 2주일 밖에 지속되지 못하고 옛날의 파티하는 생활 습관으로 되돌아가고 말았습니다.

열일곱 살이 되자 나는 고등학교를 그만두고 집을 나와서 다시는 돌아가지 않았습니다. 그때가 내가 해군에 입대한 시기입니다. 해군에서 복무 기간을 마치자마자 나는 극단적인 경건주의 교회를 다님으로 하나님께로 돌아오게 되었습니다. 그 교회에서 나는 장래 내 아내가 될 로잘리를 만났습니다.

경건주의 교회 사람들은 내게 나의 하늘 아버지께서도 나의 육신의 아버지께서 내게 하시던 것과 똑같이 내가 범한 실수를 벌하신다고 말해 주었습니다. 그들은 내게 율법주의를 가르치고 있었습니다만 나는 그것을 이해할 수 없었습니다. 나는 혼자 이렇게 생각했습니다. '그런 아버지 한 사람을 벗어났더니 똑같은 아버지를 다시 만난 모양이구나!'

제재소의 설교자

구원받은 첫 해에 나는 교회에 계속 다니는 것이 힘들었습니다. 그러나 로잘리와 결혼하자마자 성령 세례를 받은 후 다시는 하나님을 떠난 삶으로 되돌아가지 않았습니다. 결코 되돌아가고 싶지 않았습니다.

몇 년이 지난 후에 우리는 오레곤 주에 있는 라파인이라는 작은 마을로 이사를 하게 되었고 그 마을에는 단 하나의 경건주의 교회가 있었는데 그 교회는 우리가 떠나버렸던 교회보다도 더 엄격한 교회였습니다. 그곳에는 다른 어떤 교회나 그리스도인들의 모임도 없었습니다. 나는 제재소에 직장을 얻어서 일터에서 설교를 하기 시작했습니다!

그 제재소에서 내 근처에 일하는 사람은 누구든지 다 죄 가운데 살고 있었지만 하나님께서는 나를 강하게 하셔서 믿음 안에 설 수 있도록 해 주셨습니다. 내가 하나님을 떠나게 하려고 지옥은 모든 것을 다 동원하여 나를 집중 공격했습니다. 그러나 주님의 붙들어 주시는 손 때문에 나는 믿음 위에 견고히 서서 버틸 수 있었습니다.

가끔가다 한 번씩 한 설교자가 우리 지역에서 부흥회를 열었습니다. 그럴 때면 내가 그들을 참석시키려고 집요하게 설득했기 때문에 나와 함께 쇠밧줄을 잡고 함께 일하던 일곱 명은 모두가 함께 집회에 참석을 해야 했습니다.

나를 사역으로 인도한 환상

서른 살이 되었을 때까지도 나는 자라면서 내 안에 형성된 그 영상을 따라 살고 있었습니다. '나는 결코 아무것도 되지 못할 거야. 벌이나 받아 마땅한 사람이야.'

거듭나자마자 나는 하나님을 향한 강한 굶주림과 목마름을 가지게 되었습니다. 나는 나의 가슴으로 내가 복음을 설교하도록 부름을 받았다는 것을 알았습니다. 그러나 나는 어떻게 하나님께서 나를 사용하실 수 있을지 알 수가 없었습니다. 나는 경건주의에 속한 소년으로서 율법주의에 빠져 있었습니다.

그렇지만 나는 온 마음을 다해 하나님을 사랑하였으며 하나님은 내 영혼을 긍휼히 여기셨습니다. 하나님은 나에게 전임 사역으로 들어서게 하는 환상을 보여 주셨습니다. 이 환상은 밤에 많이 먹고 잤기 때문에 경험하는 그런 것이 아니고 실재하는 것이었습니다.

나는 결코 그 환상을 잊을 수 없습니다. 우리는 몇 번 이사를 했지만 계속 제재소에서 일하면서 오크릿지라고 부르는 작은 마을에 살고 있었습니다. 어느 날 이른 아침 하나님의 임재 가운데 잠이 깨었습니다. 나는 익숙한 나의 침실을 보게 될 것을 기대하며 눈을 떴습니다. 그런데 침실 대신 큰 강당을 보았습니다. 강단 위에는 몇 개의 바퀴 달린 의자가 놓여 있었습니다. 나는 왼쪽 뒤에서 세 번째 줄에 있었습니다.

한 부목사가 예배를 주관하고 있었습니다. 그 집회에는 전류가 찡하게 통하는 것 같은 무언가 특별한 것이 있었는데 어찌된 일인지 나는 이 집회가 나의 집회라는 것을 알았습니다.

그 부목사는 찬양과 경배가 끝난 뒤에 강대상으로 돌아오더니 이렇게 말하는 것이었습니다. "이제 우리의 복음 전도자…" 이 말을 하면서 그는 바로 나를 바라보며 나의 반응을 기다리는 것이었습니다. 사실 나는 성경을 펴 놓고 있었는데 그곳은 유다서 20-21절 말씀으로, 이 말씀이 후에 나의 사역을 출발시키는 말씀이 되었습니다.

사랑하는 자들아 너희는 너희의 지극히 거룩한 믿음 위에 자신을 세우며 성령으로 기도하며 하나님의 사랑 안에서 자신을 지키며 영생에 이르도록 우리 주 예수 그리스도의 긍휼을 기다리라

그런데 내가 일어서려고 하는데 그 부목사는 몸을 돌리더니 무대 커튼 쪽을 가리키는 것이었습니다. 금발의 한 여자가 무대로부터 나타났습니다. 그 여자는 마치 꿀이 그녀로부터 흘러나오는 듯 하나님의 사랑과 기름 부음, 성령의 능력으로 충만했습니다. 그 기름 부음은 얼마나 두텁고 달콤했는지 칼로 자를 수 있을 것 같았습니다! 나는 완전히 낙심하여 내 자리에 주저앉아 버렸습니다. 나는 이 집회가 나의 집회여야 한다는 것을 알고 있었습니다.

그 여자는 마이크를 잡더니 하나님의 은혜를 아름답게 전했습니다. 그때 하나님의 능력이 임하더니 모든 사람들이 휠체어에서 일어났습니다. 강단은 예수님을 구원자로 고백하는 사람들로 가득 찼습니다. 예배 전체가 능력과 기름 부음으로 가득 찼습니다.

모든 것이 끝나자 무리들은 사라져버리고 나와 그 여자만 강당에 남아 있었습니다. 그때 그녀는 내 눈을 똑바로 들여다보면서 이렇게 말했습니다. "나는 하나님께서 왜 내게 이런 사역을 하도록 하셨는지 모릅니다. 당신들 남자들 중에 누군가가 이런 일을 했어야 하는데 하지 않은 것이 분명합니다."

나는 온몸을 부들부들 떨면서 환상에서 빠져나왔습니다. 나는 로잘리를 깨워서 그 환상 가운데 내가 본 것을 모두 말했습니다. 나는

설교하는 사명과 내 자신이 자격이 없다는 마음속 깊은 곳의 느낌 사이에서 찢어지는 고통을 당하면서 그때까지 살아왔던 것 같이 더 이상은 살 수 없다고 결단을 내렸습니다. 나는 안으로부터 두들겨 맞아 밖으로까지 그렇게 된 상태였습니다.

나는 아내에게 이렇게 말했습니다. "가라앉든지, 수영을 하든지, 물에 빠져 죽든지 나는 전임 사역의 부르심에 응해야만 합니다. 우리가 콩밥만 먹고 나무 아래서 잠을 자며 애들은 밀가루 자루로 옷을 만들어 입히더라도 당신은 나와 함께 하겠어요?"

로잘리는 그러겠다고 했습니다. 그날 아침 우리는 둘이 함께 어떤 값을 치르더라도 하나님을 향하여 매진하기로 결단을 했습니다. 두 주일 후에 나는 직장을 사임하고 사역에 전념하게 되었습니다.

기도실

제재소를 그만두고 나서 나는 많은 시간을 무엇을 해야 할지 몰랐습니다. 그때 나는 두어 달 전에 로잘리와 내가 함께 시작했던 작은 교회가 생각났습니다.(내가 시작은 했지만 나는 이웃 마을에 사는 목사님에게 매주 와서 설교를 해 달라고 부탁을 했었습니다. 그때 나는 아직도 스스로 설교할 용기가 나지 않았습니다.)

우리는 낡은 볼링장 마루에서 예배를 드렸었는데, 최근에 나는 전에 간단한 음식을 먹던 사방 2.5미터쯤 되는 자리를 어른들이 예배 때 어린이를 돌보는 곳으로 사용하도록 칸막이를 해 두었었습니다. 나는 이 작은 방을 나의 '기도실prayer closet'로 사용하기로 하였습니다. 어떤 생각에서인지 내가 만일 일하던 만큼의 시간을 기도한다면 하나님께서 나의 필요를 채워주시므로 내게 봉급을 주실pay 것이라는 생각을 하게 되었습니다.

나는 하루에 여덟 시간 기도를 한다는 결심을 지켜나가는 것이 얼마나 어려운 일이 될지 전혀 생각하지 못했습니다. 내가 기도실에 처음 들어간 날 아침, 나는 기도실 문을 닫고 무릎을 꿇고 영어로 기도하기 시작했습니다. "오, 하나님, 나는 이제 전임 사역자가 되었습니다. 오 하나님, 우리 찬장에 음식이 늘 채워져 있게 해 주십시오. 우리 애들이 굶지 않게 해 주십시오. 하나님, 나를 사용하십시오. 나를 제발 사용해 주십시오!"(나는 많은 시간을 하나님께 구걸하며 보냈습니다. 나는 믿음에 관하여서는 아무것도 배운 것이 없는 경건파 소년에 지나지 않았었습니다.)

나는 내가 생각할 수 있는 모든 것을 기도했습니다. 나는 내가 알고 있는 세계에 나가 있는 모든 선교사님들을 위해 기도했습니다. 심지어 나는 그 기도실에 있는 바퀴벌레들을 예수 이름으로 죽으라고 명하며 저주하는 데도 시간을 보냈습니다! 그러나 나의 이런 노력에도 불구하고 한 15분 쯤 지나서 나는 더 이상 기도할 것이 없었습니다.

그래서 나는 내 앞에 놓여 있는 내가 기도하겠다고 헌신한 기나긴 시간을 채우기 위해 방언 기도를 하게 되었습니다. 나는 방언 기도가 하면 좋은 것이라는 것을 알고 시작한 것이 아니었습니다. 사실 나는 이렇게 방언 기도를 하는 것이 성경적으로 합법적인 것인지도 몰랐습니다. 어떤 경건주의 사람들이 방언 기도는 하고 싶을 때 아무 때나 할 수 없는 것이라고 내게 말해 주었기 때문입니다. 그런데 또 어떤 사람들로부터는 방언을 기도 언어로 사용해도 좋다는 말을 들었습니다.

나는 어느 쪽의 믿음이 맞는 것인지 확실히 몰랐습니다. 내가 알고 있는 것이라고는 내가 직장에 사표를 냈기 때문에 이제는 기도실에 머물러 있어야 한다는 것뿐이었습니다. 그래서 첫날 나는 기도실에서 단지 시간을 보내기 위한 수단으로 방언 기도를 하기 시작했습니다.

마침내 아침 열 시 제재소에서 호루라기 소리가 들렸습니다. 그 시간은 커피를 마시는 시간이었습니다! 나는 서둘러서 커피 가게에 가서 도너츠 몇 개를 먹고 나의 기도실로 달려 되돌아 왔습니다. 마음 속으로 나는 제재소에서 일하는 일꾼들이 그들의 일을 다시 시작하기 전, 즉 15분 이내에 무릎을 꿇고 기도하는 자세를 취해야 한다고 생각했습니다.

나는 계속해서 방언으로 기도하였습니다. 내 생각으로는 몇 시간 기도했다고 생각했는데도 아직 정오도 되지 않았었습니다!

제재소의 호루라기 소리가 나로 하여금 내 친구들의 매일의 일과시간표와 나의 삶을 위해 내가 선택한 극단적인 작정이 얼마나 실제적인가를 깨우쳐 주었습니다. 제재소에서 일하는 사람들의 점심시간이 되었고, 기도실의 어두움이 내 속으로 파고 들어오는 것 같았습니다.

나의 이전 직장의 친구들은 햇볕 아래서 온 세상으로 수출될 나무를 자르고 형태를 다듬으면서 지난 네 시간을 보냈습니다. 호루라기 소리가 나면 모두 점심 도시락을 들고 벤치에 모여 앉아 몸을 풀고 농담을 하며 점심 먹을 준비를 했습니다. 그들이 무엇을 하고 있을지 다 알고 있었지만 나는 그들과 함께 있지 않았습니다. '내가 정말 하나님을 믿고 있는가? 이렇게 하는 것이 정말 효과가 있을까?' 나는 그럴 것이라고 믿을 수밖에 없었습니다.

답을 찾던 기억들

내 마음은 일종의 두려움과 흥분이 섞인 상태로 처음으로 내가 성령 세례와 함께 오는 방언의 은사에 관한 계시를 듣고 있던 오순절 교회의 늦은 저녁 예배 시간으로 돌아갔습니다. 검은색 폭스바겐 뒷좌석에 엉켜 잠이 든 세 아들을 태우고 집으로 돌아오면서 로잘리와 나는 우리가 들었던 것에 관하여 이야기를 했습니다.

로잘리는 십대 후반에 성령 세례를 받았습니다. 나는 이 경험이 내가 떨쳐버릴 수 없는 죄에 대하여 반복해서 회개하는 나의 삶에 대한 갈등에 해답이 될 수도 있다고 생각했습니다.

많은 그리스도인에게서 변화는 그들이 거듭나자마자 즉시 오는 듯 했습니다. '이것이 진실이라면 왜 나의 변화는 이렇게 어렵단 말인가? 성령님께서 나를 통해서 하신 기도 언어가 혹시 그 보이지 않는 선을 넘어서 진정으로 승리하는 사람으로 만들어 줄 해답이 될 수 있지 않을까?'

얼마 지나지 않아 어느 저녁 암울한 갈등으로 말미암아 영적으로 실패한 후 나는 로잘리와 아이들이 있는 집으로 돌아왔습니다. 로잘리의 실망한 얼굴은 친구들과 몇 잔 마신 뒤의 내 기분을 깨끗이 떨쳐버리기에 충분했습니다. 강한 책망의 느낌이 내 속에서 일어났습니다. 나는 자기 연민과 절망으로 자신을 던져버릴 순간에 와 있었습니다.

내가 부끄러움과 후회하는 마음으로 머리를 숙이고 부엌에 앉아 있는데 로잘리는 아이들을 잠자리에 들게 했습니다. 그러고 나서 그녀는 내게로 걸어와서 이 갈등의 시간을 나와 함께 할 것이라고 말이라도 하듯이 말없이 나의 손을 자기 손 안에 놓고 잡아 주었습니다.

그날 밤 이후로 로잘리와 나는 더 자주 함께 기도하기 시작하였고 성령 세례에 관하여 더 알고 싶은 나의 욕망은 계속해서 자라났습니다. 우리는 이 은사에 관하여 자주 이야기를 했습니다. 나는 하나님을 정말로 갈망했으며 가지고 있는 많은 질문들에 대한 답을 알기를 갈망했습니다.

그때쯤 나는 히브리서 11장 6절을 알고 있었습니다.

믿음이 없이는 하나님을 기쁘시게 하지 못하나니 하나님께 나아가는 자는 반드시 그가 계신 것과 또한 그가 자기를 찾는 자들에게 상 주시는 이심을 믿어야 할지니라

'방언으로 기도하는 것도 부지런히 하나님을 찾는 것 중의 하나가 될 수 있지 않을까?'

이제 기도실에서 무릎을 꿇고 방언으로 기도를 하다보니 이 질문에 대한 해답이 더욱 더 중요해 보였습니다. 나는 지난 일들의 회상을 멈추고 생각했습니다. '내가 아무리 생각해 보아도 내가 이 여덟 시간을 동네 제재소에서 보내야 하는데 나는 이 작은 기도실에서 무슨 짓을 하고 있는 것인가? 내가 혹시 미친 것이 아닐까? 아니라면 나는 하나님의 깊은 물속으로 진정한 모험을 시작했단 말인가?'

하나님과 함께 하는 데 '나의 시간을 들이기'

내가 하나님과 함께 하는 데 나의 시간을 들이면서 기도실에서 기도하던 첫날 그 시점에서 보면 이 질문에 대한 해답은 아직도 미래에 속한 것이었습니다. 내가 성령으로 기도하는 동안에도 나의 마음은 질문과 의심과 불안으로 소용돌이쳤습니다. '사람이 단지 그가 원한다는 이유만으로 정말 하나님 안으로 깊이 들어갈 수 있을까?'

그 기도실에서 보낸 시간은 정말 길었음을 알려 드립니다! 한 시간쯤 방언 기도를 한 것처럼 생각이 되면 시계를 봅니다. "오, 아니야. 5분밖에 안 지나갔네!" 그러면 나는 다시 기도하기 시작했습니다.

그로부터 몇 달 동안 나는 전에 내가 제재소의 통나무 야적장으로 출근하던 것과 똑같이 나의 기도실로 출근 보고를 했습니다. 제재소의 호루라기 소리가 하루의 일과를 알릴 때마다 나는 항상 무릎을 꿇고 기도할 준비를 하고 있었습니다.

매일 시간을 억지로 끌고 가다시피 했지만 어쨌든 나는 지속했습니다. 나는 카페트와 벽지의 모든 무늬와 색깔이 바랜 곳도 모두 기억하였습니다. 나는 오늘날까지도 그 기도실을 얼마나 잘 알고 있는지 연필과 종이를 가지고 일 분 내에 자세하게 그릴 수 있습니다. 나는 마치 감옥에 있는 것같이 느껴졌습니다.

기도실에서도 나는 큰 나무가 톱에 잘려져 나갈 때 나는 나무 타는 냄새를 맡을 수 있었습니다. 나는 내 친구가 점심 도시락 통에 커피를 가득 채우고 김이 나는 것을 맛보는 모습을 그릴 수 있었습니다.

어느 날 나는 특별히 어려운 시간을 보내고 있었습니다. '왜 이 짓을 하려고 직장을 그만두었던가? 소위 이 초자연적인 언어란 것이 도대체 무슨 일을 하고 있단 말인가?'

나의 영의 사람이 일어나서 나의 흔들리는 감정에게 말하였습니다. "하나님은 자기를 부지런히 찾는 사람에게 보상해 주시는 분이다" (히 11:6). 그러자 내 마음에 내가 보기에는 끝도 없는 나 자신의 실패한 모습들이 순간적으로 지나갔습니다. 이런 기억들이 내게 가져다준 감정 때문에 나는 목이 메었습니다. "오 하나님!" 나는 울면서 부르짖었습니다. "이 말씀이 진실이 되게 해 주십시오!" 차츰 평안이 나의 고통스런 마음을 잠잠하게 하였습니다.

하나님이 내게 직장을 그만두고 매일 여덟 시간씩 기도하라고 말씀하지는 않았습니다. 그것은 절망적인 처지에서 내가 결단한 나의 결심이었던 것입니다. 나는 하나님을 더 원했지만 어떻게 그 답을 찾아내는지는 확실히 몰랐던 것입니다.

말씀을 읽으면서 기도의 언어는 나를 함양하기 위해서for my edification 비밀을 기도하는 것이라는 것을 배웠지만 이 진리가 실제로 무엇을 의미하는 것인지 나는 알지 못했습니다. 그럼에도 불구하고 나는 만일 방언 기도가 나를 함양할 수 있다면 내 마음이 하나님의 비밀을 받을 수 있을 때까지 방언 기도를 하겠다고 작정했습니다.

환영하며 맞은 결정적인 사건

이렇게 해서 나는 기나긴 시간을 지속해서 기도했습니다. 한두 달쯤 지루한 시간이 지났을 때 은사주의 성경 공부 모임에서 만났던 한 여자가 내가 기도하고 있다는 것을 듣게 되었습니다. 어느 날 그녀는 교회에 와서 내 기도실 문을 두드렸습니다.

"로버슨 형제" 그녀가 불렀습니다. "형제가 오랫동안 수많은 시간 기도하고 있다고 들었습니다."

"네, 부인"

"어떤 차이를 느낄 수 있는지 내게 말해 줄 수 있습니까? 알고 싶은데요."

"내가 하나님과 동행하는 데 어떤 차이가 있냐고 물으시는 겁니까?"

"나는 단지 어떤 차이를 느꼈는지 형제가 내게 말할 수 있는지를 알고 싶습니다."

"사실은 말할 수 있습니다."

"좀 나눌 수 있겠습니까?"

"물론이죠." 나는 계속해서 말했습니다. "나의 혀는 지치고 나의 목은 마르고 나의 턱은 피곤합니다."

그녀는 신경질적으로 "미안해요, 난 이제 가봐야겠네요"라고 했습니다. 이것이 대화의 전부였습니다.

또 지루한 한 달이 지나갔습니다. 나는 그 기도실에 처박혀서 세 달 동안을 버틴 것입니다. 그런데 바로 그 여자가 다시 와서 기도실 문을 두드렸습니다.

"로버슨 형제, 내가 나가는 교회 알고 있지 않습니까?"

"네, 부인, 알고 있습니다."

"그 사람들은 방언을 말하는 것을 믿지 않습니다."

"네, 나도 알고 있습니다."

"그런데 우리 교회에서 여러 주에서 모인 평신도들이 하나님께서 그들의 삶에 행하신 좋은 일들에 관하여 간증하는 주말 집회를 가질 계획입니다. 한 번 와보겠습니까?"

"나는 정말 가고 싶어요." 나는 기도실을 벗어날 핑계라면 무엇이든지 만들었을 것이니까요! 나는 그녀에게 "거기서 만납시다!"라고 대답했습니다.

나는 집으로 달려가서 옷을 갈아입고 서둘러서 사람들이 아침 성경공부를 하고 있는 그 집으로 갔습니다. 나는 집회 시간보다 좀 늦게 도착해서 내 곁에 앉아 있던 나이 든 여자가 목발을 짚고 걸어 왔으며, 누군가가 그것을 받아서 구석에 세워두었던 것을 몰랐습니다.

나는 그 여자가 걸을 수 없는 사람이란 것을 전혀 알지 못했습니다.

  나는 거기 앉아서 강사가 말씀을 전하기 시작할 때를 기다렸습니다. 나는 아주 흥분해 있었습니다. 나는 기도실에 갇혀서 3개월을 보냈으니까요. 이제 나는 다른 사람들과 어울리고 있을 뿐 아니라 실제로 살아 있는 사람으로부터 실제로 살아 있는 말씀을 듣게 되었으니까요! 나는 기다리는 것이 힘들었습니다.

  마침내 한 남자가 큰 덩어리의 노트 더미를 들고서 말을 하려고 일어섰습니다.(만일 그 노트가 두루마리였다면 펼쳐 놓으면 집을 한 바퀴 돌아 집 뒤까지 이를 정도였습니다!) 그는 이야기를 시작한 지 얼마 지나지 않아서 성령으로 충만 받지 못한 증거들이 나타나기 시작했습니다. 정교한 언어와 단조롭고 굳은 목소리로 그는 '예수, 위대한 천국의 중매자' '인류의 고난의 바다' '전능하신 하나님' 등에 관해 강의했습니다. 나는 의자에 앉아서 '내가 여기서 무엇을 하고 있는 거야? 정말 끔찍하구나! 차라리 기도실에 돌아가 있는 게 더 낫겠다!'라는 생각을 하고 있었습니다.

하나님께서 기대하지도 않는 데 나타나시다

  내 마음은 집회와 잡념 사이를 드나들고 있었습니다. 나는 어찌할 바를 몰랐습니다. 나는 컵을 흔들면서 커피 잔 속의 동그란 물결이 잔에 부딪치는 것을 보며 지루함을 달래고 있었습니다.

순전히 지루함 때문에 나는 내 옆에 앉아 있는 그 나이든 여자를 쳐다보았습니다. 어떤 일이 일어날지 나는 아무 생각이 없었습니다. 내가 어떤 기름 부음을 느꼈던 것도 아닙니다. 그런데 내가 그녀를 보는 순간 갑자기 나는 그녀와 나 사이에 어떤 사람의 엉덩이와 다리가 붙어 있는 부분의 엑스레이 같은 것을 보았습니다. 검은 물질이 다리 뼈가 연결되어 있는 둥근 뼈 부분을 둘러싸고 다리 쪽으로 3~4인치 가량 퍼져 있었습니다.

나는 놀라움에 들고 있던 컵을 떨어뜨릴 뻔했습니다! 눈을 깜빡거려 보았지만 엑스레이는 내 눈앞에 그대로 있었습니다. 나는 내가 보고 있는 것을 다른 사람들도 보고 있는지 주위를 둘러보았습니다. 아무도 볼 수 없는 것이 분명해 보였습니다.

엑스레이를 보면서 나는 거기 앉아서 기도하기 시작했습니다. '오 하나님, 오 하나님, 이것이 무엇이지요? 제가 이 여자를 위해 기도를 하기 원하십니까? 도대체 내게 원하시는 것이 무엇입니까?' 하나님은 절대 침묵을 지키고 계셨습니다.

(후에 어떤 예배 시간에 이 간증을 나누고 있을 때 주님께서 내 영에게 말씀하셨습니다. "아들아, 그때 내가 네게 왜 아무 말이 없었는지 아니? 네가 그 예배를 방해하도록 놔둔 이유를 아니? 나도 그 사람이 가르치는 것을 듣고 있지 않았기 때문이란다. 나도 듣고 있지 않았는데 왜 너에게 듣도록 했겠느냐?" 이 말씀도 그 자체가 하나의 계시였습니다!)

그래서 나는 이 나이든 여자에게 몸을 기울이며 말하기를 "부인,

엉덩이에 문제가 있군요!"라고 말했습니다. 그녀는 나를 돌아보더니 경계하는 눈으로 한참 쳐다보았습니다.

갑자기 '관절염'이란 단어가 내 영에서 튀어 나왔습니다. 나는 무심결에 "오른쪽 엉덩이에 관절염이군요!"라고 말해버렸습니다.

그녀는 다시 한번 나를 한참 뜯어 보고나서는 "젊은이, 그게 의사가 내게 한 말이오."라고 말했습니다.

나는 "하나님께 영광을 돌립니다!"하고 말했습니다.

"아니, 뭐라고요!"

"아, 네, 하나님께서 당신을 고쳐주시기 원하십니다. 부인, 내가 기도를 해 드려도 되겠습니까?"

그 나이든 여자는 나를 계속 쳐다보고만 있었습니다. 이 교회는 방언하는 것을 믿지 않는 그런 교회란 것을 기억하십시오. 그러므로 이 여자에게 기도하겠다는 나의 말은 하루 중 어느 때에 기도하다가 고개를 숙이고 그녀를 기억하겠다는 말로 받아들여졌습니다.

그러나 내가 기도하겠다는 말은 그런 뜻이 아니었습니다. 나는 장의자 위를 건너다니면서 의자를 들썩이며 큰 소리를 지르는 오순절 교인이었습니다! 나는 큰 소리로 소리치면 칠수록 더 큰 힘이 발생한다고 믿고 있었습니다!

마침내 그 나이든 여자는 "네, 기도해도 좋습니다."라고 대답했습니다.

그녀가 말을 하자마자 나는 내 의자에서 벌떡 일어나 그녀 앞에 무릎을 꿇고서 그녀의 양쪽 발목을 잡고 내 쪽으로 잡아당겼습니다.

(그동안에도 그 황금의 혀를 가진 연설가는 아직도 '연설 중'이었습니다!) 그다음 나는 그녀의 발을 보고 생각했습니다. '오, 이런! 한 다리가 다른 쪽 다리보다 15센티나 더 짧다니!'

'오, 이런! 이건 정말 끔찍한데! 이 여자에게 필요한 이런 기적은 난 아직 본 적이 없단 말이야!' 이런 생각을 하면서 나는 쳐다보는 것만도 겁이 나서 눈을 감고 소리쳤습니다. "예수 이름으로!" 그러고 나서 나는 내가 생각할 수 있는 한 가장 힘 있고 가장 어렵게 극단적인 경건주의 유형의 기도로 기도하기 시작했습니다.

나중에 그 장면을 목격했던 사람들의 말에 의하면 내가 그 강력한 이름을 처음 언급하는 순간 그녀의 짧은 다리가 움직이더니 갑자기 자라나와서 다른 다리와 똑같이 되었다고 했습니다!

그녀는 순간적으로 완전한 치유를 받았습니다. 그러나 나는 그것을 몰랐습니다! 나는 아직도 눈을 감은 채로 나의 가장 강력한 기도를 하고 있었습니다. 열정 때문에 나는 다른 사람들이 내가 그녀의 발목을 놓게 할 때까지 그녀와 씨름하느라고 그녀를 의자에서 마루 위로 떨어뜨릴 뻔했습니다!

그러나 하나님은 나의 도움이 필요하지 않았습니다. 하나님은 내가 알아차리지 못하게 그녀의 다리가 자라나오게 하셨습니다! 마침내 눈을 뜨고 기적을 보자 나도 다른 사람들처럼 충격을 받았습니다!

내가 그 여자를 붙잡고 기도하기 시작할 때 쯤 설교 중이던 그 사람은 부목사를 잡고 귓속말로 말했습니다. "가서 저 친구가 하는 짓을 중단시키게!"(나는 그 사람을 탓하지 않습니다. 나는 큰 목소리로 기도하므로 그의 집회를 망치고 있었기 때문입니다!)

그 장면을 목격한 사람들의 증언에 의하면 그 부목사가 소요가 일어난 곳으로 발걸음을 옮겨 도착하는 순간 그 기적을 보았다고 합니다. 그가 나를 막 붙잡으려는 순간 그 여자의 짧은 다리가 갑자기 15센티나 자라나 버린 것입니다.

그래서 그는 소요를 중단시키기는커녕 놀라움에 충격을 받아 아무 말도 못했습니다. 그는 한 번도 이런 기적을 본 적이 없었습니다. 그는 방언도 하지 않는 사람이었습니다! 초자연적인 것에 관해서는 아무것도 믿지 않는 사람이었습니다. 그러나 그가 이 기적을 보았을 때 그는 말을 잃었던 것입니다. 하나님은 시간을 절묘하게 맞추십니다.

그때 이 황금의 혀를 가진 연설가는 이런 질문으로 그의 말씀을 마무리하였습니다. "당신의 삶에 있어서 하나님을 더 잘 알게 된 두드러진 일련의 사건은 어떤 것이 있습니까?" 모두 이 말이 무슨 말인지 의아해 하고 있을 때 그 부목사는 "여기 있습니다!"라고 침을 튀기며 소리를 치며, 그 나이든 여인을 가리키면서 그 사람의 질문에 대답했습니다. 이 여자의 치유는 물론 그가 본 가장 눈에 띄는 일련의 사건이었습니다!

예배 후에 그 강사는 이 나이든 작은 여자에게 다가와서 "부인, 하나님은 오늘날 기적을 행하지 않습니다."라고 말했습니다.

그러나 그녀는 "젊은이, 나하고 내기 하겠나? 정말 내기 할까?"라고 대답했습니다. 그녀는 목발을 잡더니 그 강당을 한 바퀴 돌기 시작했습니다. 그녀는 자기 엉덩이가 치유 받아서 얼마나 잘 걸을 수 있는지 사람들이 볼 수 있도록 사람들을 자기에게서 멀어지게 하면서 목발을 앞뒤로 흔들어 댔습니다.

집회를 마친 후에 모든 회중들은 교회에서 마련한 특별한 연회에 참석하였습니다. 무슨 이유에서인지 그들은 나를 초청하지 않았습니다.(왜 그랬는지 모르겠습니다!) 그러나 하나님께서는 자신의 목적을 이루시기 위해서 나를 초청받게 할 필요가 없었습니다. 그 나이든 여자가 그곳에 갔기 때문입니다!

연회를 책임진 사람이 어떤 일을 시작하기도 전에 그 작은 여인이 강단에 뛰어 올라가서 간증을 했습니다. 간증을 마치고 나서 그녀는 "하나님이 내게 행하신 일을 여러분에게도 행하실 것입니다!"라고 외쳤습니다. 그 장소는 흥분으로 미친 듯했습니다.

나중에 그 연회에 참석했던 한 여자가 이 나이든 작은 여자를 찾아 갔습니다. 이 여자는 교통사고를 당한 이후로 몸을 구부릴 수 없었습니다. "하나님이 나도 치료할 수 있을까요?" 그녀가 물었습니다.

그 나이든 여자는 "치료하리라고 나는 생각합니다. 나를 위해서 기도했던 그 사람을 부릅시다."라고 대답했습니다.

그때 나는 집에 돌아와서 옷을 갈아입고 뜰에서 일을 하고 있었습니다. 전화가 울려서 받아보니 방금 치유 받은 그 나이든 여자에게서 온 것이었습니다. 그녀는 다른 여자의 상태에 대해서 자세히 설명을 하고는 그들이 와도 되는지, 그리고 오면 그 여자가 기도를 받을 수 있는지 물어 보았습니다.

나는 "네, 그 사람을 데려와도 좋고요. 다른 사람들도 누구든지 데려올 수 있는 사람은 데려오십시오!"라고 말하려던 참이었습니다. (나는 그때까지도 성령 안에 취해 있었습니다.) 그런데 성령님께서 내 영에게 큰 소리로 이렇게 말씀하셨습니다. "그 교회의 대 예배실로 가거라!" 그래서 나는 그 여자에게 말했습니다. "당신과 당신의 친구를 교회에서 만나겠습니다."

전화를 받는 쪽에서 아무 말이 없이 조용하더니 잠시 후에 나는 두 여자가 서로 속삭이는 소리를 들었습니다. 그러더니 그 나이든 여자가 내게 말했습니다. "그러죠. 우리가 교회 앞에서 기다리겠습니다."

내가 교회에 도착했을 때 두 여자는 다른 사람들과 멀리 떨어질 수 있도록 교회 지하실에 있는 어떤 방으로 나를 데리고 가려고 했습니다. 그러나 나는 성령께서 내 영에게 말씀하신 것을 말했습니다. "대 예배실! 우리는 대 예배실로 가야 합니다." 마침내 여자들이 포기하고 나를 대 예배실로 데리고 갔습니다. 대 예배실에는 사람들이 아직도 작은 그룹을 이루어 서로 교제하고 있었습니다.

나는 거기 서서 사람들을 바라보았습니다. 나는 어떻게 할 바를 몰랐습니다. 나는 성령님께 순종하여서 거기 있었을 뿐이었습니다. 그때 그 기적을 보았던 부목사가 말했습니다. "내 생각에는 이분이 할 말이 있는 것 같습니다."

'할 말이 있다고?' 나는 생각했습니다. 나는 설교라고는 해본 적도 없었고 또 두려워하고 있었습니다. 사람들은 정중하게 나를 쳐다보았습니다. 머뭇거리면서 나는 그 나이든 여자의 간증을 나누기 시작했습니다. 그때 갑자기 성령님께서 내게 임했습니다. 나는 경외스럽고 강력한 하나님의 임재에 사로잡혔습니다. 믿음의 은사가 내게 임하여서(그 당시에는 나는 이것을 모르고 있었음에도 불구하고) 나는 나 자신이 설교하고 있는 것을 듣고 있었는데 얼마나 설교가 훌륭했는지 그것은 내가 하고 있는 것이 아님이 분명했습니다. 나는 그렇게 명석한 사람이 못 되었기 때문입니다. 나는 내 몸에서 나올 수만 있다면 내 몸 밖으로 나와서 설교를 받아 적고 싶었습니다!

믿음의 은사가 아직도 역사하고 있는 동안 나는 한 젊은이를 쳐다보았습니다. 내가 그 청년에게로 걸어서 다가가자 갑자기 그의 어깨 부분이 엑스레이 같이 투명하게 보였고 성령 안에서 나는 그의 어깨와 관계된 문제점을 보았습니다. 그 청년은 팔을 조금밖에 들어 올리지 못했습니다.

나는 젊은이에게 말했습니다. "당신의 어깨가 치유 받게 될 것입니다!" 내가 그에게로 더 가까이 다가가자 그는 더 두려움에 떨었습니다. 그의 눈은 점점 더 커지고 그는 할 수 있는 한 내게서 떨어지려고 몸을 뒤로 젖혔습니다. 그러나 아무 소용이 없었습니다. 나는 그에게로 달려가서 그의 팔목을 잡고는 "예수 그리스도의 이름으로"하고 말하면서 그의 팔을 공중으로 잡아 올렸습니다.

손을 올릴 때 그 청년이 소리를 질렀습니다. 그리고 그는 놀라움을 금치 못하고 나를 바라보면서 "왜 아프지 않지요?"라고 말했습니다.

"당연히 안 아프지요!" 내가 대답했습니다. 보다시피 믿음의 은사가 내게 역사하고 있었기 때문입니다. 나는 하나님의 마음을 가지고 있었습니다. 나는 하나님의 믿음으로 행동했고, 하나님은 그의 굳어 버린 어깨를 바로 잡아주셨습니다.

그날 밤늦게 믿음의 은사가 더 이상 내게 있지 않을 때 나는 침대에 누워서 생각했습니다. '로버슨, 너 참 멍청하구나! 그 사람의 팔이라도 부러뜨렸으면 어떻게 할 뻔했니?' 그 당시 나는 믿음의 은사가 역사하고 있었다는 것을 몰랐습니다. 믿음의 은사는 사람이 하나님처럼 생각하여 보통은 이해가 가지 않는 일들을 하게 되는 것입니다.

그때 허리를 굽힐 수 없다던 그 여인이 내게로 달려왔습니다. 똑같은 초자연적인 믿음이 내게 역사하고 있었습니다. 나는 손을 그녀의 목뒤에 대고 그녀의 손이 발끝에 닿을 때까지 그녀를 눌렀습니다. 그녀는 하나님의 능력으로 즉시 고침을 받았습니다.

기적은 계속 일어났습니다. 여기저기서 장로들이 나타나서 말했습니다. "우리는 이것을 중지시켜야 합니다! 이 친구가 이 모임을 뒹굴고 샹들리에를 흔들어 대는 모임으로 만들어 버리고 있습니다. 우리는 이런 모임을 원하지 않습니다!"

그러나 그들이 손을 쓰기도 전에 나는 소리쳤습니다. "내가 가진 것을 갖고 싶은 사람이 있습니까?" 즉시 모든 젊은이들이 내게로 달려 나오고 나는 그들을 위해 기도하기 시작했습니다. 그들은 모두 성령의 충만함을 받고 방언을 말하며 하나님의 능력 아래 넘어지기 시작하였습니다. 어른들은 무슨 일이 일어나는지를 알지 못했습니다! 어른들은 돌아다니면서 젊은이들의 맥박을 재면서 "괜찮니?"하고 물었습니다.(그 젊은이들 대부분은 오늘까지도 하나님을 섬기고 있으며 그들 중 몇 명은 성경학교를 졸업하였습니다.)

강단 가득히 사람들의 방언소리가 가득 차고 장로들은 화가 치밀어 어쩔 줄을 몰랐습니다. 그들이 상황을 통제하려고 하는 동안 나는 옆문으로 빠져나왔습니다. 성령 안에서 내 자신을 얼마나 잃어버리고 있었는지 나는 내가 어디 와 있는지도 잘 몰랐습니다. 나는 걷기도 힘들었습니다. 나는 도보 위로 겨우 몇 걸음 걸어서 교회를 지지하고 있는 쇠기둥이 있는 것을 발견하였습니다. 나는 그 기둥에 몸을 기대어 어린 아기처럼 울었습니다.

하나님께서 방금 나를 사용하셨습니다! 나의 신앙 배경 때문에 우주의 하나님, 즉 모든 극단적인 경건주의자들이 내게 그렇게 많이 말해주었던 벌주시는 하나님께서 나와 함께 그 예배당을 점령하시고 나를 통해 기적을 행하셨다는 사실을 내 마음으로는 상상할 수조차 없었습니다. 내가 어떤 기분을 느꼈는지를 나는 설명할 수 없습니다. 나는 나의 단점을 알고 있었습니다. 나는 진짜 내가 어떤 사람인지를 알고 있었습니다. 하나님께서 나와 함께 일하시고 나를 통해서 하나님의 나라를 여기 이 땅 위에 이루어가신다는 것을 생각하는 것 자체가 나의 상상을 초월하는 것이었습니다.

'왜 하나님께서 나 같은 사람을 사용하실까?' 거듭나서 성령 충만을 받은 이래 모든 해 동안 나는 나의 삶에 하나님의 부르심이 있음을 알고 있었습니다. 그리고 나는 언제나 하나님에 대한 갈망으로 그 능력을 사모했었습니다. 그러나 단 한 사람도 어떻게 의도적으로 하나님의 능력 안에서 걷는 삶을 살 수 있는지 가르쳐 주지는 않았습니다! 그들은 나의 깊은 갈망을 만족시킬 수 없는 막연하고 일반적인 것만 줄 수 있을 뿐이었습니다.

우연히 영적인 법칙을 발견하다!

그때 그 기둥에 기대어 있는데 갑자기 예언의 말씀이 흘러나오기 시작하면서 나는 내가 심령으로 갈급하게 찾아왔던 계시의 지식을 받았습니다. 나는 나의 영으로 들은 것을 큰 소리로 말하는 것을 몰랐습니다.

성령께서 내게 말씀하셨습니다. "아들아, 이런 기름 부음이 갑자기 네게 임한 것이 아니란다. 이 기름 부음은 이 세상의 기초를 놓을 때부터 이 집회를 위해 예정된 것이었기 때문이다. 이 기름 부음은 너의 복음 전하는 자로서의 부르심 때문에 네게 임한 것도 아니다. 나는 나의 모든 복음 전하는 자들이 나의 능력 안에서 걷게 되기를 원하고 있단다."

"이 기름 부음은 너의 부르심이나, 너의 신조, 너의 피부 색깔, 너의 나라 때문에 네게 임한 것이 아니다. 기름 부음이 네게 임한 것은 네가 너 자신의 개인적인 충전personal edification을 위한 방언 기도의 영적 원리를 발견하였기 때문이다. 이 법칙은 너의 가장 거룩한 믿음, 즉 믿음이 생기는 너의 그 부분 위에 너 자신을 건축하게 된다."

"너는 네가 원하는 만큼 얼마든지, 언제든지 네가 원하면 네 스스로 의도적으로 자신을 강건하게 할 수 있는 것을 발견하였다. 성령으로 기도함으로써 너는 너를 제어하는 네 육체적 감각을 따라 걷는 것을 초월하도록 자신을 건축할 수 있으며, 너로 하여금 하나님의 말씀을 확신케 하여 살아있고 성령으로 충전되어 성령 안에서 자유로운 삶을 사는 것을 가능하게 한다."

하나님의 능력에 오랫동안 굶주려 있었던 나는 마귀를 쫓아내고 산을 움직이는 믿음으로 자라는 데 가장 중요한 열쇠 중 하나, 즉 개인의 충전을 위해 방언으로 기도하는 것을 우연히 발견하게 되었습니다. 하나님의 신비를 푸는 중요한 열쇠를 발견한 뒤에 누군가 나를 기도실 밖으로 끌어낼 수 있으리라고 생각합니까? 천만의 말씀입니다! 내가 발견해야 할 내 생애를 위한 하나님의 계획을 나는 가지고 있었습니다!

네가 거의 아무것도 알지 못하는
성령의 역사가 있다.
그러나 네가 내 영 안에서
계속해서 성장하고 걷는 것을 배운다면,
나는 초대 교회가 걸었던
그것들을 네게 보여줄 것이다.
많은 사람이 여러 도시로부터 몰려와
내 영의 역사에 불을 붙이는 것들을
네게 보여 줄 것이며
나의 능력이 나타나서
한 사람도 빠짐없이 고침을 받을 것이다.
나는 네게 사역들이 태어나는
지성소를 보여 줄 것이다.
나는 사람들이 한 번 분명하게 보았던 요소들이지만
지금은 소홀히 취급되는
그런 요소들을 네게 보여 줄 것이다.
사람들은 성령의 충만함을 받을 때까지
열심을 다해 추구할 것이다.
오직 주님과의 관계로만 충족될 수 있는,
사람들이 갈망하는 것들을 보여주겠다.

3

영적 은사와 그 역사들

 끊임없어 보이는 계단을 로잘리와 내가 올라가고 있었습니다. '빨리 서둘러!' 나는 혼자 외치고 있었습니다. '빈 좌석이 곧 다 없어질 거야!'
 마침내 우리는 맨 위 단 좌석들이 있는 곳에 도착했습니다. 조금만 더 가면 우리는 자리를 잡고 앉을 수 있었습니다. 내가 두 개의 빈자리를 찾고 있는데, 통로마다 사람들이 갑자기 쏟아져 나와서 눈에 보이는 모든 빈자리를 차지해 버리는 것 같았습니다. 로잘리와 나는 맨 윗줄까지 계속 올라갔지만 모든 자리는 이미 다 차 있었습니다.
 그 당시에 나는 아직도 제재소에서 일을 하고 있었습니다. 2주 전에 로잘리와 나는 유명한 복음 전도자인 캐서린 쿨만이 우리 주에 온다는 소식을 들었습니다. 우리는 빠질 수 없는 너무나 좋은 기회라고 생각했습니다. 그래서 집회 당일 우리는 우리 집이 있는 길크라이스(라파인에서 살다가 우리가 이사 간 동네)에서 오레곤 주의 포트랜드까지 운전을 했습니다. 그런데 우리는 자리 두 개도 찾을 수 없었던 것입니다! 잠시 동안 실망을 했지만 우리는 할 수 없이 계단 맨 위의 콘크리트 바닥에 앉아 세 시간 반을 보낼 수밖에 없었습니다.

'이것이 바로 내가 너를 위해 가지고 있는 것이다'

그 예배는 갈급한 우리의 눈과 귀가 바라던 것 이상이었습니다. 우리는 우리 눈앞에서 일어나고 있는 수많은 기적과 논쟁의 여지가 없는 병 고침으로 인하여 놀라움을 금치 못했습니다. 그러고 나서 캐서린 쿨만은 사람들에게 자신의 삶을 예수님께 드리라고 열정적으로 호소하였고, 나는 수많은 사람이 성령의 역사에 반응하는 것을 놀라움으로 바라보았습니다.

내가 거의 절대적인 경외감에 사로잡혀 앉아 있는데 갑자기 누군가 내 이름을 불렀습니다. 나는 로잘리가 내게 무슨 말을 했나 싶어서 로잘리를 쳐다보고 물어보았습니다. 그녀는 고개만 저을 뿐 아무 말도 하지 않았습니다.

강단 쪽을 다시 바라보면서 나는 음악하는 사람들, 캐서린 쿨만, 강단 앞에 나와 있는 사람들 등을 모든 주의를 기울이며 계속 바라보고 있었습니다.

"데이빗." 그 목소리가 또 들렸습니다! '이런 때에 누가 말을 자꾸 건단 말인가!' 참을 수 없다는 듯이 나는 내 뒤에 앉아 있는 사람을 한 번 쳐다보았습니다. 그는 아무 생각없이 나를 한 번 쳐다보았습니다. 그의 마음은 내가 아니라 집회에 있었습니다.

그래서 나는 고개를 돌려 회중 앞에 나와서 예수님을 구주로 영접하는 많은 사람을 다시 바라보았습니다. 오, 정말 흥분되는 장면이었습니다! '캐서린, 사람들이 당신을 통하여 성령님의 부르심에 그렇게 준비하고 있었다는 듯이 응답하게 만든, 당신이 하나님 안에서 얻은 그 위치에 도달하기 위해서 당신은 도대체 무엇을 포기했고 무엇을 하였습니까?' 이런 의문으로 나는 가득 차 있었습니다.

"데이빗." 나는 내가 보고 들은 것들 때문에 아드레날린이 너무나 많이 나와서 의자를 돌려 내 뒤에 앉아 있는 그 사람에게 퉁명스럽게 물었습니다. "도대체 무엇을 원하십니까?" 그 남자는 무슨 영문인지 모르겠다는 눈으로 나를 물끄러미 바라보았습니다. 그러면서 그는 해변의 자갈에게나 가지고 있을 만한 관심을 가지고 순하게 대답했습니다. "나는 당신에게 아무 말도 하지 않았습니다."

'그럼 누가 나를 불렀단 말인가?' 나는 이상해 하면서 조바심을 냈습니다. 나는 다시 앞쪽을 바라보았습니다. 그때 나는 또 한 번 그 음성을 들었습니다. 그런데 이번에는 이렇게 말했습니다. "이것이 바로 내가 너를 위해 가지고 있는 것이다." 내 눈앞에서 펼쳐지는 파노라마를 바라보면서 내 마음은 재빨리 움직이고 있었습니다. '이럴 수가 있나?' 이것은 내 믿음을 벗어난 일이었습니다. 이것은 내 생애에 경험하지 못했던 영적인 은사가 활동하고 있는 것이었고 기름 부음이었습니다.

'내가 들은 음성은 하나님의 음성이 아닌게 분명해! 마귀가 나를 속이려고 하는 것이 분명해. 그렇지만 나는 안 속을 거야!'

로잘리와 내가 길크라이스로 운전을 하여 돌아올 때 나의 마음은 그 음성에 대한 생각을 떨쳐버릴 수 없었습니다. 그때에 나의 들쭉날쭉한 감정에 고문을 가하는 듯한 의심의 칼이 꽂혔습니다. '내가 마음으로 만들어낸 것이야. 바로 그거야, 헛된 상상일 뿐이야!' 그날 밤 늦게 집으로 운전을 하고 돌아오면서 나는 얼마나 그 '상상'을 떨쳐버리려고 애를 썼는지 모릅니다.

그런데 어쩐 일인지 내 깊은 곳에서 나는 이 음성이 하나님인 것을 알았습니다. 나는 내 귀로 들리는 소리로 하나님의 음성을 들었으며 그의 음성은 내 심령을 울렸습니다.

'오, 하나님, 하나님은 나 같은 사람에게도 줄 은사를 정말 가지고 있습니까? 영적인 은사는 어떻게 나타납니까? 은사가 나타날 수 있도록 내가 무엇인가를 할 수 있습니까?' 나는 기도했습니다.

주님은 내 심령의 부르짖음을 들으셨습니다. 내가 그 평신도 간증 집회에서 '소란을 피운' 다음 쇠기둥에 몸을 의지하고 기대어 서 있었을 때 했던 그 많은 질문에 대한 첫 번째 해답을 받았습니다. 거기서 주님은 내가 자신을 세우기 위한 방언에 대한 영적인 법칙을 발견하였음을 내게 계시하여 주셨습니다.

나는 그날 배운 것을 즉시 활용하기 시작하였습니다. 내가 계속해서 성령으로 기도하고 말씀을 공부할수록 더 많은 계시가 왔습니다. 더 배우면 배울수록 나는 방언으로 말하는 것이 영적인 법칙을 발견하게 할 뿐 아니라 영적인 은사와 그 역사에 관한 모든 것의 바탕이 되는 영적 기초임을 깨닫게 되었습니다.

영적 은사를 이해하기

하나님의 다스림 가운데 방언을 말하는 것의 역할에 관하여 살펴봅시다. 그러기 위해서 우리는 바울이 그리스도의 몸 전체 가운데서 부르심과 성령의 은사, 사역에 관한 개요를 밝히고 있는 고린도전서 12장으로 가 보아야 합니다. 그는 1절에서 이렇게 시작을 하고 있습니다.

> 형제들아 신령한 것에 대하여는 나는 너희가 알지 못하기를 원하지 아니하노니

이제 나는 성령님에 관하여 이것을 알고 있습니다. 성령님께서는 바울이 이런 말을 하게 해놓고 우리를 알지 못한 상태로 내버려 두지 않을 것입니다! 뒤에 이어서 나오는 부분에서 바울은 우리가 가지고 있을 수 있는 성령의 은사의 역사에 관한 어떤 영적인 무지, 오해, 종교적 오류를 제거하는데 필요한 모든 정보를 성령에 의하여 제공하고 있습니다.

개인적으로 내가 무지하기를 원하지 않는 한 가지 주제가 있다면 그것은 바로 성령의 은사의 역사입니다. 솔직히 말씀드린다면, 이 시대에 신도들 가운데 가장 부족한 것이 이 분야에 관한 지식입니다. 우리 순복음 믿음의 사람들은 흔히 성령의 은사에 관하여 꽤 많이 알고 있다고 자부심을 가지고 있습니다. 이 아홉 가지 은사가 어떻게 역사하는 것인지 아는 것에 대해서 더 자부심을 갖지 못한 것이 아쉬울 따름입니다!

거짓의 명수인 사탄은 고린도전서 12장의 이 구절들에 관하여 혼돈과 분열을 성공적으로 퍼뜨려서 성령의 은사와 그 은사가 힘을 부여하는 사역에 관한 서로 다른 해석 때문에 심지어는 한 교단이 분열되기도 했습니다. 그러므로 바울이 이 구절들을 통해 고린도 교회를 가르치고 있는 것을 조심스럽게 점검해 보는 것이 우리에게 유익이 있을 것입니다.

고린도전서 12장 4-6절에서 바울은 이렇게 말하고 있습니다.

> 은사는 여러 가지나 성령은 같고 직분은 여러 가지나 주는 같으며 또 사역은 여러 가지나 모든 것을 모든 사람 가운데서 이루시는 하나님은 같으니

바울이 말하고 있는 것이 무엇입니까? 그가 4절에서 말하고 있는 '은사들'은 고린도전서 12장 8-10절에 기록된 아홉 가지 성령의 은사임을 우리는 알고 있습니다. (1) 지혜의 말씀 (2) 지식의 말씀 (3) 믿음의 은사 (4) 병 고침(복수, 즉 병 고침들로 되어 있음)의 은사들

(5) 기적들을 행함 (6) 예언 (7) 영들 분별함 (8) 다양한 혹은 다른 초자연적인 방언의 나타남 (9) 방언 통역

그러나 5절에서 "**직분**administrations**은 여러 가지나 주는 같으며**"라고 할 때 그 의미는 무엇입니까? 이 구절에서 바울이 말하고 있는 것을 이해하려면 우리는 에베소서 4장 8절과 11절로 돌아가 보아야 합니다.

그러므로 이르기를 그가 올라가실 때에 사로잡혔던 자들을 사로잡으시고 그 사람들에게 선물을 주셨다 하였도다…
그가 어떤 사람은 사도로, 어떤 사람은 선지자로, 어떤 사람은 복음 전하는 자로, 어떤 사람은 목사와 교사로 삼으셨으니

다른 말로 하면 그리스도의 몸 안에는 사도, 선지자, 교사, 목사, 복음 전하는 자와 같은 다른 직분administrations, 혹은 자리offices가 있습니다. 그러나 위로 올라가셔서 이런 은사들이나 직분을 주신 분은 같은 주 예수 그리스도라는 것입니다.

그리고 나서 고린도전서 12장 6절에서는 "**또 사역은 여러 가지나 모든 것을 모든 사람 가운데서 이루시는 하나님은 같으니**"라고 말하고 있습니다. 그러므로 바울이 말하고 있는 것은 단순히 이런 것입니다. 아홉 가지 은사와 사역의 직분이 사용되는 것을 결정하는 분은 성령님이라는 것입니다. 예수님께서는 각 사람을 그의 직분과 부르심에 세우십니다. 그리고 이 원래의 계획을 제공한 분은 하나님 아버지이십니다.

직분을 감당할 능력을 주고 자격을 갖추게 하는 은사들

에베소서 4장에 있는 방금 읽은 '오중 사역 은사'는 우리가 너무나 많이 들었던 것입니다. 성령의 아홉 가지 은사는 이 다섯 가지 사역을 할 수 있는 힘을 부여하고 자격을 갖추게 해 줍니다. 이와 같이 이 사역 중의 한 직분으로 부르심을 받을 사람들에게 하나님께서는 따르는 표적으로 말씀을 선포할 수 있도록 해 주셨습니다(막 16:20). 하나님은 그분의 말씀을 설교하는 것이 능력 없어 보이도록 만드시지 않았습니다.

성령의 은사들이 사역의 직분을 맡은 사람들에게 능력을 구비케 하는 것은 마치 전력 발전소에서 가정의 각종 전기 제품으로 전력을 공급하는 것과 같습니다. 각 가전제품은 각각 다른 작동을 하도록 만들어져 있지만 모두 다 똑같은 발전소와 연결되어 있습니다.

비슷한 방법으로 하나의 '전선'은 사도에게 연결되어 있고, 다른 전선은 선지자에게, 다른 전선은 목사에게 연결되어 있지만 모든 사역의 직분은 성령님께 연결되어 있습니다. 토스터는 토스터대로 블렌더는 블렌더대로 작동하듯이, 하나님의 능력의 스위치가 올려지면 성령님은 아홉 가지 성령의 은사를 특별히 조합하여 다른 사역의 직분에 기름을 부어 주십니다.

다섯 가지 사역에서 역사하는 이 성령의 은사의 조합이 어떤 사람이 한 사역의 직분을 감당하도록 자격을 주고 또 어떤 사역의 직분을 감당할 것인지 결정합니다.

하나님의 여덟 가지 역사

하나님의 다스림은 오중 사역의 직분과 성령의 은사의 작용을 넘어서 훨씬 더 확장됩니다. 실제로, 이 오중 사역의 직분과 아홉 가지 성령의 은사는 고린도전서 12장 28절에 요약되어 있는 여덟 가지 하나님의 다스림government 안에 다 포함되어 있습니다. 이 여덟 가지 사역operations이 하나님의 다스림을 구성하고 있으며 그리스도의 몸에 속한 모든 사람을 다 포함하는 것입니다.

너희는 그리스도의 몸이요 지체의 각 부분이라 하나님이 교회 중에 몇을 세우셨으니 첫째는 사도요, 둘째는 선지자요, 셋째는 교사요, 그다음은 능력을 행하는 자요, 그다음은 병 고치는 은사와 서로 돕는 것과 다스리는 것과 각종 방언을 말하는 것이라 (고전 12:27-28)

28절에 언급된 여덟 가지 일들operations은 하나님이 정한 순서대로 되어 있습니다. 이 목록에 따르면, 하나님의 다스림은 가장 먼저 강력한 사도의 직분으로 시작되며, 이어서 선지자와 교사가 뒤따르고 있습니다. 에베소서 4장 11절에 언급되고 있는 복음 전하는 자와 목사는 기적과 병 고치는 은사로 대치되어 있습니다. 이 성령의 은사들은 복음 전하는 직분과 목양하는 직분에 자격을 부여하고 능력을 입혀주는 우선적인 은사입니다. (이 오중 사역의 은사에 입문하는 수준이 바로 이 기적과 병 고침의 은사의 역사에 있습니다. 왜냐하면, 오중 사역의 은사는 모두 – 사도, 선지자, 복음 전하는 자, 목사와 교사 – 이 두 성령의 은사로 무장되어야 하기 때문입니다.)

다음은 사역의 육체적, 물질적인 면을 돕는 사역입니다. 돕는 사역 중에 아주 중요한 소명 하나는 내가 '단순한 드림의 사업이 정신 entrepreneurship of the simplicity of giving'이라고 이름 지은 것입니다. 이 일에 부르심을 받은 사람은 그의 성품과 부르심에 수백만 불은 아닐지라도 수만 불씩을 교회의 다스림을 위해 하나님 나라에 쏟아부음으로 하나님께 사용되기를 바라는 사람을 의미합니다.

돕는 것은 다스리는 것governments or administrations 다음에 나오는 것으로 교회에서 필요한 조직적인 기술과 은사를 포함하는 것입니다. 예를 들면, 이 사역에 부르심을 받은 사람은 수만 명이 모이는 대형 기도회를 조직할 수 있을 뿐만 아니라 그 큰 무리의 주변에 있는 소수의 신자까지도 그가 영적인 삶을 살도록 성장하는 데 필요한 것들을 가질 수 있도록 확실하게 해 줍니다.

돕는 것과 다스리는 것은 말씀 사역자들이 할 시간이 없는 것들, 예를 들면 사업 경영 같은 일들을 함으로써 하나님의 말씀으로 섬기는 사역자들을 후원합니다. 이 모든 것을 뒷받침하고 있는 것이 마지막이자, 기초가 되는 은사operation인 각종 방언을 말하는 것입니다.

그러므로 이 여덟 가지 하나님의 역사들operations 안에 오중 사역 은사가 다 포함되었을 뿐 아니라, 아홉 가지 성령의 은사들도 사도에서부터 여덟 번째 각종 방언을 말하는 것까지 이 모든 역사들operations 안에 다 쏟아부어져 있음을 알 수 있습니다.

당신이 들어맞는 곳은 어디입니까?

인생에서 무엇을 하도록 하나님이 당신을 부르셨든지 관계없이 당신의 부르심이나 '업무 명세서job description'는 하나님의 이 여덟 가지 은사 중에 하나나 또는 중복적으로 다 들어 있는 것을 발견할 수 있습니다. 당신이 거듭난 사람이라면 당신은 성령의 능력으로 이 역할을 하도록 부름을 받은 것입니다.

"로버슨 형제, 당신은 내가 어떤 일을 하도록 부름을 받았는지 알고 있습니까?"라고 당신이 물을 수 있습니다. 아니요, 나는 알지 못합니다. 당신 안에 씨앗의 형태로 믿음의 분량이 주어져 있습니다(롬 12:3). 당신의 부르심은 내가 아니라 당신이 찾도록 그 씨앗 속에 감추어져 있습니다.

에베소서 4장 7절은 이렇게 말하고 있습니다. **"우리 각 사람에게 그리스도의 선물의 분량대로 은혜를 주셨나니"** 분량이란 것은 전체 중의 일부라는 말입니다. 바울이 여기서 말하고 있는 그 '전체'라는 것은 그리스도의 몸입니다. 그리스도의 몸은 저마다 특별한 부르심을 가지고 있는 많은 지체들로 이루어진 몸입니다. 사람의 육체가 다른 역할을 하는 손, 눈, 귀, 코, 입 등 많은 지체를 가지고 있듯이 바울은 그리스도의 몸도 함께 전체를 이루고 있는 다른 사역들operations을 포함하고 있다고 말하고 있습니다.

당신은 무엇을 위해 구별되었습니까? 당신의 은혜, 당신의 분량, 그리스도의 몸 전체의 일들 가운데 당신의 사역operation은 무엇입니까?

그것이 무엇이든지 하나님은 당신에게 은혜를 주십니다. 그래서 바울은 이렇게 말했습니다.

> 내게 주신 은혜로 말미암아 너희 각 사람에게 말하노니 마땅히 생각할 그 이상의 생각을 품지 말고 오직 하나님께서 각 사람에게 나누어 주신 믿음의 분량대로 지혜롭게 생각하라 (롬 12:3)

바울이 말하는 핵심은 이것입니다. "나를 사도 직분으로 구별하신 하나님을 따라 내가 여러분에게 말하려고 합니다. 내가 무언가를 잘해서 사도직을 받은 것이 아닙니다. 나는 사도 자격이 없습니다. 하나님께서는 내게 이 직분을 감당할 은혜를 주셨을 뿐 아니라 이 직분을 성취할 믿음도 주셨습니다. 그러므로 당신이 어떤 직분에 부르심을 받았다는 것 때문에 당신이 하나님을 위한 특별한 도구라고 생각을 해서는 안 됩니다."

어떤 사역자들은 이런 태도를 보입니다. "나는 강한 사도다. 이 가련하고 빌빌대는 양 떼들아, 내게 롤스 로이스를 한 대 주든지, 나를 높이 떠받들어 올리도록 램스 축구팀을 보내 다오. 나는 너희들에게 보냄 받은 특별한 부르심과 은사가 있다. 그러니 너희들은 나를 잘 모셔야 한다."

바울이 다음과 같이 경고했던 태도가 바로 이런 것이었습니다. "당신들이 정신을 차리십시오. 각 사람에게 그 사람의 부르심과 직분에 맞게 믿음의 분량을 주신 분은 하나님이라는 것을 깨달으십시오.

사실 하나님은 당신이 부르심을 받아들일 만한 은혜를 주실 뿐만 아니라 그것을 성취할 수 있는 은혜도 주십니다."

각 사역operation에게 자격을 주는 어떤 은사들

아홉 가지 성령의 은사들은 능력을 제공할 뿐만 아니라 이 여덟 가지 사역에 자격을 부여한다는 것을 기억하십시오. 어떤 이는 "나는 사도입니다."라고 말할 수도 있습니다. 그렇지만 아홉 가지 성령의 은사들 중 몇 가지의 조합이 그의 부르심에서 역사하고 있지 않다면 그는 사도가 아닙니다.

어떤 사람은 "나는 선지자입니다."라고 말할 수도 있습니다. 그러나 선지자적인 직분을 감당하게 하는 능력과 자격을 부여하는 아홉 가지 성령의 은사들 중 어떤 특별한 은사들로 자격이 부여되지 않는다면 그는 선지자가 아닙니다.

많은 사람이 자신이 선지자라고 생각하지만 그리스도의 몸 안에서 벗어난 행동을 하는 일들이 실제로 있는 것 같습니다. 또 어떤 사람들은 사도로 자처하지만 실제는 아닌 것입니다.

이렇게 '스스로 칭하는' 사람들은 흔히 그 직분을 증명하기 위해 자신들이 어떤 성령의 은사를 나타내려고 시도하기도 합니다. 그러나 그들은 그 직분을 성령님으로부터 인정받지 못했기 때문에 대부분의 그런 노력은 자신들의 육신의 본성에서 나오는 것들일 뿐입니다.

이것은 제가 25년이 넘는 세월 동안 기나긴 여행을 하면서 관찰하고 경험하면서 발견한 사실입니다.

그러므로 어떤 은사가 당신의 부르심에 역사하고 있다면 당신은 한 특별한 일에만 자격이 있다는 것을 우리는 알고 있습니다. 그러나 여덟 번째 각종 방언 말하는 것은 어떻게 된 것입니까? 당신이 성령으로 세례를 받고 방언을 말한다면 당신은 이 여덟 번째 사역을 할 수 있도록 자격과 능력이 주어진 것입니다.

각종 방언을 말하는 것 : 기초적인 일 The foundational operation

우리는 고린도전서 12장 28절의 하나님의 여덟 가지 일에 관하여 전반적인 것을 훑어보았습니다. 이제 여덟 번째 마지막 일인 각종 방언 말하는 것에 대하여 초점을 맞추어 봅시다.

방언은 기초가 되는 것이기 때문에 이 성경 구절에서 맨 마지막에 기록되었다고 나는 믿습니다. 건물을 지을 때 기초는 건물을 아래에서 받쳐 주는 것입니다. 기초가 약하면 건물은 오래가지 못하거나 태풍을 이기지 못할 것입니다. 이와 마찬가지로 각종 방언은 나머지 일곱 가지가 서 있는 토대가 되는 것입니다.

왜 이렇게 말하느냐고요? 이 구절을 잘 생각해 보십시오. 하나님의 능력과 성령의 역사를 믿는 그리스도인과 안 믿는 그리스도인을 구별하는 선이 어디에 있습니까? 어디에 있는지 나는 정확하게 말할 수 있습니다. 하나님의 능력을 누리는 사람과 못 누리는 사람을 구별 짓는 선은 여덟 번째 하나님의 사역인 각종 방언입니다.

　방언을 말하지 않는 사람들은 대부분 다른 성령의 은사들도 누리지 못하는 것을 눈치채지 못하셨습니까? 반면에 방언을 말하는 사람들에게는 영적인 은사가 역사하기 쉽습니다. 이것은 연구하면 할수록 점점 더 분명해 집니다. 방언을 말하는 것이 구별하는 선입니다. 실제로 방언을 오늘날 이 시대를 위한 성령의 나타남으로 인정하지 않는 많은 교회들은 구원의 메시지마저 잃어버린 상태입니다.

　각종 방언 말함은 구별하는 선이 될 뿐만 아니라 그리스도의 몸 안에서 다양한 부르심과 직분에 능력을 주는 영적인 은사가 역사하기 시작하는 문이기도 합니다. 각종 방언 말함은 자연적인 영역에서 초자연적인 하나님의 능력으로 부름 받아, 우리가 이 은사들이 역사하도록 하기 위해 찾고 있는 스위치입니다.

　왜 그러냐고요? 방언을 말하는 것은 우리 내부로부터 밖으로 우리를 구비시키도록 디자인된 것이기 때문입니다. 방언을 말하는 것은 모든 영원한 변화가 오는 우리의 한 부분인 인간의 영에 영향을 끼치기 때문입니다. 그러므로 어떤 사람이 이 여덟 번째 역사를 거절하면 그 사람은 하나님의 나머지 일곱 가지 역사를 이룰 영적인 능력을 입을 수가 없을 뿐만 아니라 하나님께서 그에게 원하시는 깊이까지 미치지도 못할 것입니다.

　예를 들면 어떤 사람이 이 오중 사역 중에 하나로 부르심을 받았다고 합시다. 그는 하나님의 말씀에 관하여 훌륭한 지적인 의사 전달자

이거나 강사일 수도 있습니다. 그러나 성령의 능력이 이 역사를 활성화하도록 하여 그가 부름 받은 일을 성취하도록 하는 것은 각종 방언을 통해서입니다. 만일 그가 다른 방언으로 말하는 하나님의 은사를 받기를 거절한다면 그는 자신의 직분에 영적인 자격을 갖추는 것을 스스로 거절하는 것입니다.

당신이 방언으로 기도하면 하나님께서는 당신을 향한 부르심을 당신이 감당할 수 있도록 당신 안에서 자질을 갖추는 일을 하실 것입니다. 하나님께서 이렇게 당신의 특별한 부르심을 감당할 수 있도록 당신을 구비시키는 은사들이 당신을 통하여 활동하도록 할 것입니다.

예를 들면 내가 성령 안에서 기도를 많이 하면 하나님께서는 나를 목공일이나 어떤 사람의 뇌수술을 좀 더 잘 하도록 나를 훈련하지는 않을 것입니다. 그런 전문직은 나의 부르심이 아닙니다. 하나님께서는 내가 나의 소명, 즉 복음을 선포하는 일을 성취하는 데 필요한 성령의 은사들과 은혜로 나를 구비시켜 주실 것입니다.

이것이 바로 마귀가 이 여덟 번째 역사를 그렇게 두려워하는 이유입니다. 역사를 통해서 볼 때, 이 각종 방언 말하는 것이 바로 마귀가 가장 힘들여서 그 가치를 인정하지 못하게 하거나 교회로부터 없애버리려고 했던 것임을 알 수 있습니다.

원수는 당신이 방언으로 기도하는 것을 원하지 않습니다. 사실 당신이 이 기초가 되는 방언에 대하여 적게 알면 알수록 그는 더 좋아합니다. 성령의 은사와 능력을 통해 당신이 이런 사역 은사들에 합당한 자격을 갖추지 않는 한 마귀는 당신이 사도, 선지자, 복음 전하는 자나 목사 역할을 하는 것에 별로 주의를 기울이지 않습니다.

마귀는 사람들이 하나님의 부르심과는 별도로 그들 스스로 거대한 조직을 만들도록 함으로써 사람들을 속이는 것을 즐깁니다. 어떤 것이 하나님이고 어떤 것이 아닌지 교리적인 판결들을 내릴 수 있도록 스스로 이런 조직을 책임지는 자리를 사람들이 차지하게 합니다. 그래서 스스로 속는 교만으로 "방언은 오늘날에는 해당되는 것이 아니다"라거나 "이제는 동성연애자도 목사로 안수할 수 있다"라고 하면서 그들은 거창하고 대단한 명령을 선포합니다.

마귀는 전략적인 천재입니다. 마귀는 교회의 어떤 부분에서 방언을 없애지 못하면 그때는 그의 두 번째 전략으로 들어갑니다. 즉 그는 신도들이 방언에 대해서 극단적인 단계로 들어가도록 하여서 예배에 질서가 없고 통제가 불가능하도록 만들어 불신자들이 그들과 함께하기를 꺼리도록 합니다. 사탄의 전략은 방언을 사용하는 데 있어서 크나큰 혼란을 조성함으로써 마침내 이 은사의 역사가 이런 방언의 남용으로 인하여 속임을 당한 사람들의 눈에 효용과 신빙성을 잃어버리도록 하는 것입니다.

한번 생각해 보십시오. 왜 마귀는 이렇게 방언을 겁낼까요? 이 은사에 관계되어서만 이렇게 많은 혼란을 조성하기 위해 마귀가 그렇게 노력하는 이유가 무엇일까요? 바울 자신도 고린도전서 14장 전체를 할애하여서 이 은사에 관하여 초대 교회 안에 있었던 혼란과 잘못을 바로잡고 있습니다. 은사의 바른 사용을 설명하는 데 한 장 전체를 사용한 은사나 성령의 역사는 방언 은사 밖에 없습니다.

마귀가 왜 그렇게 겁을 내는지를 나는 알고 있습니다. 우리 내부에서 영적인 것들에 대한 이해를 증진시키고 친밀한 관계 안에서 예수님을 앎으로 우리의 영적인 갈망을 풀어주는 것이 있다면 그것은 바로 기초가 되는 각종 방언의 역할입니다. 우리가 본 바와 같이 이 방언의 역할은 하나님의 다스림을 이루는 다른 영적인 은사의 역사를 이루는 데 영적으로 자격을 갖추도록 하나님께서 제공하신 초자연적인 수단입니다. 그러므로 사탄은 방언 기도를 하여 집요하게 하나님을 찾으려고 하는 사람을 너무나도 무서워합니다.

당신의 자리를 찾도록 하는 하나님의 도움

앞에서 나는 당신에게 "당신은 어디에 맞습니까?"하고 질문을 하였습니다. 하나님 속에 감춰진 신비, 즉 세상의 기초를 만드시기 전에 계획된 구원 계획 안에서 당신은 어디에 속합니까? 당신은 사도나, 선지자나, 교사나, 복음 전하는 자, 목사로 부르심을 받았습니까? 아니면 당신은 다스리는 일이나 수백만 달러씩 복음의 재정을 후원하는 데 부르심을 받았습니까?

내가 앞에서 언급한 바와 같이 모든 신자는 당신을 포함해서 고린도전서 12장 28절에 있는 하나님의 여덟 가지 사역 중 어딘가에 들어맞습니다. 그런데 당신이 어디에 들어맞는지 어떻게 알 수 있습니까? 당신이 아직 준비되지 않았거나 부름 받지도 않은 그리스도의 몸의 한 자리를 채우게 하려는 마귀에게 속지 않으려면 어떻게 해야 하겠습니까?

    이것이 바로 하나님께서 우리가 우리 삶을 위한 하나님의 완전한 계획을 발견하도록 도와주시려고 기초가 되는 여덟 번째, 즉 각종 방언을 우리에게 주신 이유 중에 하나입니다. 우리에게 주어진 초자연적인 기도 언어로 성령께서 우리를 통하여 기도함으로 말미암아 하나님께서는 우리 영 안에 우리 안에 계신 그리스도, 즉 영광의 소망(골 1:27), 모든 세대를 통하여 그리스도 안에 감추어져 있던 비밀을 나누어 전하여 주십니다. 하나님의 위대한 계획 안에서 우리의 위치를 발견할 수 있도록 도와주시는 하나님의 도우심을 인하여 하나님께 감사드립니다!

내가 네게 준 사역을 위해
임명식을 통하여
내가 너를 불러서 구별하였을 때,
나의 능력이 네 안에서
그 직분을 이룰 수 있도록 하고
자격을 갖추도록 할 것이다.
왜냐하면 내가 믿는 사람들에게는
모든 것이 가능하도록 하였기 때문이다.
그러므로 네 자신의 이해력이나,
사람들이 만든 생각이나, 신조나, 교리를 통하여
나의 임재 가운데로 접근하지 말아라.
거짓말할 수 없는 기름 부음을
내가 네 안에 두었다.
그 기름 부음은 진리이며 네게 모든 것을 가르칠 것이다.
네 자신을 강건히 세우기 위해
네 자신을 나의 영에 내어 드려라.
그러면 내가 너를 높여 주리라.
내가 너를 구별하여 세운
모든 일들 가운데로 세워 나갈 것이다.
나의 능력으로 네가 자격을 갖추게 하겠다.

4

하나님의 다스림 안에서의 각종 방언

　우리는 각종 방언이 하나님의 다스림 안에 중대한 목적을 가지고 주어진 하나님의 전적인 역사임을 알았습니다. 이것을 부인하는 것은 그리스도의 몸을 온전케 하는 것을 부인하는 것입니다.

　그러면 이제 하나님의 다스림 가운데 각종 방언의 역할과 왜 하나님께서 하나님의 전적인 역사를 이 은사에 두셨는지 그 이유를 알아보겠습니다. 나는 사탄이 많은 사람을 속여서 이제는 필요 없어진 것이거나 별로 중요하지 않은 것이라고 믿도록 해버린 이 대단한 은사인 방언을 통해서 우리가 누릴 수 있도록 한 것이 무엇인지를 알기 원합니다.

각종 방언의 독특한 본성

우리가 거듭나자마자 즉시 실천할 수 있는 하나의 사역이 있으니 그것은 바로 여덟 번째, 각종 방언으로 말하는 것입니다. 예수님을 구원자로 영접하는 순간 우리는 성령 세례를 받을 수 있고 또한 방언으로 말할 수 있으며, 이 은사는 또한 우리가 부르심을 받은 어떤 사역이나 모든 사역에 대한 영적인 자격을 준 것입니다.

어떤 사람이 사도나 선지자로 부르심을 받았다 하더라도 그가 거듭난 지 5분 만에 사도나 선지자가 될 수는 없습니다. 그는 하나님께서 부르신 그 사역으로 구별되기 전에 성령님에 의하여 먼저 자격을 구비하고 훈련을 받고 준비되어 길들여져야 합니다.

이것은 고린도전서 12장 28절에 기록된 다른 일곱 가지 역사 전부에 해당되는 사실입니다. 모든 사람이 하나님의 말씀을 가르칠 자격을 갖추고 있는 것은 아닙니다. 어떤 목사님이 가르치는 동안 고개를 떨어뜨리고 잠을 자는 사람이 있는 것을 보면 알 수 있습니다! 어떤 사람이 능력 행함으로 역사나 병 고침의 은사가 나타난다고 해서 즉시 완전한 사역으로 들어갈 수는 없습니다.

돕는 것과 다스리는 것을 포함해서 처음 일곱 가지 역사는 각각 어떤 사람이든지 그가 부르심을 받은 그 일을 이룰 수 있기 전에 성령님의 구비케 하심을 받아야 하고 충성됨이 먼저 확인되어져야 합니다.

반면, 여덟 번째 사역은 어떤 사람이든 거듭나자마자 순간적으로 들어갈 수 있습니다.

어떤 사람이 영접 초청을 받아들여서 "나는 예수님을 나의 구원자로 받아들입니다."라고 말했다고 합시다. 그때 누군가 나와서 그에게 "당신은 방금 하나님의 본성을 받았으니 이제는 성령으로 충만함을 받으셔야 합니다."라고 말합니다.

그는 "무슨 말씀을 하는 겁니까?"하고 묻습니다. 그는 자신의 영이 방금 새로운 본성을 받아들이는 그릇이 되었기 때문에 그는 이제 성령 세례를 받을 수 있다는 것을 배웁니다. "네, 성령 세례를 받고 싶습니다."라고 그는 말하게 됩니다.

"그러면 아버지께서 약속한 성령을 받으십시오."

갑자기 그 사람의 턱이 흔들리기 시작합니다. "입 밖으로 말을 하십시오."라고 지도를 받습니다. 그의 입이 말을 만들기 시작하고 곧 그는 다른 방언으로 말합니다. 그는 며칠 동안 춤을 추며 큰 기쁨으로 그의 새로운 언어를 말합니다.

하나님께서 왜 이렇게 디자인하셨을까요? 왜 거듭남과 동시에 즉시 방언을 할 수 있게 하셨을까요? 왜냐하면 방언으로 기도하는 것은 우리가 특별한 부르심에 준비되고 자격을 부여받는 일에 전적으로 관계되어 있기 때문입니다. 방언으로 기도하면 성령님께서는 우리 가슴 속에 우리의 삶을 향한 하나님의 뜻을 이해하도록 해줄 수 있게 됩니다.

사람들은 가끔 새로운 탄생과 성령 세례를 같이 생각하기도 합니다. 그러나 거듭나는 것과 성령의 임재의 내적으로 충만함을 받는 것 사이에는 큰 차이가 있습니다.

우리 각 사람이 다른 인격체이듯이 성령님도 인격적인 분입니다.

우리가 거듭날 때 성령님이 우리를 새로운 피조물이 되도록 하는 창조 과정을 통해서 우리는 성령님을 모셔 들이게 됩니다. 그러나 우리가 성령으로 세례를 받기까지는 성령님을 충만한 상태로 모셔 들이지 못한 것입니다. 이제 성령님은 우리의 기도에 동역을 하시고 우리의 삶에 능력을 공급하면서 우리가 하나님께 순종하며 살 때 말씀의 계시를 주시며 우리 안에 살고 계십니다.

우리가 거듭나는 순간 순복하여 손을 들고 찬양하며 성령 세례를 받는 것이 하나님의 뜻입니다. 이것이 성령 세례를 받는 가장 좋은 방법입니다. 그러나 마귀는 교리의 분열을 통하여 이 새로운 탄생과 성령 세례를 구별시켜 놓음으로써 이제는 이 두 경험이 동시에 일어나지 않는 것이 규칙이 되다시피 하였습니다.

성령 세례 때의 방언의 기적

실제로 마귀는 사람들이 방언을 수반하는 성령 세례를 받지 못하게 하려고 모든 짓을 다합니다. 예를 들면, 나는 성령 충만을 받고 싶어서 한 백 번은 기도 받는 줄에 서 있었지만 받지 못하고 항상 낙심한 상태에 빠졌던 많은 사람을 위해 여러 번 기도했었습니다. 내가 강단 앞으로 초청할 때 그들은 앞으로 나옵니다. 이전의 목사들처럼 나도 그들을 위해 기도합니다. 그들의 입은 움직이지만 아무 소리도 내지 않습니다.

그러면 나는 "당신의 입 안에 이미 있는 것을 왜 그냥 밖으로 말해 버리지 않습니까?"라고 말하면서 그들을 격려합니다. 내 제안을 받아들이는 대부분의 사람들은 즉시 방언을 말하기 시작합니다.

왜 그럴까요? 성령님이 그 신자를 채우는 순간 맨 먼저 하시는 일이 신자 개인의 영적 충전을 위해 그의 영 안에 초자연적인 방언을 창조하는 일입니다.

내 경험으로는 성령 세례를 받은 첫 번째 증거는 이사야 28장 11절에서 말하고 있는 '더듬거리는 입술'이었습니다. **"그러므로 더듬는 입술과 다른 방언으로 그가 이 백성에게 말씀하시리라."**

어느 날 밤 성령 충만을 받기 위해 강단 앞으로 나갔을 때 무언가가 내 위에 임하였습니다. 갑자기 나의 턱과 입과 혀가 모두 움직이기 시작했습니다. 내 입은 나의 통제를 벗어난 듯 했습니다.

나는 내 입이 뭔가 잘못된 것으로 생각했습니다. "성령으로 나를 채워주세요"라고 내가 말한 그 순간 성령님께서 내 영에서 그의 초자연적인 언어를 창조하기 시작하셨다는 것을 나는 몰랐습니다. 내가 큰 소리로 말하는 것을 두려워했기 때문에 방언이 더듬는 입술을 통해 나왔습니다. 나는 그냥 내가 말하는 것이라고 확신했습니다. 실제로 내 입이 성령의 초자연적인 언어를 만들어 내고 있다는 것을 나는 전혀 몰랐습니다.

그러나 그 후에 집에서 내가 하나님을 경배하고 있을 때 성령님은 내 위에 다시 임하셨습니다. 내 입은 그날 밤 교회에서와 똑같이 움직이기 시작하였습니다.

그러나 그때 이미 나는 사도행전 2장 4절, 즉 **"그들이 다 성령의 충만함을 받고 성령이 말하게 하심을 따라 다른 언어들로 말하기를 시작하니라"**를 배웠었습니다. 그래서 이번에는 이 말들을 말하고 싶어 하는 충동을 억제하는 대신 스스로 성령께 자신을 내어 드리고 방언으로 말하기 시작하였습니다. 내가 더 오래 자신을 내어 드릴수록 성령께서는 더 많은 '생수의 강들'이 내게서 쏟아져 나오게 하였습니다.

> 나를 믿는 자는 성경에 이름과 같이 그 배에서 생수의 강이 흘러나오리라 하시니 이는 그를 믿는 자들이 받을 성령을 가리켜 말씀하신 것이라 (예수께서 아직 영광을 받지 않으셨으므로 성령이 아직 그에게 계시지 아니하시더라) (요 7:38-39)

얼마 되지 않아서 나는 성령의 능력으로 완전한 기도 언어를 말할 수 있게 되었습니다.

방언으로 기도하는 것의 유익

만일 성령 하나님께서 우리 영 안에서 이 언어를 문자 그대로 창조하신다면 어떤 기도가 가능할까요? 또 그것이 우리에게 어떤 유익이 있을까요?

우리는 이미 방언 기도의 몇 가지 유익을 살펴보았는데 나머지는 후에 깊이 다루도록 하겠습니다. 그러나 지금 몇 가지 유익에 관하여 언급을 하고 싶습니다.

성령님은 십자가에 대해 계시해 주시고 또 예수님께서 우리를 위하여 감당하셨던 모든 것에 대한 지식을 계시해 주기 위해서 우리 영에 들어오셨습니다. 뿐만 아니라 당신과 내가 방언을 말하게 되었던 날 어떤 사람도 자연적인 방법으로는 줄 수 없었던 영적 권세를 이해하도록 하기 위해 디자인된, 실제로 살아서 역사하는 강력한 하나님의 다스림의 역사가 우리 영 안에서 역사하게 되었습니다.

이 영적인 능력과 권세는 우리가 감당하기 힘든 상황을 지나 또 다른 힘든 상황으로 들어가는 삶 가운데서 의지하고 설 땅을 계속 잃어갈 때, 우리의 삶을 망쳐버릴 수 있는 극단적인 고통과 염려, 두려움, 소망 없음을 극복할 수 있도록 우리에게 하나님이 주신 수단입니다.

방언으로 기도하는 것은 인격적인 결점들을 극복할 수 있는 힘을 제공해 줍니다. 이런 인격적인 결점들은 깊이 뿌리를 잡고 있다가 튀어나와 거의 모든 큰 승리와 진보 앞에 흔히 오는 시험과 시련을 만났을 때 우리가 그것들을 이길 수 있게 하는 샘솟는 힘과 주도권을 빼앗아 갑니다. 방언 기도는 이런 인격적인 결점들을 극복하도록 하는 능력을 부여해 줍니다.

방언으로 기도하는 것은 항상 우리에게 긍정적으로 영향을 끼칩니다. 하나님은 방언으로 기도하는 것은 우리를 세워준다edifies고 말하고 있습니다(고전 14:4). 유다서 20절에서 방언 기도는 우리의 가장 거룩한 믿음 위에 우리를 건축하는 것이라고 말하고 있습니다. 우리가 신실하게 방언으로 기도하는 데 시간을 보냄에 따라 우리의 삶은 변화되기 시작합니다. 우리가 영 안에 '주의 등불'(잠 20:27)을 갖다 놓으므로 하나님의 말씀은 전문적인 조명자의 손 안에서 살아나기 시작합니다.

우리는 아버지께서 우리를 가르치라고 넘겨주신 분, 즉 우리가 기도로 우리의 영을 내어드릴 수 있는 분을 이해할 필요가 있습니다. 우리를 채우신 분은 약속의 성령님, 삼위일체의 제 삼위이신 분임을 잊지 마십시오.

우리는 성령님과 단둘이 기도실에 들어가 기도하는 것을 우리의 특권과 심령의 소원으로 여겨야 합니다. 성령님은 기도할 어떤 문제나 걱정거리도 없습니다. 조명이 필요한 분은 성령님이 아닙니다. 그럼에도 불구하고 그분은 우리의 관심사들을 위해 기꺼이 우리를 통해 기도하시기를 너무나 원합니다. 성령님은 우리를 모든 진리 가운데로 안내하고 가르쳐 주기를 열망하고 있습니다(요 16:13).

우리가 처음 거듭났을 때 어떤 육신적인 상태에 있었는지는 문제가 되지 않습니다. 우리가 돈을 훔쳤든지, 거짓말을 했든지, 술을 마셨든지, 어두운 골목길로 여자들을 찾아 다녔든지 아무 관계가 없습니다. 우리가 성령으로 세례 받을 때 처음 받는 이 간단하고 작은 방언을 말하는 은사는 우리를 세워주는 한 가지 이유를 위해서만 작용합니다. 그렇기 때문에 우리는 방언으로 기도하기 위하여 우리가 영적으로 구비되었다고 느껴질 때까지 기다릴 필요가 없습니다.

"그렇지만 로버슨 형제, 나는 아직도 육신적인 삶을 살고 있는데요." 그것도 바뀔 수 있습니다. 하나님은 당신을 '그곳에서 이곳으로', 즉 육신적인 삶으로부터 자유와 승리의 삶으로 이끌어 오기를 원하십니다. 이 일을 위해서 성령님께서 오셨고, 오실 때 그의 초자연적인 언어를 가져오셨습니다. 당신이 얼마나 영적이라고 느끼든지 못 느끼든지 상관없이 당신이 성령으로 기도하기 시작하면 당신은 이미 스스로를 세우는 과정the edification process을 시작한 것입니다.

그는 모든 사람들에게 선물을 주셨다

그러면 이제 에베소서 4장으로 돌아가서 그리스도의 몸이 일할 수 있도록 하나님께서 디자인한 것을 좀 더 자세히 살펴봅시다. 그러면 하나님의 다스림 가운데 각종 방언의 역할을 우리가 이해하는 데 도움이 될 것입니다.

그가 어떤 사람은 사도로, 어떤 사람은 선지자로, 어떤 사람은 복음 전하는 자로, 어떤 사람은 목사와 교사로 삼으셨으니 이는 성도를 온전하게 하며 봉사의 일을 하게하며 그리스도의 몸을 세우려 하심이라 우리가 다 하나님의 아들을 믿는 것과 아는 일에 하나가 되어 온전한 사람을 이루어 그리스도의 장성한 분량이 충만한 데까지 이르리니
(엡 4:11-13)

1980년대에 나는 이 성경 구절에 관하여 많은 가르침을 받았습니다. 내가 배운 것은 이런 내용이었습니다. 예수님은 높은 곳으로 올라가시고 교회에 선물로 오중 사역의 직분을 주셨습니다. 왜 주셨을까요? 그것은 바로 성도들을 온전케 하여서 모든 신자가 각각 그리스도의 몸을 세우는 사역을 할 수 있도록 하기 위해서입니다.

이런 해석을 들어보신 것 같지요? 이런 가르침이 우리 목회자들에게는 어떤 영향을 끼쳤는지 말씀을 드리겠습니다.

우리가 섬기러 가는 곳은 어디든지 거의 늘 우리 사역자들은 이렇게 소개가 되곤 했습니다. 회중들은 우리가 마치 미국 대통령이라도 되는 듯 우리를 대했습니다. 나는 이렇게 영광 받는 것을 싫어하지 않았다고 인정할 수밖에 없습니다. 특히 내가 더 육신적이었던 초창기에는 더욱 그랬습니다. 나는 그 환호하는 소리를 즐겼습니다. 캠프 미팅에서 우리 사역자들은 종종 이런 식으로 소개되곤 했습니다. "예수님께서 포로들을 이끌고 높은 곳으로 올라가신 후 사람들에게 은사를 주셨습니다. 그러므로 이제 그리스도의 몸에 주신 은사 중의 하나인 복음 전하는 자요, 교사인 데이브 로버슨을 환영합시다!"

내 속 깊은 곳에는 나 스스로도 말로 표현하지 않았던 한 가지 생각

이 숨어 있었습니다. '이 불쌍한 농사꾼들아, 당신들이 그리스도의 몸을 세우는 사역을 할 수 있는 성숙한 성도가 될 수 있도록 나는 당신들에게 특별한 선물로 뽑혀온 사람이다. 당신들이 세움을 받고 성숙하게 되는 것은 전적으로 내 속 깊은 곳에 자리잡고 있는 위대한 은사 때문이다.' 나는 내가 무언가 특별한 사람인 것처럼 생각하기 시작했습니다.(하나님께 감사드립니다. 그 후로 하나님께서는 나의 이 건강하지 못한 태도를 치료해 주셨습니다.)

나는 언제나 그 교회가 '그리스도의 몸에게 주신 은사들'에 관하여 다스림의 가르침을 받아들였는지 구별할 수 있었습니다. 왜냐하면 그런 교회에서 나는 언제나 매우 존경스럽게 대접을 받기 때문입니다. 예를 들면 한 번은 나의 교통편을 위해서 롤스 로이스 한 대를 준비해 놓고 새벽 두 시에 내가 혹시 아이스크림을 먹고 싶어할까 봐 내가 묵고 있는 바로 옆방에 한 사람을 대기 시켜 놓은 적도 있었습니다! 이런 대접을 내가 좋아하지 않았다고 말한다면 그것은 거짓말일 것입니다.

그러나 어떤 사역자들은 하나님이 주신 권리로 이런 특별한 대접을 기대하기 시작합니다. 만일 호텔의 모든 것이 자기가 원하는 바로 그 정도 수준이 아니면 불평을 시작합니다. "내 최고급 과일 바구니는 어디 있나? 나를 다음 집회 장소로 모셔가기 위해 내 옆방에 대기하는 사람은 없나?" 집회가 끝난 후 즉시 내 앞에 차를 대기시켜 놓고 내가 나가자마자 바로 탈 수 있도록 주최 교회에서 해 놓지 않았을 때 모욕감을 느꼈던 것이 생각납니다!

나의 이런 잘못된 태도를 제일 먼저 눈치챈 사람은 나의 아내였습니다. 우리는 몇몇 유명한 이름을 가진 사역자들과 함께 네브라스카 오마하의 큰 캠프 미팅에서 섬기고 있었습니다. 나는 '그들의 계급 조직의 맨 아랫사람'이었으므로 내게는 사람들 대부분이 점심을 먹고 다음 집회 사이에 낮잠을 좀 자고 싶어 하는 오후 집회 시간이 주어졌습니다. 다른 초청 강사들 대부분은 내 집회에는 참석조차 하지 않았지만 나는 이런 것들을 개의치 않았습니다.

그날 오후 예배 때 하나님께서 강력하게 역사하기 시작하셨습니다. 책임을 맡은 사람이 내게로 오더니 "우리는 예배 때마다 당신이 헌금을 걷기 바랍니다."라고 말했습니다. 그때부터 예배 때마다 나는 말씀을 조금 가르친 다음 헌금을 받았습니다. 그런데 내가 헌금을 다 거둘 때까지도 설교하기로 예정된 강사가 나타나지 않았습니다. 이런 것들이 내게 거슬리기 시작했습니다.

어느 날 저녁 로잘리와 내가 엘리베이터를 타고 있었는데 그 캠프 미팅에 참석하고 있는 한 사람이 사람들 머리 위로 "아니, 다른 강사 목사들이 목사님이 가르치는 것을 들었어야 하는 건데."라고 내게 거침없이 말을 하는 것이었습니다.

나는 "그렇지요. 그들도 좀 오래 있었더라면 들었을 텐데요."라고 언짢은 듯이 말했습니다. 내 아내는 나의 대답 뒤에 있는 교만한 태도를 잡아내고는 나중에 이 문제에 대해 지적해 주었습니다.

보다시피 내가 하나님이 주시는 직분에 관해 배운 그런 가르침이 나의 태도에는 도움이 되지 못하고 있었습니다. 에베소서 4장이 이런 식으로 가르쳐지는 것을 들을 때마다 나는 내가 주님의 몸에 특별한 선물이라는 확신을 더하게 되었고 그럴수록 나의 머리는 점점 더 커졌습니다.

하나님께 감사할 것은 우리가 계속 성령으로 기도하며 아버지께 신비를 말하기만 하면 하나님께서 우리를 바로잡아 주신다는 것입니다!

하나님께서는 짧은 밧줄을 묶고 멀리 달리려다가 뒤에서 낚아채지듯 나의 잘못된 교만한 태도를 다스리셨습니다. 하나님은 각종 방언을 포함해서 다른 사역들이 하나님의 다스림 안에서 어떤 역할을 하는지 나의 영에게 계시해 주셨습니다. 처음 그분이 말씀하시는 것을 듣고 나는 너무나 충격을 받았습니다. "오 주님, 주님께서 우리 사역자들을 전혀 높여주지 않으시다니요!"

존경할 사람을 존경하는 것과 복음의 사역자들에게 존경을 표시하는 것은 좋은 것입니다. 그러나 그의 부르심이 당신의 부르심보다 더 존경받아야 한다고 당신이 생각한다면 당신은 생각을 바꾸어야 합니다.

하나님은 사람을 차별해서 대접하지 않습니다. 당신도 역시 주님의 몸에 매우 귀한 선물입니다! 당신의 부르심이나 직분이 무엇이든지 하나님이 보시기에는 목회자로 부르심을 받은 것과 똑같이 중요한 것입니다. 어떤 사역자에게 보여주었던 것과 똑같은 존경심으로 당신도 대접을 받아야 합니다.

그러므로 바울이 에베소서 4장 10-12절에서 말하고 있는 것이 무엇입니까? 이것을 이해하기 위해서는 바울이 비슷한 것을 말하고 있는 고린도전서 12장 27절과 28절을 보아야 합니다. 먼저 바울은 **"너희는 그리스도의 몸이요 지체의 각 부분이라"**고 말하고 있습니다. 이 말씀을 에베소서 4장 7절 **"우리 각 사람에게 그리스도의 선물의 분량대로 은혜를 주셨나니"**와 비교해 보십시오.

문맥으로 볼 때 바울은 고린도전서 12장 27절에서 그리스도의 몸 전체를 언급하고 있음을 알 수 있습니다. 이어서 28절에서 바울은 **"하나님이 교회 중에 몇을 세우셨으니…"**라고 말하고 있습니다. 이어서 여덟 가지 하나님의 사역을 열거하고 있습니다. 에베소서 4장 11절에서와 똑같이 그는 오중 사역으로 시작을 하고 있습니다. 그리고 나서 돕는 것, 다스리는 것과 각종 방언을 열거하고 있습니다.

예수님께서 높은 곳으로 올라가실 때 인류의 속량을 위해 자신이 흘리신 피를 아버지께 드리고는 아버지의 오른 편에 앉으셔서 "다 이루었다"고 말씀하셨습니다. 그리고 예수님은 그의 은사를 가지고 그리스도의 몸 전체를 충만케 하시기 시작하셨습니다.

세 가지 목적을 위한 세 종류의 은사들

고린도전서 12장 28절에서 발견되는 하나님이 만드신 순서를 봅시다. 예수님은 높은 곳에 오직 한 번 올라가시고 사람들에게 은사를 주셨습니다. 그러나 고린도전서 12장 28절이 어떻게 에베소서 4장 11절과 연결되어 있는지 가르치기 위해서 예수님께서 세 개씩 하나의 그룹으로 이루어진 세 가지 은사들을 위해서 세 번 높은 곳에 올라가셨다고 가정해서 말해봅시다.

먼저 예수께서는 다섯 가지 사역의 은사를 한 줌 집어가지고 그리스도의 몸을 향해 던지셨습니다. 한 무리의 사람들이 이 은사를 받으려고 일어섰습니다.

한 사람이 말했습니다. "나는 그리스도의 몸을 위한 사도야!" 다른 사람은 "나는 선지자의 직분을 위해 구별되었어."라고 말합니다. 어떤 이는 "나는 복음 전하는 자로 부름을 받았어."라고 말하고 어떤 사람들은 "가르치는 은사가 내게 임했다니까!"라거나 "나는 목사로 부름 받았어!"라고 외쳐댑니다. 이런 사역의 직분으로 부르심을 받은 사람들은 일어서서 자신들의 소명을 인정하고 "우리는 이를 위해 은혜를 받았습니다."라고 말했습니다.

무슨 목적으로 주님은 이 사역의 직분들을 주셨겠습니까? 성도들을 온전케 하기 위하여, 즉 성숙한 성도가 되도록 하기 위해서 입니다(엡 4:12).

이 오중 사역을 하는 사람들은 그들이 주님으로부터 받은 계시의 지식을 그리스도의 몸에 제공하도록 되어 있습니다. 그들은 하나님의 말씀을 우유에서부터 고단백질의 고기로 성도들을 섬겨야 합니다. 이렇게 함으로써 성도들은 그들이 온전히 변화되어 성숙한 성도가 될 수 있습니다.

그러고 나서 예수님께서는 그 몸을 보시고 "다섯 가지 사역의 직분으로는 그리스도의 몸이 매끄럽게 작용하는데 충분하지 않구나. 한 줌 더 가지러 올라가야겠구나."라고 말씀하십니다.

여기서 예수님은 두 번째로 올라가셨습니다. 예수님은 은사를 한 줌 더 집어서 그 몸을 향해 밑으로 던졌습니다. 이번에는 수천수만의 사람이 일어서서 말했습니다. "어머나, 나는 돕는 일에 부름을 받았네!" 혹은 "나는 다스리는 은사를 받았어."라고 말했습니다. 이 사람들에게 예수님은 "잘했다! 내가 네게 합당한 은혜를 주었다. 이 은사는 사도나 선지자와 똑같이 나의 교회에 준 선물이란다."라고 말씀하셨습니다.

돕는 것과 다스리는 것이 그리스도의 몸에서 어떤 일을 할까요? 이 사역은 에베소서 4장 12절에 열거된 두 번째 목표를 성취합니다. 그들은 섬기는 일을 합니다.

예수님께서 그 몸을 한 번 더 보시고서 말씀하십니다. "아직도 부족하구나. 나의 사람들은 나의 영으로 활동하는 것을 배워야 한다." 그래서 그분은 그리스도의 몸을 구비시키는 일을 마치려고 한 번 더 올라가셨습니다. 이번에 그분은 여덟 번째 하나님의 사역, 즉 각종 방언을 집어서 그리스도의 몸 전체를 향해 던지셨습니다.

그리스도 몸 안에 있는 모든 사람들이 다 일어나서 이 은사를 받았어야만 했습니다. 왜 그럴까요? 왜냐하면 각종 방언의 가장 중요한 나타남이 바로 신자의 영 안에서 신자 자신을 세우기 위하여 성령님이 직접 역사하는 것이기 때문입니다.

이것이 바로 이 역사가 성취하고자 하는 한 가지 목적입니다. 이 은사는 성도를 세우기 위해서 주어진 것입니다. 무슨 일이 일어날 때까지입니까? 우리 모두가 믿음으로 하나가 되는 데 이를 때까지입니다. 우리가 사람의 교활한 꾀에 더 이상 속지 않게 될 때까지입니다. 우리가 사랑 안에서 진리를 말함으로써 우리의 부르심을 이룰 때까지입니다.

우리 모두는 이 은사를 받아야 합니다. 왜냐하면 우리가 믿음 안에서 하나가 되는 데까지 이르려면 우리는 우리 안에 살고 있는 우리의 선생님이신 성령님의 능력을 풀어 놓는 법을 배워야만 합니다. 성령님은 우리를 도와서 우리가 거듭날 때 이미 하나님께서 우리를 구별하여 세우신 각자의 소명을 이루도록 영적으로 우리를 준비시키기 위해 아버지 앞에 하나님의 비밀과 신비를 여러 시간 동안 기꺼이 기도하십니다.

그러므로 예수님께서 높은 곳으로 올라가실 때에 그분은 세 가지 다른 목적을 위해서 세 가지 은사 그룹들을 주셨습니다. 즉, 성숙한 성도가 되도록 하는 다섯 가지 사역과 섬기는 일을 위해 돕는 것과 다스리는 것, 그리고 그리스도의 몸을 세우기 위한 각종 방언이 그것들입니다(다음 페이지의 도표를 보십시오).

이 세 종류의 은사들은 우리가 하나님의 아들을 아는 지식의 충만한 데에 이르고 믿음 안에서 하나가 되는 데에 이르도록 하려고 주신 것입니다(엡 4:13).

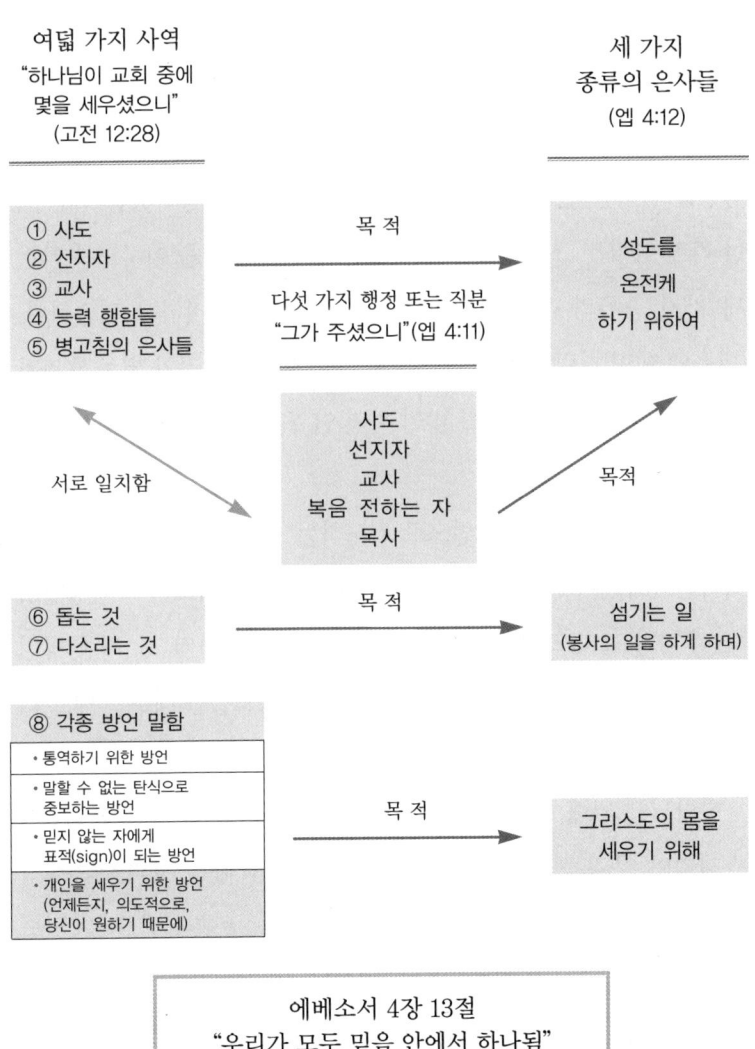

믿음의 연합을 이루기

마귀는 방언에 관한 한 교회를 철저히 혼란 가운데 빠뜨리려고 해 왔습니다. 마귀는 우리가 너무 낙심하여 하나님이 주신 이 은사를 사용하지 않기를 바라고 있습니다.

사람들에게 주어진 세 종류의 은사들 중에서 하나님께서는 각종 방언을 말하는 한 가지 은사에 한 종류 전체를 할당하셨습니다! 이 한 가지 사역은 그리스도의 몸이 믿음 안에서 연합을 이루도록 하는 세 가지 종류의 은사들 가운데 삼분의 일을 차지하고 있습니다. (다음에 어떤 사람이 당신에게 방언으로 기도하는 것이 별로 효과가 없다거나 너무 방언 기도를 많이 하면 안 된다고 말하거든 이 사실을 생각하십시오!)

그러므로 우리는 이 방언으로 기도하는 사역이 우리의 삶에서 차지하는 중요한 역할을 하나님의 말씀을 통해 알아보아야 마땅합니다. 우리가 그리스도의 몸 안에서 이 여덟 번 째 사역, 즉 각종 방언을 하는 것만 한다 하더라도 우리는 여전히 성도들을 세우는 데 그리스도의 몸에 선물이 되고 있는 것입니다.

하나님에 의해 우리가 어떤 다른 사역을 이루도록 부름 받았든지 관계없이 우리는 모두 이 세 번째 종류에 속하는 사역, 즉 성령 안에서 기도함으로 방언이 제공하는 세움을 누구나 받을 수 있습니다.

하나님이 각종 방언에 부여한 이런 중요성에도 불구하고 아직도 그리스도의 몸 안에서 많은 사람은 방언을 무시하거나 심지어 제외시키기도 합니다. 예수님께서 성도를 세우기 위해서 주셨던 것을 제외시키고서 어떻게 우리가 믿음 안에서 하나가 되는 데까지 이를 수가 있겠습니까?

그리스도의 몸이 하나님이 의도하셨던 연합의 자리에 도달하려면 에베소서 4장 12절에 열거된 세 가지 목적 모두를 다 이룰 수 있는 세 가지 종류의 은사가 다 필요합니다. 그리고 각 사람이 '그리스도의 선물의 분량'을 그의 부르심을 따라 이루게 될 때 그리스도의 몸은 "그리스도의 장성한 분량에 이르도록"(엡 4:13) 세워지기 시작할 것입니다.

왜 이 모든 것이 필요할까요? 에베소서 4장 14-15절은 말하고 있습니다.

> 이는 우리가 이제부터 어린아이가 되지 아니하여 사람의 속임수와 간사한 유혹에 빠져 온갖 교훈의 풍조에 밀려 요동하지 않게 하려 함이라 오직 사랑 안에서 참된 것을 하여 범사에 그에게까지 자랄지라 그는 머리니 곧 그리스도라

예수님께서 사람들에게 주셨던 이 은사들이 왜 우리에게 필요할까요? 우리에게 이런 은사들이 필요한 이유는 우리가 사람의 간사한 속임수에 속지 않도록 하기 위해서입니다. 또 모든 거짓말을 버리고 진실만을 말하고 살기 위해서도 우리는 이 은사들이 필요합니다.

우리가 순수한 영으로 진리만을 말하면서 더 이상 속지 않을 때 그때부터 우리는 우리의 부르심을 이루기 위한 자격을 갖추는 과정, 즉 성령의 은사들로 능력을 받기 시작할 수 있는 것입니다.

계속 기도하여라.
은혜의 성령이 말씀하십니다.
내게로 들어오너라.
내가 네게 전달해 줄 것들이 있다.
그것은 너와 너를 사랑하는 사람들을
자유롭게 할 것이다.
나를 풀어놓아라.
주께서 말씀하십니다.
그러면 너는 곧 보게 되리라.
내가 내 능력 안에 움직일 때
내가 나의 사람들을 자유롭게 할 수 있는 것을.

5
네 가지 종류의 방언

처음 그리스도인이 되고 이어서 방언의 은사를 받게 되었을 때 나는 성령이 나를 압도하고 소리치도록 몰아붙이는 정도의 강한 기름 부음이 있을 때만 '성령 안에서' 기도할 수 있다고 가르침을 받았습니다. 나중에 그런 것이 아님을 배우게 되었습니다.

교회 안에 성령의 역사에 대한 이해가 별로 없었기 때문에 방언의 다양성에 관한 가르침도 별로 없었던 것입니다.

성령의 역사는 자연적 마음만으로는 이해할 수가 없습니다. 예를 들면 당신이나 다른 어떤 이도 이해하지 못하는 언어로 말을 하는 것이 당신을 세워주어 당신이 하나님의 일을 깨닫도록 하여 줄 뿐만 아니라, 당신으로 하여금 하나님의 부르심을 이룰 수 있도록 해 준다는 것은 자연인의 마음에는 어리석은 것입니다.

다른 초자연적인 방언의 흐름

그러면 이렇게 별로 이해가 되어 있지 않은 여덟 번째 하나님의 사역을 탐구해 봅시다. '각종diversities'이란 말은 단순히 '다르다different'는 말입니다. 그러므로 '각종 방언'과 '방언의 다양성'이란 용어는 다른 방언의 초자연적인 흐름이나 나타남이 존재하고 있다는 것을 우리에게 말하고 있습니다.

교회 세계에 방언에 대한 이런 혼란이 있게 된 것은 일반적으로 신자들이 방언의 모든 나타남과 역사에 대하여 똑같은 규칙을 적용하기 때문입니다. 이로 인하여 신자들 간에 큰 혼란이 생겼으며, 신자들은 성령의 은사를 잘못 사용함으로 세상을 예수님께로 더 가까이 이끌기는커녕 세상으로 하여금 우리가 제공하는 것을 원하지도 않게 하였습니다.

성령이 원하심에 따라 다양한 방언이 있지만 말씀에 비추어 보면 네 개의 기본적인 나타남이 있습니다.

1. 개인적인 세움을 위한for personal edification 방언(고전 14:4)

이것은 초자연적인 언어로써 성령님이 우리를 통하여 기도하는 것으로 우리가 원하면 수많은 시간을 기도하는 데 사용할 수 있습니다. 이 방언은 성령 세례와 함께 오는 것입니다.

2. 통역하기 위한for interpretation 방언(고전 14:5)

이 방언은 보통 공적인 예배 때에 나타나게 되며 그 사람이나 다른 사람에 의해 통역을 동반합니다.

3. 중보기도하는 깊은 신음의deep intercessional groaning 방언(롬 8:26)

이 방언은 신자들에게 능력을 입혀서 신자들이 자신들이나 자기 가족들, 자기 교회, 자기가 사는 도시, 자기 나라 등을 위해 갈라진 틈에 서서 중보하도록 합니다. 하나님께서는 그들이 전혀 모르는 어떤 상황이나 사람을 위해서 중보기도 하도록 그들을 부르시기도 합니다.

4. 불신자에 대한 표적으로서의a sign to the unbeliever 방언(고전 14:22)

이것은 오순절 날 일어난 현상입니다(행 2:4-11). 이것은 성령님께서 신자에게 능력을 주셔서 그 자신이 전혀 지식이 없는 다른 나라 사람들의 언어로 그리스도에 대하여 증거하거나 설교하거나 가르치는 것으로 모든 언어 장벽과 지성을 초월하여 일어납니다.

방언 통역에 적용되는 규칙과 개인의 세움을 위한 방언에 적용되는 규칙은 밤과 낮이 다른 것처럼 다릅니다. 이 점에 있어서는 중보기도하는 깊은 신음의 방언에 적용되는 규칙도 위의 어떤 두 방언의 나타남과도 각각 다릅니다. 그리고 불신자에 대한 표적으로서의 방언의 다양함도 다른 세 가지 방언과 매우 다른 규칙을 가지고 있습니다.

이 네 가지 방언의 나타남 중에서 개인적인 세움을 위한 방언과 중보기도하는 깊은 신음의 방언 이 두 가지는 개인의 기도 생활에 사용하도록 디자인 된 것입니다. 다른 두 가지 방언, 즉 통역을 위한 방언과 불신자에 대한 표적으로서의 방언은 보통 공적인 예배를 위한 것입니다.

이 네 가지 각종 방언의 나타남을 이해하고 자신을 드리기 시작하면 성도의 삶은 완전히 변화될 것입니다.

개인적인 세움을 위한 방언

가장 독특하고 흔한 각종 방언의 나타남은 아마도 개인적인 세움을 위한 방언일 것입니다. 이것은 우리 각자가 성령의 충만함을 받을 때 받게 되는 기도의 언어입니다. 하나님은 이 방언을 통하여 하나님의 영으로부터 우리의 영으로 하나님의 비밀과 신비를 이전시켜 주십니다.

내가 앞에서 가정하여 예를 들었던 것처럼 예수님은 각종 방언을 한아름 가지러 세 번째로 높은 곳에 올라가셨습니다. 그리고 이 사역을 그리스도의 몸에 던져 주셨습니다. 그래서 모든 신자는 개인적인 세움을 위한 방언에 대한 잠재적인 능력을 가지게 되었습니다. 어떤 신자든지 믿음으로 한 발자국 나서서 이 선물을 받기만 하면 그의 것이 되는 것입니다.

개인적인 세움을 위한 방언은 어떤 설교자나 교사도 할 수 없는 것을 하나님으로 하여금 당신을 위해 행하시도록 의도된 것이기 때문에 이 기본적인 하나님의 역사 가운데서도 가장 기초가 되는 것입니다. 이 방언은 하나님의 특성인 사랑, 하나님의 말씀에 대한 통찰력, 옳고 그름과 거짓과 진실을 구별할 수 있는 지혜와 같은 것을 당신의 영에 심어줌으로써 당신을 세워줍니다.

교사는 우리에게 우리가 사랑 가운데 행해야 한다고 말해 줄 수는 있지만 그렇게 할 수 있는 능력을 줄 수는 없습니다. 그 힘은 거듭난 사람의 영으로부터만 나오는 것이며, 성령 안에서 기도하는 것은 성령님이 우리의 영에 그 힘을 심어주도록 하는 수단을 제공합니다.

방언 기도는 당신이 근원이 아니므로 죽은 자를 살리는 것과 같이 초자연적인 것입니다. 죽은 자를 살리는 것이나 초자연적인 언어의 근원은 똑같이 성령님의 능력입니다. 둘의 차이가 있다면 은사의 가용성availability of the gift일 뿐입니다.

고린도전서 12장 28절에 열거된 여덟 가지 성령의 은사들 중에 처음 일곱 개의 하나님의 역사와 네 가지 방언 중에 세 가지는 모두 성령님의 의지에 따라 주어집니다. 그러나 이 한 가지, 바로 자신의 충전을 위한 방언은 당신이 성령 충만을 받은 다음부터 즉시 원하면 언제든지 하고 싶은 만큼 당신 마음대로 할 수 있습니다.

나도 정말 내가 원할 때 언제든지 영들을 분별하고 강력한 능력으로 기적을 행할 수 있었으면 좋겠습니다. 그러나 나는 그렇게 할 수 없습니다. 왜냐하면 모든 성령의 은사들은 성령님께서 다른 사람들을 세워주기 위하여 그분의 뜻대로 나와 별도로 나를 통하여 흘러나가기 때문입니다.

그러나 이 한 가지 간단한 은사만은 나를 세워주고 나를 충전시키기 위하여 내게로 흘러들어오는 것입니다. 하나님께서는 이 단순한 은사를 통해서 다른 어떤 것으로도 할 수 없는 일을 하셨는데, 그 이유는 하나님이 나를 '나 자신의 세움을 위한 관리자'로 삼으셨기 때문입니다.

방언이라 불리는 이 단순한 은사의 사용권을 우리에게 맡겨 주셨다는 것은 놀라운 진리입니다. 이제 우리는 성령님이 우리를 통하여 기도하시도록 허락함으로써 우리 마음대로 얼마나 많이 혹은 얼마나 적게 우리 자신이 세움을 받을 것인가를 결정해야 합니다.

방언으로 기도하고 싶으면 우리는 단지 순간적으로 우리의 믿음의 손을 뻗치기만 하면 됩니다. 성령님은 즉시 응답하셔서 우리의 영 속 깊은 곳에서 초자연적인 언어를 만들어내기 시작하십니다. 성령님은 우리가 기도실에 머물러 있는 동안 몇 시간씩 계속해서 그렇게 하십니다. 우리가 만일 열두 시간을 기도할 수 있다 해도 이런 기도는 우리의 생애를 향한 하나님의 부르심에 합당한 사람으로 자격을 점점 갖추도록 영원한 유익을 주는 일만을 하고 있는 것입니다.

어떤 사람들이 말하는 것과는 달리 방언 기도는 우리를 이상하게 만드는 것이 아닙니다. 성경의 지침을 따라하는 기도는 어떤 기도든지 우리 안에서 하나님의 말씀을 높이는 일만 합니다. 성령과 말씀은 하나라는 것을 기억하십시오(요일 5:7-8).

방언 기도는 결코 말씀에서 벗어나지 않습니다. 오히려 방언 기도는 말씀에 이미 담겨있는 계시의 지식을 더 잘 이해할 수 있도록 해 줌으로써 우리의 영을 세워줍니다. 왜냐하면 성령님께서 우리를 통하여 기도할 때 성령님은 항상 말씀과 완전히 일치하기 때문입니다.

그러므로 성령 안에서 너무 많이 기도한다는 것은 있을 수 없는 일입니다. 개인의 세움을 위한 방언은 우리가 성령님께 좀 더 우리 자신을 내어 드림에 따라 우리가 하나님의 더 많은 능력 안에서 행할 수 있도록 함으로써 우리 안에서 하나님의 말씀의 역사를 높여주는 일만을 합니다.

그러므로 성령 세례를 통하여 이 첫 번째 방언을 받은 후부터 우리는 다른 일곱 가지 하나님의 역사들 또는 그 중의 몇 개에 합당한 자격을 구비하기 위하여 올라가기 시작합니다. 우리가 자신의 충전을 위하여 방언 기도를 할 때 성령님은 우리를 향한 하나님의 완전한 계획을 풀어 놓으십니다. 이 계획을 위해 우리에게 자격을 부여하기에 가장 합당한 분은 물론 하나님의 영이십니다.

우리가 방언으로 기도할 때 성령님은 우리가 알고 있지 못하는 우리 삶의 필요를 위해 우리의 영을 통해 기도하십니다. 하나님은 우리 존재의 가장 깊은 곳에 무엇이 있는지 알고 계시므로 성령님을 통하여 우리를 위해 기도하십니다.

이 세움의 과정을 통해서 영적 권세가 자라고 우리의 믿음이 세움을 받습니다. 너무나 많은 권세가 풀려 놓아짐으로써 우리가 마귀에게 대항하여 예수의 이름으로 그를 묶을 때 우리의 믿음의 명령이

적의 왕국을 문자 그대로 뒤흔드는 자리에까지 이를 수 있습니다.

그러나 우리의 믿음이 마치 연체된 신용카드 빚 앞에 떨고 있는 것과 같은 수준이라면 우리는 마귀의 왕국을 흔들어 넘어뜨릴 수 없을 것입니다! 이것은 선지자 엘리야도 배웠어야 했던 교훈이었습니다. 갈멜 산에서 바알의 선지자들을 무찌른 다음에도 그는 하나님께서 그를 다루셔서 믿음을 회복시키시기 전까지 악한 여왕 이세벨이 자기를 죽이려 한다고 로뎀 나무 아래 앉아서 푸념을 하고 있었습니다(왕상 18, 19장).

하나님은 우리가 기도 가운데 들어갈 수 있는 평안의 처소를 만들어 놓으셨습니다. 이곳이 바로 우리가 여러 가지 어려움이나 시험이나 시련을 만났을 때 그것을 '기쁨으로 여길' 수 있는 곳입니다(약 1:2). 어떻게 그렇게 할 수 있을까요? 왜냐하면 우리는 성령 안에서 기도함으로써 우리의 가장 거룩한 믿음 위에 자신을 세워서 우리의 영적 권세가 자라도록 하였기 때문입니다(유 1:20). 우리는 환경이 우리를 지배하도록 허락하는 대신에 적대적인 환경에 맞서 어떻게 환경을 바꿀 수 있는지를 배우기 시작하였습니다.

개인의 충전을 위한 방언은 우리의 성품을 개발하도록 해 주는 데 이것은 가장 중요한 것입니다. 거룩하지 못한 성품을 가진 사람을 통해 역사하는 하나님의 능력은 결국에는 그 능력이 흘러가는 그릇마저 파괴하기 때문에 하나님은 거룩함을 요구하십니다.

나는 한 집회에서 어떤 창조적인 기적이 너무나 필요한 한 소녀를 위해 기도했지만 즉시 역사를 보지 못했던 적이 있었습니다. 하나님께서는 그 어린 소녀가 온전케 되기를 원하셨다는 것을 알고 나는 너무나 실망했었습니다. 집회를 마치고 호텔의 내 방으로 돌아와서 나는 당혹스럽고 슬퍼서 하나님께 왜 기적이 일어나지 않았는지 여쭈어 보았습니다.

주님은 그 어린 소녀와 나를 모두 사랑하신다고 말씀하셨습니다. 하나님은 말씀하시기를 나의 성품이 주님 안에서 더욱 발전하기 전까지는 하나님은 이런 창조적인 기적을 일으키는 데 필요한 능력을 자제할 수밖에 없다고 하셨습니다. 나의 영적인 성숙함의 수준에서 내가 하나님의 그 정도의 능력을 받는다면 그 능력이 나를 파괴시켰을 것입니다.

우리에게 어떤 것도 하나님의 나라와 의를 먼저 구하는 것보다 더 중요한 것이 없어질 때까지는 하나님의 능력도 우리에게 별 효과가 없는 것입니다. 우리가 그 안에서 성숙해짐에 따라 우리는 점점 더 그분의 자산이 되어가는 것입니다. 여러 종류의 방언 중 자신을 세우는 방언이야말로 그런 성숙한 상태에 도달하기 위하여 우리가 '의도적으로' 사용할 수 있는 유일한 방언입니다.

통역을 위한 방언

통역을 위한 방언은 어떤 메시지가 모르는 언어로 주어진 후에 우리가 아는 언어로 통역을 함으로써 교회에 하나님의 메시지를 전할 때 나타나는 것입니다. 이것은 우리가 원할 때마다 마음대로 할 수 있는 것이 아닙니다. 어떤 사람들은 그렇게 할 수 있다고 주장하는데 제 경험으로는 그렇지 않습니다. 이 성령의 은사가 내게 임하면 나는 알 수 있습니다. 이것은 내가 자기 충전을 위해서 방언으로 기도할 때와 다른 것입니다.

여러 번 나는 내 마음대로 이 하나님의 방언을 하고 싶었지만 내가 이런 방언을 만들어 낼 수는 없었습니다. 나는 하나님께 방언 통역을 할 수 있게 해 달라고 구하거나 기도는 할 수 있지만 그렇다고 항상 내가 방언 통역을 할 수 있는 것은 아닙니다.

우리가 성령으로 기도할 때면 하나님께서 통역을 할 수 있도록 해 주실 때가 있습니다. 그러나 우리가 원한다고 해서 통역을 할 수는 없습니다.

중보하는 깊은 신음의 방언

우리가 하나님께서 우리를 그분의 아들의 형상대로 변화시키도록 허락할 때 하나님은 우리가 남을 위해 중보하는 깊은 신음의 방언의 역사로 인도하십니다. 이것은 세 번째 각종 방언입니다. 이것도 역시 우리 마음대로 만들어 낼 수 있는 것이 아닙니다.

우리는 아는 사람들을 위해서 우리가 이해하는 대로 기도를 하고 그들을 위해 중보할 수 있습니다. 예를 들면, 만일 내 아들 중 하나가

취업을 위한 인터뷰를 하러 간다는 것을 알고 있으면 나는 그가 장래 고용주가 될 사람을 만나 그 질문에 대답할 때 필요한 호의와 지혜를 위해 내 마음으로 기도할 수 있습니다.

그러나 만일 마귀가 내 아들이 인터뷰를 하러 가는 동안에 큰 트럭으로 내 아들의 작은 차를 납작하게 만들어서 그를 죽일 계획을 가지고 있다면 이 사실을 나는 미리 알지 못할 것입니다. 이런 경우에 성령님께서는 나를 인도하여서 깊은 신음으로 중보기도를 하도록 하십니다. 나는 어떻게 기도할지를 모르지만 성령님은 아십니다.

우리가 만일 하나님께 우리 자신을 양보하고 내어드린다면 성령님께서는 우리가 우리 가족과 우리 주변에 있는 친구들과 심지어는 우리가 한 번도 만난 적이 없는 사람들을 위해서도 중보기도하도록 인도하실 것입니다.

하나님은 다른 사람들을 위하여 빵을 구하는 사명을 우리에게 주셨습니다. 누가복음 11장 5-8절에서 예수님께서는 그의 제자들에게 '주님이 가르치신 기도'를 가르치기를 마치셨습니다. 이 성경 말씀에 보면 예수님께서는 기도라는 주제를 바꾸지 않으시고 계속 가르치고 있습니다.

또 이르시되 너희 중에 누가 벗이 있는데 밤중에 그에게 가서 말하기를 벗이여 떡 세 덩이를 내게 꾸어 달라 하면 그가 안에서 대답하여 이르되 나를 괴롭게 하지 말라 문이 이미 닫혔고 아이들이 나와 함께 침실에 누웠으니 일어나 네게 줄 수가 없노라 하겠느냐 내가 너희에게

말하노니 비록 벗됨으로 인하여서는 일어나서 주지 아니할지라도 그 간청함을 인하여 일어나 그 요구대로 주리라

중보할 때 우리는 친구를 위하여 빵을 구하는 중간 위치에 있는 그런 사람이 되는 것입니다. 우리는 바로 벌어진 틈 사이에 서는 사람입니다. 우리는 우리 자신을 위하여 구하는 것이 아닙니다. 만일 친구가 우리 집에 찾아오지 않았다면 우리는 더 이상 아무 필요한 것이 없으므로 잠을 잘 자고 있었을 것입니다. 우리는 우리 친구들의 필요 때문에 중재하는 사람들입니다. 이것이 바로 중보의 의미입니다.

많은 목사와 교사들이 이 구절이 중보기도에 관하여 가르치고 있는 것이라는 것을 깨닫고는 이 문을 안 열어주고 있는 사람을 하나님의 모형이라고 했습니다. 그러나 그렇지 않습니다. 문을 안 열어 주고 있는 사람은 육신의 본성을 지니고 있는 당신과 나의 모습입니다. 이것은 바로 예수님께서 하나님의 실제 모습과 정반대일 수 있다고 하는 잘못된 태도를 가지고 있는 사람입니다.

문을 안 열어 주고 있는 사람은 하나님과 다릅니다. 왜냐하면 그는 그의 친구에게 빵을 주고 싶어 하지 않기 때문입니다. 그러나 우리는 누가복음 11장 13절에서 하나님은 우리가 구하는 것은 무엇이든지 기꺼이 주시기를 원하신다는 것을 알고 있습니다.

너희가 악할지라도 좋은 것을 자식에게 줄 줄 알거든 하물며 너희 하늘 아버지께서 구하는 자에게 성령을 주시지 않겠느냐?

그러므로 우리가 우리 자신을 성령님께 드려서 성령님이 우리를 통하여 우리 주변의 구원받지 않은 사랑하는 사람들, 친구들, 동료 그리스도인들을 위해 깊은 중보의 기도를 할 수 있도록 허락한다면 하나님은 우리의 기도에 응답하실 것입니다.

우리의 마음은 이해를 하지 못한다 해도 우리의 중보기도는 결과를 창출한다는 사실을 깨달아야 합니다. 우리의 하나님 아버지께서는 우리가 방언의 특별한 나타남을 원하기보다 우리의 중보기도를 통해 역사하시기를 원하십니다. 하나님은 다른 사람들을 위하여 우리에게 빵을 기꺼이 주시기를 바라십니다.

요한일서 5장 16절은 우리의 형제가 죽음에 이르지 않는 죄를 범하는 것을 보거든 우리는 하나님께 그를 위해 생명을 달라고 요구할 수 있다고 말하고 있습니다.

> 누구든지 형제가 사망에 이르지 아니하는 죄 범하는 것을 보거든 구하라 그리하면 사망에 이르지 아니하는 범죄자들을 위하여 그에게 생명을 주시리라 사망에 이르는 죄가 있으니 이에 관하여 나는 구하라 하지 않노라

이 성경 구절은 오랫동안 내게는 별로 의미가 없었습니다. 내가 이해하는 바로는 하나님께 용서를 구하는 유일한 길은 죄를 자백하는 것이라고 생각했습니다. 우리가 하나님께 "하나님 용서해 주십시오."라고 말할 때 하나님은 용서해 주십니다.

그런데 어떤 사람이 죄를 짓고 내가 그가 용서받기를 구할 수 있다는 것이 내게는 이상하게 보였습니다. 나는 곧 이것이 무엇을 의미하는지를 알게 되었습니다. 어떤 사람이 내게 잘못을 했을 경우에 나는 하나님께서 그를 용서해 주시기를 구할 수 있고 그러면 하나님께서는 그가 나에게 지은 잘못을 용서해 주신다는 것입니다. 그러나 그 사람이 그의 삶에 있어서 다른 죄를 품고 있으면 그는 스스로 하나님께 나가야 할 것입니다.

예를 들면 만일 당신이 누군가를 용서하지 않고 살고 있다면 당신은 그 문제를 스스로 하나님 앞에서 다루어야만 합니다. 그러나 마귀가 당신을 잡고 있는 것이 풀어지고 당신이 하나님께 나와서 필요한 결단을 하고 그 문제를 해결할 때까지 나는 당신을 위해서 중보기도를 할 수 있습니다.

죽음에 이르지 않는 죄를 범하고 있는 사람들을 위하여 우리의 중보기도를 사용하시는 하나님께 감사합니다. 하나님은 우리로 하여금 우리 형제들의 삶 가운데 있는 어둠의 역사에 대항하여 권세를 사용하여 우리가 틈새에 서도록 하실 것입니다.

예수님께서도 "사람이 친구를 위하여 자기 목숨을 버리면 이보다 더 큰 사랑이 없다"(요 15:13)고 말씀하셨습니다. 만일 당신이 틈새를 막아설 뿐만 아니라 원수가 당신을 향해 쏘아 대는 것을 맞서서 싸우는데 기꺼이 쓰임 받기를 원한다면 하나님은 당신을 사용하실 것입니다.

예를 들면, 내 사역을 돕는 한 사역자가 치명적인 병에 걸렸습니다. 나는 그때 휴가 중이어서 그가 생사의 갈림길에서 씨름하고 있는 것을 모르고 있었습니다. 나는 비록 상황을 모르고 있었을지라도 성령님은 나를 통하여 무거운 중보의 신음으로 온종일 기도하셨습니다.

나는 경험을 통해서 내가 영적인 영역에서 결정적인 전투를 하고 있다는 것을 알고 있었습니다. 그러나 나는 이 위기가 그렇게 가까이 있었는지는 전혀 몰랐습니다. 나중에야 나는 나의 짐이 떠나고 무언가 풀린 듯한 느낌을 받기 시작한 그 시간이 바로 그의 몸에 열이 떠나고 끔찍한 고통이 사라지기 시작한 때라는 것을 알게 되었습니다.

성령님은 신실하시고 우리가 모를 때도 무엇을 기도할지를 아십니다! 이 얼마나 값진 아버지의 선물입니까!

그러나 하고 싶다고 언제든지 이 깊은 중보의 신음을 할 수 있는 것이 아니라는 것을 아는 것도 중요합니다. 어떤 사람들은 자기 마음대로 할 수 있다고 생각해서 감정을 가지고 신음하려고 합니다. 그러나 이런 식으로 육신적으로 만들어 내는 것과 진지한 심령으로 "하나님, 저는 이 상황 가운데 틈새에 서기만을 단지 원합니다."라고 말하는 것 사이에는 큰 차이가 있습니다.

후자의 경우에 하나님께서는 지옥과 그 지옥으로 가려고 하는 사람들 사이나 마귀와 원수가 도둑질하고 죽이려는 사람 사이에 중보기도자를 밀어 넣으실 것입니다.

하나님께서 당신을 이런 중보자의 위치에 놓으시면 당신의 심령은

"당신이 지옥에 가려면 거기 이르기 전에 나를 통과해야만 한다!"고 외치게 됩니다. 많은 경우에 당신이 기도한 사람들은 당신이 길을 막아서서 통과할 수 없다고 하지 않았다면 그 목적지에 도달했었을 것입니다!

우리가 깨달아야 하는 또 한 가지 사실은 당신이 중보기도하기를 원하는 그 사람만큼 하나님께서는 당신도 사랑한다는 것입니다. 그리고 하나님께서는 당신을 틈새에 서서 중보기도하는 자리에 서게 하실 때 지옥의 능력이 당신에게 관심을 끌게 되리라는 것을 알고 계십니다. 마귀가 그 사람들을 멸망시키려는 계획을 당신이 방해하고 있으므로 마귀는 당신을 공격할 것입니다.

당신은 마귀의 공격에 대항하여 맞설 수 있도록 힘 있는 위치에 서 있어야만 합니다. 예수님은 하나님의 말씀 속으로 깊이 파고들어간 사람은 땅을 깊이 파고 반석 위에 집을 지은 사람과 같다고 말씀하셨습니다. 비가 오고 홍수가 나서 그 집에 닥쳐도 그 집은 반석 위에 지어졌으므로 붕괴되지 않습니다(마 7:24-27).

하나님의 말씀을 행하는 반석 위에 우리 자신을 세운다면 우리는 넘어지지 않을 것입니다. 폭풍은 반드시 불고 원수는 틈새에 서는 사람들을 반드시 공격합니다. 그러나 예수님은 말씀하시기를 마귀는 하나님의 말씀을 행하는 반석 위에 집을 지은 사람을 넘어뜨릴 만큼 강하지 못하다고 하셨습니다.

불신자에 대한 표적으로서의 방언

아직 주 안에서 어렸을 때에 나는 '불신자에 대한 표적으로서의 방언들'은 내가 극단적인 경건주의 교회에 다니고 있을 당시 우리 교회에서 가끔 열렸던 열광적인 오순절 예배 때 일어났던 것으로 생각했습니다.

그러나 많은 다양한 시나리오를 목격한 후에 나는 결론을 다시 생각하게 되었습니다. 어떤 사람이 한 사람을 데리고 교회를 방문했다고 합시다. 그 방문자는 그냥 앉아서 예배에 참석하고 있습니다. 그런데 갑자기 한 자매가 튀어 나오더니 닭이 땅에 있는 옥수수 알을 찾는 것처럼 머리를 흔들어 대면서 방언으로 비명을 지르듯 말하기 시작합니다.

"저 여자는 뭐가 잘못된 거야?" 그 방문자가 묻습니다.

"어, 성령님이 그녀에게 오신 거야. 그녀는 지금 은혜를 받고 있는 거라고."

예배를 마친 후 누군가가 그 방문자에게 묻습니다.

"당신도 성령의 충만을 받지 않으시겠어요?"

"아, 아뇨." 그가 말합니다. "나는 목이 좀 아파요. 이런 목을 가지고 성령님에 의해 축복을 받는 것을 감당할 수 있을지 모르겠습니다!"

마침내 나는 방언이 이런 상황에서는 불신자를 구원에 이르게 하는 표적이 되지 않는다는 것을 깨달았습니다. 이런 것은 불신자들이 그리스도인들을 미쳤다고 생각하게 하는 표적입니다!

그래서 나는 하나님께 그러면 어떤 경우에 방언이 불신자에게 표적이 되는지 여쭈어 보았습니다.

사역을 하면서 나의 경험이 더해 가자 주님께서는 이 질문에 대한 답을 내게 보여주셨습니다. 이제는 방언이 언제 불신자에게 표적이 되는지 정확히 말할 수 있습니다. 그것은 성령님께서 당신의 지성을 초월하여 당신이 사전에 알고 있지 않은 지상의 어떤 언어로 당신이 말하고 설교하고 가르칠 수 있도록 능력을 주시는 경우입니다.

예를 들면 내가 만일 인도의 어떤 마을에서 설교하고 있는데 갑자기 나의 통역자가 죽어서 주님께로 갔다고 합시다. 나는 크고 작은 두 개의 기적 가운데 하나를 선택하는 수밖에 없습니다. 나는 큰 기적을 택하여서 그의 셔츠를 잡고 바로 세운 뒤에 이렇게 말합니다. "아무도 이렇게 쉽게 내 집회를 떠날 수 없습니다! 살아날지어다. 당신은 해야 할 일이 남아있습니다!"라고 말하며 죽은 자를 살리든지 아니면 안내자들에게 그 통역자의 시신을 거두라고 말하고는 성령께서 내게 계속 역사하셔서 나머지 메시지를 그 사람들의 언어로 설교할 수 있게 해주시도록 하든지 선택할 수밖에 없습니다.

친구여, 두 번째 기적은 오직 성령님께서 원하실 때만 일어나고 이것이 바로 불신자들에 대한 표적으로서의 방언입니다. 오늘까지 이 특별한 방언은 내 사역 가운데 오직 19번 있었습니다. 예로 나는 인도 방언, 프랑스어, 스페인어, 아랍어, 독일어로 설교를 했었습니다. 그 때마다 나는 내가 무슨 말을 하고 있는지 전혀 알지 못했습니다.

처음 이것이 나타난 경우는 캘리포니아 산 호세에서 그리스도인

토크 쇼에 손님으로 초대 받았을 때입니다. 인터뷰 중간에 진행자가 나에게 질문을 하였습니다. "로버슨 형제, 지금까지 형제의 삶을 가장 많이 변화시킨 것은 무엇입니까?"

나는 그때 하나님의 사랑이 매우 실제적이도록 해 주었던 주님과 깊은 교제를 경험했었습니다. 그래서 나는 이렇게 대답을 했습니다. "친구여, 그것은 하나님의 사랑이라고 할 수 있습니다. 하나님의 사랑이 나를 너무나 변화시켜서……."

갑자기 내가 무슨 일이 일어나고 있는지도 알기도 전에 나의 혀가 내 속 깊은 곳에서 나오는 것을 굴리듯 말하고 있었습니다. 나는 입을 다물 수도 있었지만 기름 부음이 너무나 강해서 이 초자연적인 언어를 밖으로 흘러내어 보내야 할 필요성을 느꼈습니다.

그리고 나서 나는 이 방송국의 반은 믿지 않는 세상의 회사가 소유하고 있다는 것을 생각하고 깜짝 놀랐습니다! 이런 프로그램에서 방언을 말하는 것이 합법적인 것인지 아닌지도 몰랐습니다!

나는 진행자를 슬쩍 쳐다보았습니다. 그는 나의 행동을 멈추려고 하는 것 같지는 않았습니다. 내가 방언을 말하기를 마치면 하나님께서 내게 통역을 하게 하실 테니까 문제가 없다고 나는 생각했습니다. 그러나 내가 방언을 마치고 나서도 나는 그냥 앉아서 카메라만 쳐다보고 있을 뿐이었습니다. 아무 통역도 나오지 않았습니다. 내가 원한다고 내가 했던 방언을 통역할 수 있는 것이 아니었습니다.

나는 '이제 나는 어떻게 하지요? 주님 여기서 나를 버리지 마십시오!' 하고 생각했습니다.

우리는 그 프로그램을 마치고 아무 일도 없었다는 듯이 행동했습니다. 모두 다 그 사건을 무시하고 지나쳐 버렸습니다. 그런데 내가 그 방송을 마치고 무대를 내려서는데 한 여자가 내게로 달려왔습니다. 독일의 오래된 시골에서 이민을 온 그 여자는 독일어 엑센트가 섞인 말로 이렇게 말했습니다. "로버슨 형제, 로버슨 형제! 형제는 언제부터 이렇게 오래된 시골말 엑센트 있는 독일어를 말했습니까?"

"부인, 무슨 말씀이죠?" 내가 대답했습니다. "나는 최근의 영어도 겨우 말할 뿐인데요."

"그럼 형제는 무슨 일이 일어났었는지도 모르고 있었나요?" 그녀가 대답했습니다.

"무슨 일이 있었습니까?" 내가 물었습니다.

그녀가 설명해 주었습니다. "당신이 갑자기 영어를 멈추고 오래된 시골 독일 말로 독일 사람들을 향하여 연설을 시작했습니다."

"내가 그런 말을 하고 있었는지 몰랐습니다!"라고 나는 말했습니다.

"쌔크라맨토에 사는 한 독일 여자가 방금 전화를 했는데, 내가 독일어로 전화를 받을 수 있는 유일한 사람이어서 그녀는 내게 말했습니다."

"그 독일 여자는 불치병으로 죽어가고 있었는데 당신이 그녀에게 어떻게 하라고 지시를 해서 그녀는 당신의 지시대로 순종하였습니다. 그리고 곧 그녀는 하나님의 능력으로 인해 그 방에서 쓰러졌습니다. 그녀가 일어나보니 그녀는 완전히 병이 나아 있었답니다! 그녀는 그녀에게 일어난 기적을 간증하려고 전화를 한 것입니다. 로버슨 형제, 형제는 어떤 일들이 일어났는지를 모르고 있습니다."

"모르고 있었습니다. 다 아는 사실을 나만 마지막에 가서야 알게 되는 이런 일이 한 번만 더 일어난다면 하나님께 나의 봉급을 올려달라고 요구할 것입니다!"라고 나는 대답했습니다.

그다음 번에 불신자에 대한 표적으로서의 방언이 나타난 것은 캘리포니아 애나하임에서 였습니다. 집회 도중에 나는 통로 쪽 끝에 앉아 있는 한 자그마한 스페인계 캐톨릭 여자를 불러냈습니다. 나는 계시로 말미암아 그녀의 몸 어디에 문제가 있는지 말하기 시작했습니다.

그녀는 영어는 거의 한 마디도 못하는 아주 경건한 캐톨릭 신도였습니다. 그녀에게 나는 하나님의 사람으로서 성직자의 옷을 입은 사람이었습니다. 내가 그녀의 몸 어디에 문제가 있다고 말하는 것을 알아듣지 못함에도 불구하고 내가 말하는 것마다 "맞습니다. 하나님의 사람, 맞습니다. 하나님의 사람."이라고 그녀는 화답했습니다.

그때 갑자기 방언이 내 영으로부터 터져 나왔습니다. 내가 어떤 사람들을 섬기고 있을 때 통역을 위한 방언이 나타나기 때문에 나는 이런 일에 놀라지는 않았습니다. 방언을 마치면 통역이 즉시 따르기 때문에 나는 각 개인을 어떻게 섬겨야 할지 정확하게 알게 됩니다.

그런데 이번에는 내가 통역에 귀를 기울이기도 전에 이 조그만 스페인계 여자는 다른 언어로 뭐라고 대답을 하는 것이었습니다. 그녀가 말을 마치자 내 영으로부터 다시 방언이 흘러나왔습니다. 그러자 스페인계 여자는 "아!"하고 소리를 지르더니 하나님의 능력 아래 뒤로 넘어졌습니다.

나는 '음, 이 여자는 병 고침을 받고 있겠지' 하고 생각했습니다.

그날 밤늦게 우리 직원 중에 한 사람이 한 중국 음식점에서 식사하고 있는 나를 찾아냈습니다. "오늘 저녁에 병 고침을 받은 그 스페인계 여자 있지 않습니까?"

"있었지요."

"내가 그 교회 사람들 몇 분과 이야기를 해 보았는데요. 목사님은 무슨 일이 일어났는지 모르는 것 같다고 말했습니다. 그녀는 영어를 할 줄 모른답니다."

"나도 알고 있지요." 내가 대답했습니다.

"그런데 목사님이 갑자기 그 여자의 모든 잘못들을 스페인 말로 말하기 시작했다는 것을 알고 있었습니까? 목사님이 잠깐 멈추었을 때 그녀는 스페인 말로 목사님께 질문을 했는데 목사님이 스페인 말로 대답했답니다!"

"내가 그랬다고요?" 나는 놀라움을 금치 못했습니다.

"그 사람들이 한 말입니다." 그 직원이 대답했습니다.

"그랬군요. 만일 한 번만 더 이 모든 역사에 대해서 내가 제일 마지막으로 알게 된다면 이번에는 하나님께 정말로 봉급을 올려달라고 요청할 것입니다!"라고 나도 말했습니다.

이런 방언에 대해서 내가 경험한 것을 한 가지 더 말씀드리겠습니다. 이번에는 다르게 나타났습니다.

플로리다에서 집회 때 힘 있게 설교를 하고 있었습니다. 그런데 내가 계시의 지식에 대해서 한 마디 언급할 때마다 앞에서 세 번째 줄쯤에 앉아있던 한 남자가 몸을 약간 굽히고는 자기 옆에 사람에게 뭐라고 속삭이는 것이었습니다. 나의 의로운 분노가 끓어오르기 시작했습니다. 나는 점점 참기가 어려워졌습니다!

나는 '집회를 방해하려거든 맨 뒷자리에나 앉을 것이지' 라고 생각했습니다!

그런데 내가 말씀을 한 중간 쯤 전했을 때 그 두 사람은 귓속말로 속삭이던 것을 그쳐서 내가 집중하는 데 도움이 되었습니다. 그날 밤 하나님께서는 다양한 기적을 행하셨습니다. 집회가 끝난 후에 강단 뒤에 있는 방에서 쉬고 있는데 그 교회 목사님이 내게 말하려고 들어왔습니다.

그녀가 물었습니다. "예배 중에 계속 서로 귓속말을 하던 두 사람 보셨습니까?"

"네, 압니다. 처음에는 말을 하더니 나중에는 조용하더라고요." 내가 대답했습니다.

"그 중에 한 사람은 프랑스어만 할 수 있는 사람이었습니다. 그래서 그는 통역하는 사람을 한 사람 데리고 와서 집회에 참석했습니다."

나는 속으로 '아, 내가 실수했구나.' 하고 생각했습니다. 내가 이 두 사람에 대해서 속으로 화를 냈던 것을 불편하게 느끼기 시작하는데 그 목사님이 내 생각을 중단시켰습니다.

"그 프랑스 사람이 그러는데 예배가 삼분의 일쯤 지났을 때부터 목사님이 영어로 설교하지 않고 프랑스 말로 설교를 했답니다."

"나는 프랑스 말로 설교하지 않았는데요." 내가 항의했습니다.

"그는 목사님이 프랑스말로 설교를 했다고 말했습니다."

"좋습니다. 그러면 사람을 시켜서 프랑스 말을 하는 사람에게 내가 무엇을 설교했는지 물어보십시오."

한 사람이 그 프랑스 말을 하는 사람과 이야기 한 후에 내가 영어로 설교한 내용을 똑같이 프랑스말로 설교했다는 것을 확인했습니다!

성령님께서 당신을 통하여 영감을 줌으로써 성령님이 하고 싶은 설교를 당신이 하게 하는 것과 성령님께서 당신이 계시를 통해 받은 말씀을 받아서 프랑스 말로 통역해 주시는 것은 서로 다른 것입니다. 이 경우에 당신이 받은 계시가 정확하다는 것을 의미합니다!(그날 밤에 내가 설교한 말씀이 바로 내가 이 장에서 말하고 있는 것과 똑같은 것입니다!)

내가 원할 때 언제든지 성령의 깊은 중보의 신음이나 통역을 위한 방언을 할 수 있었으면 얼마나 좋겠습니까? 그러나 그렇게 할 수 없습니다. 이 각종 방언들은 성령님이 원하시는 대로 별도로 나타나는 것이기 때문입니다. 불신자에게 대한 표적으로서 방언을 하는 것도 내가 하고 싶을 때 언제든지 할 수 있었으면 얼마나 좋겠습니까? 그러나 그렇게 할 수 없습니다. 이런 방언은 오직 성령님께서 원하실 때 내게 역사하는 것입니다. 내 의지대로 마음대로 할 수 있는 한 가지 방언은 바로 개인의 세움을 위한 방언뿐입니다.

모두가 방언을 말합니까?

이제 네 가지 다른 방언을 이해했으면 바울이 고린도전서 12장 29절과 30절에서 몇 가지 질문을 하는 것이 무엇을 말하고 있는 것인지 잘 이해할 수 있을 것입니다. 바울은 **"다 사도이겠느냐? 다 선지자이겠느냐? 다 교사이겠느냐? 다 능력을 행하는 자이겠느냐?"**(29절)고 물으면서 시작하고 있습니다. 이 모든 질문에 대한 바른 답은 물론 '아닙니다' 입니다.

바울이 말하고 있는 '능력 행하는 자' 란 누구입니까? 그들은 다섯 개의 직분에 자격을 구비시켜 주는 성령의 은사들 중 하나인 기적을 행하는 사람들입니다.

물론 모든 사람이 그들의 삶을 통해 오중 사역자로서 자격을 갖출 수 있도록 성령의 은사를 가지도록 부르심을 받지는 않았습니다. 그러나 그리스도의 몸에 속해 있는 모든 사람은 "귀신을 쫓아내며 새 방언을 말하며 병든 사람에게 손을 얹은즉 나으리라"는 마가복음 16장 17-18절에서 믿는 자에게 주신 사명을 완수하도록 부름을 받았습니다. 가끔 성령님께서 원하시면 이 말은 기적의 역사도 포함하는 것입니다!

기적의 역사를 통해 성령님에 의해 오중 사역의 자격을 갖춘 예를 들자면 윌리암 브래넘William Branham, 조오지 제프리스George Jeffreys, 마리아 우드워쓰 에터Maria Woodworth-Etter, 캐더린 쿨만Kathryn Kuhlman이 있습니다. 이들 각 복음의 사역자들은 성령님의 아홉 가지 은사들로 능력을 받아서 하나님이 세운 직분을 수행했습니다.

그러므로 바울이 "다 능력을 행하는 자이겠느냐?"고 질문하는 것에 대한 답은 '아니요.' 입니다. 그런데 30절에 그는 이어서 묻습니다. **"다 병 고치는 은사를 가진 자이겠느냐?** [물론 아니지요.] **다 방언을 말하는 자이겠느냐? 다 통역하는 자이겠느냐?"**

한번은 바울이 방언에 대한 질문은 하지 않았으면 좋았을 것이라고 생각했던 적이 있었습니다. 사실 많은 사람이 요즘도 방언을 믿지 않고서 이 구절을 그들의 주장을 뒷받침하는데 사용하고 있습니다.

마지막으로 이런 사람을 만난 곳은 결혼식장이었습니다. 그럴 의도는 없었는데 나는 대단한 할머니 한 분과 다투게 되었습니다. 그녀는 내 얼굴에 대고서 "자네는 어떤 믿음에 속해 있나?"라고 묻는 골수 침례교도였습니다. 그녀는 내가 그 손자를 신부와 결혼시키게 될 목사였기 때문에 염려가 되었던 것입니다.

나는 할머니에게 케네스 해긴Kenneth Hagin, 프레드 프라이스Fred Price나 케네스 코플런드Kenneth Copeland를 들어본 적이 있느냐고 물었습니다. 그녀는 아무도 모른다고 했습니다. 그래서 나는 혹시 하나님의 성회를 아느냐고 물었습니다. 그녀는 "오, 네, 그 은사주의 사람들 말이지요. 당신도 그들 중 한 사람이군요. 네, 당신들은 당신들의 자리나 지키세요."라고 말했습니다.

"부인, 그게 무슨 소리지요?" 내가 물어보았습니다.

그녀는 교회 배경을 통해 그녀가 배운 것을 말해주었습니다. 고린도전서 12장 28-29절에 따르면 하나님은 어떤 사람은 사도로, 선지자로, 교사로 불러서 그리스도의 몸에 두셨지만 모든 사람들이 각 직분에 부르심을 받은 것은 아니라고 그녀는 가르침을 받아왔습니다.

그러고 나서 그녀는 고린도전서 12장 30절을 가리켰습니다. "다 병 고치는 은사를 가진 자이겠느냐? 다 방언을 말하는 자이겠느냐? 다 통역을 하는 자이겠느냐?"

"그러면 모두 방언을 말해야겠습니까?"라고 내가 물었습니다.

그녀는 "아닙니다. 바로 방언은 여기 다른 직분과 함께 열거되어 있습니다. 모두가 다 방언을 말하게 되어 있지는 않습니다." 우리는 모두 우리가 편안하게 느끼는 그리스도의 몸의 지체 안의 독특한 위치에 부르심을 받았다고 그녀는 이해하고 있었습니다.

나는 "아닙니다. 부인, 우리는 같은 몸에 부르심을 받았습니다. 분열을 가져온 것은 사람들일 뿐입니다."

"그렇다면 왜 여기서 '모두 방언을 말하는 자이겠느냐?'고 말하고 있습니까? 우리가 모두 방언을 말해야 한다면 바울은 이런 질문을 하지 않았을 것입니다!"하고 그녀가 대답했습니다.

그 당시 나는 그 작은 할머니에게 대답할 말이 없었음을 고백합니다. 내가 이미 말했다시피 나는 바울이 이 구절에서 그 질문만 빼먹었더라면 좋았을 것이라고 생각했었습니다. 그러나 바울은 그러지 않았습니다. 그래서 결국은 나도 이 구절을 해결해야 했습니다.

마침내 나는 바울이 30절에서 다음 질문을 하는 것을 알게 되었습니다. "다 통역하는 자이겠느냐?" 바울은 여기서 두 번째 각종 방언, 즉 통역을 위한 방언을 말하고 있습니다. 바울은 여기서 우리가 자신의 세움을 위해 하는 방언을 언급하고 있는 것이 아닙니다.

그러므로 바울은 "공적인 모임에서 모두 방언을 말하고 통역을 하겠느냐?"고 묻고 있습니다. 물론 대답은 절대 '아닙니다.' 입니다. 모두가 이 방언을 하도록 부르심을 받은 것은 아닙니다. 그러나 모두 다 첫 번째 각종 방언인 자신의 세움을 위한 방언을 말하도록 하나님으로부터 부르심을 받았습니다.

내 음성을 듣고 내게 순종하는 사람들을
내가 영광에서 영광으로 이끌 것이다.
그러나 너희 시간은
내가 재는 것과 다르다는 것을 기억하여라.
나의 시간은 영원하기 때문이다.
필요하면 나는 얼마든지 기다릴 것이다.
그러나 너희들의 시간은
남자로서 여자로서 유한한 것이다.

때때로 온 생애를 기도로 보내는 사람들이 있었고
다른 사람들은 그들이 수고한 것을 수확하였다.
그러나 너희가 나의 영광을 보기 원하면
너희 생애 중에라도 나는 그렇게 할 것이다.
너희가 나를 찾는 강도만큼
내가 역사하도록
너희가 나를 자유롭게 하는 것이다.

6

바울의 계시의 근원

 사도 바울은 초대 교회의 기초를 놓은 청사진을 하나님으로부터 실제로 받았습니다. 그것은 우리가 이미 공부했던 고린도전서 12장의 성령의 은사, 직분, 사역을 포함하고 있습니다.

바울의 계시 지식의 한도

 바울 서신을 공부하고서 나는 하나님께서 완전한 교회의 기초가 되는 구조에 관하여 바울의 영에 계시해 주신 것이 얼마나 상세한지를 보고 놀라움을 금치 못했습니다.

 바울이 받은 계시는 하나님께서 이스라엘에게 율법을 주실 때 모세가 시내 산에서 받은 것과 같이 모든 면에서 상세하고 강력한 것이었습니다. 모세가 하나님의 임재 가운데 서 있을 때 모세에게 주신 계시는 십계명만 포함하고 있는 것이 아니라 그 집행에 이르기까지 아주 철저하게 율법의 자세한 부분까지 다룬 복잡한 것이었습니다.

예수님을 제외하고 바울은 의심할 바도 없이 모세 이후에 어떤 사람보다도 더 많이 직접적인 하나님의 계시를 받았습니다. 이 사실을 한 번 깨닫고 나서 나는 바울의 계시 지식의 근원을 발견하기 위한 탐구에 매료되었습니다. 나는 그 답을 고린도전서에서 발견하였는데 이제부터 나는 여러분에게 하나님께서 여러분의 삶을 위해 계획해 놓으신 모든 좋은 것들을 받기 위해서 바로 그 근원에 어떻게 도달할 수 있는지를 알려 주려고 합니다.

아시다시피 바울은 그가 단지 사도였기 때문에 계시 지식을 받은 것은 아닙니다. 그는 하나님께서 자신을 위해 가지고 계신 모든 것을 받기 위해 그가 갈 수 있는 만큼 스스로 하나님께 나아가기로 결단했기 때문에 계시를 받았습니다. 예수님께서도 말씀하셨습니다. "청함을 받은 자는 많되 택함을 입은 자는 적으니라"(마 22:14). 부름 받았을 뿐 아니라 선택도 받은 사람만이 바울이 했던 결심을 하는 것입니다.

육신적인 그리스도인에 관한 바울의 정의

고린도전서는 말씀의 고기는 먹지 못하고 젖만 먹는 그리스도인들에게 쓴 것입니다. 바울은 이런 그리스도인들을 '육신적carnal'인 그리스도인이라고 구별했습니다.

형제들아 내가 신령한 자들을 대함과 같이 너희에게 말할 수 없어서 육신에 속한 자 곧 그리스도 안에서 어린아이들을 대함과 같이 하노라 내가 너희를 젖으로 먹이고 밥으로는 아니하였노니 이는 너희가 감당하지 못하였음이거니와 지금도 못하리라 (고전 3:1-2)

바울은 고린도인들에게 "보세요, 여러분에게 하고 싶은 말은 너무 많지만 말할 수 없습니다. 여러분은 육신적입니다. 여러분은 말씀의 고기를 아직 먹을 수 없습니다"라고 말하고 있습니다.

그러고 나서 바울은 그가 육신적인 마음이라고 이름한 영적인 것을 이해하고 분별하고 실제로 받아들일 능력도 없는 마음을 가진 사람들에게 이 책 전부를 쓰고 있습니다.

(고린도전서의 '젖'으로 살기는 커녕 교회 안에서 그것을 실제로 이해하는 설교자가 얼마나 적은지를 생각해 보면 이 말은 겁나는 말입니다! 교회에 이렇게 하나님의 능력이 미약한 것이 이상한 일이 아닙니다. 세상의 대부분의 신자들이 답이 없다고 여기는 것도 이상한 일이 아닙니다.)

고린도전서 3장 3절에서 바울은 '육신적인 것carnality'을 이렇게 정의했습니다.

너희는 아직도 육신에 속한 자로다 너희 가운데 시기와 분쟁이 있으니 어찌 육신에 속하여 사람을 따라 행함이 아니리요 다른 말로 하면, 바울은 "새로운 본성nature 안에 하나님의 능력을 받은 사람이 아니라 단지 자연인mere natural men으로 살고 있지 않습니까?"라고 말하고 있습니다.

만일 시기와 분쟁과 분열이 어떤 사람들 그룹에 존재하고 있다면 아주 영적인 그리스도인이 아니라도 그들이 육신적으로 살고 있다는 것을 알아차릴 수 있습니다. 시기하고 싸우는 사람을 누가 육신적이라고 말하지 않겠습니까?

하나님은 한 번 내게 이렇게 말씀하셨습니다. "사람들에게 상처를 입히지 말아라. 무슨 이유로든지 어떤 방법으로든지 사람들을 멸망시키지 말아라." 재미있는 것은 우리 하나님 아버지께서는 사람들이 우리에게 행하는 것은 개의치 않으시는 것 같습니다. 하나님은 단지 "사람들에게 상처를 입히지 말라"고 말씀하셨습니다.

내가 하나님을 더 알려고 노력하면 할수록 하나님께서는 고린도전서 13장에 요약된 사랑을 내 안에서 이루시기를 원하신다는 것을 발견하게 되었습니다. 사랑은 악한 것을 생각하지 않는 것과 내게 악을 행한 것은 생각하지 않는 것을 포함하고 있습니다. 나는 또한 내가 고린도전서 13장의 영역으로 더 깊이 들어가면 들어갈수록 아버지에 대해 더 많은 평안과 신뢰와 확신을 경험하는 것을 발견했습니다.

만일 우리가 시기와 다툼으로 가득 찼다면 세상은 우리를 육신적이라고 이름 붙일 것입니다. 그러나 우리가 최고도의 사랑 안에서 행하면서 "나는 다른 사람에게 상처를 입히지 않을 것입니다."라고 말하며 살기 시작한다면 세상은 우리가 보통 사람들과 다르다고 말할 것입니다.

그러므로 우리는 오직 예수님만을 기쁘시게 해 드리기를 원해야합니다. 결산할 날에 세상은 우리 손을 잡아 주지 않을 것입니다. 우리는 우리 자신의 행위에 대해 책임을 지고 예수님 앞에 홀로 서게 될 것입니다.

그래서 바울은 시기와 분쟁을 육신적인 것이라고 이름 불렀습니다. 나도 이해가 됩니다. 사람들을 더욱 친절하게 대하면 대할수록 우리는 하나님이 우리를 통하여 사람들을 더 사랑하실 수 있도록 하는 것이며 또한 하나님의 임재가 더욱 우리에게 실제적이 되는 것입니다.

고린도전서 3장 4-5절에서 바울이 육신적이라고 부른 다른 것들도 주의해 보십시오. 바울은 우리가 사람을 좇아가면 육신적이라고 말했습니다.

> 어떤 이는 말하되 나는 바울에게라 하고 다른 이는 나는 아볼로에게라 하니 너희가 육의 사람이 아니리요 그런즉 아볼로는 무엇이며 바울은 무엇이냐 그들은 주께서 각각 주신 대로 너희로 하여금 믿게 한 사역자들이니라

다른 말로 바울은 5절에서 이렇게 말하고 있습니다. "하나님께서는 우리에게 우리의 사역을 주셨습니다. 우리의 이 사역을 통해서 여러

분은 구원받는 믿음에 이르게 되었습니다. 그러나 하나님께서는 각 사람에게 사역을 주셨습니다." 6절에서 바울은 계속해서 말하고 있습니다. **"나는 심었고**[여러분은 나의 사역을 통해 구원을 받았습니다], **아볼로는 물을 주었으며**[그가 와서 여러분을 가르쳤습니다]; **그러나 오직 하나님께서 자라나게 하셨습니다."**

오직 하나님만이 자라게 하실 수 있습니다

바울은 고린도 교회가 사람들의 사역을 지나쳐서 그들 안에서 성령님께서 하시는 사역에 초점을 두게 하려고 애쓰고 있습니다. 성령님이 하시는 일은 그들의 삶을 실제로 변화시켜서 그들로 하여금 그들이 교사들로부터 배웠던 성경적 원리 안에서 행할 수 있도록 하는 유일한 사역입니다.

"나는 심었다"고 할 때 바울이 사용한 용어를 보십시오. 그는 하나님께서 그에게 주신 고유한 은사인 자신의 사도직을 말하고 있습니다. 그는 고린도 교회를 처음부터 개척했었습니다.

그러므로 바울이 말하고 있는 것은 "내가 와서 여러분을 거듭나게 했습니다. 내가 여러분을 하나님의 나라에 심었습니다. 나중에 내가 아볼로를 보냈는데, 그는 여러분에게 믿음과 하나님 안에서 여러분의 유산에 대해서 가르치므로 여러분의 삶에 물을 주었습니다."

"당신들이 복음을 듣게 해준 우리가 누구입니까? 나는 여러분의 병을 고쳐 줄 수 없습니다. 나는 하나님으로부터 받은 나의 은사가 있을 뿐입니다. 나는 구원과 병 고침을 여러분에게 설교할 뿐이고 하나님이 여러분의 병을 고쳐 주시고 구원해 주시는 분입니다. 나는 심었고 아볼로는 물을 주었지만 여러분을 자라도록 하기 위해서는 하나님께서 여러분 속에 오셔서 일하셔야 하는 것입니다."

이어서 바울은 고린도전서 전체를 통하여 우리가 우리의 삶에 적용하기만 하면 우리에게서 육신적인 것을 제해버리는 많은 영적인 원리에 관하여 대략적인 설명을 하고 있습니다. 바울은 그리스도 안에서 형제들끼리 서로 고소하는 것, 결혼 문제, 소명, 직분, 교회의 기름부음, 하나님의 사랑 안에서 행하는 것, 죽은 자의 부활, 주의 만찬에 관한 질문들과 같은 중요한 문제들을 다루었습니다. 이런 문제들은 모두 '말씀의 젖'의 범주에 속하지만 여전히 영적으로 분별되어야만 하는 것들입니다.

요점만 말하면 바울은 이렇게 말하고 있습니다. "우리 설교자들이 할 수 있는 모든 일이란 것은 여러분을 육신적인 것으로부터 벗어날 수 있도록 해주는 이런 기본적인 원칙들을 펼쳐 보이는 것뿐입니다. 여러분 안에서 성령님이 역사하셔서 여러분이 듣고 있는 원칙대로 자신들을 변화시키도록 여러분이 허락하지 않는다면 우리는 아무것도 할 수 없습니다. 우리의 사역은 여기서 끝나는 것입니다."

여러분은 하나님의 집입니다

고린도전서 3장 7-11절에서 바울은 이렇게 말하고 있습니다.

그런즉 심는 이나 물주는 이는 아무것도 아니로되 오직 자라게 하시는 이는 하나님뿐이니라 심는 이와 물주는 이는 한가지이나 각각 자기가 일한 대로 자기의 상을 받으리라 우리는 하나님의 동역자들이요 너희는 하나님의 밭이요 하나님의 집이니라 내게 주신 하나님의 은혜를 따라 내가 지혜로운 건축자와 같이 터를 닦아 두매 다른 이가 그 위에 세우나 그러나 각각 어떻게 그 위에 세울까를 조심할지니라. 이 닦아 둔 것 외에 능히 다른 터를 닦아 둘 자가 없으니 이 터는 곧 예수 그리스도라

여러분은 무엇입니까? 여러분은 하나님의 집이라 불리는 거대한 영적 건축물의 살아 있는 하나의 돌일 뿐입니다. 여러분은 그리스도의 몸 안에서 동역자로서 독특한 사역을 수행하도록 부름을 받은 지혜로운 건축 책임자로서, 바울이 놓은 '예수 그리스도'와 십자가에 못 박히신 그분의 계시의 기초 위에 언제나 산 돌로서 세워지는 것입니다(고전 2:2).

그러면 복음의 사역자로서의 나의 사역은 끝나고 성령님의 사역이 시작되는 곳은 어디일까요? 나는 하나님 안에 있는 여러분의 유산을 통해 여러분에게 가르쳐 줄 수 있습니다. 성령님이 원하시면 나는

여러분에게 지혜의 말씀이나 지식의 말씀을 가끔씩 줄 수 있습니다. 나는 여러분에게 믿음, 사랑, 하나님의 기름 부음에 관하여 가르칠 수 있습니다.

그러나 나는 여러분에게 기름 부음을 줄 수도 없고 하나님의 건축물의 산 돌로서 여러분의 부르심을 위해 여러분을 구비시킬 수도 없습니다.

여러분은 어떤 사람도 줄 수 없는 것을 얻기 위해서 하나님께로 가야만 합니다. 여러분 안에서 여러분을 성장시키는 것은 성령님의 개인적인 관여에 달린 것입니다.

그리고 이것을 말씀드리겠습니다. 여러분이 성령 안에서 기도하며 시간을 보낼 때 여러분이 하나님의 건물의 살아 있는 돌로서 하나님의 계획을 기도하므로 하나님께 보탬이 될 더 잘 구비된 사람이 되는 일이 반드시 일어납니다.

나는 여러분에게 지식을 주는 것으로 사역이 끝납니다. 나는 여러분을 하나님 나라에 심고 가르침으로 물을 줄 수는 있지만 자라게 할 수는 없습니다. 오직 하나님만이 여러분을 자라게 하십니다.

그러므로 바울은 고린도인들에게 "나는 하나님으로부터 건축 책임자가 되도록 은혜를 받았습니다. 나는 하나님으로부터 비밀을 받아서 십자가에 못 박힌 예수 그리스도의 기초를 놓았습니다."라고 말했습니다.

"여러분도 알고 있다시피 여러분이 하나님의 부르심에 응하여 여러분의 사역을 이루는데 있어서 내가 놓은 이 한 기초 이외에 다른 기초는 없습니다. 여러분의 인생이 모양을 갖추고 그리스도의 몸에 기여할 때가 되면 여러분은 하나님의 건물에 추가되거나 한 층을 더 놓게 되는 것입니다. 그러나 내가 이미 여러분에게 설교한 그 기초 위에 어떻게 여러분이 건축을 할지는 조심해야 합니다. 나무와 풀과 짚만 만들어 내는 사역을 할 이유가 어디 있습니까?(고전 3:12) 근원을 직접 찾아갈 수 있는데 왜 그러겠습니까?"

바울의 계시 지식의 근원을 발견하기

그들이 육신적인 상태를 벗어나는 길을 알려줄 수 없었다면 바울은 다른 사람들을 육신적이라고 부르지 않았을 것입니다. 개인이 어떻게 하나님의 임재 속으로 들어가서 변화 받고 하나님의 자라나게 함을 받아들일 수 있는지를 신자들에게 보여주지 않는다면 바울이 사람을 따르지 말고 하나님을 따르라고 책망하는 것이 아무 유익이 되지 못했을 것입니다.

그래서 고린도전서 2장에서 바울은 자신의 계시 지식과 능력 있는 그리스도인의 삶, 즉 육신적인 것과 시기와 분쟁에서 벗어나는 길의 근원을 밝히 보여주고 있습니다.

이 책은 어린아이 그리스도인의 육신적인 마음을 상대로 쓰여진 것임을 기억하십시오. 바울은 어린아이 그리스도인이 어떻게 자신이 발견한 계시 지식의 똑같은 근원에 닿을 수 있는지를 배우게 되기를 원했습니다. 그는 고린도인들이 그리스도교를 감각 수준의 육신적인 삶을 넘어서 하나님과의 살아 있는 관계로 들어가도록 격려하기를 원했습니다.

바울은 "내가 어디에서 이 하나님의 비밀을 이해하게 되었는지 나의 그 근원을 여러분에게 밝힐 수 있습니다. 여러분이 내가 말하는 것을 이해할 수만 있다면 여러분은 육신적인 상태로 남아 있을 필요가 없습니다."라고 말하고 있습니다.

개인적으로 나는 육신적인 상태로 머물러 있기를 원치 않습니다. 나는 바울에게 가르침을 받을 자격을 갖추도록 겸손한 자리에 있기를 바랍니다.

만일 그가 계시 지식을 받기 위해 자주 들어갔던 똑같은 영적인 '강물'에 나도 뛰어 들어갈 수만 있다면 나도 그러고 싶습니다. 왜냐하면 사역자들이 내게 줄 수 있는 것은 한계가 있기 때문입니다. 그들은 내게 기름 부음을 줄 수 없습니다. 그들은 나의 소명을 줄 수 없습니다. 그들은 내게 믿음, 기쁨, 평안에 대해 가르칠 수는 있지만 이런 영적인 보화를 줄 수는 없습니다.

모든 것 안에 모든 것이 되시며 모든 은사를 주실 수 있는 성령님의 능력을 통하여 예수 그리스도가 주실 수 있는 것입니다. 그래서 나는 내가 배운 말씀대로 하나님께서 나를 변화시킬 수 있도록 어떻게 나를 허락하는지, 바울이 배웠었던 바로 그 근원을 발견할 것입니다. 나는 고린도전서 2장으로 돌아가 뛰어 들어갈 것입니다!

계시된 바울의 근원

자, 그러면 이제 바울의 계시 지식의 근원을 발견해 봅시다. 그러면 우리는 스스로 하나님께 나아가 어떤 사람도 우리에게 줄 수 없는 것을 받을 수 있습니다. 고린도전서 2장 7-8절에서 바울이 한 말을 주의해 보십시오.

오직 은밀한 가운데 있는 하나님의 지혜를 말하는 것으로서 곧 감추어졌던 것인데 하나님이 우리의 영광을 위하여 만세 전에 미리 정하신 것이라 이 지혜는 이 세대의 통치자들이 한 사람도 알지 못하였나니 만일 알았더라면 영광의 주를 십자가에 못 박지 아니하였으리라

비밀에 관하여 말할 때 바울은 신화적인 탐정 셜록 홈즈가 사용하던 의미와 똑같은 뜻으로 이 용어를 사용하였습니다. 홈즈가 한 비밀을 풀 때 그는 일상적인 관찰자에게는 눈에 잘 띄지 않는 관계없어 보이는 실마리를 발견합니다. 그런 다음에 그는 모든 것을 함께 놓고 봄으로써 바른 결론에 도달합니다.

하나님의 구원 계획의 경우에는 십자가는 비밀로서 하나님 안에 감추어져 있을 필요가 있었습니다. 실마리가 존재하지 않았던 것은 아니지만 실마리들은 구약 전체에 흩어져 있었습니다. 그러나 이 실마리들은 십자가에 못 박힌 그리스도의 비밀을 풀 정도로는 충분히 분명하지 않았습니다.

왜 그랬을까요? 왜냐하면 만일 세상 권세자들이 이 비밀을 알았더라면 그들은 영광의 주님을 십자가에 못 박지 않았을 것입니다. 예수님이 죽었다가 다시 살아나는 것이 필요했던 것입니다. 그래서 바울은 9절에서 구약의 성도들에게 한 일을 말하고 있습니다.

> 하나님이 자기를 사랑하는 자들을 위하여 예비하신 모든 것은 눈으로 보지 못하고 귀로 듣지 못하고 사람의 마음으로 생각하지도 못하였다 함과 같으니라

그런 다음 9절과 10절 사이에 가장 놀라운 일이 일어납니다. 바로 언약이 바뀐 것입니다! 고린도전서 2장 10-11절이 말하고 있는 것을 보십시오.

> 오직 하나님이 성령으로 이것을 우리에게 보이셨으니 성령은 모든 것 곧 하나님의 깊은 것까지도 통달하시느니라 사람의 일을 사람의 속에 있는 영 외에 누가 알리요 이와 같이 하나님의 일도 하나님의 영 외에는 아무도 알지 못하느니라

8절과 9절은 십자가에 못 박힌 예수 그리스도를 말하고 있습니다. 그러고 나서 10절에서는, 성령님이 교회에 주어졌습니다. 언약의 교체가 일어난 것입니다. 여기서 바울은 그의 지식의 근원을 보여주기 시작합니다.

이제 예수님은 모든 사람들의 죄를 위하여 죽으셨습니다. 바울은 설명합니다. 하나님은 모든 사람이 전에는 감추어 둘 필요가 있어서 감추었던 것을 듣게 되기를 원하십니다. 이 비밀은 이제 교회에 완전한 계시로 알려져서 어떤 신자든지 자신을 성령님께 드리는 사람에게 열려 있습니다. 이것이 바로 12절이 말하고 있는 것입니다.

> 우리가 세상의 영을 받지 아니하고 오직 하나님으로부터 온 영을 받았으니 이는 우리로 하여금 하나님께서 우리에게 은혜로 주신 것들을 알게 하려 하심이라

성령님은 모든 시대의 가장 큰 비밀을 풀기 위하여 천국에서 여기까지 오셨습니다. 그의 사명은 이 세상의 기초를 놓기 전부터 비밀로서 하나님 안에 감추어졌던 그 지혜, 즉 하나님의 지혜를 가지고 와서 우리에게 계시하여 주는 것입니다.

구약의 성도들은 이 감추어진 지혜에 대해서는 겨우 얼핏 보았을 뿐이었습니다.

믿음의 결국은 곧 영혼의 구원을 받음이라 이 구원에 대하여는 너희에게 임할 은혜를 예언하던 선지자들이 연구하고 부지런히 살펴서 자기 속에 계신 그리스도의 영이 그 받으실 고난과 후에 받으실 영광을 미리 증언하여 누구를 또는 어떠한 때를 지시하시는지 상고하니라 이 섬긴 바가 자기를 위한 것이 아니요 너희를 위한 것임이 계시로 알게

되었으니 이것은 하늘로부터 보내신 성령을 힘입어 복음을 전하는 자들로 이제 너희에게 알린 것이요 천사들도 살펴보기를 원하는 것이니라 (벧전 1:9-12)

그러나 이 성령의 사역을 통하여 하나님은 예수를 믿는 우리들 각 사람에게 그의 지혜의 비밀을 의도적으로 계시하셨습니다.
히브리서 8장 11절은 새 언약 아래서는 우리가 영적인 것에 관하여서 성령님께 직접 배울 수 있다고 말하고 있습니다.

또 각각 자기 나라 사람과 각각 자기 형제를 가르쳐 이르기를 주를 알라 하지 아니할 것은 그들이 작은 자로부터 큰 자까지 다 나를 앎이라

이 구절은 하나님께서 율법 아래 있는 이스라엘을 다루는 것과 성령을 받은 우리를 다루는 것과의 차이를 대략적으로 말하고 있습니다. 율법은 십계명과 다양한 율례와 피의 제사로 구성되어 있습니다.
구약 아래 있던 사람들은 새로운 탄생으로 말미암은 새롭게 창조된 본성nature을 가지고 있지 않았습니다. 영적으로 죽은 사람은 하나님을 아는 것이 불가능하므로 누구든지 하나님을 알기 위해서는 율법과 희생 제사를 통하여 가르침을 받아야 했습니다.
그러나 하나님께서 이 법을 우리 가슴에 쓰고 우리 마음에 둠으로써 가장 작은 자로부터 가장 큰 자까지 이제 우리는 하나님을 알 수 있습니다. 하나님은 바울에게 주었던 똑같은 계시의 근원을 우리에게

주셨습니다. 성령은 그것을 우리에게 계시해 주려고 하나님의 깊은 것을 찾으십니다.

방언과 계시 지식을 연결하는 고리

그 당시에 성령 충만 받은 다른 사람들과 바울이 했던 것과 무엇이 가장 달랐을까요? 다른 사도들도 부르심을 받았고 그들도 똑같은 성령님을 소유하고 있었습니다. 그럼에도 살아 있는 어떤 사람보다도 바울을 더 구비시켰고 더 많은 계시 지식으로 들어갈 수 있도록 한 것은 무엇일까요?

모든 바울 서신들을 공부하고 낮은 목소리로 읊조림으로써 나는 바울이 그의 생애 동안에 이해하고 확립하였던 계시 지식과 그가 실천하던 무엇과의 공통된 고리를 발견하였습니다. 바울은 고린도전서 14장 18절에서 이런 중요한 말을 하였습니다.

내가 너희 모든 사람보다 방언을 더 말하므로 하나님께 감사하노라

바울 사도님, 잠깐만요. 우리 모든 고린도인들을 한 줄로 세우고 조사를 해봅시다.

"여보시오, 아버지 고린도인, 얼마나 많이 기도하시지요?"

"오, 일하러 갈 때 낙타 위에서 합니다."

"됐습니다. 그러면 어머니 고린도인은 어떠십니까?" "글쎄, 나는 빵을 화로에서 꺼낼 때 기도합니다."

"오, 정말입니까?"

아마도 바울은 이런 식으로 조사를 하지는 않았을 것입니다. 그럼에도 불구하고 그는 진실되게 "나는 여러분 모두보다 더 예수 그리스도의 모든 계시를 포함하는 초자연적인 세우는 언어supernatural language of edification로 말하는 것을 하나님께 감사합니다."라고 말할 수 있었습니다.

그의 시대에 어떤 사람보다도 바울은 첫째로 더 많은 계시 지식 가운데 사역하였으며, 둘째로 고린도 교회의 어떤 성령 충만 받은 사람들보다 더 많이 개인의 세움을 위한 방언 기도를 하였다는 것이 여러분은 우연의 일치라고 생각합니까? 아닙니다! 이것이 우연의 일치가 아니라는 것을 나는 여러분에게 보장할 수 있습니다.

계시 지식과 방언 사이에는 영적인 고리가 존재합니다. 내가 앞서 말했던 것처럼 방언은 기적 가운데 행하는 사람들과 그렇지 못한 사람들 사이를 구별 짓는 선입니다. 방언은 계시 지식을 받는 것에도 마찬가지인 것 같습니다.

바울은 고린도 교회에 있는 어떤 남자나 여자나 어린이들보다 더, 아니 그 당시 교회 세계에 살았던 어떤 사람보다도 더 방언으로 기도하였습니다. 바울은 교회의 기초를 구성하고 있는 신약 성경에 포함된 계시 지식의 사분의 삼에 대해 책임을 지고 있습니다. 어디서 바울은 이토록 놀라운 계시 지식을 얻었을까요? 도시에서 도시로 광야를 통과하면서 그가 무엇을 했다고 생각합니까? 여행을 하면서 많은 날들을 그는 무엇을 하면서 보냈을까요?

그는 하나님 앞에서 수많은 시간을 그리스도의 비밀을 교통하면서 보냈습니다. 하나님은 그의 기도에 응답하셔서 그가 그리스도의 계시를 자기 영에 태어나도록 함에 따라 이방인의 사도로서의 그의 하나님의 소명을 온전히 이루도록 하심으로 마침내 바울은 초대 교회의 전체적인 기초를 총괄하기에 이르렀습니다!

황토길을 걸으면서 방언을 말하는 바울의 모습을 나는 쉽게 그려볼 수 있습니다. 그의 낙타를 모는 사람이 "바울, 뭐라고 하셨습니까?"라고 물으면 바울은 "나는 자네에게 말하고 있는 게 아니야."라고 대답합니다.

밤이 되면 바울은 천막을 치고 잠이 듭니다. 갑자기 그는 깨어납니다. 성령님께서 그에게 또 다른 비밀을 계시하고 있습니다. 그는 자신의 필기도구를 챙기고 그가 쓸 수 있는 가장 빠른 속도로 교회들 중 한 교회에 편지를 씁니다.

하나님께서는 바울의 편지를 얼마나 귀하게 여기셨는지 그의 편지를 영원한 하나님의 말씀의 일부로 만드셨는데 우리는 지금 그 편지들을 바울 서신들이라고 부르고 있습니다. 그의 서신들 안에는 하나님의 비밀, 즉 전에는 하나님 안에 감추어져 있다가 이제는 여러분의 서가 위의 성경에 기록되어 있는 비밀들이 포함되어 있습니다.

성령님께서는 만삭되지 못하여 난 자 같은 사도 바울에게 복음의 비밀을 계시하여 주셨습니다(고전 15:8). 그는 예수님과 개인적인 교제를 가졌던 다른 열두 제자들과 같이 가르침을 받지 않았습니다. 그가 하나님으로부터 받은 것은 직접 받은 계시였습니다.

15년 후에 바울은 그보다 앞서 사도가 된 사람들에 대하여 언급합니다. 후에 그는 "그들은 내게 아무것도 더해 준 것이 없습니다. 오히려 반대로 그들은 내게 이방인들에 대한 사도로서의 사역을 부탁했습니다"(갈 2:6-7)라고 말했습니다.

하나님의 비밀을 말하기

방언으로 기도하는 것과 계시 지식을 연결하는 영적 고리는 '비밀mysteries'이란 단어를 이해하는 데 있습니다. 이 고리를 우리가 이해하는 데 도움을 주기 위해서 바울은 고린도전서 2장과 14장 사이에서 이 단어를 세 번 언급하고 있습니다. 우리는 고린도전서 2장 7절에서 이미 처음 언급한 것을 읽었습니다.

> 오직 은밀한 가운데 있는 하나님의 지혜를 말하는 것으로서 곧 감추어졌던 것인데 하나님이 우리의 영광을 위하여 만세 전에 미리 정하신 것이라

고린도전서 4장 1절에서 두 번째로 '비밀mysteries'을 언급하였습니다.

사람이 마땅히 우리를 그리스도의 일꾼이요, 하나님의 비밀을 맡은 자로 여길지어다.

같은 편지에서 바울은 고린도 교회에 그가 그들 모두보다 방언을 더 말함을 감사한다고 말하고 또한 그는 하나님의 비밀을 맡은 자가 되었다고 말했습니다.

청지기steward는 관리하는 자입니다administrator. 그 당시 부자들은 자신들의 부와 재물을 관리하는 일을 하는 청지기를 고용하곤 하였습니다. 청지기는 부자의 재물이 낭비되거나 오용되거나 빼앗기지 않도록 지켰습니다.

하나님의 비밀을 관리하는 좋은 청지기가 되기 위해서 바울은 거짓 교리, 율법주의, 교회에 대한 사탄의 증오가 침투하는 것 등으로부터 그 비밀들을 지켰습니다. 어떻게 바울이 그렇게 할 수 있었을까요? 바울은 성령님이 바로 이런 비밀들을 자신을 통하여 수많은 시간을 기도하시도록 허락함으로써 할 수 있었습니다. 그는 이렇게 하는 것이 교회를 향한 그리스도의 계시에 대한 그의 영적 이해에 영향을 끼친다는 것을 알고 있었습니다.

바울은 세 번째로 고린도전서 14장 2절에서 비밀을 언급하고 있습니다.

방언을 말하는 자는 사람에게 하지 아니하고 하나님께 하나니 이는 알아듣는 자가 없고 영으로 비밀을 말함이라 당신이 방언으로 기도하기 시작하는 순간 여러분은 자신을 영에 있게 한다는 것에 주의하십시오. 성령님은 당신의 육신과 혼과 지성을 지나서 바로 영으로 들어가십니다. 그곳에서 성령님은 당신이 당신의 입을 열고 하나님께 비밀을 말하기 시작하자마자 초자연적인 언어를 만들기 시작하십니다.

그러면 여기서 바울이 말하는 비밀이란 무엇을 말하는 것일까요? '비밀mysteries'이란 기본적으로 '하나님의 비밀divine secrets'을 의미합니다. 이 하나님의 비밀이란 것은 결코 알려지지 않는 것이 아니라 좀 더 적절히 말하면 오히려 하나님 안에 감추어진 것들입니다. 이 비밀들은 예수의 피와 성령의 능력으로 우리에게 열려 있습니다.

바인W. E. Vine은 그의 신약성경 단어 주해 사전Expository Dictionary of New Testament Words에서 이 비밀에 관하여 또 다른 좋은 성경적인 정의를 하고 있습니다. "…이것은 다른 도움이 없는 상태에서 자연적인 이해의 범위 밖에 있는 것이며, 오직 하나님의 계시에 의해서만 알려지는 것으로, 오직 성령의 조명을 받은 사람들에게만 알려진다."

여러분이 여덟 시간 동안 방언으로 기도했다고 합시다. 여러분은 어떤 도움이 없이 자연적인 상태로는 이해의 범위 밖에 있어 오직 성령으로 말미암아 조명을 받은 사람들에게 하나님의 계시에 의해서만 알려질 수 있는 비밀을 말한 것입니다. 나는 여러분이 기도하고 있는 것에 관하여 이만큼은 말할 수 있습니다. 즉, 이 비밀들은 분명히 하나님을 위한 것은 아닙니다!

하나님이 잘 보실 수 없는 쪽으로 다가가서 당신이 은혜로 이 위성에 존재하기 전 적어도 2000년 전에 그분이 모르고 있던 어떤 깊은 비밀을 그분의 귀에 속삭여 주려고 합니까? 아닙니다. 그런 것이 아닙니다.

이 비밀들이 하나님의 유익을 위한 것이 아니라면 우리를 위한 것임에 틀림없습니다. 그러므로 방언으로 기도하는 것은 산을 움직이는 믿음의 기도나 "주님이 가라고 하는 곳에 나는 가겠습니다." 식의 헌신의 기도와 마찬가지로 하나님에 의해 응답되도록 계획된 것입니다.

요한복음 16장 13절은 이렇게 말하고 있습니다.

> 그러나 진리의 성령이 오시면 그가 너희를 모든 진리 가운데로 인도하시리니 그가 스스로 말하지 않고 오직 들은 것을 말하며 장래 일을 너희에게 알리시리라

성령님은 우리와 예수님 사이의 중재자이며 그분은 오직 그분이 들은 것만을 말하십니다. 진리의 영으로서 그의 사명은 예수님으로부터 진리를 받아서 이 그리스도의 비밀들을 그가 이해하고 있는 것으로부터 우리에게로 초자연적인 언어를 통하여 전달하는 것입니다.

또한 히브리서 7장 25절은 예수님이 우리의 대제사장으로서 우리를 위해 "항상 살아 계셔서 간구하신다"고 말하고 있습니다. 그러므로 우리가 다른 방언으로 기도하면 성령님은 예수님께서 우리를 위해 간구하시는 것을 들으시고 그것을 우리의 영에 부어주십니다.

고린도전서 14장 2절에서 우리가 성령 안에서 기도할 때 우리가 말한다고 한 그 비밀, 즉 하나님의 비밀에 관하여 이밖에 우리가 무엇을 알 수 있겠습니까? 이 구절이 의미하는 바를 알기 위해서 나는 낮은 목소리로 읊조리고 기도하고 연구하였습니다. 나는 은혜 시대에 성령의 사역을 통하여 지금 우리에게 허용된 감추어졌던 비밀을 말할 때 사용되었던 것과 똑같은 그리스어인 '비밀들mysteries'이란 단어가 이 구절에서 사용되었음을 발견하였습니다.

나는 놀랐습니다. 나는 주님께 여쭈어보았습니다. "주님, 세상이 시작되기도 전에 주님 안에 감추어져 있었던 그 비밀들이 내가 방언으로 기도할 때마다 은혜의 보좌로 가지고 들어가는 그 비밀들과 똑같은 것입니까?"

"네가 바로 알았다!"고 주님이 말씀하셨습니다.

이것이 바로 여러분이 방언으로 기도할 때마다 여러분의 믿음이 자라게 되는 이유입니다. 허공에다 한 바탕 소리를 내어 말함으로써 어떤 전류가 흐르는 듯한 만져지는 무언가를 받는 것이 아닙니다. 여러분이 세움을 받은 이유는 여러분이 바울이 기록했던 바로 그 비밀, 즉 치유의 비밀, 의의 비밀, 속량의 비밀을 말하고 있기 때문입니다. 여러분은 은혜의 보좌 앞에서 말하고 있는 것이며 하나님은 모든 기도에 그렇게 하듯이 응답을 하시는 것입니다.

'방언tongues'은 '언어language'란 단어 대신에 쓴 옛날 킹 제임스 영어란 것을 알고 있을 것입니다. 다른 어떤 언어와 마찬가지로 성령의 초자연적인 언어도 생각과 표현과 문장 전체를 포함하고 있습니다.

사실 성령님의 언어는 지상의 사람이 만든 어떤 언어보다 더 분명합니다. 하나님께서는 이 세움의 언어를 통해 여러분 안에 계신 그리스도 즉 영광의 소망인 모든 비밀에 관한 여러분의 이해를 증가시켜 줍니다(골 1:27).

성령님께서 여러분의 영을 통해서 이 비밀들을 표현할 수 있게 되면 결국 그것들이 드러나 여러분은 그것들을 이해하게 됩니다. 문자 그대로 방언은 여러분의 마음 가운데 성령님이 자유롭게 계시 지식, 통찰력, 지혜와 영적인 것에 대한 이해를 가지고 활동할 수 있도록 허용하는 것입니다.

이것이 바로 마귀가 교회의 사분의 삼으로부터 방언을 제거해 버린 이유입니다. 성도들이 성령님으로부터 배우도록 하는 우선적인 가르침의 도구와 분리되었을 때, 항상 바뀌는 사람의 교리에 의해 신자들은 훨씬 쉽게 속아 넘어 갑니다!

내가 체험한 영적 연결 고리의 발견

매일 몇 시간씩 나의 기도실에서 처음으로 방언 기도를 시작하였을 때 너무 순진해서 나는 내가 왜 세움을 받고 있는지를 몰랐습니다. 방언 기도를 하는 것은 무엇인가 내게 긍정적인 일일 것이라는 것밖에 몰랐습니다. 기도실에서 하루하루를 보내며 기도실에 오래 있을수록 나의 기도 시간은 더욱 나아졌습니다.

함께 벌목을 하던 친구였던 얼 히슨Earl Hitson이 나를 불렀을 때는 내가 기도실에서 기도를 시작한 지 두 달쯤 되었을 때였습니다. 얼은 육 피트 삼 인치의 큰 키에 가슴이 드럼통 같이 컸습니다. 그는 크고 센 사나이였지만 내가 만난 사람들 중에 가장 부드러운 심장을 가진 사람이었습니다.

얼은 내가 사표를 내고 매일 기도실에 들어박혀 기도하고 있다는 소식을 들었습니다. 시간이 좀 지난 뒤 그가 물었습니다. "데이비Davy, 내가 가서 자네와 함께 기도 좀 해도 되겠나?"

"물론이지, 얼. 어서 오게."

그렇게 해서 얼은 나와 함께 기도하기 시작했습니다. 우리는 먼저 영어로 기도를 시작했습니다. 그러고 나서 영어로 기도할 것이 다 떨어지면 얼은 한쪽에서 나는 다른 쪽에서 방언으로 기도하기 시작했습니다.

나와 함께 기도하는 것 외에도 얼은 긴 시간 동안 일을 했습니다. 한참 기도하고 나면 그는 곧 지쳤습니다. 마침내 그는 졸음에 빠져서 한두 시간 코를 골았습니다. 그러고는 코 소리를 크게 내면서 스스로 깨어나곤 했습니다. 제일 먼저 그는 눈을 살그머니 뜨고 자신이 존 것을 내가 눈치 챘는지 나를 곁눈질하여 보았습니다. 나는 내가 알고 있다는 것을 그가 모르게 했습니다.

얼은 기도 시간에 깨어 있기가 매우 어려웠을 것입니다. 그렇지만 시간이 지남에 따라 그는 나의 영적인 스승들 중에 한 사람이 되었습니다. '믿음 운동Faith Movement'과 케네스 해긴, 케네스 코플런드,

프레드 프라이스, 찰스 캡스 같은 믿음의 선생님들을 나에게 소개시켜준 사람도 그였습니다.

어쨌든 어떤 이상한 일이 일어나기까지 나는 거의 세 달 가량을 방언으로 기도하였습니다. 어느 날 나는 전에 한 백 번을 읽었던 성경의 한 구절을 읽고 있었습니다. 갑자기 그 구절이 종이에서 튀어 나와 보였고 그 구절에 대한 의미가 내 영 안에서 사방으로 폭발하였습니다.

그 전에는 그 구절이 무엇을 의미하는지 전혀 모르고 있다가 바로 그 순간 나는 처음으로 이해를 했습니다. 우리에게 모든 것을 가르치는 우리 안의 그 기름 부음이 그 구절들을 내게 설명해 주었습니다.

> 너희는 주께 받은바 기름 부음이 너희 안에 거하나니 아무도 너희를 가르칠 필요가 없고 오직 그의 기름 부음이 모든 것을 너희에게 가르치며 또 참되며 거짓이 없으니 너희를 가르치신 그대로 주 안에 거하라 (요일 2:27)

나는 너무나 놀랐습니다! 오, 주님, 어떻게 된 것입니까? 나는 이 구절이 다른 것을 의미한다고 생각했었는데요!(나는 나의 극단적인 경건주의식의 해석과는 너무나 다른 것을 배웠습니다.)

이와 똑같은 일들이 내게 자주 일어나기 시작했습니다. 성령께서 하나님의 말씀에 대한 계시를 줄 때마다 나는 얼이 올 때를 기다려 그에게 말해주지 못해서 조바심을 내곤 했습니다.

나는 얼에게 "얼, 자네 이 구절 본 적 있어?"라고 묻습니다.

"어, 그럼 데이빗."

"얼, 그러면 그 구절이 무엇을 의미하는지 알고 있나?"

얼은 영적인 스승으로서의 확신을 가지고 내게 설명하기를 시작합니다. "데이빗, 이것은 이렇고 이런 뜻이야." 나는 내가 알고 있는 것을 그가 모르고 있다는 것을 확인할 수 있을 때까지만 기다려 주었습니다. 그 이상은 더 참아줄 수가 없었습니다.

"아니야, 얼, 이 구절은 이런 뜻이야!"라고 그의 말을 끊고는 성령께서 내게 방금 가르쳐 주신 것을 그에게 말해 주곤 했습니다.

얼은 나를 쳐다보고는 이렇게 물었습니다. "자네는 도대체 어떻게 그것을 안거야?"

"얼, 나도 몰라. 내 안에서 무엇인가가 터진단 말이야. 나도 왜 어떻게 이런 일이 일어나는지 모르겠는데 어쨌든 갑자기 이 성경 구절들을 이해하게 되었단 말이지."

그때 우리는 둘 다 왜 내가 이런 계시 지식을 갑자기 얻게 되었는지를 몰랐습니다. 우리는 그 이유를 찾으려고 애를 썼습니다.

"얼, 이제 알 것 같아. 몇 달 전에 사표를 내고 전임 사역에 들어갔지 않나. 나는 아무 수입도 없고 설교를 할 대상도 없지. 그래서 하나님께서는 내가 설교자이기 때문에 계시 지식으로 나를 채우셔야 하지 않았을까! 그렇게 하지 않으신다면 내가 무엇을 설교하겠어?"라고 나는 말했습니다.

그래서 나는 내가 전임 사역에 들어갔기 때문에 하나님께서 내게 계시 지식을 주시고 있다는 결론을 내렸습니다. 그러나 나중에야 나는 그런 생각의 오류를 발견하게 되었습니다! 내가 알고 있는 어떤 설교자들은 평생 전임 사역자로 살았는데도 아직 한 마디도 들을 만한 것을 말하지 않았습니다!

나중에 주님은 무엇이 계시 지식을 가져다주었는지를 내게 알려 주셨습니다. 주님은 그의 보좌 앞에서 방언으로 비밀을 기도하는 어떤 사람과 소통하듯이 나와 소통을 하였던 것입니다.

내가 매일 하나님의 비밀을 기도할 때, 하나님은 내가 그리스도의 마음을 더 잘 이해할 수 있도록 도와주심으로써 나의 기도에 응답해 주십니다. 하나님의 말씀은 내 안에서 살아나기 시작했습니다. 친구여, 이것이야말로 세움의 매우 중요한 부분입니다.

우리가 계시 지식을 받을 때 무슨 일이 일어나는지 이 과정을 좀 더 잘 이해할 수 있도록 자연적인 예를 하나 들어보겠습니다. 방언으로 기도하는 것은 한 컴퓨터의 칩에다 정보를 내려 받는 것과 같다고 볼 수 있습니다. 그러면 이 컴퓨터 언어는 어떤 것입니까? 방언입니다.

수많은 시간을 당신이 방언으로 기도하면 당신은 그 '컴퓨터 칩'에 하나님의 비밀을 계속 저장하는 것입니다. 그러다 어떤 지점에 이르면 성령께서 순간적으로 수천분의 일초 동안에 전체적인 계시를 풀어 놓음으로써 당신의 영에 그 컴퓨터 칩의 내용을 모두 설치install하는 것입니다.

순식간에 당신의 영은 당신이 전에 이해하지 못했던 말씀의 전혀 새로운 면을 이해하게 됩니다. 천분의 일초 동안 당신이 받은 모든 것을 다른 사람들에게 다 가르치려면 한 달은 걸리게 될 것입니다.

왜 그렇냐고요? 당신의 영은 일 초에 수십만 비트의 정보의 조각들을 받아들이고 이해할 수 있는 능력을 가지고 있습니다. 당신을 힘들게 하는 것은 당신의 마음natural mind입니다. 당신의 뇌는 한계가 있습니다. 당신의 뇌는 한 번에 계시의 한 문단paragraph씩 만을 받아들여 자기 것으로 만들 수 있습니다.

당신이 더 많이 방언으로 기도하면 할수록 더 많은 하나님의 비밀을 영적인 컴퓨터 칩에 받아두게 됩니다. 그리고 성령께서 그것을 당신의 영에다 설치하여 그 계시를 풀어놓는 순간 갑자기 당신은 그리스도의 마음을 이해하기 시작하게 됩니다. 당신 안에 있는 그리스도의 비밀, 영광의 소망이 위대한 믿음을 동반하고서 당신의 영에 태어나기 시작합니다.

그러므로 바울의 계시 지식의 근원과 그것을 받는 수단은 모두 고린도전서에 계시되어 있습니다. 성령께서는 개인을 세우는 방언을 통하여 하나님의 지혜의 감춰진 비밀을 그에게 계시하셨습니다. 사도 바울이 계시 지식을 받아들이는 데 사용했던 똑같은 선물이 당신과 내게 허용되어 있습니다. 이 선물은 우리가 원하기만 하면 우리 의지대로 의도적으로 사용할 수 있습니다!

'영원한 성령을 통하여
너 자신을 살아있는 제물로 드리라' 고
은혜의 영이 말씀하십니다.
왜냐하면 나는 너희가 세상과 그 시스템을 닮지 말고
마음을 새롭게 함으로 변화를 받아
내가 땅의 기초를 놓을 때부터
너희를 구별한 선하고 기뻐할 만하고 온전한 뜻을
분별하기를 오늘 나는 원하고 있다.
오, 너희가 영의 섬세한 부분까지 들어갔으면,
나와 함께 하는 그 소중한 교제의 장소로,
내가 너희를 나와 교제하도록
초청하는 이해의 기숙사로
그곳에서는 모든 것들이 영의 눈을 통하여 보이며,
너의 이해는 나의 이해로 채워진다.
내가 네게 말한다.
이 지극히 높으신 분의 은밀한 곳에는
너를 변화시킬 수 있는 능력과 이해가 있다.
그러므로 네 안에 있는 영의 능력과 힘을 사용하여라.
그리고 네가 그리로 들어가도록
자신을 세우며 기도하여라.

7
하나님의 계획의 비밀을 기도하기

만일 당신이 하나님을 너무나 잘 알고 있어서 결코 잘못 기도하는 일이 없는 친구를 기도 동역자로 가지고 있다면 어떻겠습니까? 만일 그가 처음부터 마지막까지 될 일을 항상 알고 있고 당신이 처한 모든 상황에서 하나님의 뜻을 알고 있다면 어떻겠습니까?

만일 이 기도 동역자가 얼마나 지혜가 있는지 그가 항상 마귀보다 한 발자국 앞선 지혜를 말하고, 하나님의 마음을 너무나 철저하게 알고 있기 때문에 믿음 없이 기도한 적이 결코 없다면 어떻겠습니까? 만일 그가 하나님이 당신을 부르신 그 일의 자세한 부분까지 알고 있고 모든 창조의 역사 가운데서 그의 기도는 실패한 적이 없었다면 어떻겠습니까?

그런 사람이 당신을 위해 기도해 주기를 바라지 않겠습니까? 만일 당신에게 이런 사람이 있다면 당신은 그가 당신을 위해 얼마 동안 기도해 주도록 하겠습니까? 하루에 삼 분입니까? 아니면 그가 원하는 만큼 얼마든지 하도록 하겠습니까?

그렇습니다. 당신도 이런 기도 동역자를 가질 수 있습니다. 단지 입을 열어 "안녕하세요, 성령님!"이라고 말해보세요.

당신을 향한 하나님의 완전한 뜻을 발견하기

하루에 한 시간이나 하루종일 방언으로 기도할 때는 언제든지 당신은 교회의 기초를 놓았던 모든 계시, 즉 당신 안에 있는 그리스도 곧 영광의 소망이 되는 모든 것의 비밀을 알고 있는 그리스도의 마음을 기도하고 있는 것입니다.

그러나 당신이 이 비밀들을 계속 기도하면 성령께서는 당신을 향한 하나님의 완전무결한 계획을 발견하고 그 가운데 살 수 있도록 도우심으로써 아주 개인적인 데까지 당신을 향한 그리스도의 마음까지도 알게 해 주십니다.

이것이 바로 당신의 삶 가운데서 성령께서 행하시는 가장 중요한 일들 중에 하나입니다. 왜 그럴까요? 당신은 그리스도의 몸 가운데서 자신의 부르심이 무엇인지 정확하게 알고 있다고 확신하고 있습니까? 육신의 천정 아래서 몸부림치면서 당신을 향한 하나님의 완전한 계획을 결코 발견하지도 못하고 당신의 모든 생애를 마칠 수도 있다는 것을 알고 있습니까?(예를 들자면 만일 당신이 도중에 사람의 반대에 대항하기를 포기한다면 당신이 그 상황을 말씀을 따라 해결할 때까지 당신은 그 자리에서 더 나아갈 수가 없는 것입니다.)

이것이 바로 당신의 삶을 향한 하나님의 선하시고good, 기뻐하시고acceptable, 완전한perfect 뜻이 있다고 말하고 있는 이유입니다(롬 12:2).

예수께서도 사람들의 심령이라고 하는 다른 형태의 '밭ground'에 관하여 말씀하셨습니다. 어떤 종류의 밭은 30배, 60배, 어떤 밭은 심겨진 말씀의 100배나 열매를 맺는다고 하였습니다(막 4:20).

많은 사람은 그들을 향한 하나님의 30배 수확의 단계를 결코 벗어나지 못하고 맙니다. 그들은 자신들 안에 있는 성령님의 능력을 풀어놓는 방법을 모르기 때문에 속아서 그들의 상reward을 다 빼앗기고 전 생애를 보냅니다. 만일 어떻게 하는지를 배우기만 한다면 그들은 하루하루 하나님의 완전한 뜻에 더욱 가까이 다가가게 될 것입니다. 내년이 올해와 다르고 5년 후에는 자신들의 삶을 돌아보면서 시간을 낭비하지 않았음을 알 수 있을 것입니다.

'내 생애를 향한 하나님의 완전한 뜻을 어떻게 찾을 것인가?' 뿐만 아니라 '성령의 능력으로 어떻게 그 뜻을 추구하며 살 수 있을까?'를 하나님의 말씀으로부터 찾아내기 위해 나는 개인적인 탐구를 계속했습니다. 나는 로마서에서 나의 답을 찾았습니다. 그리고 이제 내 안에 계신 분이 세상에 있는 자보다 크기 때문에 마귀가 나를 멈추게 할 수 있는 일은 한 가지도 없습니다(요일 4:4).

하나님의 선하시고 기뻐하시고 완전하신 뜻

바울이 로마서 12장 1-2절에서 하나님의 선하시고, 기뻐하시고, 완전하신 뜻에 관해 말하고 있는 것을 봅시다.

그러므로 형제들아 내가 하나님의 모든 자비하심으로 너희를 권하노니 너희 몸을 하나님이 기뻐하시는 거룩한 산 제물로 드리라 이는 너희가 드릴 영적 예배니라 너희는 이 세대를 본받지 말고 오직 마음을 새롭게 함으로 변화를 받아 하나님의 선하시고 기뻐하시고 온전하신 뜻이 무엇인지 분별하도록 하라

나의 몸을 산 제물로 드림으로써 내가 더 이상 이 세상, 즉 세상의 사고방식과 세상이 하는 것들을 본받지 않도록 하는 과정을 통과할 것이라고 이 구절들은 말하고 있습니다. 어떻게 해서 그렇게 되는지는 모르지만 나는 마음을 새롭게 함으로써 하나님의 선하시고 기뻐하시는 뜻 뿐만 아니라 마침내 완전무결한 뜻까지 분별하는 변화를 경험하게 된다는 것입니다.

그래서 하나님께 대한 나의 질문이 이것이었습니다. "하나님이 말씀하시는 완전한 뜻이란 것이 무엇입니까? 만일 내가 나의 몸을 산 제물로 드림으로써 그 결과 하나님의 완전한 뜻을 발견한다면 내가 찾고 있는 '완전한 뜻'이란 것이 무엇인지 나는 알고 싶습니다."

나는 성경을 잘 알고 있다고 알려진 한 사람을 찾아가서 물어보았

습니다. "로마서 12장 2절에서 말하고 있는 하나님의 완전한 뜻이란 것이 무엇입니까?"

"로버슨 형제, 자네의 영적인 배경이 무엇이지?"하고 그가 물었습니다.

"오, 나의 배경은 극단적인 경건주의입니다. 우리는 보석을 몸에 지니는 것이나 여자들이 머리를 자르는 것도 죄라고 믿었습니다. 우리는 그렇게 하는 것이 하나님을 기쁘시게 하는 것이라고 믿었기 때문에 우리에게는 많은 해야 할 것들과 해서는 안 되는 것들이 있었습니다. 뿐만 아니라 우리는 하나님께서는 우리에게 교훈하기 위해서 우리가 병에 걸리게도 하고 겸손하도록 하기 위해서 가난하게도 한다고 생각했습니다."

"자네 아직도 그렇게 믿고 있나?"

"아닙니다." 내가 대답했습니다. "예수 그리스도께서 나의 병을 짊어지셨고 나의 아픔을 가져 가셨기 때문에 나는 더 이상 아프지 않아도 된다고 믿고 있습니다. 하나님께서 이미 예수님께 담당하도록 하신 질병을 내게 주신다는 것은 공의가 잘못 이행되게 되는 것입니다. 뿐만 아니라 내가 빈틸터리가 되지 않도록 물질적으로나 재정적으로 나를 복 주시는 것이 하나님의 큰 기쁨이 된다고 믿고 있습니다."

그가 말했습니다. "그렇지. 보다시피 자네는 하나님의 말씀을 더 배움에 따라 마음을 새롭게 함으로 변화를 받고 있네. 자네는 하나님의 선하시고 기뻐하시고 완전하신 뜻을 발견하고 있네."

그는 이 구절이 말하고 있는 바를 부분적으로 설명한 것입니다. 그 후에 나는 2절을 문맥에서 따로 떼어내지 않는 것이 이 구절이 무엇을 말하고 있는지 알기에 더 쉽다는 것을 발견하였습니다. 하나님의 선하시고, 기뻐하시고 완전하신 뜻이란 것은 하나님께서 은혜로 당신에게 주신 그리스도의 몸 안에서 당신의 부르심을 말하는 것입니다. 당신이 자신의 몸을 산 제사로 드리는 것을 배우게 된다면 당신은 당신의 생애를 위한 하나님의 선하시고 기뻐하시는 뜻뿐만 아니라 절대적으로 완전한 뜻까지 발견하게 될 것입니다.

"로버슨 형제, 내게 그것을 증명해 주십시오."

"기꺼이 그러지요. 로마서 12장 4-8절을 살펴봅시다."

우리가 한 몸에 많은 지체를 가졌으나 모든 지체가 같은 기능을 가진 것이 아니니 이와 같이 우리 많은 사람이 그리스도 안에서 한 몸이 되어 서로 지체가 되었느니라 우리에게 주신 은혜대로 받은 은사가 각각 다르니 혹 예언이면 믿음의 분수대로, 혹 섬기는 일이면 섬기는 일로, 혹 가르치는 일이면 가르치는 일로, 혹 위로하는 자면 위로하는 일로, 구제하는 자는 성실함으로, 다스리는 자는 부지런함으로, 긍휼을 베푸는 자는 즐거움으로 할 것이니라

그리스도의 몸이라 불리는, 많은 지체로 구성된 영적인 몸 안에는 그들이 사도, 선지자, 교사, 목사, 복음 전하는 자, 남을 도와주는 사람, 관리하는 사람, 여러 가지 방언으로 말하는 사람 등 서로 다른

은혜와 부르심이 있습니다. 문맥대로 보면 이 성경 구절은 만일 내가 나의 몸을 산 제물로 드리는 법을 배우기만 한다면 그 결과는 나의 생애를 위한 하나님의 특별한 은혜와 부르심을 발견하게 된다고 말하고 있는 것입니다.

어떻게 우리의 몸을 산 제물로 드리는가?

사람들이 그들의 삶에 있어서 많은 믿음의 승리를 경험하지 못하는 이유는 그들이 자신들의 부르심을 이루고 있지 못하기 때문입니다. 그들은 하나님께서 그들에게 원하는 것이 무엇인지를 찾고 있지 않습니다. 그들은 자신들을 향한 하나님의 절대적으로 완전한 뜻을 찾기 위해 하나님을 찾지 않고 있습니다.

나는 내 생애를 위한 하나님의 완전한 뜻을 알기를 개인적으로 너무나 갈망하여서 그것에 필요한 일이라면 어떤 일이라도 할 것입니다. 나는 예수님께서 나를 불러 시키신 일과 내가 태어난 목적과 내게 어떤 기름 부음이 가용한지 바로 그 'n 번째 단계(마지막)'까지 알기를 원했습니다.

이것을 찾는 중에 내가 가진 질문은 나의 몸을 산 제물로 드릴 것인가 말 것인가가 아니었습니다. 나는 거절할 수 없을 정도로 너무나 하나님을 갈망하고 있었습니다. 나의 질문은 내 몸을 산 제물로 어떻게 드리는지 알 수 있는 길이 있는가였습니다. 있다면 누군가 내게 말해 주십시오. 그래서 나를 이 곤경에서 자유롭게 해주세요!

나는 하나님 궁정에서 좋은 시간을 갖기 원합니다. 당신이 나에게 잘못 가르쳐 주었기 때문에 내가 나의 소명을 이루지 못하는 일이 없도록 해 주십시오. 나는 "오늘날은 방언이 없다"라는 이런 무력한 교리 때문에 나의 승리를 빼앗겨서 아무 상도 타지 못하는 예비 연료통 같은 처지에 있기를 원하지 않습니다.

하나님께서 나를 위해 마련해 놓으신 가장 좋은 것을 받을 수 있을 때까지 나아가는 법을 가르쳐 주십시오. 나는 하나님 앞에 온전히 서기 원합니다. 그렇게 하고도 내가 실패했다면 누군가가 나의 승리를 내게서 빼앗아 갔기 때문은 아닐 것입니다.

나는 나의 이 질문에 대한 해답을 찾으려고 계속 공부하고 노력했습니다. 그러던 어느 날 나는 어떻게 나의 몸을 산 제물로 드리는지 알기 위해서는 사도 바울과 로마서 이외에 다른 것은 볼 필요가 없다는 것을 발견하였습니다.

모든 정죄하는 판결문은 취소되었다

로마서 12장 1절에서 **"그러므로 형제들아 내가 하나님의 모든 자비하심으로 너희를 권하노니…"** 라고 말하고 있습니다. "그러므로"란 말은 "내가 이미 말한 것에 근거해서"란 뜻입니다. 다른 말로 하면, 바울은 "여러분의 몸을 드리고 하나님의 완전한 뜻을 발견할 수 있도록 그 앞에서 내가 가르쳐준 정보를 사용하라."고 말하고 있는 것입니다.

우리가 어떻게 우리 몸을 산 제물로 드리는지 바울이 가르치고 있는 곳을 찾기 위해서 멀리 되돌아가지 않아도 됩니다. 8장에 그 답이 있습니다.

로마서 8장을 1절부터 시작합시다.

> 그러므로 이제는 육신을 따라 살지 않고 영을 따라 사는 그리스도 예수 안에 있는 자들에게는 결코 정죄함이 없습니다

'정죄함'이란 단어는 범인이 사형 언도를 받았다고 말할 때와 똑같이 사용되는 말입니다.

예수께서는 바울의 가르침을 통해서 내게 한 약속을 주셨습니다. 그것은 육신, 마귀, 세상, 아픈 것, 고통, 가난, 질병 등 어떤 것이든지 나를 정죄하는 모든 판결문으로부터 예수께서 나를 구원하셨다는 것입니다. 육신을 따라 살지 않고 영을 따라 살아야 한다는 이 한 가지 조건만 내가 충족시킨다면 지옥에서 시작된 이런 것들은 어떤 것도 더 이상 내게 일어날 수 없다는 것입니다.

바울은 실제로 새로운 본성a new nature, 즉 우리가 거듭날 때 받게 되는 거듭난 사람의 영을 따라 사는 것을 말하고 있는 것입니다. 성령님은 우리의 거듭난 사람의 영에게 모든 진리를 가르쳐주기 위해 보냄을 받았습니다.

> 그러나 진리의 성령이 오시면 그가 너희를 모든 진리 가운데로 인도하시리니 그가 스스로 말하지 않고 오직 들은 것을 말하며 장래 일을 너희에게 알리시리라 (요 16:13)

성령께서는 새로 태어난 내 영에게 나는 더 이상 죄와 질병과 가난이란 정죄하는 판결문 아래 있지 않다고 가르치고 있습니다. 나는 더 이상 거듭나지 않은 육신 안에 있는 것처럼 살지 않아도 됩니다. 나는 성령께서 가르치시고 인도하시는 대로 나의 거듭난 사람의 영을 따라 살게 되었습니다.

마귀는 나를 죄 가운데서 죽으라고 정죄해서 영원히 지옥이 나의 집이 되게 하려고 하였습니다. 그러나 예수께서 내 입장이 되셔서 내 자리에 들어오셨습니다. 그분은 정죄의 판결문을 자신이 받으셨습니다. 이제는 예수께서 정죄 받으셨기 때문에 나는 자유롭게 나갈 수 있게 된 것입니다. 그분이 내 대신 죄가 되심으로 내가 그리스도 안에서 하나님의 의가 되게 하려는 것이었습니다(고후 5:21).

나는 인류에게 알려진 모든 저주스러운 질병의 형벌을 받아 죽도록 정죄를 받았습니다. 그러나 예수 그리스도께서 나를 대신the substitute 하여 내 처지에 놓이시게 되었습니다. 그분은 내 병을 정죄하는 판결대로 죽으심으로 나의 아픔을 친히 담당하시고 나의 병을 짊어지셨습니다(마 8:17). 이제 나는 성령을 따라 살기만하면 정죄하는 판결문은 더 이상 내 안에서 집행될 수 없습니다.

나는 가난 가운데 죽도록 저주받았었습니다. 그러나 예수께서는 가난의 정죄하는 판결문을 하나님의 은혜로 자기 스스로 담당하셨습니다. **"우리 주 예수 그리스도의 은혜를 너희가 알거니와 부요하신 자로서 너희를 위하여 가난하게 되심은 그의 가난함으로 말미암아 너희를 부요하게 하려 하심이라"**(고후 8:9).

이제 나는 육신의 명령을 따르지 않고 성령the Spirit을 따라 사는 법을 배우기만 하면 이 정죄하는 판결문은 내 안에서 더 이상 집행될 수 없습니다. 그러므로 거듭난 우리는 약속을 소유하였습니다. 육신이나 마귀나 세상으로 말미암는 모든 정죄하는 판결문은 우리가 육신을 따르지 않고 성령the Spirit을 따라 살면 무효가 되는 것입니다.

어떻게 영the Spirit을 따라 사는가?

나의 질문은 그러면 어떻게 영을 따라 사는가입니다. 육신을 따르는 삶을 떠나서 영을 따라 어떻게 살 수 있는지 말하지 않았다면 바울은 로마서 8장 1절 같은 말을 하지 않았을 것입니다.

뒤이은 구절들을 통해 바울은 육신으로 사는 삶과 영으로 사는 삶을 구별 짓고 있습니다. 13절에서 그는 **"너희가 육신대로 살면 반드시 죽을 것이로되**[바울이 이렇게 직접적으로 말하지 않았으면 좋았겠다고 생각하지 않습니까?] **영으로써 몸의 행실을 죽이면 살리니"**라고 말하고 있습니다.

이제 바울은 영을 따라 사는 것을 말하고 있습니다. 나는 성령에 의해 세워지고 건축됨으로써 나의 거듭난 영의 능력을 통하여 몸의 행실이 죽도록 해야만 하는 것입니다. 이것은 로마서 12장 1절 같이 들립니다. 거기서는 나의 몸을 산 제물로 드리라고 말하고 있습니다. 로마서 8장 13절로 돌아가면 이것은 나의 육신의 힘인 의지의 능력으로 되는 것이 아니고 영을 통해서만 된다고 말하고 있습니다.

나중에 우리는 육신의 행실을 죽이는 것에 대하여 좀 더 다룰 것입니다. 그러나 지금은 질문이 남아 있습니다. 어떻게 성령을 풀어 놓아 나의 거듭난 사람의 영을 함양하고 세워서 육신의 행실을 죽여 나의 몸을 산 제물로 드림으로 나의 생애를 위한 하나님의 완전한 뜻을 발견할 수 있도록 할 수 있을까요?

성령님은 기도를 통하여 우리의 연약함을 도우신다

이 질문에 답을 찾기 위해서 26절로 건너뛰어 봅시다. 바울은 아직도 육신을 따르는 삶과 영을 따르는 삶을 나누어 놓고 있습니다. 그러나 그는 이제 어떻게 우리의 몸을 산 제물로 드리는지 말하려고 하고 있습니다.

> 이와 같이 성령도 우리의 연약함을 도우시나니 우리는 마땅히 기도할 바를 알지 못하나 오직 성령이 말할 수 없는 탄식으로 우리를 위하여 친히 간구하시느니라

바울은 '이와 같이' 라는 단어로 시작을 하고 있습니다. 다른 말로 하면 '이런 방법으로' 나 '이것이 성령께서 우리의 연약함, 즉 우리의 약점을 돕는 방법입니다' 라고 말하고 있는 것입니다. '연약함 infirmities' 이란 단어는 우리의 육신 때문에 우리에게 부여된 제한으로 말미암아 결과를 만들어 낼 수 없는 우리의 무능력함을 언급하는 것입니다. 그러므로 성령은 우리 스스로의 힘으로 결과를 만들어 낼 수 없는 무능력한 우리를 도와주시려고 보냄을 받은 것입니다.

이 구절을 조금만 더 나누어서 그 의미를 살펴보겠습니다. 어떤 저주스러운 질병이 정상적인 삶을 살지 못하게 한다고 가정해 봅시다. 나는 이 질병을 내 몸에서 제거할 수 없고 이 질병은 나를 죽음으로 몰아가고 있습니다. 형제여, 바로 이것이 연약함 infirmity 입니다.

또는 가난이 내게 엄습해 와서 내가 하나님의 나라를 위해서 하고 있는 모든 것을 할 수 없게 한다고 가정해 봅시다. 가난은 나의 앞으로의 발전을 멈추게 하고 이에 대해 내가 할 수 있는 일은 아무것도 없는 듯해 보입니다. 이런 것도 바로 연약함입니다.

그러나 하나님께 감사하게도 성경은 "이와 같이 성령도 우리의 연약함, 즉 나의 육신으로 말미암은 나의 한계 때문에 스스로 결과를 만들어 내지 못하는 나의 무능력을 도우신다"고 약속하고 있습니다!

당신의 연약함, 약점은 무엇입니까? 화를 내는 것입니까? 사람들에 대한 사랑이 없는 것입니까? 집에서 아내에게 소리를 질러댑니까?

그것이 무엇이든지 성령께서는 당신의 연약함을 도우라고 보내심을 받았습니다. 성령께서 당신에게 육신의 행실을 어떻게 죽이는지를 보여 주실 것입니다.

성령께서는 우리가 얼마나 무지한지를 알고 계십니다. 그분은 우리가 마땅히 기도해야 할 바를 모르고 있다는 것을 알고 계십니다. 그분은 우리 혼이 마귀에게 얻어맞고 있을 때, 우리는 정말로 우리 혼을 넘어가야bypassed 할 필요가 있다는 것을 알고 있습니다.

감사하게도 성령께서는 우리의 혼을 건너뛰므로 마귀와 우리 혼이 싸울 필요가 없게 하십니다. 그리고 성령께서는 우리를 세우실 수 있는 언어 전체를 가지고 오십니다. 이 성령님께서 가지고 오신 언어는 너무나 분명해서 이 언어에 비하면 우리가 사용하고 있는 영어는 마치 말하는 장난감을 가지고 노는 것과 같습니다.

우리는 방언으로 한 문장만 기도해도 자신을 세우는 것입니다. 왜냐하면 하나님이 바로 그 기도의 근원이기 때문입니다. 성령께서는 우리가 말하려면 한나절 걸릴 것을 한 문단으로 표현할 수 있습니다!

방언은 참으로 놀라운 언어이며 성령께서는 우리 안에서 그리스도께서 무엇인지 그 비밀뿐만 아니라 우리가 우리 자신의 힘으로 이룰 수 없는 하나님의 부르심까지 표현하는데 방언을 사용하십니다. 성령께서 말할 수 없는 탄식으로 개입하셔서 하나님의 뜻을 따라 우리를 위하여 중보기도하십니다.

그러므로 기도실로 들어가서 이렇게 말하십시오. "성령님, 나를 성령님께 내어드리오니 나를 주장해 주세요. 내 혼이 최근에 나를 방해하는 투쟁sabotage을 하고 있었지만 나는 하루 동안 성령님과 시간을 보내고 싶습니다!"

성령님의 마음

우리의 연약함을 돕기 위해서 성령께서 어떤 일을 하시는지 27절을 살펴봅시다.

마음을 살피시는 이가 성령의 생각을 아시나니 이는 성령이 하나님의 뜻대로 성도를 위하여 간구하심이니라

성령께서 심령들hearts을 감찰하신다고 말하고 있는 것을 주의하십시오. 이 말은 성령께서는 그리스도의 몸 전체의 심령들을 살필 수 있는 능력을 가지고 있으며, 아버지의 보좌 앞에서 각 사람의 심령의 상태를, 동시에 모든 사람의 심령의 상태를 설명하실 수 있다는 말입니다. 이 능력이 바로 하나님이 하나님 되게 하는 것입니다.

성령께서 내 심령을 살피기 위해 내 심령 안으로 들어가실 때 그분은 이미 매우 중요한 것을 알고 있는데 그것은 바로 성령의 마음 the mind of the Spirit입니다. 그러므로 그분이 나의 심령을 감찰하실 때 그분은 하나님의 뜻을 따라 중보기도를 하실 수 있습니다.

하나님께 "성령께서 영the spirit의 마음을 알고 있다고 말할 때 이것은 무엇을 의미하는 것입니까?"라고 질문하면서 오랫동안 나는 말씀을 찾아보았습니다. 나는 여행을 하면서도 늘 그리스어 참고서를 가방에 가지고 다니면서 영의 마음이 무엇을 의미하는지 알아내려고 했습니다. 그러나 그 해답을 찾을 수 없는 것 같았습니다.

그러던 어느 날 주님께서 내 영my spirit에게 계시를 말씀해 주셨습니다. 나는 하루 종일 방언으로 기도하고 있었는데 마지막에 그분은 나를 로마서 8장으로 데리고 가셔서 그 비밀에 대한 해답을 내게 속삭여 주셨습니다.

로마서 8장 22절에서 바울은 모든 피조물이 새 하늘과 새 땅이 올 것을 소망하는 가운데 (인간의 타락 때부터) 썩어지도록 되어 있었다고 말하고 있습니다.

바울은 이어서 거듭나고 성령으로 충만 받은 우리들도 우리 영이 신음하면서 교회와 우리의 몸이 영광스럽게 될 것을 기다린다고 말하고 있습니다(23절).

바울은 이 구절들에서 인류를 위한 하나님의 계획을 말하고 있습니다. 이 계획은 (천년왕국 시대를 포함해서) 대략 7000년 동안 이 땅 위에 사람이 존재하는 기간에 해당됩니다. 이것이 바로 바울이 26절에서 성령님the Spirit의 마음에 관하여 말하고 있는 배경입니다.

그런데 왜 '성령님의 마음the mind of the Spirit'이란 단어를 사용하였을까요? 하나님께서는 태어난 각 세대마다 다른 어떤 것을 그의 마음에 가지고 계셨습니다. 하나님의 구원 계획은 7000년에 걸쳐 있지만 심령들을 살피시는 분은 그 위대한 계획 안에 있는 당신의 세대와 당신의 교회와 당신의 생애에 대한 하나님의 마음이 무엇인지를 알고 계십니다. 성령께서는 세상을 창조하기도 전에 당신을 부르시고 예정하신 당신의 부르심이 무엇인지를 알고 계십니다. 이것이 성령께서 하나님의 뜻에 따라 당신을 위해 중보기도할 때 당신의 대표자와 챔피언이 될 수 있는 이유입니다.

하나님의 회의 테이블

우리의 제한된 마음을 돕기 위해서 영원 전 하나님의 회의 테이블을 상상해 보도록 합시다. 커다란 회의 책상머리에는 하나님 아버지가 앉아 계셨습니다. 그 오른편에는 예수 그리스도께서 왼편에는 성령께서 앉아 계셨습니다. 회의의 주제는 창조 계획입니다.

하나님께서는 그의 위대한 계획 안에 포함된 모든 것을 테이블 위에 펴 놓았습니다. "우리는 이것을 창조하고 저것을 창조한 다음 사람을 창조할 것이다"라고 하나님은 말씀하십니다. 그리고 나서 하나님은 이 땅 위에 태어날 각 사람을 위한 하나님의 계획을 미리 내다 보시면서 세대를 내려가시기 시작하셨습니다. 마침내 하나님은 데이브 로버슨의 이름에 도달했습니다.

하나님께서는 데이브의 출생으로부터 시작해서 그가 하나님께서 부르신 그 소명을 이루기 위해 수행해야 할 모든 큰 일들까지 데이브를 위한 그분의 계획을 테이블 위에 펴 놓았습니다. 그리고 나서 예수께서(그때까지만 해도 그분은 전능한 로고스, 즉 하나님의 말씀으로만 알려진) 일어나셔서 "정해놓은 시간에 무엇이 일어날지 알고 있으므로 내가 가서 데이브를 구원하겠습니다."라고 말씀하셨습니다.

이어서 성령께서 "정해놓은 시간에 내가 가서 데이브의 심령heart에 성령 세례를 주겠습니다. 뿐만 아니라 하나님께서 데이브의 생애를 처음부터 계획하실 때 내가 아버지와 함께 여기 있었으므로 나는 데이브가 하나님의 비밀을 기도하는 것을 돕도록 초자연적인 기도 언어도 가지고 가겠습니다."라고 말했습니다.

하나님께서는 천국의 대 회의에서 나의 생애뿐만 아니라 당신의 생애도 계획하셨습니다. 하나님께서는 당신의 생애뿐만 아니라 많은 종족들의 모든 여자 아기들과 첫 아기로 태어나면서 사내아이가 아니기 때문에 죽임을 당하는 아기들의 생애도 계획하셨습니다. 하나님께서는 부모가 원하지 않는 그 모든 어린아기들 각자를 위해서도 조심스럽게 설계된 계획을 가지고 계셨습니다. 사실을 말하면 이 지구상에 태어난 어떤 사람도 그 사람의 생애를 처음부터 끝까지 하나님께서 계획하시기를 게을리 했던 사람은 한 사람도 없었습니다.

그러면 당신을 위한 하나님의 계획을 누가 알고 있을까요? 하나님께서 계획을 세우실 때 하나님 아버지와 함께 계셨던 성령님보다 더 잘 알고 있는 분이 누가 있겠습니까? 그리고 이제는 그 성령께서 당신 안에 살면서 당신이 바른 길로 가고 있는지 잘못된 길로 가고 있는지를 알아내기 위해서 당신의 심령heart을 감찰하시고 계십니다 searches.

　당신의 자연 상태로의 마음natural mind은 당신이 바른 길을 가고 있는지를 말해 줄 수 없습니다. 그러나 성령께서는 "네가 나를 풀어 놓기만 한다면 내가 너의 약한 점들을 도와서 하나님의 뜻에 따라 너를 위해 중보기도하기 시작할 것이다. 나는 너를 위한 하나님의 계획을 위해 일하고 있다."라고 말하고 있습니다.

당신을 하나님의 계획으로부터 아무도 분리시킬 수 없습니다

　성령께서 내 생애를 위한 하나님의 완전한 계획, 즉 하나님의 계획을 가지고 나를 먼저 강화시키는 일이 없이 내가 하나님을 경배하며 성령 안에서 기도하면서 6시간을 보낼 수는 없습니다(내가 하나님을 경배하며 6시간 동안 기도할 때 성령께서 내 생애를 위한 하나님의 완전한 계획을 가지고 나를 강화시키는 일은 반드시 일어납니다). 내가 기도할 때에 성령께서는 내가 하나님의 완전한 뜻을 이루는 것을 가로막고 있는 모든 산과 돌을 잡아서 없애주실 것입니다. 누가 감히 성령님께 대항하겠습니까?

　그러므로 로마서 8장 28절은 이렇게 말하고 있습니다.

우리가 알거니와 하나님을 사랑하는 자 곧 그 뜻대로 부르심을 입은 자들에게는 모든 것이 합력하여 선을 이루느니라

왜 이제는 모든 것들이 합하여 선을 이루게 될까요? 왜냐하면 성령님이 내 삶을 위한 하나님의 완전한 뜻에 반대하는 모든 것들을 붙잡아서 그것 대신에 하나님의 완전한 계획으로 대체하기 위해 성령님의 능력으로 역사하시기 때문입니다. 성령께서 이렇게 하시는 것은 바로 내가 내 생애를 위한 하나님의 완전한 뜻을 풀어 놓는 법을 발견하였기 때문입니다.

그러나 이 모든 일에 우리를 사랑하시는 이로 말미암아 우리가 넉넉히 이기느니라 내가 확신하노니 사망이나 생명이나 천사들이나 권세자들이나 현재 일이나 장래 일이나 능력이나 높음이나 깊음이나 다른 어떤 피조물이라도 우리를 우리 주 그리스도 예수 안에 있는 하나님의 사랑에서 끊을 수 없으리라 (롬 8:37-39)

이제 당신은 왜 로마서 8장이 이런 승리로 끝나는지를 알 수 있을 것입니다.

높음이나 깊음이나 어떤 피조물이나 현재 일이나 앞으로 일어날 일이나 그 무엇도 하나님의 계획과 하나님의 사랑으로부터 나를 떼어 놓을 수 없다고 어떻게 내가 이렇게 확신할 수 있을까요? 왜냐하면 내가 육신을 따라 살지 않고 영the Spirit을 따라 사는 법을 발견

하였기 때문입니다. 나는 내가 성령 안에서 많이 기도함으로써 성령님께서 내 삶에 하나님의 계획을 수행하도록 하는 법을 발견하였습니다.

당신의 권세를 성령님께 양도하기

이것은 나를 흥분시키는 대목입니다. 무한한 지혜로 성령께서는 우리의 연약함을 도와주기 위해서 무엇을 해야 하는지 알고 계십니다. 물론 그분은 우리의 영혼과 마음과 의지와 지성과 감정을 먼저 정복하려고 하시지는 않습니다. 우리 대부분이 이런 분야에서 끌려 다닐 수 있다는 증거들을 가지고 있는 것은 의심할 여지가 없습니다. 우리는 서로 화를 내고, 죄에 빠지고, 아주 육신적인 삶을 살면서 우리가 해야 하는 충분한 기도를 할 만큼 우리의 혼을 이기지 못하고 있습니다.

그래서 성령께서는 이런 모든 혼란들, 즉 우리의 흔들리는 혼, 실패들, 감정적으로 오르락내리락 하는 것, 변덕스러움, 교리적인 잘못에 대한 자만의 말, 실패한 곳에 주저앉기, 사소한 속임수 같은 것들을 그냥 지나쳐 버립니다. 그 대신 성령께서는 우리 영의 깊은 곳, 즉 예수께서 우리에게 넘겨주신 모든 권세를 가지고 있는 새로운 피조물로 직접 들어갑니다.

예수께서 나아와 말씀하여 이르시되 하늘과 땅의 모든 권세를 내게 주셨으니 그러므로 너희는 가서 모든 민족을 제자로 삼아 아버지와 아들과 성령의 이름으로 세례를 베풀고 (마 28:18-19)

성령께서는 우리 각자에게 이렇게 말씀하셨습니다. "얘야, 보아라. 네가 미약하고 연약하여 너의 영은 계시에 대한 이해가 전혀 없기 때문에 너는 얻어맞고 있다. 그러나 너의 영의 사람은 새로운 본성, 즉 영적인 것들을 이해할 수 있는 능력과 네가 거듭날 때 네 안에 넣어 준 영적 권세를 가지고 있다."

"그러니 나를 너그러이 봐다오. 지금 내가 여기 있고 나는 너로부터 너의 권세를 빌리고 싶구나. 네가 알다시피 나는 정복자가 필요하다. 비록 나는 전능한 성령이지만 너의 권세가 없이는 네 삶에 대하여 내가 할 수 있는 것은 아무것도 없다. 무엇보다도 먼저 나는 너를 통하여 기도하기 위하여 너의 허락과 권세가 필요하다. 내가 너의 삶을 향한 하나님의 완전한 뜻을 이루도록 너를 돕는 것을 허락해 주겠니?"

보다시피 성령께서는 장애가 있는데 그것은 바로 우리들입니다. 이런 장애가 아니었다면 성령님은 이미 오래 전에 인류의 복잡한 문제들을 다 끝냈을 것입니다. 우리가 권세를 줄 때까지 성령께서는 우리를 통하여 기도도 할 수 없습니다! 우리가 우리의 권세를 그분께 내어 드릴 때만 그분은 자신의 초자연적인 언어를 우리의 영의 사람에게 전달하여 우리가 하나님의 보좌 앞에서 비밀을 기도할 말들을 주는 것입니다.

우리가 지혜롭다면 우리는 우주 가운데서 가장 지혜롭고 가장 능력 있는 존재, 즉 깊음 위에 운행하시며 위와 아래의 궁창을 분리하셨던 분에게 우리의 권세를 빌려드릴 것입니다. 이 모든 능력을 가지신 분께서 우리의 삶 가운데 역사하시기 위해서는 우리의 권세가 필요합니다.

우리가 성령으로 기도하는 순간 우리는 우리 영 안에 이 기도를 만들어 내는 권세를 하늘에게 줌으로써 우리는 그리스도의 마음을 기도할 수 있습니다. 우리는 성령으로 기도함으로 성령께 우리의 권세를 양도함에 따라 우리가 우리의 삶을 향한 하나님의 완전한 뜻 가운데로 들어갈 수 있도록 그분을 풀어 놓게 되는 것입니다.

하나님의 계획의 씨앗에 물주기

요한계시록 다음에 로버슨에 관한 책이나 당신의 이름에 관한 책이 있었으면 얼마나 좋을까 하고 생각하지 않았습니까? 만일 그런 책이 있다면 나는 내 인생의 어떤 해에 관계된 장을 찾아보고 이렇게 말할 수 있을 것입니다.

"자, 내 인생의 53년째가 되었으니 53장을 펴 보자. 이것 봐, 다음 달에 나는 이 도시에 가서 이 교회에서 설교하게 되어 있잖아. 내 인생을 위한 당신의 계획을 담은 로버슨의 책을 주셔서 아버지 감사합니다. 하나님께 영광을 돌립니다!"

성경에는 그런 책이 없습니다. 그러나 그런 책은 존재합니다! 당신이 거듭나고 성령께서 당신 안에 거하기 위해 오시는 그 순간 그 책은 당신의 영 안에 저장되었습니다. 그 책은 당신 내부에 있습니다. 그 책은 당신의 삶을 위한 하나님의 완전한 뜻이 씨앗의 형태로 있는 것입니다.

그 씨앗 속에는 당신의 전 생애를 위한 하나님의 완전한 계획의 DNA 프로그램이 있습니다. 만일 당신이 성령께 양도하기면 한다면 그분은 속에서 싹이 나고 자라게 하여 마침내 깊이 뿌리내린 튼튼한 하나님의 목적과 축복의 나무가 되게 할 것입니다. 그분은 순간순간 당신의 심령을 감찰하시고 당신보다 훨씬 앞서서 당신의 삶을 향한 하나님의 뜻을 기도함으로써 하나님의 계획을 계속해서 이루어갈 것입니다.

이와 같이 성령님의 리더십은 변덕이나 지나가는 생각이 아닙니다. 당신이 성령님의 안내를 받으면 당신의 삶은 이렇게 되지는 않을 것입니다. "오, 내일은 하나님께서 내가 저 도시에 가기를 원하시는 것 같은데." 그러고 나서 그다음 날은 "오, 하나님께서 내가 가기를 원하시는지 안 가기를 원하시는지 잘 모르겠어." 그리고 또 다음 날은 "오, 하나님께서는 내가 정말 가기를 원하시는 것 같아."

성령께서는 자연인이 하는 것처럼 일하시지 않습니다. 그분은 당신의 생애를 가지고 장난하지 않습니다. 그분은 당신의 성공을 위해 일하십니다! 그러므로 당신은 그분이 당신을 통해 기도하도록 허락함으로써 그분에게 협력해 드려야 합니다.

너희 속 깊은 곳에서 생수의 강이 흐르게 될 것이라고 예수님께서 말씀하실 때(요 7:38) 그분은 성령에 관하여 말씀하셨습니다. 그러므로 당신이 성령으로 기도를 더 많이 하면 할수록 당신은 하나님의 계획을 포함하고 있는 씨앗에 더 물을 많이 주는 것입니다. 당신이 계속해서 기도함으로 성령the Spirit에 심음으로써 마침내 당신은 성령the Spirit 으로부터 수확을 하게 될 것입니다. 왜냐하면 씨앗은 싹트고 자라서 당신의 삶에 대한 하나님의 지시direction와 뜻을 나타낼 것입니다. 씨앗이 자라날수록 하나님의 계획은 더욱 우세하게 될 것입니다.

당신이 계속 성령the Spirit을 따라 행할 때 하나님의 지시는 당신의 삶에서 더욱 강해져서 당신이 잘못된 방향으로 살아가는 것은 거의 불가능해지게 됩니다. 하나님의 지시는 더 이상 붙잡기 힘든 것이 아니게 되고 오히려 그 지시를 놓치는 것이 어려운 일이 될 것입니다. 문자 그대로 당신은 실패할 수 없습니다!

하나님의 지혜와 인도하심이 점점 당신을 불태우고 주관하게 되어 마침내 성령의 음성이 적대적인 환경을 통해서 당신을 에워싸고 당신이 실패할 것이라고 선언하는 원수의 음성보다도 더 커지게 됩니다. 당신이 도달하는 하나님의 계획의 모든 단계마다 하나님의 완전한 뜻을 이루도록 하는 은혜를 당신에게 주기 위하여 하나님의 영의 기름부음이 거기 있을 것입니다.

내가 당신에게 말합니다. 마귀는 당신이 이 메시지를 가지고 달리는 것을 너무나 두려워하고 있습니다. 마귀가 기도를 얼마나 두려워하는지 당신은 잘 모르고 있습니다. 마귀는 당신으로 하여금 당신이 태어난 그 목적을 이루지 못하도록 하기 위해서는 한 번의 기회밖에 없다는 것을 알고 있습니다. 마귀는 당신이 기도하지 못하도록 함으로써 당신을 위한 하나님의 계획을 이루도록 성령께 허락하는 일을 못하도록 하는 것입니다. 이 전략 외에 마귀는 다른 아무 방법이 없습니다. 왜냐하면 당신 안에 계신 분이 세상에 있는 자보다 더 크시기 때문입니다!(요일 4:4)

'잘 하였도다'

하나님의 완전한 뜻을 따라 살기 위해서 성령님의 능력을 당신의 삶 안에 어떻게 풀어 놓는지를 배우는 것이 왜 이렇게 결정적으로 중요할까요? 왜냐하면 당신이 숨을 쉬고 있는 사실처럼 확실하게 모든 피조물이 고대하는 하나님의 시간표 안에 정해진 그 순간이 오면 예수님은 커다란 나팔 소리와 함께 동쪽 하늘을 가르실 것이기 때문입니다.

예수님을 얼굴과 얼굴을 맞대고 볼 그날에 예수님은 당신에게 뭐라고 말씀하실까요? 당신은 당신의 삶이 나름대로 의미가 있었음에도 불구하고 당신의 생애를 포기하고 그분께 드릴 만큼 하나님을 전적으로 신뢰하는 삶을 선택했다고 자부하며 그분 앞에 설 수 있습니까? 그렇다면 당신은 "나의 착하고 신실한 종아, 너는 네 일을 참 잘 하였구나."라는 말을 듣게 될 것입니다.

나는 당신의 소명을 이룬 데 대한 어린 양의 상급이 얼마나 가치 있는 것인가를 당신이 이해할 수 있도록 도우려고 애쓰고 있습니다. 그 날에 주인 앞에 서서 당신은 "잘 하였도다."라고 말하며 그분이 바라보시는 그 눈길, 인정한다고 딱 한 번 고개를 끄덕이는 것과 당신이 소유한 모든 것을 기꺼이 바꿀 것입니다. 당신은 소명을 위하여 당신이 전 생애에 걸쳐 통과해야 했던 그 지옥을 그분이 알고 계신다는 것을 아는 것과 당신의 모든 것을 바꿀 것입니다. 그분께서는 당신이 데리고 함께 천국에 간 수많은 사람을 보실 것입니다. 아무것도 그 상을 대신할 것은 없습니다.

어떤 사람은 "그렇지만 나는 기도할 시간이 없는데요."라고 말할지도 모릅니다. 물론 당신에게는 시간이 없습니다. 왜냐하면 당신은 한 번도 성령님의 계산기로 당신의 기도의 부족이 당신의 인격과 삶에 어떤 손해를 끼쳤는지 계산해 본 적이 없었을 테니까요. 한 번이라도 계산해 보았다면 "나는 기도를 안 할 시간이 없습니다"라고 말할 것입니다.

"나는 직장인으로서 성공하면서 살아야 할 나의 삶a career이 있습니다. 그렇게 많이 기도할 시간이 없습니다." 당신이 그런 처지에 처한 것은 바로 당신이 그런 삶을 선택했기 때문입니다.

"내가 직장인으로서 성공하는 삶과 튼튼한 기도 생활을 다 할 수 있을까요?" 그분의 능력으로 그것을 이루기 위하여 성령님께서 당신을 도울 수 있도록 풀어 놓을 때까지는 당신은 성공하는 삶이 무엇인지도 모르고 있습니다.

당신은 소명이 있습니다. 그 소명은 당신만이 가지고 있습니다. 만일 당신이 하나님께서 당신을 부르셔서 하라고 하신 것을 찾아서 이루는 일에 실패한다면 하나님께서는 그리스도의 몸을 위해서 다른 것을 준비하셨어야 했을 것입니다.

그러나 당신은 하나님의 부르심을 발견할 수 있습니다. 당신은 아직도 이 지구 위에 있으면서 숨을 쉬고 있으니까요. 당신은 기도함으로 성령님을 풀어놓아 성령께서 당신의 삶을 향한 하나님의 완전한 뜻을 찾아 이룰 수 있게 당신을 돕도록 할 수 있는 기회를 아직도 가지고 있습니다. 당신의 게으른 육신이 "잘 하였도다"라는 말을 듣지 못하도록 당신을 속이는 것을 내버려 둘 것입니까? 그래서는 안 됩니다.

너는 성령의 인도를 받기 원한다.
너는 이곳에서 저곳으로from this natural place to that natural place
인도 받기를 원한다.
그러나 이것을 알라.
내가 너를 보이는 세계에서
나의 일을 위하여 능력이 되게 하기 전에
나는 너를 영적인 세계에서 인도하기 시작한다는 것을.

안식이 없는 자리에서 안식의 자리로
영광에서 영광으로 내가 너를 인도함으로
내가 네게 하도록 계획한 것을 네게 줄 때에
그것은 불을 이겨내고 시험을 통과할 것이다.

그러므로 나의 은혜 안으로 들어오라.
너는 내가 가진 가장 좋은 것을 맛보아야 할지니.
그곳은 안식하는 곳이기 때문이다.

은혜의 영이 말씀하십니다.
이것이 나의 최고이니라.

8

성령께서 말씀하시는 채널

　지적으로 아무리 많은 가르침을 받는다 해도 그것만으로는 우리가 승리하는 삶을 살기에 충분하지 않습니다. 그러므로 우리가 영적인 세계에서 하나님과 함께 교제하는 것을 배우지 않는다면 우리는 하나님의 소명을 이루는 데 있어서 별로 발전을 이루지 못할 것입니다.

　우리 개인의 삶에 대한 하나님의 계획을 감독하기 위해서 우리 안에 살고 계신 제 삼위 하나님을 가지게 된 것은 우리에게는 두려울 정도의 특권임을 알았습니다. 그러나 성령님의 전문성 있는 리더십의 유익을 얻기 위해서는, 우리가 방언으로 기도할 때 성령께서 어떻게 우리와 의사소통을 하시는지를 이해해야 합니다.

　성령께서는 항상 똑같은 채널을 통해 말씀하십니다. 우리는 이 채널에 익숙해져서 성령의 음성을 다른 음성이나 생각, 느낌으로부터 구별할 수 있어야 합니다.

먼저 하나님께서는 항상 우리의 영과 교통한다는 것을 이해해야 합니다. 하나님이 우리의 영과 교통하는 것과 마귀가 우리의 마음을 꾀는 것이 어떻게 다른지를 알지 못한다면 우리는 대부분의 경우 잘못된 방향으로 걸어가게 될 것입니다. 왜 그럴까요? 마귀는 인류를 6천 년 동안 연구하여 사람들의 삶에 있어서 제자리를 맴돌도록 하는 독특한 방법을 배웠기 때문입니다.

사람의 영과 혼과 몸

당신의 매일의 삶 가운데서 성령의 음성을 분별하려면 먼저 사람의 영과 혼과 몸의 작용을 이해하는 것이 필요합니다.

나는 이 주제에 관하여 많은 가르침을 받았습니다. 대부분은 영과 혼과 몸에 관계되는 모든 구절들을 분리했습니다. 그다음에는 칠판에다가 작은 동심원을 세 개 그리고는 "이것은 당신의 영이고 이것은 당신의 혼이며 이것은 당신의 몸입니다"라고 말하면서 사람의 세 부분의 특징을 대충 설명했습니다.

사람의 몸의 작용과 특성을 이해하는 데는 별로 어려움이 없었습니다. 그러나 혼과 영의 차이를 파악하는 것은 너무나 어려웠습니다.

우리 시대의 위대한 성경 교사들에 의하면 혼은 사람의 마음, 즉 그의 지성과 의지와 감정의 기능으로 구성되어 있습니다. 말씀으로 새롭게 되어야 할 필요가 있는 부분이 바로 혼입니다. 나는 이 말에 전적으로 동의합니다. 뿐만 아니라 나는 사람의 영이 그의 몸을 떠나면 그의 혼도 함께 간다는 것을 알고 있었습니다. 그러나 어떻게 사람의 영이 그 그림 안에 맞게 그려져야 하는지 그 이상은 전혀 이해할 수가 없었습니다.

이 주제를 이해하려고 노력을 하는 가운데 나는 하나님께 "주님, 나와 개의 차이가 무엇입니까?"라고 여쭈어 보았습니다. 나는 개를 매우 좋아합니다만 개들은 영을 가지고 있지 않습니다. 개들은 사람들처럼 하늘나라에 가지 않습니다.

하늘나라에도 동물은 존재합니다만 여기 있던 동물들이 그리로 간 것은 아닙니다. 그들은 천국에서 창조된 것들입니다. 그들은 거기 살고 있습니다. 누구나 다 알고 있듯이 동물들은 이 땅 위에서 태어났다가 죽은 다음에는 그냥 흙으로 돌아가는 것입니다.

그러나 분명히 개들도 혼을 가지고 있습니다. 왜냐하면 그들은 지성과 감정과 의지를 가지고 있기 때문입니다. 그렇다면 개의 혼과 나의 혼의 차이가 무엇일까요? 그 차이는 이것입니다. 나의 혼은 불멸하는 영 안에서 불멸성을 갖게 된 것입니다.

하나님께서 나의 감정과 의지와 지성을 만드셨을 때 그분은 그 손에 이 기능들을 들고 "이것이 사람의 혼이다"라고 말씀하셨습니다. 그러나 내가 누구인지를 결정하는 요소들을 구성하는 이 기능들을 하나님께서 어떻게 제한하셨을까요?

여기에 바로 영의 작용이 개입하는 것입니다. 하나님께서는 혼을 구성하는 이 기능들을 만드신 다음에, 영이라고 불리는 영원한 것에

다 그것을 두셨습니다. 그것은 혼에게 영원한 본성을 부여하는 혼을 싸안는 영원한 영입니다.It is the immortal spirit encompassing the soul that gives the soul its eternal nature.

사람의 영의 특징들

우리는 예수님께서 누가복음 16장 19-22절에서 말씀하신 것을 봄으로써 사람의 영에 관한 몇 가지 통찰력을 얻을 수 있습니다.

한 부자가 있어 자색 옷과 고운 베옷을 입고 날마다 호화롭게 즐기더라 그런데 나사로라 이름 하는 한 거지가 헌데 투성이로 그의 대문 앞에 버려진 채 그 부자의 상에서 떨어지는 것으로 배불리려 하매 심지어 개들이 와서 그 헌데를 핥더라 이에 그 거지가 죽어 천사들에게 받들려 아브라함의 품에 들어가고 부자도 죽어 장사되매

부자는 죽어서 장사되었음에도 불구하고, 즉 그의 육신과 그의 몸은 무덤에 있음에도 불구하고, 23절은 그의 영이 다른 어떤 곳에 갔음을 말하고 있습니다.

그가 음부에서 고통 중에 눈을 들어 멀리 아브라함과 그의 품에 있는 나사로를 보고

여기 보십시오. 분명하게 영의 사람은 눈이 있습니다! 뿐만 아니라 부자는 '고통 중에' 있었다고 말하는 것을 보십시오. 이 말은 강한 감정을 말하고 있는 것입니다. 그러므로 이 부자의 영의 사람spirit man 도 역시 감정을 가지고 있었습니다.

그러면 이제 24절을 봅시다.

불러 이르되 아버지 아브라함이여 나를 긍휼히 여기사 나사로를 보내어 그 손가락 끝에 물을 찍어 내 혀를 서늘하게 하소서 내가 이 불꽃 가운데서 괴로워하나이다

천국에 있는 사람들도 손가락을 가지고 있고 지옥에 있는 사람들도 혀를 가지고 있다니요! 이것은 좀 생각해 보는 것이 좋겠습니다. 우리의 영의 사람이 몸의 모든 남은 부분도 가지고 있든지 아니면 영의 손가락이 하늘나라 어디엔가 떠돌아다니고 영의 혀와 영의 눈들이 지옥에 가득 널려 있든지 둘 중의 하나입니다!

만일 나의 영의 사람이 영의 손가락과 혀와 두 눈을 가지고 있다면 나의 영의 사람은 몸의 다른 부분도 가지고 있다고 생각할 수 있습니다. 이것은 기본적인 것입니다.

좀 더 생각해 봅시다. 만일 내가 나의 속사람과 겉사람이 분리되어서 둘이 나란히 서 있다면 나의 영의 사람이 전혀 흠이 없다는 것을 제외하고는 나의 육체와 나의 영은 둘 다 똑같아 보일 것입니다. 사실 아담이 타락했을 때 인류에게 들어와 프로그램된 모든

결점들은 다 사라졌을 것입니다.

만일 나의 겉사람이 그 손가락을 들고 "나의 손가락은 무엇으로 만들어졌습니까?"하고 묻는다면 당신은 "살로 만들어졌습니다."라고 대답할 것입니다. 좀 더 자세히 대답하라고 한다면 당신은 "이 손가락은 세포들, 피, 뼈 그리고 다른 작은 물질들로 만들어졌습니다."라고 대답할 것입니다.

그러면 만일 나의 육체의 사람이 내가 이름 붙일 수 있는 물질적인 것들로 구성되었다면 나의 영의 사람은 무엇으로 만들어졌겠습니까? 누가복음 16장에 나오는 그 영의 사람이 가지고 있다는 것을 증거하는 것처럼 만일 나의 속사람이 손가락을 들고서 "내 손가락은 무엇으로 만들어졌습니까?"라고 묻는다면 당신은 "아, 네, 하늘의 것으로. 음, 가만 보자, 영으로 만들어졌습니다."라고 말할 것입니다. 당신은 더 이상은 자세히 설명할 수 없을 것입니다. 그러므로 나의 속사람의 손가락은 나의 겉사람의 손가락을, 속사람의 손은 나의 겉사람의 손을, 나의 속사람의 다리는 내 겉사람의 다리를 채우고 있습니다. 나는 육체의 눈과 영의 눈을 가지고 있습니다. 나의 영의 눈동자는 나의 육의 눈동자를 채우고 있습니다.

좀 더 깊이 들어가 봅시다. 나의 속사람 안에는 사랑, 평안, 기쁨, 다스림 같은 영적인 힘을 포함하고 있는 새로운 피조물의 본성이 있습니다. 이 속사람이 나의 삶에 평안을 유지시켜 주는 것입니다. 나의 속사람은 결코 오르락내리락하지 않습니다. 그의 유일한 성향은 하나님의 영역 안에서 더 높이 올라가는 것입니다.

오르락내리락하는 부분은 혼의 감정적인 부분인데, 영의 사람이 활동하려면 이 혼을 통하여 역사합니다. 나의 감정은 어느 날은 극도로 행복한 높은 곳을 체험하고 싶어하고 다음 날은 뚝 떨어져서 깊은 우울을 경험하기도 합니다. 그러나 나의 영의 사람은 하나님과 함께 높은 곳으로만 가려고 하지 결코 다른 곳을 원치 않습니다.

나의 속사람은 나의 겉사람에 꼭 들어맞습니다. 어느 날 나의 겉사람은 "나는 더 이상 살 수 없어. 그만 끝내자."라고 말하려고 할 것입니다. 그 순간 나, 즉 나의 영의 사람은 내 몸에서 나와서 하늘나라 고향으로 돌아갈 것입니다. 그것은 영광스러운 것입니다!

그러므로 나의 육체의 몸 안에 있는 뇌를 통해 작용하고 거기 꼭 들어맞는 영의 뇌를 나는 가지고 있습니다. 혼은 나의 영의 뇌 안에 집을 마련하고 있습니다.

의사소통의 채널을 발견하기

자연 상태에서 당신은 오늘은 귀로 듣고, 내일은 발가락을 통해 듣지 않습니다. 이와 마찬가지로, 하나님께서 당신의 영의 구조도 어떤 날에 따라 다른 부분을 통해 의사소통을 하도록 설계하지 않으셨습니다. 하나님께서는 언제나 같은 채널을 통해 의사소통을 하십니다. 그러므로 당신이 그 채널을 발견하고 분리해 낸다면 당신은 아무도 닿을 수 없는 영의 보물창고의 문을 열 수 있습니다.

우리가 하나님의 음성을 들을 때 그 음성은 우리의 속 깊은 곳 한 가운데로부터 우리의 마음mind으로 떠오르는 것 같습니다. 우리들 대부분은 그 음성이 우리의 자연 상태의 마음natural mind으로부터 나오는 것은 아니지만 우리의 마음mind에 떠오르는 것이라는 정도는 알고 있습니다.

나는 하나님의 음성이 나오는 그 깊은 내부의 샘이 어디에 있는지 늘 궁금해했습니다. 나는 그것을 찾아내어 열고서 관측함으로써 내가 원할 때 성령의 음성을 들을 수 있기를 바랐습니다. 나는 하나님의 음성을 듣기를 원했습니다.

고린도전서 14장 14절에서는 만일 나 데이브 로버슨이 알지 못하는 방언으로 기도하면 나의 사람의 영human spirit은 성령의 영향 아래서 기도하는 것이라고 말하고 있습니다. 만일 이 사실이 맞다면 성령께서는 내 영의 어느 곳에서 그 초자연적인 언어를 만들어 내어서 그것을 내 영에게 전달해 주어야 하는 것입니다. 방언이 성령님으로부터 나의 영my human spirit으로 전달되어야 하는 것입니다. 그렇지 않다면 내가 기도하는 것이라고 말할 수 없습니다.

한번은 주님께서 어떻게 성령께서 그의 초자연적인 언어를 나의 영에게 이전시키는지를 내적인 환상으로 보여 주셨습니다. 그 환상에서 나는 겉사람과 속사람을 보았습니다. 육신으로 된 겉사람은 가장 어두운 모양이었습니다. 혼은 조금 더 밝았으며 영은 완전한 빛이었습니다.

나는 성령께서 문자 그대로 초자연적인 언어를 창조하여서 나의 겉사람의 마음the natural mind 안에 실제로 들어 있는 나의 영의 마음 my spiritual mind 안으로 가져오는 것을 보았습니다.

과학에서 잠재의식subconscious이라고 이름 붙인 것이 실제로는 영의 마음the spiritual mind입니다. 과학자들은 잠재의식은 육체의 뇌의 작용 능력을 훨씬 능가하는 믿기 어려울 만큼 큰 능력을 가지고 있다고 말하고 있습니다.

그러므로 성령께서 당신 안에서 초자연적인 언어를 만드실 때 그 언어는 당신의 영의 깊은 곳에서 나와서 당신의 육체의 마음physical mind 안에 있는 당신의 영의 마음spiritual mind의 깊은 곳으로 나오게 됩니다. 이것은 성령께서 말할 때는 표면에서 말하는 것이 아니라는 사실을 설명해 주고 있습니다. 방언은 영의 마음의 깊은 곳으로부터 나와서 더 바깥쪽에 있는 당신의 지성 속으로 터져 들어가는 것입니다burst outwardly into your intellect.

만일 당신이 그 방언을 당신의 입 밖으로 나오지 못하게 하면 그 초자연적인 언어들은 당신의 입을 건너뛰어 당신의 생각 위에 떠돌게 되어 당신은 당신의 자연 상태의 마음natural mind으로 그 방언을 '듣게' 됩니다.

이제 당신이 성령께서 만드시는 이 초자연적인 언어를 당신의 입 밖으로 나오게 하는 동안에 당신의 마음은 다른 것들을 자유롭게 생각할 수 있습니다. 예를 들면 나는 방언으로 기도하는 동안에 말씀을 읽는 것이 습관이 되었습니다.

그런데 만일 당신이 방언을 입 밖으로 말하지 않음으로써 그 흐름을 중단시킨다면 어떻게 될까요? 당신 마음으로in your mind 방언 기도를 할 수 있을까요? 이렇게 해서는 효과적으로 방언 기도를 했다고 할 수 없습니다. 왜냐하면 성령의 언어가 당신의 입 밖으로 나오도록 허락함으로써 당신은 실제로 그 기도의 통로channel를 완성하기 때문입니다. 그러므로 당신이 방언을 입 밖으로 말하지 않고 마음으로만 한다면 그렇게 하는 기도는 효과적으로 방언 기도를 했다고 할 수 없습니다.

만일 당신이 그 언어를 밖으로 말하지 않는다면(숨을 죽여서 조용하게 속삭이듯이 할 수도 있습니다) 결국 당신의 마음은 다른 것으로 옮겨갈 것이고 방언은 끝나게 되고 당신은 기도를 멈추게 될 것입니다. 당신은 하나님의 의사소통의 통로를 통하여 나오는 기도의 흐름을 끊은 것입니다.

다른 세계로 나아가는 문

당신이 방언으로 기도하면 당신은 즉시 스스로 영 안에 있게 됩니다. 왜냐하면 당신은 다른 세계로 문을 열었기 때문입니다. 당신은 자신을 성령님과 직접 접촉하도록 함으로써 당신의 영에게 통로를 열어 놓은 것입니다. 그러므로 하나님의 음성이 들리는 그 문을 구별해 놓음으로써 하나님께서 당신에게 말씀하실 때 당신이 인식할 수 있도록 합시다.

성령께서 그의 언어를 어떻게 사람의 영에게 이전하는지를 환상으로 보여주신 후 주님께서는 내게 아주 이상한 것을 하도록 지시하셨습니다.(이 체험을 하는 동안, 나는 내가 처한 물리적 환경은 인식하지 못할 정도의 아주 강한 기름 부음 아래 있었습니다. 그분의 음성은 사방으로부터 나오는 듯 했습니다.)

주님께서는 "아들아, 나는 내가 너와 의사소통을 할 수 있는 통로 channel가 어디 있는지를 네가 배우기를 원한다"고 말씀하셨습니다. (우리들 대부분은 그 채널이 어디 있는지도 모르고 채널 밖에서 활동합니다!)

그리고 나서 주님은 "방언으로 얼마 동안 기도하라."고 하셨습니다. 나는 주님이 "그만 멈추어라."라고 하실 때까지 방언으로 기도했습니다. 그때 주님께서 "이제 들어보아라."라고 말씀하셨습니다.

내가 잠잠히 귀를 기울이고 있는데 방언은 나의 영으로부터 계속 솟아 올라와서 나의 지성으로 intellect 폭발하여 들어갔습니다. 방언을 나의 입을 통해서 밖으로 말하지는 않았지만 나는 내 마음으로 방언을 '큰 소리'로 들을 수 있었습니다. 그때 나는 성령께서 그의 초자연적인 언어를 만드시는 그 통로가 성령께서 계시와 환상과 예언과 같은 것들을 내 마음에 가져다주는 바로 그 채널인 것을 깨달았습니다.

하나님의 의사소통의 채널에 익숙해지기

사실대로 말하면 내가 당신에게 이것에 대해 자세히 가르칠 수 있는 유일한 이유는 성령께서 내게 먼저 자세히 가르쳐 주셨기 때문입니다.

나와 하나님과의 의사소통 채널이 열려 있어서 내가 정확히 그분의 음성을 식별할 수 없었더라면 주님은 나를 가르치실 수 없었을 것입니다.

보다시피 당신이 방언으로 기도할 때 하나님께서 의사소통하시는 그 채널이 실제로 열리게 되는 것입니다. 방언 통역이 역사할 때도 이런 현상이 일어나는 것입니다. 방언은 앞으로 일어나려는 것에 대해 그 채널을 열어 주는 역할을 합니다. 이 채널이 열려 있으면 성령께서는 방언을 보낸 것과 똑같이 통역을 보낼 수 있습니다.

그러므로 당신이 성령으로 많이 기도하면 할수록 당신은 그 채널과 더 익숙해지고 하나님께서 바로 그 채널로 환상이나 당신의 모국어로 계시 지식을 가져오실 때 그것을 알아차릴 수 있는 더 큰 능력을 갖게 되는 것입니다.

당신이 지속적으로 방언 기도에 자신을 드림에 따라 의사소통의 채널은 점점 더 분명하고 확실해지게 될 것입니다. 세상에 대한 문을 닫고 자신 안에 있는 하나님의 음성을 듣는 법을 배움에 따라서 당신은 믿음의 안식에 들어가기가 점점 더 쉬워지는 것을 발견하게 될 것입니다. 머지않아서 당신은 지적인 에너지와 성령의 영감의 차이를 즉시 알게 될 것입니다.

그러나 만일 당신이 입 밖으로 말하는 동안 성령께서 당신의 영 안에서 이 초자연적인 언어를 계속해서 만들도록 허락하지 않으면 외부의 환경을 봉쇄하기가 훨씬 더 어렵게 될 것입니다. 하나님께서 당신에게 말하고 계실지 모르는 것에 대하여 당신의 영을 관찰하기가 쉽지 않게 됩니다.

내가 성실하게 방언으로 기도를 계속함에 따라 나는 어떻게 그 채널을 통해 들을 수 있는지를 배우게 되었습니다. 이제 나는 그분의 음성이 어디서 나오는지 알고 있습니다. 나는 내 마음에 갑자기 터지는 환상이 어디로부터 나오는지 알고 있습니다. 나는 계시 지식이 어디에서 나오는지 알고 있습니다. 왜냐하면 이 모든 것들은 내 영의 같은 곳에서 나오기 때문입니다.

나는 잡다한 혼란 속에서도 어떻게 문을 닫아버리고 하나님께서 의사소통하시는 그 채널을 관찰하는지를 알고 있습니다. 나는 내적 증거나 점검이나 경고의 신호나 환상을 받기도 합니다. 나는 그분께서 내게 영어로 말씀하시는 것을 듣기도 합니다. 내 주변에 어떤 소동이 일어나든지 상관없이 나는 외부로 통하는 문을 닫아 버리고 하나님의 의사소통의 채널을 통하여 나오는 내게 필요한 것들을 기다립니다. 당신도 똑같이 할 수 있습니다.

이것은 당신은 가지고 있지만
구약 성도들에게는 없었던 것입니다

당신이 그리스도 안에 있는 비밀들을 방언으로 기도하기 시작하면 무슨 일이 일어나겠습니까? 당신은 통로 channel 를 여는 것입니다. 이제 당신은 구약시대의 성도들이 그렇게 바랐지만 경험할 수 없었던 하나님과 직접 의사소통을 하는 경험을 할 수 있는 것입니다.

예수님께서는 세례 요한에 관하여 여자에게서 태어난 사람 중에서 요한보다 더 위대한 사람은 없다고 말씀하셨습니다(마 11:11). 오래 전에 나는 이 말을 읽고 이렇게 생각했습니다. 어떻게 그럴 수 있단 말인가? 엘리야보다도 세례 요한이 더 위대하단 말인가? 세례 요한의 사역에는 엘리야에게 일어났던 기적들도 없었습니다.

나는 엘리야는 정말 위대한 선지자라고 생각했습니다. 사역을 통하여 그가 성취한 것을 생각해 보십시오. 그는 죽은 사람을 살렸고, 하늘에서 불을 내려 군대를 멈추었으며, 병거를 타고 날아갔습니다. 이런 것은 대단한 공적들이었습니다! 그런데 예수님은 세례 요한이 더 위대하다는 것입니다.

왜 그럴까요? 요한은 기적을 행하지는 않았습니다. 그가 한 일은 야생 꿀과 메뚜기를 먹고 사람들에게 회개하라고 한 것뿐이었습니다.

세례 요한에 관해 예수님께서는 왜 이런 말씀을 하셨을까요? 옛 언약 아래 있었던 어떤 선지자들보다 이 사람은 그리스도에 대한 지식을 더 많이 가지고 있었기 때문이었습니다. 하나님께서는 오실 메시야에 관하여 설교할 선두 주자로 그를 선택하셨습니다.

그리고 나서 주님은 더 놀라운 말씀을 하셨습니다. 주님은 하나님의 왕국에서 가장 작은 자도 세례 요한보다 더 위대하다고 말씀하셨습니다!

상상해 보십시오. 메어리 월 페이퍼와 조 퍼블릭이 옛 언약 아래 있었던 가장 위대한 선지자보다 더 위대하다는 것을!(역자주; 메어리 월 페이퍼와 조 퍼블릭은 벽지 붙이는 일을 하는 메어리라는 사람과 관공서에서 일하는 조라는 사람으로 특별한 사람이 아닌 우리 주변에 있는 평범한 사람을 일컫고 있음.)

왜 그럴까요? 구약의 선지자들은 거듭나지 않았기 때문입니다. 그들은 새로운 본성the new nature이나 성령 세례도 받지 못했습니다. 그들은 하나님께 제한 없이 나아갈 수도 없었습니다. 그러나 방언을 말하고 기도하는 신자로서 당신은 하나님께로 나아갈 수 있습니다!

우리가 거듭나서 하나님의 본성을 받게 될 때 우리가 받는 가장 중요한 것은 영적인 것들을 이해할 수 있는 능력입니다. 그래서 하나님은 우리에게 선생님 중의 선생님이신 성령님을 보내셔서 우리에게 분별력과 지혜와 하나님이 어떤 분이신지를 확실히 알 수 있는 이해력을 주셨습니다.

그 선생님께서 내 안에 살고 계시고 나의 의사소통 채널은 열려 있습니다. 이제 그분께서 하나님이 나를 위해 가지고 계신 최고의 것을 얻기 위하여 내가 어떻게 끝까지 가야 하는지를 가르쳐 주실 것입니다.

그분께서는 내 혼과 육신에 있는 모든 쓰레기들을 지나쳐서 내 영의 사람, 즉 나의 '발전소'에 그분 자신을 두셨습니다. 이제 그분은 말씀하십니다. "내가 이제 이 사람에게 그가 그리스도 안에서 가진 권세에 관하여 가르쳐 줄 것이다. 그가 계속 방언으로 기도하고 있는 걸 보니 그는 내가 그런 것들을 그에게 가르쳐 주기를 원하고 있는 것이 틀림없어!"

"그러므로 나는 그의 새로운 본성과 함께 그에게 주어진 모든 권세가 나타나도록 할 것이다. 육신이나 혼의 영역에서 방해하고 있는 것은 무엇이든지 타이타닉 호의 밑바닥에 있는 것과 같이 끝장이 나게 될 것이다!"

성령님이 사용하시는 의사소통의 네 가지 방법

하나님께서 우리에게 말씀하시는 통로의 위치를 확인하였으므로 성령께서 의사소통을 하기 위해 사용하시는 네 가지 기본적인 채널에 관하여 생각해봅시다.

첫 번째로, 성령님은 내적 증거the inner witness를 통하여 의사소통을 하십니다. 성경에서는 우리 안에 있는 하나님의 왕국은 성령 안에서 의, 평안, 기쁨이라고 말씀하고 있습니다(롬 14:17). 우리 안에 살고 계시는 성령님은 절대적인 평안의 끊임없는 원천입니다. 우리가 성령님이 그렇게 하시도록 허락만 한다면 성령님은 그분의 평안을 계속적으로 우리에게 부어주실 것입니다.

그러므로 내적 증거는 자주 이 하나님의 평안의 흐름이 파괴되는 것으로 나타나므로 우리가 방향을 잘못 전환하였거나 문제가 있거나 장애가 있음을 경고하여 줍니다.

두 번째로, 성령께서는 계시를 통하여 우리에게 의사소통을 하십니다. 하나님께서 우리의 육체의 마음이나 지성이 아니라 우리의 영과 의사소통을 하는 이유는 우리의 영의 마음our spiritual mind은 1초에 수백만 비트의 정보를 받아들이고 저장할 수 있는 수용력을 가지고 있기 때문입니다. 이런 정도의 수용은 하나님 수준이지요!

성령께서 우리의 모국어로 말씀하실 때에는 마치 카메라로 식물의 성장을 찍으려고 할 때처럼 스스로 초저속으로 속도를 낮추신 것입니다. 우리가 이해할 수 있는 언어로 우리에게 말씀하실 때는 성령님은 이렇게 속도를 낮추셔야만 합니다.

그러므로 성령님은 계시로 우리와 의사소통하시기를 좋아하십니다. 하나님께서는 계시 전체를 캡슐과 같이 요약하여 똑같은 채널을 통하여 보내주시기를 좋아하십니다. 갑자기 계시가 당신의 영을 쳐서 밖으로 터지게 됩니다. 당신은 0.01초 안에 모든 계시를 받습니다.

예를 들면, 당신이 성령으로 기도하면서 사업의 어려운 문제에 관하여 말씀을 묵상할 수도 있습니다. 갑자기 당신 내부에 있던 계시 캡슐이 폭발합니다. 그러면 당신은 "아! 앞으로 십 년 동안 할 일을 알겠네! 나는 0.5초 안에 이것을 받았어!"라고 외칠 것입니다.

당신은 이제 당신의 사업 파트너들을 모두 불러 모아놓습니다. 그리고 당신이 계시로 0.5초 만에 받은 그 계획을 펼쳐 보이는 데는 15일이 걸릴 것입니다. 왜 그럴까요? 당신의 영은 당신의 지성intellect에게 한 번에 조금씩 계시의 지식을 넣어주어야 하고, 그것을 당신의 모국어로 바꾸어야 하기 때문입니다.

당신의 삶 가운데 이런 종류의 경험이 더 많아지기를 원합니까?

그렇다면 영으로 기도하는 데 시간을 쓰십시오. 당신은 이 의사소통 채널을 넓게 열어 놓게 되고 당신의 삶의 모든 영역에 평안과 스스로 세움edification을 증진하게 될 것입니다.

세 번째로, 성령께서는 귀로 들을 수 있는 음성으로 의사소통을 하십니다. 당신이 다른 어떤 것을 생각하고 있을 때에도 갑자기 성령님께서는 당신의 영에 무언가를 마치 귀에 들리는 것처럼 말씀하십니다. 당신은 그 음성을 마치 누군가가 당신 바로 곁에 서서 말하는 것과 같이 분명하게 듣습니다.

나는 '하나님께서 이렇게 내게 항상 말씀하셨으면 얼마나 좋을까? 그러면 분명하게 들을 수 있을 텐데'라고 생각합니다. 그러나 하나님은 그렇게 하시지 않으십니다. 사실 이미 언급한 것과 같이 캐더린 쿨만의 집회에서 내 생애 단 한 번만 귀로 들을 수 있는 하나님의 음성을 들었을 뿐입니다. 하나님은 내 이름을 세 번이나 부르신 후 내 사역에 관하여 말씀하셨습니다.

그때 한 번을 제외하고는 주님은 항상 내 영을 통하여 나와 의사소통을 하셨습니다. 나는 그분이 말씀하셨을 때와 그렇지 않을 때를 구별할 수 있도록 나의 능력을 발전시키는 수밖에 없었습니다.

네 번째로, 성령께서 의사소통하기 위하여 흔하지 않게 사용하는 것으로 환상이 있습니다. 예를 들자면 주님께서는 가끔 내가 소위 '가르침 비전teaching visions'이라고 부르는 것을 통하여 저와 의사소통을 하십니다. 이런 종류의 환상은 내가 하나님의 말씀을 이해하는 데 종종 도움을 줍니다.

나는 대개 말씀을 묵상하면서 성령으로 기도하고 있을 때나 간증을 하거나 설교를 하고 있을 때 강한 기름 부음이 임할 경우에만 이런 가르치는 환상을 보게 됩니다. 이 환상이 나타나면 번개 치는 속도로 내 마음에서 폭발합니다.

그러므로 내적 증거든지 계시든지 귀에 들리는 음성이나 환상으로든지 성령께서는 언제나 똑같은 채널, 즉 다른 세계로 들어가는 초자연적인 출입구를 통해서 의사소통을 하십니다. 우리가 할 것은 성령으로 기도함으로써 이 채널을 열어 놓아서 어떻게 하나님의 음성을 구별하는지를 배우기 시작하는 것입니다.

우리 안에 있는 기름 부음은 속임수로부터 우리를 지킬 수 있는 예방접종입니다

하나님의 의사소통 방법과 익숙해짐으로 얻게 되는 또 다른 중요한 유익에 관하여 말씀드리겠습니다. 어떤 사람이 거짓 교리를 가르치고 있는 집회에 당신이 가게 되면 그 잘못된 가르침은 당신의 영 안으로 침투할 수 없을 것입니다. 당신이 그 집회에 앉아 있는 동안에 당신은 무엇이 잘못되고 있는지 분별할 수 있을 것입니다. 마귀가 그 예배를 공격하고 있고 성령께서는 싸우고 계시는가 혹은 강대상 뒤에 '늑대'가 서서 양들의 털을 도둑질하려고 하고 있는가를 분별할 수 있습니다.

강단에서 하는 말일지라도 진리가 아닌 것을 분별할 수 있는 능력을 발전시키는 것은 지속적으로 방언으로 기도하는 것의 첫 번째 결과 중에 하나입니다. 방언으로 기도하는 것은 속임수를 대비한 예방 접종입니다.

예수님께서는 성령이 오시면 그가 우리를 모든 진리 가운데로 안내한다고 말씀하셨습니다(요 16:13). 나중에 성령에 관하여 요한이 이렇게 말한 것은 너무나 당연한 것입니다.

> 너희를 미혹하는 자들에 관하여 내가 이것을 너희에게 썼노라 너희는 주께 받은 바 기름 부음이 너희 안에 거하나니 아무도 너희를 가르칠 필요가 없고 오직 그의 기름 부음이 모든 것을 너희에게 가르치며 또 참되고 거짓이 없으니 너희를 가르치신 그대로 주 안에 거하라 (요일 2:26-27)

어떤 사람도 너희를 가르칠 필요가 없다고 말할 때 요한이 의미하는 것은 무엇일까요? 사실 가장 큰 속임수는 아마도 강단 뒤에서 일어나고 있을 것입니다. 성경의 절반을 부인하는 거대한 종교적 운동도 강단에서 탄생했습니다. 예를 들면, 마귀가 교회 지도자들을 통하여 규정을 만들어서 방언 기도를 제지했을 때 그 교단은 속기 시작한 것입니다.

단지 어떤 사람이 강단에 서 있기 때문에 그가 옳게 되는 것은 아닙니다. 그의 가르침이 하나님의 말씀과 일치할 때만 그는 옳습니다. 진리는 진리이기 때문에 그 자체로서 진리임을 증명합니다.

의도적으로든지 아니면 무지해서 그렇든지 어떤 사람이 잘못된 교리를 가르치고 있을 때 우리가 어떻게 알 수 있을까요? 진리이며 거짓 증거하지 않는 우리 안에 있는 기름 부음으로 알 수 있습니다.

내가 처음 거듭나게 되었던 율법적이고 극단적인 성결 교리를 주장하는 교회 사람들은 설교할 때 쓰던 천막 조각에서 자른 '기름 부음이 있는' 천 조각(나는 이것을 사려고 맨 앞줄에 서 있었습니다!), '기름 부음이 있는' 기름, 요단강에서 가져온 물, 심지어는 결코 텅 비는 일이 없다는 지갑 같은 것을 팔아서 교회를 위한 재정을 모으곤 하였습니다.(나는 그 지갑을 사느라고 돈을 다 써버렸고 나중에는 그 지갑을 잃어버리기까지 하였습니다!) 어떤 때는 구원받지 못한 사랑하는 사람들에 대한 사랑을 하나님께 증명하는 사랑의 헌금이나 교회를 방문한 선지자가 우리에게 예언을 하도록 헌금을 하라고 말하기도 했습니다.

그러나 복음은 장사거리가 아닐 뿐 아니라 하나님의 것은 어떤 것도, 절대적으로 그 어떤 것도 돈 주고 사는 것이 아닙니다.

매일 성령 안에서 기도하기를 1년쯤 한 후에 나는 옛날의 나의 성결 교회Holiness 친구들을 방문하였습니다. 그들이 절실히 원하는 복을 '구매하기' 위하여 사랑의 헌금을 드리도록 회중을 독려하는 낯익은 '속임수' 전략을 사용하기 시작하자 나의 영은 죽은 것 같이 되어버렸습니다. 나는 생각했습니다. '뭐가 잘못되었을까? 이런 것에 대해 말할 때는 다른 사람들과 똑같이 나도 흥분하곤 했었는데. 나도 모르게 내가 타락했나?'

그렇지 않았습니다. 나는 타락하지 않았습니다. 내 안에 있는 진리의 영, 즉 거짓말을 할 수 없고 오직 진리만을 증거하는 나의 선생님이 오랜 시간 방언 기도를 함으로 말미암아 활동적으로 일하고 있었습니다. 그분은 과거에 나를 속여 왔던 거짓말을 분별하고 내가 더 이상 속을 수 없도록 하고 계셨습니다.

이것이 바로 내가 방언 기도를 너무 많이 하면 이상해진다고 말하는 사람들에게 전적으로 동의하지 않는 이유 중에 하나입니다. 이런 말을 하는 사람은 이해하지 못한 사람입니다. 만일 그 사람이 하나님의 음성을 듣는 데 이 기본적인 은사가 어떤 역할을 하는지를 이해하고 성령께서 말씀하시는 이 채널과 친숙해 있다면 결코 이런 말을 하지는 않을 것입니다. 사람들을 사랑하는 사람이라면 그리스도의 몸으로부터 이런 복을 고의적으로 **빼앗**지는 않을 것입니다.

주님의 등불

성령께서 우리와 어떻게 의사소통을 하시는지 성경 구절 하나만 더 살펴봅시다. 잠언 20장 27절은 이 주제에 관하여 심오한 어떤 것을 말하고 있습니다.

사람의 영혼은 여호와의 등불이라 사람의 깊은 속을 살피느니라

이 얼마나 놀라운 문장입니까! 나의 사람의 영human spirit은 하나님의 형상을 따라 지음 받은 나의 부분이며, 하나님의 등불입니다the candle. 다른 말로 하면, 나의 영은 그분을 이해하도록 조명하고 내게 계시 지식을 부여하기 위하여 성령께서 불을 켜는 그 부분입니다.

등불을 가지고 우리는 무엇을 합니까? 밝은 방에는 등불이 별로 쓸모가 없습니다. 우리는 방이 어두울 때 촛불을 밝힙니다. 촛불을 책상 위에 켜 두면 방 전체를 비추게 됩니다.

하나님의 등불, 즉 우리의 영의 사람our spirit man을 가지고 성령님은 모든 뱃속의 내부 기관들, 즉 그분의 진리의 빛이 필요한 우리의 삶의 모든 어두운 부분들을 찾아내십니다. 이와 똑같이 찾아내는 과정이 우리가 방언 기도를 할 때 일어납니다. 심령heart을 살피시는 이가 성령의 생각을 아시므로 성령님은 하나님의 뜻대로 성도를 위하여 간구하십니다(롬 8:27).

성령님은 우리가 분별할 수 없는 모든 것을 가르쳐 주십니다. 성령님은 하나님과 하나님의 방법에 관하여 우리가 알아야 할 필요가 있는 하나님의 비밀secret과 신비한 것들mysteries을 우리에게 보여주십니다. 성령님은 무엇보다 먼저 우리의 선생님입니다.

성령께서 우리를 가르치도록 우리가 허락하기만 하면 때때로 우리는 기도하다가 방언 통역이나 깊은 탄식으로 남을 위해 기도하는 것과 같이 다른 기름 부음의 영역으로 들어갈 것입니다. 밤을 새워 기도할 때 성령님이 신비한 것을 우리에게 가르쳐주는 경우도 있을 것입니다.

기도하는 중에 어떤 일이 일어나든지 우리가 우리의 '등불'을 성령님께 드려서 성령님께서 그분의 진리의 빛으로 우리의 가장 깊은 부분까지 조명하도록 허락한다면 우리는 항상 기도의 유익을 받아 누리는 자가 될 것입니다.

너는 나를 알기를 열망하여 왔다.
너는 자기를 세우는 방언이나
경배를 통해서만 얻을 수 있는
성령과의 친밀함을 열망하여 왔다.

성령이 하시는 말씀을 들어라.
나는 너와 교제하기를 열망한다.
나의 능력은 너를 통하여 역사하여서
다른 사람에게 복을 끼치기를 열망한다.

내 곁으로 가까이, 더 높은 곳으로 올라오라.
나와 교제하기를 시작하면
나도 너와 교제를 시작할 것이다.
그리고 네가 가는 길이 점점 좁아진다 할지라도
나는 너를 나와 거룩한 교통하는 곳으로 데려갈 것이다.
너의 갈망과 목마름은
오직 나와 교제함으로만이 채워질 수 있기 때문이다.

9

세우는 과정

방언이란 주제가 실제로는 얼마나 넓고도 깊고 또 높은지 파악하기 시작하였습니까? 아직도 탐험해 볼 더 많은 영역이 있습니다! 당신이 성령님께서 당신을 통하여 기도하실 수 있도록 허락할 때 일어나게 되는 '세우는 과정'으로 당신을 모시겠습니다.

당신의 영을 세운다는 것은 무엇을 의미합니까?

고린도전서 14장 4절은 우리가 얼마동안 기도하든지 방언으로 기도할 때 무슨 일이 일어나는지를 말해 주고 있습니다.

> 방언으로 말하는 자는 자기의 덕을 세우고 예언하는 자는 교회의 덕을 세우나니

'세움edification'이란 단어는 거대하고 대단한 빌딩을 의미하는 '건축물edifice'이라는 단어에서 파생된 것입니다. 그러므로 방언으로 기도하는 것은 실제로 당신의 영 안에 하나님의 기름 부음이 거할 수 있는 집을 짓고 당신을 향한 하나님의 부르심에 당신이 자격을 갖추도록 하는 하나님의 작업, 즉 하나님의 구조물을 세우고 있는 것입니다.

대부분의 경우에 목회자들이 방언에 관하여 설교를 할 경우, 성도들이 방언으로 기도하면 당신의 영은 배터리를 충전하는 것과 같이 당신의 영이 충전된다는 것을 강조합니다. 다시 말해, 당신의 영이 실제로 영적인 충전을 받아서 오감으로 실제로 느낄 수 있는 힘이나 전기 같은 기름 부음을 당신이 받고 있다고 그들은 말합니다. 그리고 나중에 당신이 다른 사람에게 손을 얹으면 이렇게 느낄 수 있는 힘이 '확' 나가므로 하나님의 능력이 그 사람의 병을 고치고 귀신으로부터 풀어놓고 구원을 받게 한다고 말합니다.

글쎄요, 여기까지는 맞는 것 같습니다. 그러나 그렇게 느낄 수 있는 기름 부음이 어떤 사람을 통하여 나타나기 전에 그는 그런 기름 부음이 나타날 수 있도록 하는 '세우는 과정'을 거쳐야만 합니다.

이 과정에 관하여 아는 그리스도인들이 별로 없는 것 같습니다. 방언 기도를 통해서 즉시 역사하기 시작하는 어떤 종류의 '신기한magical' 충전을 받았다고 그들은 대개 생각합니다.

나도 이렇게 믿곤 했었습니다. 하나님께서는 나의 모습 그대로 기름을 부으실 것이라고 생각했습니다. 하나님께서 나를 육신적인 상태로 내버려 두지 않는다는 것을 전혀 알지 못했습니다! 세움이란 이런 것이 아니었습니다.

내가 기도실에서 몇 달 동안 기도한 뒤에 주님께서 나를 사용하기 시작하셨을 때 얼마나 놀랐었는지 기억이 납니다. 내 평생에 두 번째 집회 중인데 성령님께서는 내게 회중 가운에 한 여자를 불러내라고 하셨습니다. 내게는 너무나 생소한 일이었으므로 나는 겁이 났습니다. 나는 그 여자에게 말했습니다. "부인은 몸에 이상이 있군요. 하나님께서 부인을 고쳐주시기 원하십니다."

그리고 나서 나는 그녀의 양쪽 볼에 손을 얹고 눈을 감고서 힘을 다해 기도했습니다. 그런데 한참 기도 중인데 이 부인이 사라져 버렸습니다! 부끄럽기 짝이 없었습니다! 나는 너무 당황해서 눈을 뜨기가 싫었습니다. 나는 사람들 앞에 서 있는데 내가 기도해주고 있던 그 여자는 내 손을 떠난 것입니다!

내가 생각해 낼 수 있는 모든 것을 다 기도하고 더 이상 할 것이 없어졌을 때 나는 용기를 내서 눈을 떴습니다. 그 여자가 어디로 갔나하고 살펴보았더니 바닥에 넘어져 누워 있었습니다! 나는 이렇게 생각했습니다. '오, 주님, 이것 좀 보십시오. 이것이 바로 성령으로 기도함으로 말미암아 충전을 받는다는 것임에 틀림없습니다!' 나는 어찌할 바를 몰랐습니다. 그러나 그 여자가 제 발로 일어섰을 때 그녀는 나아 있었습니다!

오랫동안 나는 성령 안에서 세움을 받는다는 것은 이것이 전부라고 생각했습니다. 즉, 하나님께서 나의 영을 충전시켜서 강력한 기름 부음을 통해 내가 다른 사람을 섬길 수 있도록 하는 것이 바로 성령 안에서 세움을 받는 것이라고 생각했었습니다.

그러나 방언으로 계속 기도하면서 나는 어떤 사람이 말해주었던 것보다도 훨씬 더 많은 것들이 이 세움의 과정에 있다는 것을 깨닫기 시작했습니다.

마귀는 그 비밀을 이해할 수 없습니다

어떤 사람들은 우리가 세움 받기 위해 방언으로 기도하는 것이 마귀와 그의 계획에 어떤 영향을 끼치는지 궁금해 합니다. 분명한 것 한 가지는 우리가 방언으로 기도하는 동안 마귀에게 무엇인가를 명령하고 있지는 않다는 것입니다. 마귀는 우리가 말하는 것을 알아듣지도 못합니다.

어떤 사람이 방언으로 기도하는 것은 사람들에게 하는 것이 아니고 하나님께 하는 것이라고 성경은 말씀하고 있습니다(고전 14:2). 나도 기도하는 것을 이해할 수 없는데 어떻게 마귀가 알 수 있겠습니까? 왜 하나님께서 마귀가 우리보다 한 수 위에 있도록 하셨겠습니까? 만일 방언으로 기도할 때 그 비밀을 마귀는 알고 있고 나는 모른다면 마귀가 우리보다 우세한 것입니다.

그러므로 나는 우리가 방언으로 기도할 때 마귀가 알아듣는다는 생각을 받아들일 수 없습니다. 우리 자신이 세움 받기 위해 방언으로 기도하기 시작하면 우리는 거룩한 '골방'에 들어가서 우리의 거듭난, 새로 창조된, 그리스도 예수와 함께 하늘에 앉아 있는 영이 하나님과 신적인 의사소통을 하도록 자신을 가두는 것입니다. 이것은 개인적인 의사소통이며 거룩한 교통communion이기 때문에 마귀는 그곳에 들어갈 수 없는 것입니다.

만일 미국 대통령에게 전화를 했는데, 그가 직접 전화를 받았다면 나는 놀라서 정신을 잃고 방바닥에 넘어져 있을 것입니다! 대통령은 나와 직접 통화하기에는 너무나 바쁜 사람입니다.

반면에 나의 하늘 아버지께서는 하늘과 땅에서의 모든 믿는 자들의 삶에 관하여 지속적으로 관여하고 계신 분이십니다. 그러나 내가 방언으로 기도하면 나는 즉시 그분과의 신적인 의사소통divine communication에 들어갑니다. 하나님께서는 손수 그쪽의 '긴급 전화'의 수화기를 잡으시고서 "로버슨, 넌 줄 알고 있단다. 그래 네가 무엇을 원하고 있는지 알고 있지. 성령께서 그 지혜로 너를 대신하여 이 기도를 하고 있는 중이었단다. 응답이 가고 있는 중인 것을 네가 알고 있기를 바란다. 마귀는 어떤 방해도 할 수 없단다!"라고 말씀하십니다.

이것이 바로 마귀가 방언 기도를 증오하는 이유입니다. 왜냐하면 마귀는 우리가 무슨 얘기를 하고 있는지 전혀 알 수 없으므로 그를 불안하게 만들기 때문입니다!

왜 마귀는 이해할 수 없을까요? 구약시대 때 지어진 성막을 생각해 보십시오. 성막은 사람들이 하나님께 희생 제물을 드리는 바깥뜰과

제사장이 사람들을 대신해서 하나님께 제물을 드리는 성소가 있고, 끝으로 하나님의 임재가 있는 지성소가 있었습니다. 오직 대제사장만이 일 년에 단 한 번 이스라엘 사람들을 위해서 제물의 피를 드리러 지성소에 들어갈 수 있었습니다.

만일 마귀가 휘장을 뚫고 지성소에 침투하려는 만용이 있었더라도 그는 결코 들어갈 수 없었을 것입니다. 지성소는 마귀의 영역이 전혀 아니었습니다. 마귀는 그곳에 들어갈 수 없습니다.

성막은 믿는 사람들에 대한 그림자이며 모형입니다. 믿는 자로서 나의 몸은 성령님께서 오셔서 내 안에 살고 계시는 하나님의 성전입니다. 나의 육체는 바깥뜰이며, 나의 혼은 성소입니다. 그러나 거듭난, 새로 창조된 영은 지성소의 모형입니다. 나의 대제사장 이외에는 어느 누구도 그 안에 들어가는 것이 허락되지 않습니다.

그러므로 내가 방언으로 기도하면 사탄은 하나님께서 내게 무엇을 말씀하고 계신지 도무지 알 수가 없습니다. 왜 그럴까요? 성령님께서 나의 지성소에서 이 초자연적인 언어를 만들어 내고 있고 이곳은 사탄의 관할 구역 밖이기 때문입니다.

내가 알고 있는 한 사람의 누이가 교통사고를 당했습니다. 그녀는 병원으로 이송되었고 그녀의 목숨은 매우 위태한 상황이었습니다. 그는 믿음의 사람이었습니다. 병원을 향하여 최고의 속도로 운전하면서 그는 "내 누이는 죽지 않고 살 것이다. 그는 죽지 않고 살 것이다!"라고 반복해서 고백했습니다.

그러나 그가 "그녀는 죽지 않고 살 것이다."라고 고백할 때마다 무엇인가가 그의 감정을 너무나 크게 흔들어서 그의 전신을 머리에서 발바닥까지 흔들어댔습니다. 그리고 난 후에 그녀는 죽게 될 것이라는 생각이 스쳤습니다! 그가 병원을 향하여 달리는 동안 이런 일이 반복해서 일어났습니다. 이 일로 그는 정신이 산란했습니다.

그런데 갑자기 영분별의 은사를 통하여 하나님께서 이 사람의 영적인 눈을 열어 주셨습니다.(영분별의 은사는 당신이 천사나 귀신과 같은 영적인 세계를 볼 수 있도록 해 주는 것입니다.)

하나님께서 그의 눈을 열어주자 그는 두 귀신을 볼 수 있었는데 한 귀신은 그의 왼쪽 어깨에 다른 귀신은 그의 오른쪽 어깨에 앉아 있는 것이었습니다. 그가 "그녀는 죽지 않고 살 것이다."라고 고백할 때마다 한 귀신이 그의 귀에 대고 다른 쪽에 있는 귀신에게 "그녀는 죽을 것이다! 그녀는 죽을 것이다!"라고 외치고 있었습니다.

그때 주님께서 그의 영에게 이렇게 말씀하셨습니다. "너의 고백을 계속하거라. 그리고 방언으로 기도하기 시작해라." 그래서 그는 한 번 더 고백을 한 후 방언으로 기도하기 시작했습니다. 한참 후에 두 귀신 중 한 귀신이 그 사람의 머리 뒤통수 쪽으로 다른 편의 귀신에게 이렇게 말했습니다. "이 사람이 무어라고 하는 것 같아?"

다른 귀신이 이렇게 대답했습니다. "모르겠는데. 그런데 너도 나같이 그의 말이 불을 지피는 것 같으냐?"

"그럼." 다른 귀신이 대답했습니다. "우리가 그를 떠나야 된다고 생각하지 않니?"

그리고 귀신들은 그를 떠났습니다. 여러분도 이미 짐작하고 계셨겠지만 그 사람의 누이는 죽지 않고 살았습니다!

당신의 가장 거룩한 믿음 위에 당신 스스로를 세우기

그러면 내가 나 자신을 세우기 위해 의도적으로 방언 기도를 하면 어떤 일이 일어날까요? 이렇게 중요하고 이렇게 능력 있는 은사가 우리 보통 생각에는 모든 은사들 중에서 가장 '바보스러워 보이는foolish' 이유가 무엇일까요? 이에 대한 해답을 찾기 위해서 유다서 20절과 21절을 살펴봅시다.

> 사랑하는 자들아 너희는 너희의 지극히 거룩한 믿음 위에 자신을 세우며 성령으로 기도하며 하나님의 사랑 안에서 자신을 지키며 영생에 이르도록 우리 주 예수 그리스도의 긍휼을 기다리며
> But you, beloved, building yourselves up on your most holy faith, praying in the Holy Spirit, keep yourselves in the love of God, looking for the mercy of our Lord Jesus Christ unto eternal life.

하나님은 우리의 믿음에 따라 기뻐하시고 움직이시는 분임을 우리는 알고 있습니다. 로마서 10장 17절에서 바울은 "믿음은 들음에서

나며 들음은 하나님의 말씀으로 말미암는다"라고 말하고 있습니다. 그러나 우리는 말씀을 듣고, 듣고 또 들어도 우리의 삶에 아무 변화가 없을 수 있다는 것을 알고 있습니다. 우리는 계속적으로 그 말씀이 우리의 영에 심겨지도록 해야 할 뿐 아니라 그 말씀이 생산하는 믿음을 풀어 놓는 길을 찾아야 합니다.

온 세상에는 하나님의 말씀으로 가득 차 넘치고 있는 수천 명의 사람들이 있습니다. 그럼에도 불구하고 대부분의 교회에서는 사도행전에서 발견되는 기적적인 결과를 체험하지 못하고 있습니다. 그렇다면 바로 여기 대부분의 믿는 사람들이 모르고 있는 빠진 어떤 요소가 있는 것이 분명합니다.

사실은 어떤 사역자가 아무리 기름 부음이 있고 말씀이 충만하다 하더라도 그는 성령님께서 그 자신이 말씀을 묵상하는 시간을 통해서 가르쳐 주시는 경험을 통해 배운 것만을 말할 수 있는 것입니다. 그러나 그런 가르침도 당신이 그것을 믿음으로 화합하지 않으면 당신에게 아무 유익이 되지 못합니다. 당신 스스로 그 말씀이 당신의 영에 들어가도록 해야 하며 그런 다음 성령께서 당신을 가르치시도록 허락해야만 합니다You must personally get the Word into your spirit and then let the Holy Spirit teach you.

이것이 우리가 성령으로 기도함으로써 거룩한 믿음 위에 자신을 세워야 한다고 유다가 말하고 있는 이유입니다. 이것은 우리가 기꺼이 자유롭게 우리의 몸을 살아 있는 희생 제물로 드리고 성령님께서 그리스도의 비밀을 우리에게 계시하기 시작할 수 있도록 기도하며 인내하는 시간을 들여야만 합니다. 그렇게 할 때 성령님은 우리의 삶 가운데서 하나님의 능력이 역사하는 데 필요한 믿음을 우리의 심령 안에 풀어놓을 수 있게 됩니다.

하나님의 능력에 대한 갈망

거듭난 이후로 늘 나에게는 하나님의 능력을 알고 싶어 하는 갈망이 있었습니다. 나는 너무나 많은 그리스도인들이 이런 열망이 없는 것을 보고 내가 좀 잘못된 것이 아닐까 하는 생각을 했습니다. 그들은 그렇게 능력 없는 삶을 살고 있는 것에 대해서 아무렇지도 않은 듯이 보였습니다.

'주님, 왜 더 많은 사람이 나처럼 하나님의 능력을 갈망하지 않지요? 내가 그 사람들과 다른 것은 기적들 가운데서 역사하는 나의 삶에 대한 주님의 부르심 때문인가요?' 나는 이렇게 궁금해 하곤 했습니다.

내가 처음 거듭났을 때 나는 하나님의 능력을 얼마나 갈망했던지 내가 조금이라도 더 능력 가운데 살 수 있는 일이라면 무엇이든지 들은 것을 시도해 보았습니다. 내 속에 있는 이 갈망을 만족시켜 줄 수 있다는 약속은 무엇이든지 실천해 보았습니다.

어떤 사람이 내게 이렇게 말했습니다. "당신이 하나님의 능력 가운데 살지 못하는 것이 이상할 것이 없네."

"왜 그렇습니까?" 내가 물었습니다.

"자네가 치장하고 있는 보석 때문이야."

"아니 그럼 내가 이 보석을 치워버린다면 내가 하나님의 능력 가운데 살 수 있단 말입니까?"

"그럼, 바로 그거야."

나는 보석을 치워버렸습니다. 무슨 일이 일어났겠습니까? 보석을 걸고 있었을 때에는 보석을 차고 있는 무능력한 사람이었고 보석을 치운 뒤에는 보석을 걸고 있지 않은 무능력한 사람일 뿐이었습니다! 보석을 차고 안 차고는 조금도 차이가 없었습니다.

나중에 오레곤 주로 이사를 하게 되었을 때 나는 다른 그룹의 믿는 사람들과 연결되게 되었습니다. 그 중에 어떤 사람이 "자네가 하나님의 능력 가운데 살고 있지 못한 것이 조금도 이상한 일이 아니야."라고 말했습니다.

"왜 그렇지요?"

"자네 어떤 식으로 침례를 받았나?"

"나는 아버지와 아들과 성령의 이름으로 물속에서 침례를 받았습니다."

"그것 보게. 당연하지!" 그 사람이 소리쳤습니다. "자네는 세 분 하나님의 이름으로 침례를 받았네. 하나님은 오직 한 분이라네!" (이 특별한 그룹은 하나님은 오직 한 분뿐이며 그 이름은 예수라고 믿고 있었습니다.)

"그렇다면 다시 침례를 받으면 되지 않겠습니까!"(내가 말했듯이 나의 그리스도인으로서의 삶 가운데 그 시점에서 나는 내 삶에 조금이라도 더 많은 능력을 주는 것이라면 무엇이든지 할 준비가 되어 있었습니다. 다시 침례를 받아야 된다고? 어디서 받는지 장소만 알려 주십시오!)

우리가 살고 있던 곳은 해발 4,800 피트나 되는 오레곤 주였고 때는 한겨울이었습니다. 눈이 오는 날이었고 땅은 얼어 있었고 두 개의 호수는 모두 두꺼운 얼음으로 덮여 있었습니다. 호수 위쪽에 모닥불을 지핀 다음 우리 그룹은 두 호수 사이에 벌목한 통나무를 나르기 위해 사람들이 만들어 놓은 수로를 통해 흘러가는 얼어붙은 물속에서 침례를 받았습니다. 그 설교자와 내가 제일 먼저 이 얼음물 속으로 들어갔습니다.(나는 너무나 무지해서 따뜻한 목욕탕 물에서 침례를 받을 수도 있다는 것을 몰랐습니다!)

얼마나 차가운 물이었는지 나의 다리가 시퍼렇게 되었습니다. 나는 얼어 죽을 것 같았습니다. 그럼에도 불구하고 나는 그 물 밑으로 들어가서 다시 침례를 받음으로써 내 삶에 더 많은 능력을 갖게 되기로 결단했습니다!

그 설교자가 물었습니다. "준비되었습니까?"

이를 덜덜 떨면서 "네, 침례해 주십시오."라고 말을 더듬었습니다. 그러자 그는 나를 얼음물에 집어넣고 예수의 이름으로 침례를 주었습니다.

몇 달이 안 되어 나는 내가 그 얼어붙은 물에 잠겼다 나오기 전에는 세 하나님의 이름으로 침례를 받은 능력 없는 오순절파 소년이었다는 것을 발견하였습니다. 그러나 그 후에 그 설교자가 나를 그 얼음물 속에서 예수의 이름으로 침례를 준 후에도 여전히 나는 한 분 하나님의 이름으로 침례 받은 능력 없는 오순절파 소년이 되어 있었습니다. 다시 한번 말하지만 조금도 달라진 것이 없었습니다.

내 삶 가운데 하나님의 능력을 풀어 놓는 결정적인 열쇠에 대해서 배운 날, 즉 내가 '하나의 영적인 법칙을 발견했던' 그날이 올 때까지 아무 차이도 없었습니다.

"오, 로버슨 형제. 자네가 내게 어떻게 능력 가운데 살 수 있는지 가르쳐 줄 수 있겠나?" 물론이죠, 가르쳐드릴 수 있습니다. 당신 이름이 수지 월페이퍼든지 조 퍼블릭이든지 관계없습니다. 이 열쇠는 특별히 선택된 소수만을 위해 예비되어 있는 것이 아닙니다.

계속해서 이 책을 읽어 나가십시오. 그러면 당신이 이미 빠져나왔다고 예수님께서 말씀하신 것들로부터 어떻게 빠져나올 수 있는지 가르쳐 주겠습니다. 뿐만 아니라 당신이 단지 그곳에 가기 원한다는 것만으로도, 당신의 삶에서 당신이 될 수 있다고 예수님께서 말씀하신 모든 것 안으로 걸어 들어가는 법을 가르쳐 주겠습니다.

믿음을 위해 싸우기

성령님께서 유다서에 감추어져 있는 보물을 내게 계시해 주시기 시작할 때 내가 하나님의 능력을 알기 위해 추구하던 과정 중에서 한 중요한 열쇠를 발견했다는 것을 깨달았습니다. 나는 처음 3절을 깨닫게 되었습니다.

> 사랑하는 자들아 우리가 일반으로 받은 구원에 관하여 내가 너희에게 편지하려는 생각이 간절하던 차에 성도에게 단번에 주신 믿음의 도를 위하여 힘써 싸우라는 편지로 너희를 권하여야 할 필요를 느꼈노니

나는 성도들에게 이미 주어졌던 마귀를 짓밟고 산을 움직이는 믿음을 위해 우리가 힘써 싸워야 한다는 것을 읽고 나서 매우 흥분했습니다. 왜 그렇게 흥분했을까요? 내가 하나님의 말씀에 관하여 배운 것 중에 하나는 이것입니다. 즉, 하나님께서는 내가 어떻게 그것을 위해 싸울 수 있는지 자세한 지침을 가르쳐 주지 않으면서 나에게 믿음을 위해 싸우라고 하시지는 않으신다는 것입니다. 나는 해답을 찾기 위해 바른 길로 들어섰던 것입니다!

믿음을 위하여 싸움을 해야 한다는 것을 아는 것만으로는 충분하지 않음을 알아야 합니다. 내 심령은 "제발, 내게 어떻게 해야 하는지 가르쳐 줄 수 있는 사람이 없을까? 내게 주지도 않으면서 맛있는 스테이크를 내 얼굴 앞에서 흔들지 마세요!"라고 외쳤습니다.

한번은 어떤 목회자와 이 구절에 관하여 토론을 하고 있을 때 그가 내게 물었습니다. "이 믿음에 관한 당신의 배경은 무엇입니까?"

나는 이렇게 대답했습니다. "나는 믿음의 사람입니다. 나는 대부분의 훈련을 케네스 해긴, 케네스 코플런드나 다른 믿음에 관한 좋은

교사들 캠프로부터 받았습니다. 나는 하나님이 말씀하신 그대로 믿습니다. 나는 내가 보거나, 듣거나, 느끼는 것에 따라 행동하지 않습니다. 나는 질병이나 재정적인 부족함 때문에 행동에 영향을 받지 않습니다. 오직 한 가지 기준이 나의 삶을 통제하고 있는데 그것은 나의 문제에 대하여 하나님의 말씀이 무엇이라고 말하고 있는가, 즉 마귀나 환경이 아니고 오직 하나님의 말씀만이 기준입니다."

"그렇다면 당신이 그 모든 것을 믿는다면 당신은 초대 교회가 가지고 있었던 것보다도 더 많은 믿음을 가지고 있군요."라고 그가 말했습니다.

"무슨 말씀이시죠? 내가 초대 교회가 가지고 있었던 믿음보다 더 많은 믿음을 가지게 된다면 먼저 그들이 가지고 있던 믿음만큼 가지게 된다는 말이군요! 내가 바로 기억하고 있다면 베드로의 부흥 중에 베드로의 그림자만 지나가도 환자들이 나았기 때문에 사람들이 병들어 죽어가는 사람들을 그의 집회가 열리는 부근의 거리에 두었지 않습니까!"

"내가 틀렸다면 고쳐주십시오." 나는 계속해서 말했습니다. "그렇지만 나는 어느 누구도 환자들 위에 우리의 그림자가 지나가면 병이 나을 것을 바라면서 우리의 집회 가까운 거리에 그들을 눕혀 놓는 것을 볼 수가 없습니다! 내 생각에는 초대 교회 성도들에게 한 번 이미 주어졌던 그런 능력 있는 믿음을 위해 싸울 필요가 있습니다!"

그리고 4절에서 유다는 초대 교회에서 역사했던 산을 움직이는 믿음에 무슨 일이 일어났었는지를 말하고 있습니다.

이는 가만히 들어온 사람 몇이 있음이라 그들은 옛적부터 이 판결을 받기로 미리 기록된 자니 경건하지 아니하여 우리 하나님의 은혜를 도리어 방탕한 것으로 바꾸고 홀로 하나이신 주재 곧 우리 주 예수 그리스도를 부인하는 자니라

어떤 사람들이 교회가 모르는 사이에 침투한 것입니다. 그들이 누구든지 간에 그들은 초대 교회의 믿음을 도둑질해 갔습니다.

그래서 내가 어떤 길을 택하지 말아야 할지를 알기 위해서 유다서에서 말하는 이 사람들에 관하여 연구를 하였습니다. 나는 초기의 믿는 사람들처럼 죽은 종교에 의해 도둑질 당해서 나의 믿음이 같은 변을 당하는 것을 원하지 않았습니다.

유다는 이 경건치 못한 자들을 '**자기 수치의 거품을 뿜는 바다의 거친 물결**'에다 비교하였습니다(13절). 무엇을 말하는 것일까요? 파도는 바다로부터 일어나서 잠깐 동안 거품이 이는 영광을 나타냅니다. 그러나 거품은 나타나자마자 곧 바닷속으로 사라져버립니다.

유다는 또한 그들을 '유리하는 별들'에 비교하였습니다. 당신과 나는 하늘에서 떨어지는 별들의 현상에 대해서 알고 있습니다. 갑자기 밤하늘에 찬란한 빛을 내다가도 금방 그 별이 나온 어둠 속으로 사라지는 눈에 번쩍 뜨이는 별이 있습니다. 이와 마찬가지로 이 떠돌아다니는 별들도 wandering stars 아주 짧은 기간 동안 진리의 밝은 빛으로 나타났다가는 그들을 위해 영원히 예비된 '캄캄한 흑암' 속으로 빠져 들어가 버립니다.

이런 사람들은 또한 '물 없는 구름'(12절)이라고도 불리고 있습니다. 성경 전체를 통하여 물은 성령의 모형으로 사용되었습니다. 예를 들면 예수님께서 성령을 우리의 속 깊은 곳으로부터 흘러나오는 생수의 강으로 비유하신 것을 보았습니다(요 7:38).

그러므로 이 물 없는 구름은 초대 교회로부터 하나님의 능력을 도둑질한 사람들입니다. 그들은 사람의 이론을 사용하여 믿음이 하나도 남지 않을 때까지, 교회가 암흑시대로 빠져 들어갈 때까지, 대부분의 믿음을 잃어버릴 때까지 수백 년 동안 눈치채지 않게 침투하였습니다. 유다가 이런 사람들을 물 없는 구름에 비유한 것이 조금도 이상한 일이 아닙니다!

가뭄 때 물 없는 구름은 비를 뿌릴 듯이 보이면서 지평선에 떠오릅니다. 머리 위로 지나가면서 그럴듯하게 보이기도 합니다. 그러나 필요한 비가 내리도록 하는 데 물 없는 구름은 아무런 힘이 없습니다.

그러므로 하나님의 능력 가운데 걷는 첫 번째 기준은 물이 있는 구름이어야만 합니다. 다른 말로 하면 성령으로 충만함을 받아야만 합니다. 그러나 성령의 충만을 받는 것만으로는 충분하지 않은 것이 분명합니다.

성령 세례를 받는 것은 자동적으로 하나님의 능력이 내 삶에 나타나게 되는 데 필요한 모든 것이라고 생각했던 적이 있었습니다. 아닙니다. 나는 성령 세례를 받은 지 40년이 된 사람들도 알고 있습니다. 만일 당신이 성령의 능력을 그 사람들의 열매로 측정한다면 성령은 전혀 능력이 없다는 결론이 나오게 될 것입니다!

내가 성령 충만을 받았다고 하더라도, 내가 물 있는 구름이라고 하더라도 하나님의 능력 안에서 걷기 위하여 아직도 내가 해야 할 무엇이 있음에 틀림없었습니다. 성령님을 가지고 있다는 것만으로는 충분하지 않았습니다. 내 안에서 성령님을 풀어놓는 어떤 방법이 반드시 있어야만 하는 것입니다. 내 영으로부터 성령의 모든 능력을 끌어내어 내가 극복해야 하는 문제로 이끄는 어떤 방법이 있어야만 했습니다.

가끔 설교자가 복음을 전하는 것을 들으면서 예배에 참석하며 앉아 있을 때 나는 손을 들고 이렇게 말하고 싶었습니다. "실례지만 전도자님, 당신이 말하고 있는 성령, 즉 깊음 위에 운행했던 그분은 지금 내 안에 계시는 분과 같은 분인 것 맞습니까?"

"그렇습니다. 왜 묻습니까?"

"설교자님, 어떻게 하면 내 영으로부터 그 능력을 끌어내어 내 문제에 풀어놓을 수 있는지 말해 줄 수 있으세요? 왜냐하면 지금까지는 감기도 나를 이겼으니까요!"

내 안에 있는 능력을 풀어놓는 방법이 있어야만 한다는 것을 나는 알고 있었고 나중에는 그 방법이 있다는 것을 발견하였습니다! 그것은 당신이 당신의 삶에 능력을 원하는 것만큼 능력을 풀어놓는 것으로써 당신의 의도에 달린 것입니다!

육신적이고 감각이 지배하는 삶 위로 올라서기

유다는 19절에서 교회 안에 모르게 들어온 '물 없는 구름'에 대하여 더 언급하고 있습니다.

이 사람들은 분열을 일으키는 자며 육에 속한 자며 성령이 없는 자니라

이 경건치 못한 사람들은 감각의 지배를 받으며 육신의 만족을 구하는 사람들입니다. 이 말은 그들이 하나님의 말씀에 의해 지배 받기보다는 육신적인 육체의 욕망의 지배를 받는 사람들이라는 말입니다. 그들은 '성령이 없는 자'라고 말하고 있습니다. 이런 사람들은 그들의 삶 가운데 성령의 역사가 없습니다. 그러므로 그들은 마귀와 육신적인 것과 육체의 정욕으로 말미암아 진리와는 분리된 자들입니다.

그러므로 성령의 충만함을 받는 것은 육체의 지배를 받지 않는 것과 관계가 있음이 분명해졌습니다. 이것은 질병이 나를 멈추게 하거나 내가 질병을 멈추게 하는 것과 어떤 관계가 있음이 분명합니다. 어떻게 해서든지 성령의 능력을 내 삶 가운데 풀어놓아서 가난이 나의 발전을 마비시키지 않도록 재정적인 부족의 트랙에서 방향을 틀 수 있는 방법이 있음에 틀림이 없습니다.

나는 물 없는 구름이 아닙니다. 성령 세례를 받았습니다. 나는 방언을 말하며 마귀를 발로 밟으며 산을 움직이는 믿음으로 충만한

신자입니다! 나는 스스로 진리를 떠난 사람들과 같을 필요가 없습니다.

왜냐고요? 19절의 이런 생각을 따라 바로 다음 구절이 내게 그 이유를 말하고 있습니다. "그러나 사랑하는 자들아 – 너희 성령을 가지고 있는 자들아 – 너희는 너희의 거룩한 믿음 위에 자신을 세우며 성령으로 기도함으로써 감각의 지배를 받는 삶 위에above 너희 자신을 세워라!"

유다서 20절의 이 세우는 과정은 유다서 19절에서 묘사하고 있는 분쟁으로 가득하고 육신적인 조건으로부터 우리를 건져내 주고 우리로 하여금 유다서 21절 안에서 지속적으로 살 수 있게 해 줍니다. **"하나님의 사랑 안에서 자신을 지키며 영생에 이르도록 우리 주 예수 그리스도의 긍휼을 기다리라."** 다른 말로 하면, 방언으로 기도하는 것은 분쟁과 감각을 만족시키는 상태에서 하나님의 사랑으로 건너가게 하는 다리입니다.

'오, 하나님께서 우리 안에 넣어 놓으신 이 믿음의 포착하기 어려운 증가를 위해 우리는 얼마나 하나님을 찾았던가! 여기 이 구절들은 우리 자신을 세울 수 있는 흑백처럼 분명하고도 확실한 보장을 하고 있지 않은가! 무엇 위에? 질병이 우리를 꼼짝 못하게 하는 그런 삶보다 위에. 가난이 우리의 삶을 다스리는 그런 삶보다 위에. 우리 자녀들을 세상에 영원히 잃어버리는 그런 삶보다 위에. 하나님의 말씀보다 우리가 보고, 듣고, 느끼는 것에 의해 더 많이 움직이는 감각이 지배하는 영역보다 위에.'

우리의 지극히 거룩한 믿음 위에 자신을 세움으로써 우리는 성령의 능력을 우리 삶 가운데 풀어 놓을 수 있습니다. 어떻게? 성령 안에서 기도함으로써!

능력이 올 때까지 기도하라!

마가복음 11장 23절은 내 인생의 산을 향하여 "이동하여 바다 속으로 던져져라"고 말하고 내 심령으로 의심하지 않으면 내 입이 말한 것을 가질 수 있다고 말씀합니다. 여기서 충족되어야 하는 조건은 내 심령으로 의심하지 않는 것입니다.

이어서 24절에서 예수께서는 "응답을 받은 줄로 믿고 기도하면 너희가 원하는 것은 무엇이든지 갖게 될 것이다"라고 말씀하고 있습니다. 이 구절에서도 한 번 더, 내 기도가 하나님의 뜻에 따라야 한다는 것 외에 유일한 조건은 내 심령으로 의심을 해서는 안 된다는 것임을 말합니다.

그렇다면 이것은 매우 의미가 있습니다. 나는 목적을 가지고 원하는 만큼 오래 기도할 수 있고, 내가 그렇게 할 때, 주님께서 의심하지 말아야 한다고 말씀하신 나의 연약한 그 부분 안에서, 나의 가장 거룩한 믿음 위에 나를 건축하고 세워주는 일이 보장된다는 것을 발견하였습니다.

그러므로 내가 산을 향하여 말을 할 때 지금 나의 삶과 마귀를 짓밟고 산을 움직이는 믿음의 삶 사이에 남아 있는 한 가지 질문은 이것입니다. '그 능력이 올 때까지 나는 기도할 지구력이 있는가?' 입니다. 왜냐하면 '그런 능력이 올 것인가? 안 올 것인가?' 가 아니기 때문입니다. 그 능력은 올 것입니다. 유일한 질문은 '능력이 올 때까지 거기 머물 근성을 내가 가지고 있는가?' 입니다.

"그렇지만 로버슨 형제, 나는 사업가입니다." 그렇다면 성령은 당신의 사업에 능력으로 올 것입니다. "나는 설교자입니다." 성령은 당신의 사역에 능력으로 올 것입니다.

질문할 것은 '그 능력이 올 것인가?' 가 아닙니다. 예수께서는 말 잘하는 모든 사려 깊은 신학으로부터가 아닌 사실의 영역에서 유다서 20절의 말씀에 영감을 주셨습니다. 예수께서 그렇게 말씀하셨으면 당신이 믿거나 말거나 그대로 이루어지는 것이 사실입니다. 이것은 민주주의가 아닙니다. 예수님은 당신의 한 표를 요구하지 않으십니다. 당신이 해야 할 일은 하나님의 진리를 바꾸는 것이 아니라 발견하는 것입니다.

예수께서는 유다에게 영감을 주셔서 19절과 20절을 쓰게 하셨습니다. 여기서 예수님은 당신이 구원받았음에도 불구하고 당신을 무찔렀던 감각이 지배하는 삶 위에 당신을 세우는 열쇠를 말씀하고 계십니다. 이제 이 열쇠는 당신을 가장 거룩한 믿음 위에 능력 안에서 살도록 할 것입니다. 그 열쇠는 무엇이냐고요? 방언이라고 불리는 초자연적인 언어를 사용하는 것입니다.

왜 우리가 세움을 받는가?

고린도전서 14장 4절과 유다서 20절을 통해서 방언으로 기도할 때 우리는 세움을 받게 된다는 것을 알았습니다. 그러나 하나님께 대한 나의 질문은 이것이었습니다. "왜 우리가 세움을 받는가?" 내가 세 시간 혹은 네 시간 성령 안에서 기도하려고 한다면 왜 그것이 나를 세우게 되는지를 알기 원했습니다.

당신이 방언으로 기도해야 된다는 것을 아는 것만으로는 충분하지 않습니다. 만일 방언 기도가 당신을 세워주고 당신의 삶에 대한 하나님의 부르심, 즉 당신의 심령이 가장 원하는 바로 그것을 이루는 자격을 갖추게 하는 것이라는 것을 당신이 정말 믿는다면 아무도 당신을 기도실에서 떠나게 할 수 없을 것입니다!

많은 그리스도인들이 고린도전서 14장 4절이 무엇을 말하고 있는지 알고 있지만 그들 대부분은 사람이 만든 프로그램을 시작하면서, 그들의 머리로만 자신들의 생애에 대한 하나님의 계획을 알아내려고 하며 대부분의 시간을 보내고 있습니다. 이것은 그들이 방언으로 기도함으로 자신을 세울 때까지 그들의 응답이 멈추어 있다는 것을 진실로 믿지 않음을 분명히 보여주는 것입니다.

그러므로 나는 방언으로 기도해야 한다는 것을 아는 것만으로는 충분하지 않습니다. 왜 내가 세움을 받는지 알기를 원합니다. 나의 머리로는 이해하지 못하는 많은 음절들을 두세 시간 동안 허공에다 말할 때 나의 가장 거룩한 믿음 위에 내가 왜 세움을 받게 되는 것일까요?

나는 하나님께 "만일 하나님께서 내가 이해할 수 있도록 도와주실 수 있다면 나도 하나님의 백성들이 이해할 수 있도록 도와줄 수 있을 것입니다. 그러면 그들도 역시 능력 안에서 성령의 걸음을 걷는 데로 들어갈 수 있을 것입니다"라고 말씀드렸습니다. 어느 날 주님께서 성경을 열어서 나에게 방언의 세워주는 과정을 보여 주었을 때 내가 어떤 느낌이었을지는 당신도 상상할 수 있을 것입니다. 주님은 나를 고린도전서 14장 2-4절로 데리고 가셨습니다.

방언을 말하는 자는 사람에게 하지 아니하고 하나님께 하나니 이는 알아듣는 자가 없고 영으로 비밀을 말함이라 그러나 예언하는 자는 사람에게 말하여 덕을 세우며 권면하며 위로하는 것이요 방언을 말하는 자는 자기의 덕을 세우고 예언을 하는 자는 교회의 덕을 세우나니

바울이 4절에서 예언을 하는 사람은 교회에 덕을 세운다고 말하고 있는 것을 주의하십시오. 왜 그럴까요? 단순한 예언의 은사를 통하여서는(예언의 은사는 방언과 방언 통역의 은사가 함께 역사하는 것과 똑같은 것입니다) 그날 그 시간 그리스도의 마음이 갑자기 그 특정한 회중에게 알려지는 것입니다.

예언을 하는 사람은 사람에게 덕을 세우며 권면하며 위로하는 것입니다(3절). 그러나 모든 권면은 성경적인 기초에 근거해야 합니다. 권면이 성경적인 기초에 근거하지 않는다면 그것은 권면이 아닙니다. 예를 들면, 내가 예수님께서 지구로 내려오시는 도중에

아침 식사를 하려고 달에 머물러 계신다고 권면할 수는 없는 것입니다. 왜냐하면 이것은 성경에 있지 않기 때문입니다! 그러므로 가끔 성령께서는 예언을 통하여 이해되지 않던 한 구절에 관하여 조명하여 그리스도의 마음을 조명하여 주심으로써 비밀을 벗겨 주실 것입니다.

성령께서 어떤 사람을 통하여 덕을 세우고 권면하는 예언을 하게 되면 감정적으로 기분이 좋은 것과는 다른 하나님의 위로가 믿는 사람들의 몸에 임하게 됩니다. 그들은 어떤 면에서는 감정보다 더 강한 방법으로 위로를 받습니다. 덕을 세우고 권면하는 예언은 영 안에서 그들의 손을 잡아 이끌듯이 '모든 것이 잘될 것'이라는 느낌을 주게 되며 이런 느낌은 며칠 동안 지속됩니다.

그러므로 어떤 사람이 예언을 하면 예언은 집합적으로 교회의 덕을 세웁니다. 그가 방언으로 기도를 하면 그 자신은 개인적으로 덕을 세우게 됩니다. 그러나 믿는 자들의 몸인 교회나 개인이나 세움을 받게 되는 이유는 똑같은데 둘 다 모두 그리스도의 마음이 계시되기 때문입니다.

예언은 그리스도의 마음이 교회에 집합적으로 나타나도록 합니다. 반면에 방언으로 기도하는 것은 그리스도의 마음이 개인으로서 당신에게 나타나도록 합니다. 왜냐하면 성령께서는 당신이 하나님의 보좌 앞에서 기도해 온 비밀을 취하여, 계시로 당신에게 되돌려 주기 시작할 것이기 때문입니다. 이렇게 해서 방언 기도를 통하여 당신은 세움을 받게 되는 것입니다!

그러므로 성령 안에서 기도하면서 세 시간을 보내는 것은 당신이 취한 가장 지혜로운 행동 중 하나가 될 것입니다. 만일 매일 이렇게 한다면 – '마귀야, 너 조심해라!' – 당신은 더욱 더 위대한 그리스도의 마음의 계시를 받음으로써 당신의 가장 거룩한 믿음 위에 자신을 건축하고 있는 것입니다. 그러나 마귀는 당신이 무슨 말을 하고 있는지 전혀 알 수 없습니다. 마귀는 일어나고 있는 일을 구경만 하고 있을 따름입니다!

나의 영이 자유롭게 행동할 수 있을 때,
나는 네 안에 뿌리내리고 있는 것들을 제거할 수 있다.
수년에 걸쳐 생긴 것들을
나는 한 순간에 제거할 수 있다.
왜냐하면 너의 힘이나 너의 능력이 아니라
이런 것들을 죽이는 일은
나의 영으로 되는 일이기 때문이다.

그러므로 내게 너 자신을 내어 다오,
그리고 자신이 자유하다고 선언하거라.
내가 네 안에서 이 일을 행할 것이다.
은혜의 영의 말이니라.

10

깨끗이 하기와 육신의 열매를 죽이기

사람들은 변화받기 위해서 도움을 찾고 있습니다. 대부분의 사람들은 그들 스스로도 좋아하지 않는 인격적인 결함을 가지고 있지만 정작 이런 것들을 없애려면 어떻게 해야 하는지 모르고 있습니다.

그래서 이런 사람들은 새로운 건물을 짓고 새로운 프로그램을 시작함으로써 그들에게 점점 더 많은 것을 요구하는 종교적인 제도를 계속 찾아다닙니다. 마침내 영적인 탈진 상태가 되면 그들은 이런 싸움을 포기해 버립니다. 그들은 그들이 시작했던 바로 그 자리에 항상 머무르고 있으면서 하나님을 조직의 우두머리로 봅니다. 그들과 하나님과의 관계는 조직과의 관계에 근거를 두고 있으며, 실제로 그들은 믿음도 없고 갈등만 가득합니다.

그러나 하나님께서는 우리에게 헛되이 이런 갈등의 삶을 보내도록 하신 적이 없습니다. 하나님께서는 우리에게 성령을 주셔서 우리 안에 계신 그리스도의 비밀을 계시하시고 우리를 온전히 변화시키십니다. 이제 우리 안에서 일하시는 성령의 사역을 좀 더 자세히 살펴보겠습니다. 성령께서 우리를 세우는 과정을 통하여 우리의 현재 상태에서 그분이 말씀하신 대로 우리가 그렇게 되리라고 하신 모든 상태로 어떻게 이끌어 가시는지를 알아보겠습니다.

'빠른 처방 Quick Fix'은 없습니다

방언으로 기도하는 것이 자신을 세운다는 것을 믿고 있는 그리스도인들도 흔히 이 세움의 과정이 어떻게 역사하는지를 이해하지 못하고 있습니다.

대부분의 그리스도인들이 믿고 있는 이 세움의 과정을 한번 그려 보겠습니다.

어떤 사람이 성령으로 세례받기 전에는 마치 흐린 날 길가에서 죽은 동물을 먹는 더러운 까마귀 같습니다. 그러나 그가 방언으로 기도하기 시작합니다. 그러자 갑자기 태양이 구름 뒤에서 나와서 밝은 빛을 그 까마귀에게 비춥니다. 순간적으로 이 비천한 새는 거대한 황금 독수리로 바뀌더니 공중으로 날아오르고 다시는 아무 문제가 없습니다!

아닙니다. 세움의 과정은 이런 것이 아닙니다. 성령께서 당신의 영에서 당신을 세움으로써 당신이 하나님의 말씀에 대한 계시 지식을 이해하는 동시에 당신의 거듭난 영을 강하게 하여서 육신을 극복하는 힘, 즉 육신의 일을 죽이는 힘을 갖도록 합니다(롬 8:13).

깨끗하게 하는 과정

예수께서는 "네가 열매를 맺으면 내가 너를 깨끗하게 할 것이다 purge 혹은 prune"(요 15:2)라고 말씀하셨습니다.

우리가 좋아하든지 그렇지 않든지 포도나무에 연결된 가지로서 열매를 맺으려면 우리는 깨끗이 하는 과정을 통과해야만 합니다. 왜 그럴까요? 그래야 우리가 더 많은 열매를 맺을 수 있기 때문입니다.

그러므로 조심하십시오. 계속해서 방언으로 기도하기 시작하면 당신은 내부의 전쟁을 겪게 될 것입니다. 왜냐하면 깨끗하지 못한 것들이 곧 표면으로 떠오르기 시작할 것이고 당신은 그것들을 제거하기 원하지 않을 것이기 때문입니다. 하나님께서는 그 불순물들을 당신의 삶으로부터 깨끗이 없앰으로써 당신이 마귀에게 멸망당하지 않고 하나님의 소명을 이룰 수 있도록 계속 노력하실 것입니다.

성령께서는 하나님과의 관계에서 더 높은 경지에 오르지 못하게 하는 우리 삶의 천정 같은 작용을 하고 있는 죽은 가지들을 끌어내십니다. 하나님께서 우리를 사용하려고 하실 때마다 마귀는 이 가지들(재정, 우리의 잘못된 태도, 용서하지 못함 등)을 이용하여 우리 삶에서 하나님의 역사를 멈추게 합니다. 우리가 우리의 그 죽은 가지들을 성령께서 잘라 버리도록 허락하지 않는다면 마귀는 우리가 쌓아올린 '게으르고 나태한 더미' 위에 앉아서 우리의 나머지 인생을 보내게 할 것입니다.

그렇지만 나는 이것만큼은 확실히 말할 수 있는데 그것은 성령께서는 당신의 육신에 붙어 있는 모든 죽은 가지를 즉시 깨끗이 없애 버리려고 하지는 않으신다는 것입니다. 성령님은 당신이 방언으로 기도함으로써 스스로를 세워 성령 안에서 충분히 높은 경지에 올라서서 당신의 삶에서 죽은 가지를 하나씩 잘라버릴 때 오는 감정적인 전쟁을 다룰 수 있을 때까지 당신을 기다리실 것입니다.

깨끗하게 하는 과정은 항상 즐거운 일은 아니지만 반드시 필요한 것입니다. 왜냐하면 이렇게든 저렇게든 우리는 깨끗하게 될 것이기 때문입니다. 우리는 당장 단점과 결점 모두를 다 가지쳐서 없애 버리기로 결단할 수도 있습니다. 아니면 그리스도의 심판의 보좌 날에 우리의 모든 행위를 불로 시험해 볼 때까지 기다릴 수도 있습니다(고전 3:12-15). 그날에는 우리가 이생에서 죽이지 못했던 모든 육신적인 것들이 깨끗하게 될 것입니다.

그렇지만 여기 기쁜 소식이 있습니다! 우리의 육신의 행위를 죽이는 것이 우리에게만 맡겨진 것이 아닙니다. 로마서 8장 13절에 의하면 하나님께서는 당신과 나에게 성령을 주셔서 우리를 강하게 하고 우리의 상급을 빼앗으려는 어떤 것으로부터도 우리를 깨끗하게 하도록 도우십니다.

너희가 육신대로 살면 반드시 죽을 것이로되 영으로써 몸의 행실을
죽이면 살리니

사탄의 가장 강력한 무기는 속이는 것입니다. 우리의 상급을 빼앗으려는 사탄의 목표는 우리가 사는 동안 예수께서 우리에게 하라고 하신 것을 알지 못하도록 하는 것입니다. 모든 것이 끝난 뒤에 당신과 내가 상을 받는 것은 우리의 삶을 향한 하나님의 개인적인 계획을 우리가 얼마나 많이 달성했는가에만 달려 있다는 것을 마귀는 알고 있습니다.

그러므로 그리스도의 위대한 심판의 자리에서 내가 하나님과 함께 동행하는데 방해가 되었던 모든 육신적인 일들이 나로부터 깨끗해질 때까지 나는 기다리기를 원하지 않습니다. 나는 성령께서 나의 삶 가운데 나를 부르신 하나님의 소명을 이루는 데 나 자신을 준비시키기 위하여 어떻게 가지치기를 하시는지 알기 원합니다.

첫 단계 : 양심을 깨우기

그냥 받아들이십시오. 당신의 삶에서 깨끗하게 하는 과정을 거치지 않고는 당신의 영의 사람이 세움을 받고 강건케 될 수는 없습니다. 당신을 밑으로 끌어내리는 것들을 잘라버리지 않고서 하나님 안에서 위로 올라가는 것은 불가능합니다.

그러므로 당신이 계속 방언으로 기도할 때 성령께서 하시는 첫 번째 일은 당신의 양심을 깨우는 것입니다. 이제는 당신에게 익숙한 육신적인 일을 하는 것이 훨씬 더 어려워집니다.

예를 들면, 어떤 사람이 당신에게 상처가 되는 날카로운 말을 한다 하더라도 당신은 그저 웃으면서 그 사람의 구원을 위해 하나님을 찬양합니다. '작년만 같았어도 난 그렇게 하지 않았을 거야. 한대 때려서 날려버렸을 거야'라고 당신은 생각합니다! 어떤 변화가 일어난 것입니다. 이것이 바로 실제로 세움을 받는 과정입니다.

성령께서 당신이 행하고 있는 잘못에 대하여 양심을 깨우쳐 주실 때 성령님은 그것을 없앨 힘을 가지고 거기 계신 것입니다. 여기에 당신의 믿음을 더하여서 그 잘못을 행하기를 거절할 때 육신의 욕망을 죽이는 것이 되어지고 성령님은 이로부터 당신을 깨끗이 하시는 것입니다. 이것이 바로 세움입니다.

어둠 속에 숨겨졌던 것이 드러납니다

내가 앞서 당신이 방언으로 비밀을 기도하는 것은 하나님의 유익이 아니라 바로 당신의 유익을 위한 것이라고 말한 것을 기억하십시오. 당신이 성령으로 기도할 때는 언제나 하나님 보좌 앞에서 당신 안에 있는 비밀인 그리스도 곧 영광의 소망에 대하여 하나님과 대화하는 것입니다. 하나님께서 그 기도에 응답하기 시작할 때 당신은 하나님의 말씀에 대한 통찰력을 받기 시작합니다. 당신 안에 있는 예수님이 누구신지를 아는 깨달음이 안으로부터 나오기 시작합니다.

당신이 깨달을 수 있도록 이 비밀들이 계시되는 동시에 성령께서는 어둠 속에 숨어 있던 영적인 도로를 차단하는 장애물들, 즉 당신의 삶을 향한 하나님의 백 배의 열매를 맺지 못하도록 방해하던 죄, 결점, 약점 같은 것들 위에 밝은 빛을 비추십니다.

이것이 바로 예수께서 마가복음 4장 20-22절에서 말씀하고 있는 것입니다. 사람들의 심령heart의 상태를 서로 다른 나쁜 토양으로 묘사하고 나서 주님은 이렇게 말씀하십니다.

> 좋은 땅에 뿌려졌다는 것은 곧 말씀을 듣고 받아 삼십 배나 육십 배나 백배의 결실을 하는 자니라 또 그들에게 이르시되 사람이 등불을 가져오는 것은 말 아래에나 평상 아래에 두려함이냐 등경 위에 두려고 함이 아니냐?

기록된 말씀과 나의 삶을 향한 하나님의 개인적인 계획에 관한 비밀 모두를 내가 하나님의 말씀으로 받아들이고 나서 그 말씀의 열매를 30배, 60배, 100배로 맺으면 예수님은 나를 좋은 땅이라고 부르십니다.

그리고 나서 예수께서 질문을 했습니다. "말이나 침대 아래 감추어 두려고 촛불을 켜느냐?" 대답은 물론 '아니오' 입니다. 촛불을 켜서 어두운 방으로 가져올 때 어둠 속에 감추어져 있던 것이 드러나지 않을 수 있을까요? 그럴 수 없습니다. 하나님의 말씀이 깨닫지 못하도록 당신에게 주어지겠습니까? 그렇지 않습니다!

예수님께서 22절에서 이렇게 말씀하십니다.

> 드러내려 하지 않고는 숨긴 것이 없고 나타내려 하지 않고는 감추인 것이 없느니라

다른 말로 하면, 성령께서 하나님의 말씀으로 당신의 영을 조명하기 시작하면 그것은 마치 촛불을 들고 어두운 방으로 들어가는 것과 같다는 것입니다. 어둠 속에 감추어져 있던 모든 장애물들이 빛 때문에 드러날 것입니다.

예수님은 당신의 삶에 대해 말씀하십니다. 당신이 백 배의 열매를 맺는 삶을 살지 못하도록 만드는 어둠 속에 감추어져 있는 것들을 드러내는 것에 관하여 말씀하십니다.

당신이 거듭났을 때 당신의 영의 촛불은 이미 밝혀졌으며, 당신이 방언으로 기도할 때 이 촛불은 점점 더 밝게 빛납니다! 친구여, 이때가 바로 내적 전쟁이 시작되는 때입니다! 왜 그럴까요? 그것은 당신의 육신의 일들이 빛 가운데 노출되는 것을 싫어하기 때문입니다. 육신은 마치 싸구려 모텔에 있는 바퀴벌레와 같습니다. 빛을 피해 숨을 곳을 향해 도망칩니다. 바퀴벌레는 어둠 속에 숨기를 좋아합니다.

당신의 육신도 이와 마찬가지입니다. 당신의 육신은 성령께서 빛을 비추는 것을 원하지 않을 것이라는 것을 나는 보장합니다!

외적 변화가 오기 전에 내적 변화가 일어납니다

내가 이 내적 전쟁의 양상을 알기 전에는 많은 사람이 하나님을 더 갈망하여 그들의 영을 불러 일으켜서 stir up 성령 안에서 많은 기도를 함에도 불구하고, 눈에 띌 만한 결과가 나타나기도 전에 성령으로 기도하는 것을 왜 포기하는지가 내게는 크나큰 의문이었습니다. 그런 후에 나는 대부분의 사람들이 그들의 답을 엉뚱한 곳에서 찾고 있었기 때문에 포기하게 된다는 것을 깨닫게 되었습니다.

예를 들어보겠습니다. 어떤 신자가 방언 기도에 대해서 매우 흥분해 있다고 합시다. 그는 이렇게 결심합니다. '마귀야 조심해라! 이제부터 기도실에 들어가서 매일 한 시간씩 방언으로 기도할 것이다. 내가 이것을 못하도록 방해하는 자에게 화 있을진저! 그런 자의 등에는 내 발자국을 남겨줄 것이다!'

이렇게 해서 이 사람은 10파운드나 되는 성경을 옆구리에 끼고서 기도실로 행진합니다. 물론 그는 매일 한 시간씩 방언으로 기도할 것입니다. 그런데 여기 문제가 하나 있습니다. 그는 파산신고 신청 상태에서 불치병으로 인한 조울증 a manic-depressive의 고통을 가지고 이러한 헌신을 결단하고 있었던 것입니다.

그러나 이 사람은 답을 찾았기 때문에 이런 것을 개의치 않습니다. 그는 이렇게 생각합니다. '나는 내 약점을 알고 있고 나의 문제를 위해 기도해 줄 그분을 찾았어. 이제부터는 모든 것이 달라질 거야!'

한 달이 지나갑니다. 이 신자는 매일 한 시간씩 방언으로 기도합니다. 아무 변화도 없습니다. 두 달이 지나갑니다. 그는 아직도 기도하고 있습니다. 아무 변화도 없습니다. 세 달이 지나갑니다. 드디어 그는 수평선을 바라봅니다.

"너 뭘 찾고 있니?"

"오, 별거 아니야. 그렇지만 너도 알다시피 내가 시간을 드리고 있지 않니. 나는 세 달 동안 방언 기도를 하고 있어! 내가 응답을 못 받는다면 누가 받겠니?"

이 사람이 하고 있는 것이 무엇인지 말해 주겠습니다. 그는 눈에 띌 만한 특별하고 극적인 것을 찾느라고 기적적인 것을 놓치고 있습니다! 다른 말로 하면, 그는 하나님께서 어떤 멋진 방법으로 그의 외적인 환경을 바꿔주어서 그가 방언으로 기도했던 비밀에 대한 응답을 주시기를 기대하고 있습니다. 그러는 동안에 그는 내부에서 일어나고 있는 성령의 기적적인 역사를 잃어버리고 있는 것입니다.

아마도 이 신자는 큰 백마가 불꽃을 뿜으면서 붉은 눈을 가지고 수평선 위로 달리면서 그의 집이 있는 골짜기로 천둥 같은 소리를 내며 달려오는 것을 상상하고 있을지도 모릅니다. 그 말이 가까이 다가오면 그는 누가 그 안장에 타고 있는지 알게 될 것입니다.

"오, 예수님이네! 와, 방언으로 기도하니까 정말 역사하는데!"

예수님은 고삐를 당겨 자신의 말을 그 신자 옆에 세우며 이렇게 말씀하십니다. "먼저 네가 빚진 사람들의 명단을 내게 다오." 그가 예수님께 그 명단을 주자 주님은 먼지를 내며 말을 타고 사라집니다. 30분쯤 지나자 예수님이 돌아오셔서 그 사람에게 말씀하십니다. "네 모든 빚을 갚았다."

그리고 나서 예수님은 이렇게 말씀하십니다. "잠시 실례!" 주님은 방금 발견한 그늘 속으로 숨어 다니는 가난의 영을 쫓아 버립니다. 그 큰 말은 그 끈적끈적한 마귀를 짓밟아서 바닥에 비참한 덩어리로 만들어 버립니다. 그 즉시 그 신자의 삶에 있던 가난은 즉시 파괴되었습니다!

말을 타고 계시던 예수님은 그대로 몇 발자국 물러서더니 말에서 내려오십니다. 그러고는 걸어 오셔서 그에게 손을 얹습니다. 질병과 조울증은 즉시 떠나버립니다! 그는 이렇게 소리칩니다. "오, 나는 새사람이 되어버렸네! 세 달밖에 기도하지 않았는데! 정말 효과가 대단한데!"

예수님은 말을 타고 떠나려 하십니다. 그러다가 갑자기 멈추시더니 되돌아오십니다. "그런데 한 가지 잊은 것이 있구나." 주님은 주머니에 손을 넣으시더니 10,000달러가 든 봉투를 꺼내십니다. "이 돈은 교회에서 예배를 마친 후에 고급 식당에 가서 음식을 먹고 교제하는 데 써라." 주님께서 이 기쁨에 차 있는 사람에게 일러주십니다.

그리고 나서 예수님은 지평선 너머로 사라지십니다. 석양의 그림자를 뒤로 하고 주님은 말에 올라타시고는 "하이 호, 성령, 가자!"하고 크게 외치고 달려갑니다. 그 신자는 한숨을 쉬면서 손등으로 이마의 땀을 닦으면서 "이것은 정말 진짜 구원이었어!"라고 말합니다.

많은 사람이 이 사람과 같은 실수를 저지릅니다. 그들은 갑자기 자기들의 외적인 환경이 변화될 것을 기대하면서 방언으로 기도합니다. 그러나 그들은 실제로 초자연적인 변화의 역사가 일어나는 곳인 그들의 영을 놓칩니다. 그러므로 대개는 하나님께서 모든 변화 중에 가장 중요한 변화인 그들 안에서 변화를 일으키는 일을 마치기 전에 포기해 버립니다. 그들은 눈에 띄는 특별한 것을 찾느라고 기적적인 것을 놓치는 것입니다.

다른 어떤 기도와 마찬가지로 방언 기도는 응답되도록 만들어져 있다는 것을 기억하십시오! 그러나 기도하는 것은 사람의 영human spirit이기 때문에(고전 14:14) 우리의 영이 또한 우리의 기도에 대한 응답을 받습니다.

이제 성령 안에서 기도한 비밀들에 대하여 영의 사람the spirit man이 어떻게 응답을 받는지 보여 주겠습니다. 방언으로 기도하는 것에 대해 열광적인 수천 명을 상대로 내가 대형 집회를 하고 있다고 가정해 봅시다. 실제로 그들은 너무나 열정적이어서 내가 그 도시를 떠난 뒤에도 매일 얼마의 시간을 정해 놓고 기도하기로 결정하였습니다.

그러나 몇 주가 지났는데도 눈에 띄는 환경의 변화가 보이지 않자 한 사람 두 사람이 기도를 그만두기 시작합니다. 마침내는 마지막 한 사람만 남아서 매일 기도하기로 작정한 그의 헌신의 결단을 지키고 있습니다.

이 한 사람만 몇 달 동안 자신의 결단을 지키며 방언 기도를 계속하면서 변화를 기다리고 있다고 해 봅시다. 서서히 그 사람 내부에서 매우 기적적인 일이 일어나기 시작합니다.

말씀에 대한 그의 통찰력에 어떤 일이 일어납니다. 전에는 전혀 이해하지 못했던 성경 구절들이 살아납니다. 그는 친구와의 일상적인 대화 중에 비밀에 지나지 않았던 구절들에 대해 갑자기 설명합니다. 사람들이 문제를 가지고 찾아오면 그는 왜 사람들이 이렇게 저렇게 하지 않을까 의아해 합니다. 왜냐하면 그에게는 모든 것이 너무나 분명하기 때문입니다.

이 사람은 방언 기도가 그의 영에 끼친 영향을 체험하고 있는 것입니다. 그는 하나님께서 이런 종류의 기도에 응답하시는 것을 체험하고 있는 것입니다.

이와 마찬가지로 당신의 영은 당신을 위한 하나님의 특별한 계획을 이루는 지혜와 방향제시를 받기 시작합니다. 당신은 일종의 '알아내는 실제적인 기술know-so'을 개발하게 되어 때로는 어떻게 알게 되었는지 당신 자신도 모르는데도 어찌된 일인지 하나님께서 원하는 것을 그냥 알게 됩니다.

그렇다고 지금까지 말한 것이 눈에 띄는 결과가 외적인 환경의 변화로 나타나지 않는다는 것은 아닙니다. 나타나게 될 것입니다! 가장 기대하지 않던 믿을 수 없는 일들이 일어나기 시작할 것입니다. 하나님께서는 당신의 직장, 가정, 몸에서 역사할 것입니다. 믿음과 확신이 빛을 내면서 당신의 삶으로부터 흘러나오기 시작함에 따라 친구들과 사랑하는 사람들이 당신에게 있는 차이를 눈치챌 것입니다.

나는 인내를 가지고 성령 안에서 기도한 결과 많은 기적들이 일어나는 것을 보았습니다. 그러나 믿음은 먼저 들음으로써 오는 것이며 들음은 하나님의 말씀으로 말미암는 것입니다(롬 10:17). 말씀에 대한 통찰력이 증가하면서 사람을 내부에서부터 변화시켜서 밖으로 나타내는 깨끗하게 하는 과정도 증가됩니다. 하나님이 정하신 질서 God's divine order를 따라서 외부의 환경들도 심령의 숨은 사람 안에서 이미 일어난 변화와 일치하기 시작합니다.

나쁜 열매를 없애려 하지 말고 뿌리를 상대하라

이 분야의 교훈을 가르쳐 주기 위해서 하나님께서는 우리 집 가까이 있는 한 집을 사용하셨습니다. 모두 다 이 집을 싫어했습니다. 이웃의 우아한 가정들을 지나 운전을 하다가 한 모퉁이를 돌면 갑자기 이 무너져가는 집이 나타납니다.

쓰레기는 무릎까지 닿을 높이로 온 앞마당에 쌓여 있었습니다. 집은 페인트가 다 벗겨져 있었습니다. 방충망을 한 문은 옆으로 튀어나와 있었습니다. 잔디는 너무 자라 있었습니다. 타이어도 없는 낡은 차 몇 대가 주위에 흩어져 있었습니다. 이 모든 것이 바로 아주 좋은 이웃 한 가운데 있다니요!

그 지역에 사는 사람들은 모두 그 집 안에 살고 있는 사람에 대해 화가 나 있었지만 아무도 그 사람으로 하여금 그 집의 외양에 대해 어떤 조치를 하도록 설득하지 못했습니다. "여기 있는 다른 집들이 지어지기 전부터 나는 이미 이곳에 살고 있었소!"라고 말하고는 그는 어떤 변화도 거절하였습니다.

어느 날 이 집 옆을 운전하며 지나가면서 나는 생각했습니다. '오 주님! 얼마나 추한 모습입니까!' 그때 성령님께서는 내게 무엇인가를 가르쳐 주기 위해 그 기회를 사용하셨습니다. 성령님은 내 영에게 말씀하셨습니다. "저 집의 겉모양은 그 안에 살고 있는 사람의 속모양의 정확한 사진인 것을 너는 알고 있느냐?"

할렐루야! 이 신선한 계시를 마음에 담고 집에 도착하자마자 내가 제일 먼저 한 일은 우리 집 잔디를 깎는 것이었습니다!

여기서 보다시피 성령께서는 대부분의 그리스도인들이 저지르는 실수를 지적하고 있습니다. 즉 그들은 항상 나쁜 열매를 자라게 하는 뿌리를 먼저 다루지 않고 나무의 나쁜 열매만을 따 없애려고 합니다!

예를 들면, 사람들은 강단 앞으로 나오도록 감정적인 강요를 흔히 받습니다. "앞으로 달려 나와 당신의 모든 나쁜 열매를 제단 앞에 내려놓으십시오!"라고 설교자는 말합니다. 그들은 제단 앞에 무릎을 꿇고 생각합니다. '그래, 다시는 아내를 때리지 말아야지. 더 이상 술을 마시지 말아야지.'

이렇게 해서 그들은 나쁜 열매를 솎아 내어 제단 위에 내려놓고 집으로 돌아갑니다. 죄를 회개하고 그런 죄를 다시는 범하지 않겠다고 하나님께 헌신하는 것은 좋은 일입니다. 그렇지만 여기 큰 문제가 있습니다. 그들이 문제의 뿌리, 즉 어둠 속에 그들 안에 숨겨져 있는 영적인 장애물을 다루지 않는다면 나쁜 열매는 또 자라날 뿐입니다.

의지 숭배Will Worship 대
영에 의한 육신의 열매 죽이기Mortification by the Spirit

그러나 당신 스스로 당신의 삶에서 육신의 일의 뿌리를 발견해 낼 수는 없습니다. 성령님은 그 뿌리를 찾아내기 위하여 당신의 심령heart의 가장 깊은 부분들을 살필 수 있는 오직 한 분입니다. 성령께서는 당신의 거듭난 영your human spirit을 세움으로써 매일매일 육신의 행위들을 죽이도록 합니다. 그러므로 사람의 영에서 성령의 세례가 발생하는 것입니다. 왜냐하면 사람의 영이야말로 모든 영구적인 변화가 나오는 곳이기 때문입니다.

나는 25년이 넘도록 사역해 오면서, 사람들이 자기 자신을 변화시킬 수 없다는 것을 발견하였습니다. 예를 들면, 내가 극단적인 성결을 강조하는 교회에서 나의 삶을 주님께 재헌신하였을 때 사람들은 내가 어떤 사람이 되어야 하고 어떤 일을 해야 하는지 항상 내게 설교를 했습니다. 그들은 죄 짓기를 그만두라고 하면서 해야 할 것들과 하지 말아야 할 것들을 적은 리스트를 내게 주었습니다.

그러나 나는 옛사람의 육신의 행실을 죽일 수 있는 내 안의 성령의 능력을 어떻게 풀어 놓는지를 발견하고 나서야 그렇게 살 수 있게 되었습니다. 그때에야 비로소 마침내 동정심 많으신the Man of Compassion 예수님께서 내 삶에서 역사를 시작할 수 있었습니다.

자연적인 마음은 오직 의지 숭배will worship를 통하여 변화하려고 노력하는 것에 익숙할 뿐입니다. 의지 숭배가 무엇인지 아십니까?

의지 숭배는 당신이 어떤 문제에 대항하여 자신을 훈련하려고 당신 자신의 의지를 사용하여서 당신이 할 수 있는 한 열심을 다해 노력하는 것을 말합니다. "나는 더 이상 죄를 짓지 않을 것이다. 나는 더 이상 죄를 짓지 않을 것이다." 당신은 이를 물고 이렇게 말합니다. 원하시면 시도해 보십시오. 당신 자신의 의지의 힘을 사용하여서는 육신의 습관을 하나도 깨뜨릴 수 없을 것입니다.

반면에 성령을 통한 '육신의 열매를 죽이는 것'은 성령께서 당신 안에서 일어나서 당신을 잡고 있던 육신적인 것을 파괴하는 과정입니다. 죄가 당신을 다스리는 대신에 당신이 죄를 다스리게 됩니다.

말 앞에 놓인 마차

그러면 몸의 행실을 죽이려면 우리 안에 있는 능력을 어떻게 풀어 놓습니까? 앞에서 우리는 로마서 8장 26절이 그 답을 주고 있는 것을 보았습니다.

> 이와 같이 성령도 우리의 연약함을 도우시나니 우리는 마땅히 기도할 바를 알지 못하나 오직 성령이 말할 수 없는 탄식으로 우리를 위하여 친히 간구하시느니라

그러므로 우리의 삶 가운데 육신의 행실을 죽이기 위해 성령의

능력을 풀어 놓는 열쇠는 초자연적인 언어인 방언입니다. 성령께서는 이렇게 말하십니다. "내가 너를 돕고 싶구나. 내가 말로 표현할 수 없는 탄식으로 너를 위해 기도할 수 있도록 허락해 준다면 너를 위한 하나님의 최고 좋은 것에 이르는 길을 가로막고 있는 장애물들의 속박을 내가 깨뜨려 버리겠다."

내가 어렸을 때 다녔던 극단적인 성결을 강조하는 그 교회는 이 열쇠를 이해하지 못했습니다. 그들은 '은혜의 세 가지 역사' 즉, 먼저 구원받고 그다음에 거룩하게 구별되고(이는 세상의 더러움에서 구별된다는 것을 의미함), 그다음에 성령으로 충만 받는 것을 가르쳤습니다. 그들은 내게 "자네는 거듭날 필요가 있네!"라고 말했습니다.

"감사합니다만 나는 거듭났습니다."

"그럼 이제 거룩하게 되어야 하네."

"무엇으로부터 거룩하게 구별되어야 한다는 말씀이죠?"

"담배 피우는 것, 술 마시는 것, 담배 씹는 것 등 이런 모든 것들로부터야."

"그러면 그 후에 나도 성령을 받을 수 있습니까?"

"그래 맞아."

"그렇다면 내가 먼저 구원받고 그다음에 성령 세례를 받은 후에 거룩하게 구별되는 것이 아니란 말입니까?"

"어림도 없지! 자네는 하나님께서 담배 냄새나는 입과 술 냄새 풍기는 거룩하게 구별되지 않은 그리스도인에게 세례를 줄 것이라고 생각하는가?"

"오, 아닌 것 같은데요." 내가 말했습니다.

그러나 그 사람들은 마차를 말 앞에다 두었습니다!(먼저 할 일과 나중 할 일이 바뀐 것입니다.) 성경은 당신이 몸의 행실을 죽이는 것은 성령으로 말미암는다고 말하고 있습니다.

성결교파 사람들은 내게 "당신은 성령을 받을 만큼 착한 사람이 되어야 하네."라고 말했습니다.

"네, 그렇지만 충분히 착한 사람이 되기 위해서 나는 성령님이 필요합니다."라고 나는 대답했습니다.

"그렇다면 자네는 성령님을 가질 수 없네!"라고 그들은 말했습니다.

그 사람들이 뭐라고 생각하든지 관계없이 나는 아무튼 성령으로 충만함을 받았습니다! 어느 날 밤 교회에서 나는 강단 위로 올라갔고 성령님은 내게 오셨습니다. 무지했던 나는 성령께서 내 안에서 만들어 내고 있던 초자연적인 말들을 밖으로 말하고 싶은 충동을 힘써 억눌렀습니다.

그러나 나중에 집에서 하나님을 경배하고 있을 때 성령께서 내게 다시 오셨습니다. 이번에 나는 손을 쳐들고서 그분께 자신을 내어 드리기 시작하였습니다. 나는 하나님의 능력 아래 바닥에 쓰러졌고 일어날 때는 방언을 말하였습니다. 그 후부터 나는 지금까지 방언을 말하고 있습니다.

그렇지만 그때까지도 나는 파이프 담배를 피우고 있었고 스타 트랙(미국에 방영되었던 TV 연속극)을 보고 있었기 때문에 다니던 교회 성도들에게 성령 받은 것을 말조차 꺼낼 수 없었습니다! 그러자 성령님께서 내게 말씀하셨습니다. "아들아, 내가 거들어 주마. 나는 너의 약한 것을 도와주라고 보냄을 받은 능력이란다."

그래서 나는 계속 방언으로 기도만 했습니다. 주일날 교회 가는 길에 파이프 담배를 피우곤 하였습니다. 어떤 날은 교회에서 집으로 돌아가다가 성령의 강한 책망을 받아 파이프를 차창 밖으로 던져버렸습니다.

그러나 월요일 일하러 가서 담배 한 갑을 또 샀습니다. 나는 수요일 저녁 예배 가는 시간까지 파이프 담배를 피웠습니다. 그러고는 예배 후에 교회에서 집으로 돌아오는 길에 파이프를 또 던져 버렸습니다. 깨끗하게 하는 과정은 순조롭게 잘 진행되고 있었습니다. 나는 방언 기도를 함으로써 이 내적 전쟁을 일으켰던 것입니다!

그러나 성령의 능력으로 말미암아 육신의 열매를 죽이는 것은 뿌리를 겨냥한 것이기 때문에 나쁜 열매는 곧 떨어져 버린다는 것을 알게 되었습니다. 언제쯤 그 파이프와 담배가 내 '나무'에서 떨어져 나갔는지 정확히 말할 수는 없습니다. 내가 확실하게 알고 있는 한 가지 사실은 내 거듭난 영이 성령으로 말미암아 충분히 세움을 받자 뿌리는 잘려 나갔고 나쁜 열매는 가지로부터 영원히 떨어져 나갔다는 것입니다. 이것은 내가 지금까지 본 어떤 것보다 탁월한 것이었습니다.

다이어트 자매 Sister Diet 의 비유

내가 들려 드릴 다이어트 자매의 비유를 통해 당신은 의지의 힘과 육신의 열매를 죽이기의 차이를 더 잘 이해할 수 있을 것 같습니다. 다이어트 자매는 매년 1월에 똑같은 것을 전부 다시 시작합니다. "나는 이 보기 싫은 몸무게를 30파운드 줄이고 말거야. 다시는 맥도널드 햄버거를 먹지 않을 거야. 다시는 파이와 케이크 같은 것을 먹지 않을 거야. 오직 샐러드만 먹고 운동을 많이 해야지!"

다이어트 자매는 자신의 감정을 흔들어서 자신의 의지의 힘으로 1월 1일 다이어트를 시작합니다. 그녀는 팽팽한 기타 줄을 더 당기듯이 의지의 힘으로 한두 달간 지속합니다. 셋째 달이 되면 이렇게 말합니다. "오, 하나님! 또 샐러드군요!"

그러던 어느 날 목사님이 파이 만드는 공장으로부터 전화 한 통을 받습니다. "목사님, 여기 목사님 교회 성도라고 하는 한 여성이 있는데 방금 그녀가 우리 파이 공장에 침입했습니다. 이름이 다이어트 자매라고 하더군요. 그 여자를 알고 계십니까?"

"네, 알고 있습니다."

"글쎄, 그녀가 자신의 마음을 드러내며 말하더군요. 자신의 의지가 무너진 것에 관한 말이었습니다."

"무슨 일이 있었는데요?" "나도 모릅니다. 벅스 버니 Bugs Bunny, 미국의 유명한 만화 캐릭터 만화에 나오는 태즈메이니안 데빌이 회오리바람처럼 나타나서 자기 앞에 닥치는 대로 나무나 무엇이든지 먹어치우는 것을 본 적이 있으시지요? 글쎄 다이어트 자매가 들어서더니 파이가 있는 케이스를 열고 그 안에 있는 파이의 반을 먹어 치워버렸다니까요. 그러고는 냉동고의 철문을 열고서 무언가를 찾아 먹고 있습니다. 아직도 거기 있다니까요! 그녀를 붙잡아 구속복을 입혀 두었습니다. 오셔서 좀 데려가 주시겠습니까?"

이렇게 해서 그 목사님은 다이어트 자매를 데리러 옵니다. 목사님이 그녀를 파이 공장으로부터 반쯤 데리고 나오는데 그녀는 종잡을 수 없는 말을 중얼거립니다. "내 의지가 무너졌어. 내 의지가 무너졌어."

다이어트 자매의 비유는 좀 극단적이기는 하지만 당신은 요점을 파악했을 것입니다. 의지를 숭배하는 것은 당신이 육신의 행실을 극복하는 싸움에서 당신을 이 정도까지 이끌어 줍니다. 이런 육신의 행실을 죽이는 유일한 참된 방법은 오직 성령을 통한 것뿐입니다.

의지의 힘으로 결혼 생활을 변화시킬 수 없습니다

의지의 힘으로만 어떤 변화를 시도할 때 어떻게 육신이 다시 원래의 상태로 되돌아가게 되는지 다른 예를 하나 더 들어 보겠습니다. 결혼 생활에 문제가 있을 때 가정 상담은 실제로 도움이 될 수 있습니다. 상담자는 양쪽 모두에게 결혼 생활에 있어서 각자가 해야 할 역할에 대하여 가르칩니다. "당신들이 이렇게 한다면 결혼 생활은 반드시 변화가 있을 것입니다"라고 그는 말합니다.

결혼 생활의 변화를 위하여 그들이 무엇을 할 필요가 있는지 말하는 것은 쉬운 일입니다. 그러나 상담자가 남편과 아내에게 그 문제의 뿌리를 어떻게 찾아내는지, 즉 어떻게 하면 먼저 문제를 일으켰던 약점들을 그들에게서 깨끗하게 제거해 없애도록 성령님께 허락하는지를 가르쳐 주지 않는다면 그가 한 일은 매우 훌륭하지만 아무 효과도 없는 연설을 한 것에 지나지 않습니다.

이렇게 해서 남편과 아내는 동요된 감정을 가지고 그들의 결혼 생활을 변화시키리라는 결단을 하고 상담자의 사무실 떠납니다. 제일 먼저 아내는 추천 받은 「당신의 배우자를 사랑하므로 자신에게 호의를 베푸십시오」라는 책을 사서 읽습니다.

남편은 사무실에서 힘든 하루를 보내고 집으로 돌아옵니다. 부인은 살짝 옷을 걸쳐 입고 테이블에 촛불을 밝히고 유리 아래 꿩 모양을 한 방향제에서 나온 향기가 방을 가득 채우게 합니다.

남편이 묻습니다. "애들은 어디 갔어요?"

"걱정 말아요, 여보." 부인이 말합니다.

그는 속으로 생각합니다. "오 주여, 새 아내가 생겼구먼!"

나중에 아내는 「당신의 배우자를 사랑하므로 자신에게 호의를 베푸십시오」라는 책을 탁자 위에 눈에 잘 띄게 슬쩍 놓아둡니다. 남편이 그것을 발견하고 읽습니다. 그 후에 남편도 장미를 한 송이 사서 들고 퇴근하여 "여보, 내 사랑."하고 인사를 합니다. 그는 지금까지의 자신의 관행을 깨고서 모든 부드럽고 사랑스러운 깊은 의미가 있는 이런 작은 일들을 하기 시작합니다.

토요일에 아내는 남편의 키스에 잠이 깹니다. 남편은 아침 식사를 준비하여 장미 한 송이를 접시 곁에 얹어 아내의 무릎 위에 가져다줍니다. 그녀는 이렇게 외칩니다. "난 새 남편을 맞이하였어!"

　당분간 남편과 아내는 일곱 째 하늘에 있습니다. 그러나 세 달쯤 지나자 사랑하는 배우자가 되고자 하는 의지의 힘이 차츰 약해지기 시작합니다.

　다시 토요일 아침이 되어서 아내는 남편의 키스에 잠이 깨어나고 또 하나의 장미가 얹혀 있는 아침 식사를 대접받습니다. 아내는 약간 불만스런 듯이 이렇게 말합니다. "오, 이 동네 꽃 가게에는 **빨간 장미** 밖에 없는가 보죠?"

　남편이 즉시 반격합니다. "침대에서 당장 나오도록 할꺼야. 이 여자야!" 성 대결은 전면전으로 다시 재개되었습니다!

　담배 피는 것이든지, 과식하는 것이든지, 배우자와 말다툼하는 것이든지, 기타 어떤 육신의 일이든지 원칙은 똑같습니다. 육신적인 약점을 변화시키기 위해 온전히 의지의 힘에 의지하는 것은 이 이상 효과가 없습니다. 오직 성령으로 당신의 몸의 행실을 죽이는 방법만이 효과가 있습니다.

하나님의 말씀이 표준입니다

　예수께서는 요한복음 15장 2절에서 가지들이 참 포도나무에 연결되어 있을 때 우리는 더 많은 열매를 맺도록 깨끗하게 될 것이라고 말씀하십니다. **"너희는 내가 일러준 말로 이미 깨끗하여 졌으니"**(3절). 다른 말로 하면, 우리가 깨끗하게 되는 과정의 표준은 하나님의 말씀이 정한다는 것입니다. 말씀이 없으면 선과 악, 거짓과 진실을 구별하는 데 필요한 정보를 어디서 얻겠습니까?

온 우주에 오직 유일한 진리의 기초가 있으니 그것은 바로 하나님의 말씀입니다. 이슬람 세계 사람들은 당신에게 "우리의 종교 체제는 진리입니다"라고 말할 것입니다. 그러나 아닙니다. 회교도들은 거짓에 속으면서 모르고 있을 뿐입니다. 불교의 어떤 교훈들도 삶에 필요한 건전한 지혜를 담고는 있지만 불교도도 영원한 진리를 가지고 있지는 않습니다.

오직 하나님의 말씀만을 진리의 표준으로 신뢰할 수 있습니다. 하나님의 말씀은 이 세상에서 나온 것이 아닙니다. 하나님 자신으로부터 나온 것입니다.

제 이위 신격이신 분은 사람이신 예수 그리스도로 육체를 입고 땅에 오신 전능한 로고스, 즉 말씀이라고 불리셨습니다. 전능하신 말씀은 하나님에 의해 인간과 하나님 사이에 들어와 이 둘을 가깝게 하도록 선택을 받았습니다. 어느 날 그는 하나님의 정보를 제공하심으로 인간과 하나님 사이의 틈을 막아버리셨습니다. 예수님은 이렇게 말씀하셨습니다. "너희가 나를 보았으면 아버지를 본 것이다"(요 14:9).

고대 철학자들은 하나님과 사람 사이의 틈을 메울 것을 찾았습니다. 소크라테스, 플라톤 등 다른 유명한 철학자들은 그들의 지성을 다해

"저기에는 무엇이 있을까? 누가 처음 이 모든 것을 생각해 냈을까? 자신은 움직이지 않으면서 이 모든 운동을 시작한 처음 존재는 누구일까?"라고 질문하면서 영원을 추구하였습니다. 그러나 그들은 답을 찾지 못했습니다. 그들은 단지 저기 무엇인가가 있다는 것을 알 뿐이었습니다.

그후에 요한이 오랫동안 그리스 철학자들이 찾았던 계시를 가져왔습니다. 요한이 말했습니다. "이 우주에 자신은 움직이지 않으면서 처음 운동을 시작한 분이 누구인지 알고 싶습니까? 내가 알려 주겠습니다."

"어떤 것의 시작이 있기 이전에 말씀이 있었습니다. 그 말씀은 하나님과 함께 있었습니다. 그 말씀은 하나님이었습니다. 그 말씀은 하나님과 똑같이 얼굴과 얼굴을 맞대고 서 계셨습니다. 모든 것은 그 말씀으로 말미암아 만들어졌습니다. 피조물 중에 그가 없이 만들어진 것은 아무것도 없습니다(요 1:1-3). 물론 나는 그 최초의 움직임을 시작하신 분이 누구인지 말할 수 있습니다. 그분은 그 전능하신 로고스, 즉 말씀이십니다. 그가 인간과 하나님의 틈을 없애신 분이십니다."

그러므로 로고스 이외에 어떤 다른 표준으로 당신을 깨끗이 하려고 한다면 당신은 시간을 낭비하고 있는 것입니다. 당신이 가장 속기 쉬운 것 중에 하나가 바로 하나님의 말씀에서 나온 것도 아닌 선행의 리스트를 팔고 다니는 종교에 빠지는 것입니다. 당신을 내부로부터 변화시키는 데 아무 도움도 되지 않는 사람이 만든 율법을 좇는 일에 당신은 수년을 허비할 수도 있습니다. 깨끗이 하는 유일한 과정을 예수님은 이렇게 설명하셨습니다. **"너희는 내가 일러준 말로 이미 깨끗하여졌다"**(요 15:3).

패배의 순환 고리를 끊기

그러므로 우리는 성령을 통하여 말씀을 따라 끝나지 않는 패배의 순환에 우리를 묶어 두려고 하는 육신의 도구들인 두려움, 결점, 나쁜 버릇들과 같은 몸의 행실을 죽입니다. 이것만이 우리의 삶의 한계를 떨칠 수 있는 길입니다.

우리의 삶에 있어서 성령님의 리더십의 중요한 역할 중 하나는 육체의 본성이 지배하는 '찌꺼기 패턴leftover pattern'에서 벗어나게 하는 것입니다. 이 '찌꺼기'는 하나님이 우리의 삶 가운데 선한 목적을 이루기 위해 일하려고 하는 모든 노력을 방해할 수 있습니다.

나는 그 당시 멤피스에서 형사로 일하고 있던 내 동생에게 "너를 수백만 달러의 부자가 되지 못하게 한 것이 무엇인지 정말 알고 싶으냐?"고 물어 보았습니다. 그는 바르게 대답할 만큼 지혜가 있었습니다. 그의 직장과 관계가 있는 것은 전혀 아니었습니다. 그의 문제는 평생 그를 지배했었고 그 자신을 한계 안에 가두어 두었던 그의 한정된 생각의 양식pattern이었습니다.

마가복음 9장 23절에서 예수께서는 믿는 자는 모든 것을 할 수 있다고 말씀하셨습니다. 그러므로 어떤 종류의 기적이든지 그 기적과 우리 사이를 가로막고 있는 것은 우리 혼의 영역에서 우리를 사로잡고 있는 생각의 체계, 즉 육신적인 양식입니다. 이 비성경적인 양식은 믿음이 실체를 부여할 수 없는 것입니다. 이것은 잃어버린 희망이며 잘못 프로그램되어진 희망입니다. 이것은 믿음 대신에 두려움과 고통으로 가득 차 있습니다.

성령께서는 이런 것들을 믿음이 실체를 부여할 수 있는 그런 희망으로 바꾸어 주실 것입니다. 그러나 성령께서 이런 파괴적인 양식들을 뿌리 뽑기 시작할 때 우리는 성령님의 리더십에 우리 자신을 양보해 드려야 합니다. 그렇지 않으면 우리는 죽는 그날까지 보이지 않는 똑같은 감옥 안에 남아 있게 될 것입니다.

로마서 8장 13절에서 바울이 육신의 행실을 죽이는 것에 관하여 말하자마자 바로 14절에서 이렇게 말하는 것은 우연이 아닙니다. **"무릇 하나님의 영으로 인도함을 받는 사람은 하나님의 아들이라."** 13절과 14절은 하나의 같은 생각을 표현하고 있습니다. '하나님의 아들'은 성령에 의해 양육 받아서 육신의 소욕에 끌려 다니지 않고 그의 새로운 본성에 의해 살아갈 수 있는 데까지 이른 성숙한 그리스도인을 일컫고 있는 것입니다.

그러므로 바울은 14절에서 이제는 육신을 따라 사는 대신에 새로운 본성을 따라 살고 있기 때문에 육신적인 양식이나 생각의 체계가 더 이상 당신을 지배하지 않는 영적으로 성숙한 상태를 묘사하고 있습니다.

아직도 미성숙하고 육신적인 신자들은 흔히 성령께서 다른 사람들의 문제 많은 삶에 대한 통찰력을 주시거나 어떤 차를 사라고 말해 주기를 바랍니다. 그러나 이런 영적인 상태의 신자에게 성령께서 할 수 있는 일이라고는 그 자신의 문제들로부터 그를 끌어내는 것뿐입니다.

당신은 이렇게 말할지도 모릅니다. "글쎄요, 나는 하나님께서 나를 이런 사역이나 이런 직장으로 인도하시기를 바랍니다." 그러나 하나님께서 먼저 해야 할 일은 당신을 이 영속적인 실패의 순환 고리에 묶어 놓은 것으로부터 당신을 이끌어 내는 것입니다.

이것이 바로 로마서 8장 13-14절이 말하고 있는 것입니다. 자신의 거듭난 영이 성령에 의해 양육 받고 가르침을 받을 수 있도록 허락하는 사람들은 누구나 하나님의 성숙한 아들들입니다. 왜냐하면 그들은 그들 안에 있는 새로운 본성, 즉 그 영 the spirit 을 통하여 육신의 행실을 죽이기 때문입니다. 성령께서는 그들이 노예적인 생각의 체계와 양식으로부터 빠져나오도록 이끄실 것입니다.

바울은 로마서 7장 7-24절에서 이렇게 종노릇하는 상태를 묘사하고 있습니다. 바울은 말합니다. "나는 얼마나 한심한 자인가! 내 지체는 죄를 짓기 좋아하는 경향이 있어서 내가 하나님을 더 섬기려고 하면 할수록 이것들이 나의 마음에 대항하여 전쟁을 하는구나. 이런 것을 다시 병에 담아서 뚜껑을 닫아둘 능력이 내게는 없구나. 하나님께서는 내게 율법을 주셨고 나는 율법을 지키려고 하지만 이 죄에 대한 정욕이 내 안에서 집요하게 전쟁을 벌이고 있구나. 나는 이 전쟁을 끝낼 수 없어 보이는구나."

이 희망 없는 영적인 상태가 바로 온 세상이 하나님 앞에서 정죄 받고 그분의 심판을 받아야만 하는 이유입니다. 세상은 구원자가 필요합니다. 그래서 로마서 8장은 그 구원자가 와서 어떻게 우리를 이 육신의 종노릇하는 데서 빠져나와 영을 따라 사는 삶으로 인도하는지를 말하고 있습니다.

혼에 있는 견고한 진을 무너뜨리기

이 깨끗하게 하는 과정이라는 전투에 당신이 처하여 있다는 것을 알기 위해서 당신이 해야 할 일은 단지 죽음이라는 의미를 가지고 있는 '탈저로 죽이다mortify'라는 단어의 어근을 알아보는 것입니다. 바울은 고린도후서 10장에서 이 전쟁을 묘사하고 있습니다.

> 우리의 싸우는 무기는 육신에 속한 것이 아니요 오직 어떤 견고한 진도 무너뜨리는 하나님의 능력이라 (고후 10:4)

그래서 바울은 우리가 싸우고 있는 이 전쟁을 위한 우리의 무기는 육신적인 것이 아니라고 말하고 있습니다. 다른 말로 하면, 우리는 자연적인 방법으로 이 내적인 전쟁을 치루고 있지 않다는 것입니다. 그 대신 우리의 무기는 우리의 삶 가운데 구축된 보이지 않는 견고한 진들, 요새들을 무너뜨리는 하나님의 강력함입니다.

때때로 신자들은 4절의 '견고한 진'이란 단어가 어떤 마을 사람들을 구원받지 못하도록 하기 위해서 마을 끝에 마귀가 세워둔 보이지 않는 요새 같은 것을 말하고 있다고 생각합니다. 이런 신자들은 그들의 임무가 원수의 이 악한 요새를 무너뜨리는 것이라고 생각합니다.

그렇지 않습니다. 바울이 언급하고 있는 것은 개인적인 수준에서의 전쟁을 말하는 것입니다. 그것을 내가 어떻게 아느냐고요? 5절에서 바울이 이렇게 말하고 있기 때문입니다.

> 하나님 아는 것을 대적하여 높아진 것을 다 무너뜨리고 모든 생각을 사로잡아 그리스도에게 복종하게 하니

사로잡아야 할 생각을 누가 소유하고 있습니까? 바울은 4절과 5절 사이에서 주어를 바꾸지 않았습니다. 당신이 만일 생각의 소유자라면 당신이 그 요새의 소유자입니다.

바울이 말하고 있는 강력한 진은 상상하는 것imaginations과 하나님의 지식을 대항하여 스스로를 높이는 높은 것들high things입니다. 이것들은 혼의 영역에 있는 육신적인 견고한 진들입니다. 마귀는 던져 버려지지 않은 혼적인 견고한 진들을 통해서 우리를 산산조각 낼 것이므로 바울은 모든 불순종하는 생각을 사로잡으라고 말하고 있습니다. 어떤 견고한 진들은 우리를 너무나 방해하기 때문에 이것들을 무너뜨리지 않고서는 하나님의 부르심의 경건한 소원을

이루지도 못하고 패배한 상태에서 우리는 죽음을 맞이하게 될 것입니다.

어떤 견고한 진은 어떤 사람을 너무나 화나게 함으로써 분쟁과 용서하지 못함을 통해 그를 진리와 분리시키는 일련의 어떤 상상하는 것들a certain set of imaginations로 되어 있습니다. 어떤 견고한 진은 어떤 나라에 사는 사람들 전부의 심령과 마음을 노예로 삼는 하나의 정교한 종교적인 사상일 수도 있습니다. 그러나 개인의 혼에 있는 견고한 진이든지 한 나라의 견고한 진이든지 모든 견고한 진은 그리스도의 지식을 대항하여 스스로를 높이는 생각에서 시작됩니다.

이런 요새들을 무너뜨리는 강력한 무기들을 우리에게 주신 하나님께 나는 너무나 감사합니다. 이 무기들은 자연적인 영역의 일부가 아니라 하나님의 영의 영역에 주어지는 것입니다.

하나님께서 우리에게 주신 가장 중요한 무기는 우리 안에 살고 있는 제 삼위 하나님이신 성령님입니다. 또한 성령께서는 또 하나의 결정적인 무기인 초자연적인 언어로 우리를 무장시키십니다.

이 언어는 우리의 자연적인 감각의 지배를 받는 육신적인 영역을 초월하여 우리를 세우고 건축하는 은사입니다. 우리가 방언으로 기도함으로써 이 은사를 활용하면 성령께서는 우리의 삶에서 하나님의 계획을 대항하여 스스로를 높이고 있는 모든 '높은 것'으로부터 우리를 깨끗하게 하는 과정을 시작하십니다.

그러면 어디에서 이 깨끗하게 하는 과정이 일어날까요? 글쎄요, 일반적으로 밖으로 나타나는 것은 우리 속에서 일어나고 있는 것들의 모습을 보여 주는 사진 같은 것입니다. 그러므로 육신의 행실을 죽이는 것mortification은 우리의 성품character의 영역에서 일어납니다.

성령께서는 우리를 실패하도록 하는 혼적인 견고한 진들과 생각의 체계의 뿌리를 제거함으로써 우리의 심령의 생각과 의도를 분별하는 일을 시작하십니다. 개인적인 세움을 위해서 우리가 방언 기도를 계속하면 성령께서는 하나님의 말씀에 의해 세워진 것이 아닌 어떤 혼의 견고한 진을 무너뜨리십니다.

동시에 성령께서는 하나님의 말씀에 대한 계시 지식을 주심으로써 우리의 영의 사람in our spirit man안에 상부구조a superstructure를 건축하십니다. 무슨 목적으로 그럴까요? 그것은 우리를 성숙하게 하고 세워서 우리의 삶을 하나님 안에 점점 더 높이 건축하기 위해서입니다.

하나님의 말씀은 영과 혼을 나누는 양날 선 칼입니다(히 4:12). 하나님의 말씀만이 영과 혼 사이를 분명하게 구별해 줄 수 있는 유일한 자격이 있습니다. 영과 혼의 영역을 모두 포함하는 이 깨끗하게 하는 과정에서 내 안의 성령께서 하시는 일을 이해하려고 노력하면서 내가 신뢰할 수 있는 유일한 기준은 하나님의 말씀입니다.

내 혼을 대항하여 시끄럽게 반대하는 귀신이 얼마나 많으냐는 상관이 없습니다. 나는 이런 공격에 철저히 대항할 것이며 나의 표준으로써 오직 하나님의 말씀만을 선택할 것입니다. 이 양날 가진 칼이 내 영에 스며들었으므로 나는 하나님의 말씀이 선언한 것과 다른 사람의 말이나 다른 어떤 것도 믿기를 거절합니다.

마지막 사십 퍼센트

이 깨끗하게 하는 과정을 성공적으로 통과하려면 당신은 원수의 공격을 버틸 수 있는 정도의 결단을 해야만 합니다. 왜 그럴까요? 육신의 행실을 죽이는 것은 즐거운 경험이 아니며 당신의 육신은 포기하기를 원하기 때문입니다. 세 달 동안 방언으로 기도하고 하나님 안에서 당신 스스로를 어떤 위치에 세웠어도 그것들이 당신의 깨끗하게 되는 과정을 조금이라도 더 즐겁게 해 주지는 않을 것이기 때문입니다!

그렇지만 괜찮습니다. 내 생애에 있어서 내가 원하지 않는 것 하나가 있다면 그것은 죽은 가지입니다. 내 삶을 향한 하나님의 완전한 계획을 방해하는 어떤 것이든 성령께서 제거할 필요가 있다고 여기시면 그것이 어떤 불쾌한 것일지라도 나는 기꺼이 그것을 통과할 것입니다.

내 삶 가운데 지금 성령께서 일하고 계시는 죽은 가지들은 마지막 남은 40퍼센트입니다. 나는 100배의 삶을 향하여 가고 있습니다.

당신을 향한 하나님의 뜻 가운데 30배나 60배의 삶을 사는 것은 그렇게 어려운 것이 아닙니다. 그러나 마지막 남은 40퍼센트는 도전이 됩니다. 이것은 당신이 하나님의 사랑 안에서 행동하는가의 여부에 달린 것입니다.

이 마지막 40퍼센트가 깨끗이 되면 사람들이 당신을 모욕하거나 비난하거나 뺨을 때리거나 고소를 할 때에도 당신은 다르게 반응합니다. 당신은 모욕에는 모욕으로 보복을 하는 대신 하나님의 긍휼을 보이는 일 외에는 다른 반응을 하지 않습니다. 당신은 당신의 간증을 가장 귀한 소유물로 여기며 당신의 머리를 내줄지언정 다른 어떤 사람에게 상처를 주지 않기로 결단합니다.

마지막 남은 40퍼센트의 죽은 가지들은 손이 닿기 힘듭니다. 성령께서 이 닿기 어려운 가지들에게 초점을 맞추고 그 가지들을 깨끗하게 하시기 전에 상당히 많은 세움이 당신의 영 안에서 일어나야만 합니다. 실제로 당신이 지속적으로 방언으로 기도하는 처음 육 개월 동안 성령께서 당신으로 하여금 죽은 가지들을 잘라버리는 것에 관하여 기꺼이 의논할 수 있도록 당신의 영을 강건하게 하십니다!

예수께서 "너희는 그가 하신 말씀으로 이미 깨끗하여졌다"(요 15:3)고 하신 말씀을 기억하십시오. 성령께서 말씀의 계시로 당신의 영을 단단히 준비시키면 당신은 당신의 삶을 방해하고 당신을 혼란스럽게 하던 끔찍한 죽은 가지들을 잘라버릴 수 있게 될 것입니다.

한 가지 확실한 것은 당신이 일주일에 한 번씩 교회 장의자에 앉아서 적용할 생각도 하지 않고 30분의 설교를 듣는 것으로는 이 마지막 남은 사십 퍼센트를 제거하지 못한다는 것입니다. 그러므로 개인적인 세움을 위해서 방언으로 기도를 많이 할 필요가 없다고 생각해 왔었다면 다시 생각하십시오! 당신은 성취해야 할 하나님의 목적을 가지고 있으며 당신의 길에 많은 죽은 가지는 필요하지 않습니다.

안일함이라는 죽은 가지

당신이 깨끗하게 되어야 할 가장 우선적인 것은 안일함과 무관심 complacency and indifference입니다. 극단적인 경우에 이것은 '그 동네가 지옥에 가게 버려두자. 왜 내가 시간을 들여 방언으로 기도해야 된단 말인가?'라고 말하는 것과 같은 종류의 태도를 가지는 것입니다. 한동네에 살면서 같은 지붕 아래 있는 다른 사역자들도 만나기를 원하지 않는 안일한 상태에 있는 목사들도 있습니다. 물론 이 목사들은 그 동네에 사는 모든 사람들이 구원받는 것을 보기 원합니다. 그들은 그렇게 악한 사람들이 아닙니다. 그러나 그들은 단지 자기가 그 일을 하기 원합니다. 그들의 태도는 이렇습니다. "만일 복음을 전하는 전도대회도 나와 내 교회를 통하지 않는다면 이런 일이 성공하도록 도와주지 않을 것이다."

이것을 가리켜 무관심 혹은 안일함이라고 합니다. 이런 죽은 가지를 잘라버리는 것은 성령께는 아주 대단한 일입니다! 이런 것이 바로 마지막 남은 40퍼센트의 일부입니다.

우리가 어떤 이기적인 욕망 이상의 부흥을 추구하기 전에 성령께서는 우리의 삶으로부터 이 무관심의 죽은 가지를 잘라버려야 합니다. 이 안일함이 깨끗이 제거될 때까지 우리는 사람들의 구원보다 항상 '나의 스타일'과 '나의 평안함'에 더 초점을 맞추게 될 것입니다.

마귀는 하나님께서 나를 위해 가지고 계신 가장 좋은 것으로 내가 들어가는 것을 막는 수단으로 안일함을 자주 사용했습니다. 마귀는 내 마음에 이렇게 속삭였습니다. '왜 그냥 현재 상태에 안주하여 편안히 있지 않니? 너는 충분한 기름 부음을 가지고 있다. 너는 충분한 집회를 하고 있다. 몇 주 만에 수백 명이 성령 충만을 받지 않았니? 너도 캠프 미팅을 하는 사람들 중에 포함되어 있지 않니? 왜 그냥 현재 하는 일을 하면서 네가 지금 있는 곳에 머물지 않니? 그곳이 참 좋지 않니?'

내가 평안함을 즐기는 지대를 깨뜨리려고 할 때마다 나는 원수의 주된 공격에 직면했습니다. 나의 육신은 이렇게 말합니다. '지금의 영적 상태에 그냥 머물러 있어라. 왜 마귀가 더 공격하는 곳으로 갈 필요가 있나? 왜 나는 다른 설교자들처럼 평안하게 살 수 없나? 그 사람들은 만족하고 행복해 보이는데.'

나의 육신은 내가 안일해지도록 나에게 말하려고 애씁니다. 그러나 당신도 알다시피 내 영 속에 있는 굶주림은 항상 나의 육신의 목소리보다 더 강했습니다. 당분간 육신을 따르다가는 결국 참 수 없게 되었습니다. 나는 아주 행복하지 못한 상태가 되어서 나의 안일함을 떨쳐 버리고 열정적으로 하나님을 다시 추구할 때까지 그런 상태에 머물렀습니다.

성령께서는 우리에게 하나님의 말씀을 계시함으로써 우리가 성숙하게 되어서 우리 삶에 있는 죽은 가지를 보고 "나는 저건 싫증이 났습니다. 성령님 좀 잘라 버려주십시오."라고 말하기를 바라십니다. 성령께서는 우리가 그 가지를 보고 솔직하게 "하나님, 나는 저 가지를 자르고 싶지 않은데요."라고 인정하기만 하는 것조차도 기뻐하십니다.

이 시점에서 우리에게 필요한 단 한 가지는 계속 방언으로 기도하는 것입니다. 결국은 우리 스스로 그 보기 싫은 죽은 가지가 제거되기를 원하게 될 것입니다. 이것이 우리를 강건케 하는 과정 edification process 의 실제 일입니다.

내 자신을 깨끗하게 하는 과정

주님께서 내 삶에서 죽은 가지들을 잘라내는 것이 끝나갈 때쯤, 나는 몸통만 남은 하나의 나무일 뿐이었습니다! 주님은 잘못된 믿음, 육신의 정욕, 돈을 사랑하는 것, 스스로를 높이는 것 같은 모든 죽은 가지들을 잘라 버리셨습니다. 깨끗이 잘려 나간 자리에 다시 자라난 열매 맺는 가지들을 나는 좋아했습니다!

거짓말하는 것은 내 삶에 있어서 성령께서 표적으로 삼았던 죽은 가지들 중에 하나였습니다. 내가 거짓말을 하고 있다는 사실 자체를 인정하는 데까지 많은 시간이 걸렸습니다. 내 경우에 거짓말은 다른 사람을 잘못 인도하는 형태로 나타났습니다.(물론, 당신은 결코 그런 적이 없겠지요!)

바로 이런 경우입니다. 당신의 자녀가 전화를 받습니다. 당신이 묻습니다.

"누구냐?"

"메어리요."

"아빠 안 계신다고 해라." 그리고 당신은 문을 열고 나가 문을 닫아 버립니다.

당신의 자녀가 메어리에게 말합니다. "우리 아빠 나가셨어요. 내 말은 아빠가 여기 없단 말이에요."

기술적으로 말하면 당신은 거기 없습니다. 당신은 이렇게 말하면서 합리화할지도 모릅니다. "내가 정말 거짓말을 한 것은 아니야." 그렇다면 왜 당신은 당신 자신에게 설명을 하고 있지요?

혹은 어떤 사람은 자신이 정말 어떤 사람인가를 나타내기 원치 않기 때문에 거짓말을 하기도 합니다. 예를 들면, 그는 게으른 사람일지도 모릅니다. 아마도 그는 자기가 하겠다고 말한 것을 하지 않았는지도 모릅니다. 그래서 그는 진실을 왜곡함으로써 이 사실을 덮어버리려고 합니다. "어, 내가 좀 바빠져서 말이야." 당신은 너무 바쁘지 않았습니다. 이 거짓말 하는 기계야! 당신은 할 수 있었습니다!

여기 또 하나의 예가 있습니다. 한 친구가 당신에게 전화해서 이렇게 말합니다. "오늘 밤 집회에 갈 거야?"

"어, 너도 알다시피 나도 정말 가려고 기다렸었는데 말이야, 일이 좀 생겼네." 이렇게 말합니다. 그리고 나서 당신은 다른 친구에게 전화를 해서 이렇게 말합니다. "핑계거리가 되게 나를 저녁 식사에 초대해 주게. 난 사실 그 집회에 가고 싶지 않거든!"

당신은 왜 거짓말을 합니까? "아니, 난 그저 내 친구의 감정을 상하게 하고 싶지 않았을 뿐입니다." 당신은 아무의 감정도 상하게 할 필요가 없습니다. 그냥 이렇게 말하십시오. "아니야, 난 오늘 밤에는 집회에 갈 생각이 없어." 하나님 앞에서 진실을 말하십시오!

왜 이런 '선의의 거짓말white lie'이 얼마나 위험한 것인지 말하겠습니다. 에베소서 6장 11절에서 바울은 이렇게 말했습니다.

마귀의 간계를 능히 대적하기 위하여 하나님의 전신 갑주를 입으라

완전무장의 첫 번째 무기가 '진리의 허리띠를 띠고'인 것을 주의하십시오(14절).

당신이 자녀에게 거짓말을 하라고 말한 뒤에 혹은 진실을 왜곡하여 다른 사람을 잘못 인도한 후에 마귀가 뒤따라서 공격합니다. 그러면 당신은 이렇게 말합니다. "내가 너를 묶노라!"

그러면 마귀가 대답합니다. "아, 닥쳐! 너는 영적인 무장을 하지 않고서는 나를 물리칠 수 없지! 그러니까 나를 묶으려고 생각하기 전에 거짓말이나 하지 마라!"

그러므로 성령께서는 거짓말하거나 사람들을 잘못 인도하는 죽은 가지를 내 삶에서 깨끗이 없애기를 원하십니다. 내가 결혼하기 전에 아내에게 한 가장 큰 거짓말은 '나는 거짓말을 하지 않는다.'라고 한 것이었습니다! 뿐만 아니라 나는 아내에게 과음하거나 흥청거리지도 않고, 실제로 내가 하고 있던 어떤 나쁜 일들도 하지 않고 있다고 말했습니다.

로잘리에게 말했습니다. "나는 거듭나기 전부터 당신이 요즘 보는 미성숙한 사내들과는 다르게 아침부터 저녁까지 열심히 일하는 사람

이었소." 나는 아내에게 그녀의 '빛나는 무장을 한 기사' 처럼 보이기를 원했습니다.

내가 로잘리와 결혼한 후에 어느 날 밤 우리는 몇몇 다른 성도들과 함께 교제를 하고 있었는데 형제들은 그들이 지금은 빠져나왔지만 전에 죄 짓던 삶에 대하여 이야기하기 시작했습니다. 로잘리가 말했습니다. "오, 데이브는 그런 적이 절대로 없어요." 그러나 사실은 나도 그런 일을 했었습니다. 그것은 우리가 결혼하기 전에 내가 그녀에게 했던 거짓말 중에 하나였습니다.

그런 다음부터 아내는 누구와 이야기를 할 때마다 그녀가 알지 못하는 나의 거짓말에 근거하여 말을 하였습니다. 내가 그녀에게 진실을 말하지 않았기 때문에 그녀는 내가 한 거짓말을 어디든지 퍼뜨렸습니다.

나는 그녀가 이렇게 말하는 것을 듣곤 하였습니다. "그런데요, 나의 남편은 절대로 그런 짓을 하지 않았어요." 그러면 나는 생각합니다. '난 그런 짓을 했었는데.' 나는 과거에 아내에게 거짓말을 하였습니다. 나는 더 이상 거짓말을 하고 있지 않았지만 그녀가 믿고 말하는 것은 나의 거짓말이었습니다. 나는 아내에게 말을 해야 했으나 사실을 말하기를 원하지 않았습니다!

그러나 나중에 내가 방언으로 상당히 오랫동안 기도하며 금식을 시작했을 때 성령의 밝은 빛이 어둠 가운데 감추어져 있던 내 안의 영적인 장애물들을 비추기 시작했습니다. 내가 로잘리에게 말한 거짓말에 대해 점점 더 책망을 받게 되던 것을 기억할 수 있습니다.

마침내 나는 하나님께 "네, 주님, 내가 아내에게 거짓말을 했다고 말하겠습니다."라고 말하는 자리에 이를 때까지 기도하게 되었습니다.

그런데도 나는 그날 아내에게 말하지 않을 핑계를 찾아내게 되었습니다. 그래서 주님께서는 밤중에 나를 깨우셔서 말씀하셨습니다. "네가 네 아내에게 말할 것이라고 내게 말하지 않았니?" 나는 침대에서 바로 앉아서 눈을 하수구 뚜껑처럼 크게 떴습니다. 나는 하나님과 다시 타협을 할 때까지 잠을 잘 수 없었습니다.

"네, 주님, 아내에게 말하겠습니다."

"좋다, 언제 말하겠니?"

"내일 하지요." 이렇게 말하고서야 나는 잠을 잘 수 있었습니다. 그러나 다음 날 나는 "나중에 말하겠습니다."라고 말할 핑계를 찾았습니다.

그런데 주님은 다음날 밤 또 나를 깨우셨습니다. 주님은 내가 이런 거짓말로 빠져나가게 놓아두지 않으셨습니다! 나는 방언으로 기도하는 것을 중단하든지 거짓말하는 것을 그만두든지 두 가지 중 하나를 선택할 수밖에 없었습니다. 기도는 나의 양심이 살아 있도록 지켜주었습니다. 그러나 거짓말하는 것에 대해 다룸 받기를 거절하는 것은 나를 계속 고문하는 것이었습니다.(많은 그리스도인들이 이런 자리에 처해 있습니다. 그러나 이들 대부분은 그 문제를 다루기를 원하지 않기 때문에 기도를 그만두고 맙니다.)

이렇게 며칠을 갈등하고 난 후에 나는 온통 두들겨 맞은 기분으로 사무실에 앉아 있었습니다. 나의 비서가 들어오더니 "피곤해 보이시네요."라고 말했습니다.

"그래요, 난 정말 피곤한 일을 겪었어요."

"무슨 일인데요?"

"영적인 쥐어짜는 기계를 통과해 왔는데, 나는 해낼 거예요. 나는 영의 순수함 위에 나의 기초를 세우는 과정에 있습니다."

마침내 그날 밤, 나는 로잘리에게 진실을 말하기로 결심했습니다. 나는 아내를 햄버거를 파는 식당으로 데리고 갔습니다.(이것은 그녀에게 그럴듯한 식사를 사줌으로 말미암아 충격을 완화하려고 하는 나의 무지한 아이디어였습니다!) 그리고 나서 나는 조심스럽게 주제를 소개했습니다.

"당신은 내가 다른 남자들처럼 술을 마시고 흥청댄 적이 전혀 없다고 사람들에게 말했던 때를 기억하고 있소? 그런데 사실 나도 똑같은 죄인이었어요." 그리고 나서 나는 아내에게 모든 진실을 말해 버렸습니다. 내가 구원받기 전에 나의 삶이 어떠했었는지를 말할 때 로잘리는 그저 계속 "오, 맙소사!"하고 말할 뿐이었습니다.

당신은 내게 "지금은 어떻습니까? 더 이상 아내에게 거짓말을 하지 않나요?"라고 말할지도 모르겠습니다. 글쎄요, 나와 성령님 간에 이런 고통을 통과하고 나서도 당신은 내가 또 다시 거짓말을 했을 것 같습니까? 아닙니다. 나는 그분이 죽은 가지를 내게서 없애므로 깨끗하게 하도록 허락하였습니다. 이제 로잘리와 나는 서로를 완전히 신뢰합니다.

이렇게 세우는 과정은 나의 양심을 깨우고 내가 기꺼이 나의 죄를 다루게 되는 데까지 나를 건축했습니다. 나의 속사람은 내 육신의 일을 죽일 만큼 강하게 강화되었습니다.

내 삶에 있어서 이 깨끗하게 하는 과정의 결과로써 나는 진리를 위해 이런 입장을 취하게 되었습니다. 하나님의 불변하심 때문에 그분은 거짓말을 하실 수 없습니다. 그러므로 어떤 표준보다도 내가 더 높이려고 하는 표준이 있다면 그것은 속임수와 거짓말이 없는 것과 아주 순수한 영으로 진리를 다루는 것입니다. 나는 내 속에 진리를 잘못 제시하는 일이나 거짓말은 1분도 품고 있기를 거절합니다.

성령께서는 당신이 당신의 권세를 그분께 양보하기를 인내심을 가지고 기다리고 계십니다. 왜냐하면 그분은 당신 안에서 해야 할 일이 있기 때문입니다. 그분은 당신의 속사람, 즉 당신의 거듭난 영을 육신의 행실을 죽일 수 있는 충분한 힘으로 강건하게 하여서 당신의 삶 가운데서 모든 죽은 가지들을 하나하나 깨끗이 제거할 것입니다. 이렇게 함으로써 성령께서는 당신의 영에 하나님의 비밀을 계시하는 일을 증가시킬 자유를 갖게 됩니다. 그러므로 육신의 행실을 죽이는 것이든지, 계시든지 성령 안에서 당신이 기도하는 것은 응답받는다는 것을 확신하십시오!

오, 네가 힘이 전혀 없다고 생각하는 곳에서
안으로부터 내가 올 것이다.
그리고 나는 네게
'일어나서 다시 한번 해 보렴' 이라고 말할 것이다.
왜냐하면 너는 때때로 내던짐을 당하였더라도
이것을 알고 있어라, 내 자녀야
너는 버림 받지 않았다는 것을.

다시, 또 다시, 또 다시 일어나라.
다시, 또 다시, 또 다시 시작할 수 있도록,
나의 힘이 계속해서 너와 함께 있을 것이다.
네가 할 수 없을 것이라고 생각이 들 때도,
너는 넘어지지 않을 것이다.
너는 바로 설 것이다.

왜냐하면 나는 안으로부터 와서
네게 힘을 줄 것이기 때문이다.
은혜의 영이 말씀하십니다.
너는 네가 이런 것을 가지고 있다는 사실을
결코 알지 못했다.

11

기도의 곤경을 극복하기

'반짝이는 눈에 털이 많은 꼬리'를 한 하룻강아지처럼 성령 안에서 기도하겠다고 헌신은 했지만 건너편의 영광으로 들어가기 전에 막다른 골목에 도달해서 기도를 그만두는 사람들에 대해서 하나님께서는 나에게 불쌍히 여기는 마음으로 가득 채워 주셨습니다.

곤경impasse은 하나님께서 그의 영 안에서 더 높은 곳으로 당신을 이동시키려고 하기 직전에 일반적으로 발생하는 건조한 곳, 즉 영적인 평평한 지점입니다.

당신이 계속 기도하기만 하면 하나님의 영역에서 당신을 위해 많은 것이 기다리고 있으므로 나는 당신이 이 곤경의 성격을 이해하도록 도와주고 싶습니다.

끝까지 견디며 기도하기 위해 당신은 많은 곤경을 통과해야만 할 것입니다. 첫 번째 곤경은 대개 기도를 그만두고 싶은 유혹입니다.

마귀는 당신이 기도를 그만두도록 하기 위하여 생각해 낼 수 있는 모든 시도를 할 것입니다.

그러나 원수는 이 시도에 성공하지 못해도 완전히 포기하지는 않습니다. 그 대신에 마귀는 다른 각도에서 접근합니다. 그는 당신이 하나님 안에서 더 높은 곳으로 가지 못하도록 어찌하든지 당신을 속이려고 할 것입니다.

그렇지만 그냥 기도를 계속하십시오. 결국 당신은 하나님에 대한 갈망 때문에 기도하려고 억지로 애쓸 필요가 없는 곳에 도달하게 될 것입니다. 기도하는 것이 당신의 심령의 소원이 될 것이기 때문입니다. 하나님께 가까이 가기 위해서 필요한 것이라면 당신은 무엇이든지 하고 싶어할 것입니다.

나는 개인적인 경험을 통해서 이 곤경에 대해 알고 있습니다. 목회 사역을 시작한 첫 해 하루하루 나는 일정한 시간을 정해서 방언 기도를 하였습니다. 때로는 나의 몸의 모든 세포가 저항하며 아우성을 쳐도 나는 너무나 고집이 세어서 그만두지 않았습니다.

세워주고 강화해 주도록 되어 있다는 것이 어떻게 이렇게 지속하기 어려운지 나로서는 이해하기가 어려웠음을 인정하지 않을 수 없습니다. 그러나 이후로 나는 왜 많은 사람이 대단한 열정을 가지고 방언으로 기도하기를 시작은 하지만 가끔 실망하여 기도를 포기하게 되는지 이유를 알게 되었습니다.

율법주의와 정죄는 하나님으로부터 오는 것이 아닙니다

이미 말했듯이 포기하는 첫 번째 이유는 사람들이 흔히 그들의 외적인 환경에서 눈에 띄는 특별한 변화를 찾기 때문에 자신들 안에서 일어나고 있는 성령의 기적적인 역사를 놓치기 때문입니다. 또 하나의 이유는 많은 사람이 기도를 영원한 변화를 가져오는 아버지와 교제하는 복된 시간으로 보지 않고 오히려 정죄를 면하기 위해서 해야만 하는 것으로 보기 때문입니다.

당신도 알다시피 사람이란 피조물은 율법주의에 쉽게 빠지게 되어 있습니다. 사람에게 일련의 율법적인 규율을 강요하는 것보다 마귀가 더 좋아하는 것은 없습니다. 이렇게 되면 사람이 율법들을 지키려고 고생하는 동안 정작 그 자신의 삶 가운데 하나님께서 역사하리라는 신뢰는 크게 흔들리게 됩니다.

아주 고전적인 예를 하나 들겠습니다. 어떤 사람이 드디어 새벽에 한 시간 기도를 하기로 작정합니다. 그는 마치 전쟁터로 나가는 군인처럼 호전적으로 보입니다. '어느 누구도 감히 나를 멈추려고 해봐라!' 라고 말하는 눈빛을 가지고 있습니다. 그러나 그가 한 번이나 두 번만 이른 아침 기도 시간을 놓치기만 하면 마귀는 바로 거기서 이렇게 말합니다. "그거 봐라. 네가 다 망쳐 버렸다!"

이것이 바로 처음 방언으로 기도하던 해에 내게 일어났던 일이었습니다. 내가 도달한 첫 곤경은 바로 기도하기를 집어치우는 것이었습니다. 내 육신적인 본성이 발끈 화가 나는 일이 있어서 기도를 잠시 쉬게 됩니다. 그러면 철저한 군인이 매일 어떤 시간에 보고를 하듯이 하지 못한다고 마귀는 나에게 정죄를 퍼붓습니다.

어떻게 마귀가 우리를 이런 정죄 아래 빠뜨릴 수 있습니까? 그것은 우리가 마음속으로 생각하기를 '하나님을 기쁘게 하기 위해서는 우리가 특정한 시간에 특정 장소의 어떤 공간을 채우려는 육체적인 노력을 해야 한다' 고 흔히 확신하고 있기 때문입니다.

그러나 하나님은 당신이 지난 달 방언 기도를 몇 시간 했는지 그 숫자에 따라 점수를 매기고 있지 않습니다. 하나님은 얼마나 많은 변화가 당신의 삶에서 일어났는지에 관심이 있으십니다.

그렇다고 내 말을 오해하지는 마십시오. 결단과 훈련은 거룩한 삶에 필수적인 요소입니다. 그러나 당신과 하나님과의 관계가 당신이 어제 기도를 했느냐 안 했느냐에 근거한다고 생각한다면 그것은 잘못 생각한 것입니다.

하나님께서는 이틀 동안 기도를 하지 않았다고 당신을 정죄함으로 때리고 당신의 기름 부음을 거두어 가 버리지 않으십니다. 하나님께서는 당신이 하나님과 무슨 교제를 나누든지 그 교제를 기뻐하십니다. 하나님께서는 모든 수준에서 당신의 삶에 기름 부음이 증가함으로써 함께 새로운 변화의 장소로 들어가기를 원하십니다.

하나님께서는 기도를 통하여 우리의 삶에 일어나는 변화에 따라 우리와 교제하신다는 것을 나는 배웠습니다. 우리가 더 많이 변화하면 할수록 우리는 더 많은 교제를 하나님과 함께 할 수 있습니다. 하나님은 우리로 하여금 한 시간씩 기도하도록 하는 율법주의에는 관심이 없으십니다. 기도는 결코 귀찮은 일이 아니라 내가 변화되고 하나님과 교제하는 귀한 시간입니다.

기도를 깊이 사랑하게 되다

하나님께서 당신과 나를 위해 예비해 놓으신 모든 놀라운 복을 누리기 위해서 우리는 기도를 깊이 사랑하게 되어야 합니다. 그러나 우리가 좋은 의도를 가지고 시작했다가 끝을 내지 못한 시간들을 하나님께서 혐오하지 않는다는 것을 깨닫기까지는 우리는 기도를 사랑할 수 없습니다.

내가 처음 그리스도인이 되었을 때 나는 기도해야 된다는 것을 아는 것만으로는 충분하지 못했습니다. 설교자들이 기도는 의무라고 말하는 것을 듣는 것만으로는 충분하지 못했습니다. 내가 기도의 부족 때문에 정죄 받고 부끄러움을 느끼는 것만으로는 충분하지 못했습니다. 하나님의 본성을 이해하고 기도와 깊은 사랑에 빠지는 것만이 내가 개인적으로 세움 받기 위해서 방언으로 기도하는 것을 추구하도록 하였습니다.

그러면 당신의 영적인 삶 안에서 무엇이 당신으로 하여금 너무나 많은 사람이 기도에 있어서 실패하는 그 지점을 통과하여 하나님께서 무제한적으로 그의 복을 당신에게 쏟아부을 수 있는 그 지점에 이르게 하는지 내가 당신의 이해를 도와드리겠습니다. 당신이 율법적인 의무 때문이나, 기도하지 않았을 때 오는 정죄감 때문에 기도하는 것이 아니라, 기도의 깊은 사랑에 빠지길 원합니다. 이 기도는 당신의 삶을 영원히 바꾸어 놓을 하나님 아버지와의 특별한 교제 시간을 나누도록 인도하는 길이기 때문입니다.

무엇이 곤경에 처하게 만드는가?

우리가 기도하는 동안 신실하게 우리 자신을 드리는데도 하나님께서 기도에 응답하는 아무 일도 하시지 않는 것처럼 보일 때 우리는 쉽게 실망할 수 있습니다. 그러나 진실은, 하나님께서는 우리를 그냥 내버려 둘 수 없다는 것입니다!

우리가 방언으로 기도하는 비밀들에 대하여 하나님께서 어떻게 응답하는지를 모를 때 위기가 일어납니다. 그래서 우리는 하나님께서 우리의 외적인 환경에 그의 능력을 나타내기 전에 기도하기를 그만두어버립니다.

언젠가 한번씩은 나의 많은 친구가 이 함정에 빠졌었습니다. 성령 안에서 기도함으로 그들의 가장 거룩한 믿음 위에 자신을 건축하는데 대한 말씀을 듣고 그들은 모두 흥분합니다. 그러고는 매일 몇 시간씩 기도하는 데 머리를 박고 뛰어듭니다.

그러나 이런 식으로 몇 달 기도하고 나면 그들은 곤경에 처하게 됩니다. 그들을 에워싸고 있는 환경에 하나님께서 기적으로 역사하는 것, 즉 빚이 탕감된다거나 몸에 병 고침을 받는다거나 이런 것 대신에 오히려 그 반대 현상이 일어나는 듯이 보입니다. 많은 사람은 위기 모드로 들어가 그들의 감정은 격해집니다. 어떤 사람들은 절망하여 감정이 폭발합니다. 또 어떤 사람들은 오히려 인격의 이상한 부분을 드러내기도 합니다.

결국 이들 대부분은 방언으로 기도하는 것에 대해 나쁜 평판을 내는 데까지 이르게 됩니다. 또한 어떤 사람들은 방언 기도에 반대하는 설교를 함으로써 방언의 중요성을 격하시키기 시작합니다.

보다시피 세우는 과정이 어둠 속에 숨겨져 있던 육신의 일들을 비추기 시작하면 이 빛은 당신이 없애버리고 싶어 하는 것들뿐만 아니라, 당신이 없애고 싶어 하지 않는 것들까지도 밝히 드러냅니다. 성령께서는 이 영적인 장애물들을 어둠에서 끌어내어 당신이 다루고 있는 것이 무엇인지를 좀 더 분명하게 볼 수 있는 곳에다 두고 보여 줍니다. 당신의 감정이 격해질 수 있는 시기가 바로 이때입니다.

세워주는 빛이 점점 더 밝게 타오를수록 성령께서는 용서하지 않은 것이나 이기적인 것과 같이 가장 다루기 어려운 도로 장애물들을 찾아내기 시작합니다.

이 시점에서 어떤 사람들은 기도하기를 멈추어버립니다. 왜냐하면 기도실에 기도하러 들어갈 때마다 부정적인 감정이 점점 강해져서 마침내 괴로운 느낌만 남게 되기 때문입니다. 마귀는 할 수 있는 한 재빨리 강력하게 기도를 그만하도록 당신의 마음에 속임수와 패배와 불신앙의 불붙은 화살을 쏨으로써 부정적인 감정과 마귀의 능력 안에 있는 모든 것들을 사용할 것입니다.

사람들이 기도함에 따라 기분이 좋아지는 대신에 기분이 더 나빠집니다. 그래서 다음날 기도할 시간이 오면 적대적인 느낌이 고개를 들기 시작합니다. 그들의 감정이 방언으로 기도하는 것에 대하여 반란을 주도하게 되고 그들은 이렇게 합리화합니다. "방언으로 기도하는 것이 그렇게 중요하다면 왜 나는 이런 느낌을 갖게 될까? 어쨌든 이런 기도가 내게 무슨 유익이 있겠나? 나는 다른 사람들보다 더 나쁜 상황도 아니잖아."

많은 경우에 우리가 정말 바라는 것은 기도함으로 말미암아 하나님께서 우리 주변의 모든 것을 바꿀 수 있도록 하는 어떤 마술적인 공식입니다. 우리 자신에게 어떤 변화가 필요하다니요, 천만의 말씀입니다! 우리는 우리의 현재 모습 그대로를 하나님께서 사용하시기를 원합니다.

반대편에서 다가오기

만일 믿음으로 기도를 지속한다면 그 사람은 이런 종류의 곤경을 통과할 수 있습니다. 용서하지 못하는 것이나 이기적인 것과 같은 감정들이 너무나 강해져서 무시할 수 없게 됩니다. 이런 육신의 일들이 얼마나 추한 것인가를 그가 마침내 인식하게 될 때 성령님의 능력은 이것들을 다룰 내적인 힘을 그에게 부여할 것입니다. 이어서 육신의 열매를 죽이는 것과 승리와 자유로 이끄는 진정한 회개가 뒤따를 수 있게 됩니다.

나도 전임 사역을 시작하게 된 첫 해에 나의 친구들이 빠진 함정에 거의 빠질 뻔하였습니다. 그러나 나는 열심 있는 '믿음의 사람'이 된 지 얼마 되지 않아서 모든 일에 대한 나의 태도를 '말씀이 그렇게 말하면 나는 그대로 믿는다!'는 한 문장으로 요약할 수 있었습니다. 나는 내가 보는 것이나 듣는 것이나 느끼는 것이 아니라 오직 말씀이 무엇이라고 말하는지에 의해서만 행동하기로 굳게 결심하였습니다. 그러므로 하나님 말씀이 내가 알지 못하는 방언으로 기도할 때 나의 영이 세움을 받는다고 말하면 내가 할 일은 방언 기도를 하는 것이었습니다! 하나님을 찬양합니다!

나는 반대쪽에서 이 곤경을 통과하면서 나의 삶을 다스리던 오래된 두려움과 불확실성이 조금 사라지게 된 것을 발견하게 되었습니다. 예를 들면, 물질적인 궁핍함에 대한 두려움이 십자가에 못 박혔습니다. '이제 나는 전임 사역을 하고 있다. 어린 자식은 셋이나 되는데 설교할 곳은 아무 데도 없다. 오, 돈은 어디서 생긴단 말인가?' 이런 생각들이 더 이상 나를 고문하지 않았습니다.

방언 기도를 함으로써 두려움은 죽게 되었습니다. 나는 곤경을 통과하여 평안한 곳으로 들어갔습니다. 나는 하나님이 나의 모든 필요의 공급자이심을 나의 영이 알고 있다는 것을 알았습니다.

받는 믿음, 육신을 죽이는 믿음

자신을 속이지 마십시오. 곤경을 통과하고 당신의 육신을 죽이는 데는 인내로 견디어 내는 믿음이 있어야 합니다. 세상이 성공이라고 여기는 것으로 지상의 삶에서 당신을 높아지도록 하는 세상과 육신에 대해 죽도록 함으로써 하나님은 당신을 사용하실 수 있습니다.

믿음의 말씀을 붙잡고 나서 내가 맨 처음 믿음을 사용한 것은 물질적인 축복을 누리는 것이었습니다. 그때까지 나는 늘 극빈자 수준에서 살았는데 새 차와 새 집을 가지고 싶었습니다. 그리고 나는 한 해가 가기 전에 두 대의 새 차와 이동식 집motor home을 빚 없이 소유하게 되었습니다.

하나님께서는 나를 위해 이런 일을 하는 것을 꺼리지 않으셨습니다. 그때 나의 주된 관심은 나 자신의 편안함 뿐이었지만 언젠가는 한 도시가 거듭나는 데 내가 관심을 가지게 되리라는 것을 하나님은 알고 계셨습니다. 그날은 내게 필요한 축복을 받을 때 사용했던 바로 그 믿음을 나의 육신적인 것을 완전히 죽이기 위해 내 삶에 초점을 맞추었을 때 오게 되었습니다.

예로써 나는 다음 이야기를 사용합니다. 내 아들 중 하나가 여덟 살쯤 되었을 때 내게 와서 "아빠, 비비 총을 사주시겠어요?"라고 말했습니다. 내가 이 어린 아들 멱살을 잡고 번쩍 들어 올리고 뺨을 때리면서 "내 말 잘 들어라. 이 조그만 녀석아! 넌 언제 우리 집안의 부담이 아니라 자산이 될 거냐?"라고 소리 질렀겠습니까?

아닙니다. 나는 그렇게 하지 않았습니다. 나는 아들에게 비비 총을 사주었습니다. 그러고는 아들에게 그 총으로 어떻게 옆 집 유리 창문을 맞추지 않고 나무를 맞추는지 가르쳐 주었습니다!

하나님께서도 내가 새 차를 구했다고 나를 들어 올리고 뺨을 때리지 않으셨습니다. 하나님은 즐거운 마음으로 새 차를 내게 주셨습니다. 왜냐하면 하나님께서는 내가 언젠가는 똑같은 믿음을 가지고 나의 육신을 죽이고 나서 도시들을 하나님의 왕국을 위해 구원할 것이라는 믿음을 가지고 계셨기 때문입니다. 예수님 자신도 이렇게 말씀하셨습니다. "먼저 하나님의 왕국을 구하여라. 그리하면 내가 이 모든 (물질적인) 것들을 너희에게 더해 줄 것이다"(마 6:33). 그런데 나의 육신이 죽는 데는 새 차 한 대를 놓고 믿는 것보다 훨씬 더 많은 믿음이 필요했습니다!

수백만 불을 물려받았지만
자신의 신앙testimony은 잃어버린 여자

곤경을 통과하여 인내하며 기도를 지속함으로써 하나님께서 깨끗하게 하는 과정을 끝마칠 수 있도록 하는 것이 어렵기는 하지만 충분히 값을 치를 가치가 있다는 것을 당신에게 보장할 수 있습니다.

당신의 거듭난 사람의 영your reborn human spirit을 조명하고 강건하게 하여서 당신이 하나님과 동행하는 삶을 방해하는 육신의 일들을 죽이도록 하나님께서 보내신 분은 바로 성령님입니다. 만일 당신이 성령님으로 하여금 어둠 속에 숨어 있는 것들을 노출시키는 것을 허락하지 않는다 해도 조만간 그것들은 나타나게 될 것입니다.

예를 들어 보겠습니다. 누군가가 내게 항상 그 교회의 맨 앞자리에 앉았던 한 오순절파 여자에 관한 이야기를 해 주었습니다. 그녀는 하나님을 찬양하고 큰 소리로 외치곤 하였습니다. 그녀의 남편은 수백만 불의 재산가였는데, 그녀가 교회에 갔다 오면 집에 들어오지 못하도록 문을 잠그곤 하였습니다. 때때로 그녀를 때리기도 하였습니다. 그러나 남편이 무슨 짓을 하든지 관계없이 그녀는 모든 교회의 집회에 참석하였습니다. 그녀는 신실한 여자였습니다.

어느 날 그녀의 남편이 죽어서 그녀는 그의 모든 재산을 상속받았습니다. 그리고 이 여자의 예배 참석 횟수가 점점 줄어들어드는 데는 그다지 오랜 시간이 걸리지 않았습니다! 얼마 지나지 않아서 그녀는 교회의 맨 앞자리에서 중간으로, 마침내는 맨 뒷자리에 앉게 되었습니다. 결국 그녀는 교회에 특별한 집회가 있을 때만 참석하였습니다. 이때쯤 되어서는 그녀를 넘어지게 하는 것은 오직 그녀의 손목에 감겨 있는 금팔찌들의 무게 정도면 충분하게 되었습니다.

누군가가 말했습니다. "차라리 그 여자가 그 돈을 물려받지 않았더라면 더 좋았을 걸." 틀렸습니다. 돈이 한 일은 단지 그녀 안에 이미 존재하고 있던 것, 즉 어둠 속에 숨겨져 있던 것이 빛에 노출되도록 한 것일 뿐입니다.

이와 같이 돈이 악한 것이 아니라 돈을 사랑하는 것이 악한 것입니다. 만일 이 여자가 그 돈을 물려받지 않았더라도 살아가는 동안 다른 어떤 것이 그녀 안에 있는 그 특성을 드러내도록 했을 것입니다.

그러므로 예수님께서는 "이들은 가시떨기에 심겨진 자들이다"(막 4:18)라고 말씀하셨습니다. 가시의 씨앗들은 말씀이 심겨지기 전에 이미 밭에 존재하고 있었던 것입니다. 말씀의 씨앗이 땅에 뿌려지면 이 세상 삶의 염려들과 부요함의 속임수가 싹이 터서(가시 씨앗들은 이미 흙 속에 있었습니다) 하나님의 형통함을 에워싸 마침내 새순들을 다 삼켜버려서 이기적인 삶을 살게 하여 말씀을 무력하게 합니다(19절).

당신은 어두침침한 다락에 올라가서 불을 켜고서 "와, 이 불빛이 가져온 먼지 좀 봐라!"라고 말하지 않습니다. 아닙니다. 먼지는 이미 거기 있던 것입니다. 빛이 그 먼지를 노출시켰을 뿐입니다. 이 여자의 경우에도 돈을 좇아갈 가능성은 이미 그녀에게 있었던 것입니다. 돈이 한 일은 그녀의 문제를 노출시킨 것뿐입니다.

깨끗하게 하려는 목적으로 육신의 일을 노출시키는 것은 성령님이 하시는 일입니다. 예수님은 "너희가 열매를 맺으면 나는 너희를 깨끗하게 할 것이다. 나는 너를 가지 쳐 줄 것이다. 내가 죽은 가지들을 잘라버리겠다"(요 15:2)라고 말씀하셨습니다. 예수님은 "내가 너의 밭에서 가시 씨앗들을 없애버리겠다. 말씀의 씨앗들이 나와서 네가 왕국을 부요하게 하기 시작할 때가 되면 나는 가시가 네 나무를 질식시킬 수 없도록 가시 씨들을 너의 나무로부터 아주 멀리 떨어져 있게 하겠다."라고 우리에게 말씀하고 계십니다.

백만 달러가 내 약점을 노출시키게 하기보다는 나는 성령께서 나의 약점을 노출시키도록 하겠습니다. 나는 성령님의 변화시키는 능력에 자신을 내어드려서 말씀으로 깨끗하게 되기를 바랍니다. 당신은 내게 "당신은 100만 달러를 갖고 싶지 않으세요?"라고 묻겠지요. 나는 거짓말쟁이가 아닙니다. 나는 갖고 싶습니다. "당신 안에서 하나님의 생명을 질식시키는 100만 달러를 갖기 원합니까?" 절대로 아닙니다. 이것이 바로 내가 성령님의 깨끗하게 하는 과정에 나 자신을 지속적으로 내어드리는 이유입니다.

부요함을 보는 관점

부요함prosperity이란 것은 상대적인 것이고 우리의 삶에 중요한 주제입니다. 하나님은 우리를 부요하게 해주기 원하십니다. 우리가 어린 아기 그리스도인일 때는 하나님께서 우리의 엉덩이도 때리고 기저귀도 갈아주고 장난감도 주십니다. 그러나 우리는 혼적인 요새들을 무너뜨림으로 우리를 자유롭게 하는 말씀을 통하여 성령께서 우리를 자라게 하여서 하나님 안에서 더 높은 곳으로 우리를 데리고 가시도록 할 필요가 있습니다.

당신이 주 안에서 성숙해짐에 따라 왕국을 위해 당신이 소유하고 있는 모든 것을 더 많이 사용하면 사용할수록 하나님께서는 더 자유롭게 당신의 물질적인 부요함도 증가시킨다는 사실에 당신의 믿음은 맞추어 질 것입니다.

나는 앞으로 올 세상을 위해 일하면서 나의 삶을 살았기 때문에 하나님께서는 이제 나의 손에 돈을 쥐어주실 수 있습니다. 내 손에 돈이 들어오면 내가 '내 도랑에 물을 대어도' 하나님은 개의치 않으십니다. 나는 내 아이에게 낚싯대를 사줄 수 있습니다. 내 아내에게 옷도 사줄 수 있습니다. 나의 초점이 하늘나라에 보물을 쌓는 것이기 때문에 하나님은 이런 일들에 개의치 않으십니다.

당신이 육신을 죽이는 것mortification을 통하여 당신도 이와 같은 초점을 갖게 될 때까지 하나님께서는 당신을 깨끗하게 하실 것입니다. 기도를 인내로 참아내고 그분의 깨끗하게 하는 과정에 자신을 드린 뒤에 끝에 가서는, 당신은 영혼과 물질 양쪽 모두에서 부요하게 되어 있을 것입니다.

많은 사람은 부자가 되기를 원하지만 자기들의 재산이 가시밭에서 자라기를 바랍니다. 그들은 참된 부요함은 하나님의 깨끗하게 하는 과정에 근거한다는 것을 이해하지 못합니다.

어떤 사람이 얼굴이 파랗게 될 때까지 부요함에 관한 하나님의 약속을 고백할 수 있지만 그가 사람 사이를 이간질하고 사람을 미워하는 사람이라면 하나님께서는 사업상의 좋은 거래에 관하여 그의 심령의 비밀스런 곳을 통하여 그에게 말하지 않을 것입니다. 왜 그럴까요? 하나님께서는 그 사람이 그 돈을 하나님의 영광을 위하여 사용하지 않을 것이라는 것을 알고 계시기 때문입니다.

그러면 하나님께서는 당신이 금반지를 끼는 것을 꺼려하실까요? 당신이 하나님의 왕국에 영혼을 더하는 일에 당신의 믿음을 사용하고 있는 한 꺼리지 않으십니다.

갑상선종을 가진 자매의 비유 The Parable of Sister Goiter

하나님은 당신이 가난하기를 바라지 않으시며 병들기도 바라지 않으십니다. 사실은 예수께서 해방시켜 주신 어떤 정죄하는 판결이라도 성령을 따라 살면 당신의 삶에 집행될 수 없습니다.

왜 그럴까요? 당신 속에 살고 있는 성령께서 육신의 일들을 죽이도록 당신을 도와주기 때문입니다. 실제로 성령께서는 당신의 삶에 있어서 예수께서 이미 자유케 한 어떤 것이든지 당신이 육신의 일들을 죽이도록 도와주십니다.

성령은 당신의 약한 곳을 도와주려고 보내심을 받았기 때문에 당신을 위해 초자연적인 언어를 가지고 개입하십니다. 당신이 만나는 모든 곤경을 통과하여 어떻게 밭을 가는지 배우면서 기도로 인내한다면 그분은 당신이 가난과 질병과 모든 육신적인 멍에를 벗어 던질 수 있도록 도와주십니다.

성령께서 방언으로 기도하는 것을 통하여 어떻게 승리할 수 있는지 사람들에게 가르쳐 주기 위해 내가 지어낸 이야기를 하나 말씀드리겠습니다. 이 이야기는 치유를 받으려고(아니면 하나님의 말씀에 약속된 어떤 다른 기적이든지) 노력하다가 받지 못한 모든 사람들을 나타내는 이야기입니다. 많은 다른 사람의 실패를 모두 하나로 묶어서 고이터 Goiter : 갑상선종 자매라 이름 지은 한 여자에게 포함시켰습니다. 만일 고이터 자매가 병 고침을 받는다면 당신도 마찬가지로 병 고침을 받을 수 있어야만 합니다.

사무실에 앉아서 나는 전화를 받고 있습니다.

"여보세요, 로버슨 형제시죠?" 한 여자가 묻습니다.

"네, 그런데요."

"하나님께서 당신을 병 고치는 데 사용하신다고 들었는데요."

"네, 부인. 그렇습니다."

"기도 받으러 가도 되겠습니까?"

"물론이죠, 어서 오십시오."

곧 이어서 문을 두드리는 소리가 들립니다. "들어오세요!" 문이 열리면서 나는 문 앞에 한 여자가 서 있는 것을 봅니다. '오! 저런' 그녀는 턱 밑에 사 파운드 정도 되는 혹을 달고 있습니다. '사 파운드!' 그녀는 마치 머리가 두 개인 것처럼 보입니다.

그녀는 사무실로 걸어 들어옵니다. "로버슨 형제, 나는 고이터 Goiter 자매입니다. 형제가 나를 위해 기도하기 전에 형제는 내가 최고의 사람들에게 기도를 받았다는 것을 알기바랍니다. 나는 단지 형제가 나를 위해 무엇을 할 수 있는지 알아보려고 왔습니다."

나는 대답합니다. "고이터 자매님, 이리 와서 앉으십시오. 내가 조금 가르쳐 주어도 되겠습니까?" 그녀는 고개를 끄떡입니다. 나는 마가복음 11장 24절을 펴고 말합니다. "여기 보세요. 고이터 자매님. 성경은 이렇게 말하고 있습니다. '너희가 무엇이든지 기도하고 바라는 것은 받은 줄로 믿어라. 그리하면 너희가 구한 것을 갖게 될 것이다!' 무엇이라고 말하고 있는지 이해가 되십니까?"

"네, 이해합니다."

그때 내가 다시 묻습니다. "고이터 자매님, 무엇을 위해 오셨습니까? 성경은 '너희가 무엇을 원하든지'라고 말하고 있는데 자매님은 무엇을 원하십니까?"

"글쎄요, 내 소원은 이 갑상선종이 낫는 것입니다."

"좋습니다. 그러면 다음 구절이 말하고 있는 것을 봅시다. 당신이 기도하는 순간, 당신은 치료받았다는 것을 믿어야 합니다. 그러면 지금이든지 다음 주든지 내년이든지 당신은 고침 받게 될 것입니다. 그러나 당신은 기도하는 그 순간 당신이 치유 받았다는 것을 믿어야만 합니다. 그러면 당신은 치유될 것입니다!" 내가 말합니다.

"자, 고이터 자매님, 당신이 치유 받았다는 것을 언제 믿을 건가요?"

"물론 갑상선종이 없어지면 믿지요. 바보 같은 질문이군요."

"그러나 고이터 자매님, 여기 말씀에 당신이 기도할 때 갑상선종이 없어졌다고 믿으면 혹이 없어질 것이라고 말하고 있습니다. 다음 달이나 내년까지 당신의 응답이 나타나지 않는다 하더라도 당신은 기도하는 순간 치유 받았다는 것을 믿어야만 합니다. 자, 고이터 자매님, 그 혹이 사라졌다고 언제 믿을 것인가요?"

"없어지지 않았는데 없어졌다고 나보고 거짓말을 하라는 것입니까?"

"아닙니다, 고이터 자매님! 이 구절을 다시 한번 보세요. '무엇이든지 네가 원하는 것은…' 당신의 소원이 무엇입니까?"

"내 갑상선종을 치료받는 것입니다, 목사님."

"성경은 당신이 기도하는 순간에 믿어야만 한다고 말하고 있습니다. 예수님의 죽음과 부활을 통해서 이천 년 전에 당신이 고침 받은 것을 하나님께 감사하기 시작하십시오. 하나님께서 당신을 고쳐주신 데 대해 감사하기 시작하십시오. 그러면 당신은 치유 받게 될 것입니다."

"고침 받은 결과를 보기 전에 내가 고침 받았다고 믿어야 한다는 말씀입니까?"

"네, 고이터 자매님. 믿음은 바라는 것들의 실상이며 당신이 보지 못하는 것들에 대해 당신이 필요로 하는 증거입니다(히 11:1). 고이터 자매님, 당신이 나았다고 말하는 것은 거짓말을 하는 것이 아닙니다. 당신은 하나님의 말씀이 당신이 가지고 있는 문제에 대하여 말씀하고 있는 것을 고백하고 있는 것입니다. 이제 알겠습니까?"

그녀는 조심스럽게 대답합니다. "무슨 말인지 알 것 같아요."

"좋습니다. 그러면 자매님은 이제 기도할 준비가 되었습니다. 갑상선종아, 예수의 이름으로 너는 뿌리로부터 죽어야 한다! 지금 당장!"

하나님의 능력이 그녀의 혹을 만지시므로 그녀는 성령의 능력 아래 뒤로 넘어졌습니다. 30분쯤 지나서, 그녀는 바닥에서 일어납니다.

나는 그녀가 고침 받은 것을 믿고 있는지 물어봅니다. 그녀는 "네, 믿습니다."라고 간단히 대답합니다.

"그렇지만 혹은 아직 그대로 목에 붙어 있는데요." 내가 말합니다.

"나는 관심 없습니다. 나는 말씀이 말하고 있는 것에 동의하고 있습니다. 그러므로 나는 내가 고침 받은 것을 믿습니다. 나는 내가 말하고 있는 것을 소유하게 될 것입니다."

"고이터 자매님, 어떤 사람이 '헤이, 그 혹은 아직도 거기 있네!'라고 말하면 그런 사람들에게 자매님은 뭐라고 대답할 것인가요?"

"갑상선종이 내 몸에 붙어 있다는 사실은 부인하지 않는다고 그들에게 말할 것입니다. 그러나 하나님의 말씀에 따라 나는 혹이 거기 있을 권리를 부인하고 있습니다. 그러므로 우리가 기도하였고 치유받을 것을 믿기 때문에 나는 치유 받았습니다. 나는 예수 이름으로 고침 받았고 고침 받은 것에 대해 하나님을 찬양합니다!"

"부인, 가십시오. 당신은 고침받았습니다."라고 나는 말합니다.

3개월 뒤에 내가 교회 예배당에 들어서는데 고이터 자매가 뒤에 서 있습니다. 나는 그녀의 갑상선종이 4파운드가 아니라 5파운드나 되어 보인다는 것을 발견합니다! 나는 예수님께서 마가복음 4장 15절에서 사탄이 즉시 말씀을 훔치러 온다고 말씀하신 것을 기억합니다.

그래서 나는 그녀에게 다가가서 말합니다. "고이터 자매님, 요즘 어떠세요?"

"나는 주 안에서 온전합니다." 그녀는 무뚝뚝하게 말합니다. 그녀의 의심스러운 목소리의 색깔이 그녀가 아직도 말씀 대신에 그녀의 환경을 바라보고 있음을 내게 말해주고 있습니다.

"주님을 찬양합니다!" 이렇게 말하고 나는 나가는 문을 찾습니다. "실례합니다. 나는 설교하러 가야 합니다."

또 3개월이 지나고 나는 고이터 자매로부터 전화를 받습니다. 그녀는 와서 나와 이야기를 하겠다고 합니다.

"로버슨 형제, 내가 뭐 좀 물어보아도 되겠습니까?" "이런 것이 정말 로버슨 형제에게 역사합니까?"

"네, 물론이지요."

"그런데 왜 내게는 역사하지 않지요? 나는 로버슨 형제가 하라고 한 것은 다 했습니다."

"고이터 자매님, 말씀을 계속 고백해 오고 있나요?"

"네, 고백하고 있습니다."

"당신이 치료 받은 것을 하나님께 감사해 왔나요?"

"네, 그런데 갑상선종은 점점 더 커졌습니다."

"고이터 자매님, 나는 말씀으로부터 다른 것도 배웠습니다. 내가 말하는 것 한 가지만 더 하겠습니까?"

"글쎄요, 하는 편이 낫겠지요. 로버슨 형제가 내게 이미 하라고 한 것은 역사하지 않고 있습니다."

"고이터 자매님, 아침에 한 시간 일찍 일어나 출근하기 전에 한 시간 가량 성령으로 기도하겠습니까?"

여러분, 고이터 자매 안에는 성령님이 계십니다. 성령께서는 왜 그녀가 고침 받지 못하고 있는지 정확히 알고 있고 그녀를 위해 정말 기도하고 싶어서 참을 수 없어 하십니다. 나는 그녀의 문제를 알지 못하지만 성령님께서는 알고 계십니다. 그분은 그녀의 연약함을 돕기 위해 보내심을 받았습니다.

"로버슨 형제는 원하면 언제든지 성령 안에서 기도한다는 말인가요? 내가 속한 교단에서는 그렇게 할 수 없다고 가르치는데요."

"고이터 자매님, 그것은 거짓말입니다. 당신은 정말 언제든지 성령 안에서 기도할 수 있습니다."

"성령 안에서 내가 기도하는 유일한 시간은 예배드릴 때 하나님의 능력이 아주 강하게 활동하고 있을 때입니다. 조금 운 다음에 곧 이어서 방언이 나옵니다."

"자매가 방언으로 기도하는 경우는 자매가 울면서 감정적이 될 때 뿐이란 말입니까?"

"네, 그렇습니다."

"그럼, 여기 잠깐 기다리세요. 고이터 자매님, 야구 방망이를 가져와서 당신을 때려서 울려야겠군요. 그러면 자매님은 성령 안에서 기도할 수 있을 테니까요!"

"내 말을 이해하시겠지요?"

"고이터 자매님, 당신은 원하기만 하면 언제든지 자신을 세우기 위해 성령 안에서 기도할 수 있습니다. 하나님께서는 당신의 연약함을 도우시려고 이 은사를 주셨습니다. 그러니까 내일 아침 일어나서 이렇게 기도하십시오. '아버지, 아버지께서는 이 혹이 내게 붙어 있는 것을 원하지 않으신다는 것을 나는 알고 있습니다. 그런데 혹은 멈춘 상태에 있습니다. 나는 이것을 어떻게 막을지 모르고 있습니다. 나는 성령님의 도움이 필요합니다!' 그리고 나서는 방언으로 기도하기 시작하십시오. 당신이 방언으로 기도하기 원하니까요!"

"그럼 한 번 해 보지요." 그녀는 머뭇거리면서 말했습니다.

석 달이 지났습니다. 어느 날 나는 예배당 뒤에서 그녀를 보았습니다. "고이터 자매님, 방언 기도를 하면서 자매님의 상태에 어떤 달라진 변화가 있습니까?" 내가 그녀에게 묻습니다.

"사실은 있습니다."

"어떤 느낌이 있습니까?"

"글쎄요, 턱이 피곤하고 목구멍이 마르고 혀도 피곤하게 느껴집니다!"

"실례합니다. 자매님, 나는 설교하러 가야 합니다."

다섯 달이 지나갔습니다. 예배당 뒤로 들어오는데 거기 고이터 자매가 서 있습니다.

"로버슨 형제, 이리와 보세요! 성령으로 기도하면 평안과 휴식을 가져온다는 것이 있습니까?" 그녀가 말합니다.

"물론이죠, 자매님, 이사야 28장 11절과 12절에 있습니다. 하나님은 이사야 선지자를 통해 말씀하셨습니다. '이것이 안식이요 이것이 상쾌함이니 더듬는 입술과 다른 방언으로 내가 이 백성에게 말할 것이다.'"

"잠깐만요, 방언으로 기도하면 피곤한 사람이 안식을 얻게 된다는 말입니까?"

"네, 물론입니다. 이 세상 근심으로 당신의 기력이 다 소진될 때, 이것은 안식과 상쾌함입니다. 당신이 성령 안에서 기도함으로 가장 거룩한 믿음 위에 하나님의 상부 구조물을 건축함에 따라 성령께서는 피곤한 사람에게 안식을 제공합니다."

"로버슨 형제, 제가 고백할 것이 있습니다."

"고백하십시오, 고이터 자매님."

"나는 늘 두려움에 가득 차 있었습니다. 어느 날 내 남편이 일어나 홑이불을 걷어치우면 내 턱 밑에 오 파운드짜리 혹을 보는 대신에 거대한 혹이 나를 완전히 삼켜서 작은 팔다리만 혹 바깥으로 보이는 것을 보고는 끔찍해서 홑이불을 내 위로 다시 덮어버리게 될까봐 두려웠습니다. 나는 두려움 아래서 살았습니다. 그런데 그 두려움이 사라졌습니다! 뿐만 아니라 로버슨 형제!"

"네, 고이터 자매님?"

"나는 내가 고침 받았다는 것을 정말로 믿기 시작했습니다. 오, 그리고요 로버슨 형제."

"네?"

"방언 기도에도 중독이 되나요?"

"그것은 왜 묻지요?" 내가 질문합니다.

"왜냐하면 나는 이제 밤에도 한 시간씩 기도하고 있으니까요."

"계속하십시오. 고이터 자매님, 다음에 봅시다."

또 한 달이 지나갔습니다. 고이터 자매를 내가 만난 지 이제는 일 년이 넘었습니다. 예배당 뒤로 내가 들어오는데 또 고이터 자매가 나를 오라고 부릅니다.

"로버슨 형제, 마가복음 11장 23절과 24절을 본 적이 있나요?"

"고이터 자매님, 일 년 전에 그 구절이 무엇을 의미하는 것인지 내가 자세히 가르쳐 주었잖습니까!"

"로버슨 형제, 형제가 내게 그 구절을 읽어준 것은 기억합니다만 그 구절이 무엇을 의미하는지는 왜 내게 말해 주시 않으셨습니까?"

"설명해 주었었는데요, 고이터 자매님!"

"아닙니다. 설명해 주었다고 생각하지 않습니다."

"아닙니다. 설명해 주었었습니다."

"로버슨 형제, 내가 말해 줄 것이 있습니다. 나는 고침을 받았습니다! 내가 왜 고침을 받았는지 알고 싶으세요? 왜냐하면 나는 고침 받았다는 것을 믿었기 때문이지요. 성령께서 내가 고침 받았다는 것을 보여 주셨습니다! 당신은 내가 고침 받았다는 것을 믿으세요?"

"네, 고이터 자매님! 나도 믿습니다!"

그래서 고이터 자매에게 무슨 일이 일어났겠습니까? 그녀의 혹은 일주일 이내에 사라져 버렸습니다. 그녀는 방언으로 기도함으로써 그녀 스스로 세움을 입는 유익을 경험함으로써 배우게 되었습니다! 그녀가 '아픈 턱과 마른 목, 피곤한 혀'의 곤경을 통과하여 인내하며 기도를 계속함으로써 성령께서는 그녀의 약함을 도와서 그녀가 병을 뒤로 하고 성령 안에서 기도함으로써 그녀의 지극히 거룩한 믿음 위에 자신을 건축하도록 하셨습니다!

성화의 세 수준

이제 우리의 삶을 향한 하나님의 계획의 완전함 가운데 걸으려고 한다면 우리가 완전히 통과해야 하는 깨끗하게 하는 과정에 관하여 좀 더 자세하게 토론해 봅시다.

하나님은 하나님의 지혜로 우리가 우리의 지성으로 무엇을 기도하고 있는지 모르게 하심으로 우리가 제거하기를 원하지 않는 육신적인 분야를 성령 안에서 기도하도록 하여 사탄과 우리의 육신적인 본성을 정복하셨습니다. 성령께서 우리를 위하여 기도하면 성령께서는 우리를 세 수준에서 깨끗하게 하십니다. 영, 혼, 몸입니다. 이것이 고린도후서 7장 1절에서 말하고 있는 것입니다.

> 그런즉 사랑하는 자들아 이 약속을 가진 우리는 하나님을 두려워하는 가운데서 거룩함을 온전히 이루어 육과 영의 온갖 더러운 것에서 자신을 깨끗하게 하자

당신이 방언으로 기도하기 시작할 때 성화의 과정은 즉시 육체의 더러운 것들로부터 시작됩니다. 이것은 술 마시는 것과 담배 피우고 담배를 씹는 것과 같이 몸에 해로운 파괴적인 습관을 말하는 것입니다. 성령께서는 당신을 위해서 이 모든 나쁜 습관들을 당신이 없앨 수 있도록 도와주실 것입니다. 그리고 계속해서 기도한다면 성령께서는 당신의 혼을 성화하는 데 도움이 될 계시의 지식을 주실 것입니다.

혼의 더러움은 증오, 분쟁, 이기적인 야망, 시기, 스스로를 높이는 것, 조종하는 것, 거짓말 하는 것, 용서하지 않는 것과 같은 것들을 포함합니다. 당신의 혼의 이 죄스런 견고한 진들을 다루지 않고서 방언 기도를 지속하는 것은 불가능하다는 것을 당신은 기도실에 들어가기를 시작한 지 오래지 않아서 알게 될 것입니다. 당신은 기도를 그만두거나 아니면 당신의 새로운 본성이 당신의 삶의 죽은 가지들을 깨끗하게 하도록 허용하게 될 것입니다.

이 성화의 과정이 당신의 혼적인 감정의 영역에서 방아쇠를 당기는 역할을 하는 이 곤경을 당신이 통과하기만 한다면 성령께서는 계속해서 영의 더러움으로부터 자유로워질 수 있도록 당신을 도와 줄 것입니다. 영의 더러움이란 당신의 부르심을 성취하기 위해 하나님의 능력으로 완전히 무장하는 것을 방해하는 잘못된 믿음이나 교리 같은 것을 의미하는 것입니다.

이 세 가지 성화의 영역은 서로 겹쳐 있지만 가장 강력한 정화 작용은 잘못된 믿음 영역에서 일어납니다. 당신이 성령의 초자연적인 언어로 기도하고 있는 비밀에 대해 하나님이 응답하시면 갑자기 영적인 것들에 대한 인식이 당신의 이해 안으로 홍수처럼 넘쳐흐르기 시작합니다. 잘못된 믿음이나 영의 더러움은 떨어져 나가기 시작합니다.

아버지 앞에서 당신이 그리스도의 마음으로 더 많이 기도하면 할수록 성령께서는 당신의 영에 더 많은 계시의 지식을 계시하시고 더 많은 거짓 교리의 뿌리를 파괴해 버릴 것입니다. 성령께서는 당신의 삶 가운데 하나님의 능력을 무효화시킨 잘못된 믿음의 늪에 당신이 빠져 있도록 내버려두지 않을 것입니다.

내가 기도하면서 처음으로 영의 더러움으로부터 깨끗하게 되기 시작하는 곳에 이르렀을 때 나는 설교자가 육신으로 행하고 있다는 것을 속으로 알면서 집회에 참석하곤 하였습니다.

집회에 참석한 사람들은 성령과 육신의 차이도 알지 못하면서 흥분과 감정으로 소리를 지르곤 하였습니다. 성령으로 내가 깨끗하게 되기 전에는 나도 그 차이를 알지 못했었습니다. 그러나 이제는 나를 거짓과 잘못된 믿음으로부터 깨끗하게 해 준 성령님으로 말미암아 보호를 받고 있습니다.

당신이 기도를 그만두게 하는 원수의 전략!

한 가지 내가 당신에게 보장할 수 있는 것이 있습니다. 그냥 성령 안에서 기도하기를 계속하십시오. 그러면 당신은 당신의 추한 면을 대면하게 될 것입니다. 마귀가 처음 시도하려는 것은 당신으로 하여금 기도를 그만두게 하여서 당신의 깨끗하게 하는 과정을 중단시키는 것입니다.

사탄은 우리에게서 방언으로 기도하는 것의 유익을 빼앗으려고 전면전쟁을 하고 있습니다. 이 전쟁에서 많은 사상자가 생기는 것을 보는 것은 나를 슬프게 합니다. 많은 교회에서 여러 그룹의 사람들이 그들의 도시에 부흥을 가져오게 하려는 좋은 의도를 가지고 기도를 시작합니다. 그러나 너무나도 많은 어려운 일이 일어나므로 기도는 곧 그들의 관심사 가운데 가장 마지막을 차지하게 됩니다.

대부분의 그리스도인은 그들의 삶 가운데서 (불안과 불편함을 일으키는 것들을 제거하기 위하여) 육신을 죽이는 것이 시작되기도 훨씬 전에 기도하기를 그만두어버립니다. 그들은 하나님과 함께 걷는 삶을 방해하는 모든 육신의 일을 결정적으로 죽여 버릴 힘을 받을 때가 올 때까지 충분히 오랫동안 기도를 지속하지 않습니다.

이런 신자들이 인내로 곤경을 통과하지 못할 때 그들은 하나님의 소명의 길에서 벗어나도록 방해하는 모든 것들을 깨끗하게 하는 성령의 사명을 중단시키는 것입니다. 그들은 하나님의 완전한 뜻 밖에 있는 이차적인 사명과 육신적인 것으로 이끌어 가는 원수의 시도로 말미암아 취약한 상태에 남아 있게 됩니다.

마귀는 당신이 교회 다니는 것에는 별로 개의치 않습니다. 그는 또한 당신이 독신자 그룹이나 부부 소그룹에 가입하거나 어떤 프로그램을 도와주거나 다른 신자들과 교제하는 것에는 개의치 않습니다. 그러나 마귀는 당신이 혼적인 영역의 감정주의에 의하여 지배를 받지 않는 방언과 같은 영역으로 그를 끌어들여서 영적인 레슬링을 하는 것만은 원하지 않습니다. 당신이 이렇게 하는 그 순간 그는 통제력을 상실하기 시작하여서 당신을 다룰 수 없게 되기 때문입니다.

에베소서 6장 11절과 12절을 기억하십시오.

마귀의 간계를 능히 대적하기 위하여 하나님의 전신 갑주를 입으라 우리의 씨름은 혈과 육을 상대하는 것이 아니요 통치자들과 권세들과 이 어둠의 세상 주관자들과 하늘에 있는 악의 영들을 상대함이라

11절의 '간계wiles'란 단어는 속임수를 통하여 당신의 삶에 원수가 들어오는 길들을 나타냅니다. 당신의 삶에 진입로를 얻기 위해 마귀가 사용하는 중요한 방법 중에 하나는 감정주의라는 견고한 진을 통한 것입니다.

마귀는 당신의 삶에 고통, 근심, 두려움 등을 가져다주려고 시도할 것입니다. 마귀는 당신을 걱정거리로 가득 채워서 당신이 무르익은 우울증에 빠지도록 하는 것을 좋아합니다.

그러므로 당신이 기도하다가 곤경에 마주쳐서 당신의 신경이 터질 것 같이 긴장되어 보일 때 이 말을 기억하십시오. '이것은 원수의 간계일 뿐이다.' 마귀는 당신이 성령의 도움으로 그를 대적하여 싸우기를 원하지 않습니다. 그는 당신이 방언으로 기도하는 것을 그만두기를 바랍니다.

그러므로 계속 기도하십시오. 당신이 기도를 중단하도록 하기 위해서 마귀가 생각할 수 있는 모든 감정적인 꾀를 동원할 때는 가장 생산적으로 기도하는 시기들입니다. 그러므로 당신은 인내로 계속 기도하십시오.

자아, 바퀴벌레의 왕 - 가장 죽이기 힘든 것

이 성화의 과정을 통과하기 위해 인내하는 것이 항상 쉽지는 않다는 것을 우리는 보았습니다. 성령께서 당신의 가장 깊은 곳을 살피실 때 그분은 당신이 다루고 싶어 하지 않는 것을 깨끗하게 하려고 어둠에 있는 것을 꺼내실 것입니다. 이때가 바로 당신의 감정이 걷잡을 수 없게 될 수 있는 때입니다.

이것은 언젠가 내가 싸구려 모텔에 머물던 경험을 상기시켜 줍니다. 내가 처음 전임 사역에 들어갔을 때 나를 초대한 교회들이 내 숙소로 준비한 어떤 호텔들을 당신도 한번 보았어야만 합니다. 화장실은 복도 맨 끝에 하나 있고 전화는 골목 맨 끝에 있었습니다!

처음 어두운 모텔 방에 들어갔을 때 나는 벽에 있을 전등 스위치를 더듬어 찾았습니다. 그러나 스위치는 하나도 없고 들어오는 사람마다 스위치를 찾느라고 남겨둔 손자국만이 벽에 줄이나 있을 뿐이었습니다.

그래서 천정에 있는 등을 켜는 줄을 찾아 나는 바닥을 가로질러 걸어갔습니다. 걸어가면서 나는 이상한 '버석버석' 하는 소리를 들었습니다. 나는 등을 켜는 줄을 찾아 당겼습니다. 갑자기 이 모든 밤의 작은 피조물들이 사방으로 도망가기 시작하였습니다. 어둠을 피해 숨으려고 달아나는 한 무리의 바퀴벌레들이었습니다.(내가 밟아버린 죽은 벌레들의 흔적을 제외하고는!)

나는 이 바퀴벌레 떼가 미친 듯이 어둠을 찾는 것을 생각해 보았습니다. 이것은 내게 말씀과 성령의 빛에 노출되지 않으려고 움츠려 드는 우리 삶의 육신적인 일들을 생각나게 해 주었습니다. 가르침을 돕기 위해서 이제 나는 이 실화를 하나의 이야기로 확장시켜보겠습니다.

숨을 곳을 찾아 도망치는 바퀴벌레들을 관찰한 뒤에 나는 방을 둘러보았습니다. 아직도 곰팡이가 나고 일주일은 묵은 음식이 놓여 있는 카운터에는 쥐 한 마리가 앉아 있었습니다. 이 쥐는 큰 쥐였습니다! 그 쥐의 입에는 새끼 고양이를 통째로 삼킨 듯이 꼬리가 물려 있었습니다!

그런데 내 관심을 끈 것은 그 쥐의 목둘레에 걸쳐 있는 작은 목걸이와 체인으로 된 줄이었습니다. 내 눈은 그 작은 줄을 따라 줄 끝으로 옮겨졌는데 거기에는 한 마리의 바퀴벌레가 그 여섯 다리 중에 하나로 이 줄을 잡고 서 있었습니다. 당신도 이 바퀴벌레를 보았어야만 합니다! 이 놈은 거대한 바퀴벌레였습니다! 뿐만 아니라 그놈은 '슈퍼 버그' 겉옷을 입었는데 가슴에는 커다란 'S' 자가 쓰여 있었습니다!

내가 이 바퀴벌레를 들여다보니 그놈도 나를 쳐다보았습니다. 그가 말했습니다. "이것 보시오." 그가 줄을 당기면서 쥐에게 명령하였습니다. "뒹굴어라." 그 쥐는 온유하게 순종하면서 뒹굴었습니다!

"나는 나쁘다, 나는 정말 나쁘다니까!" 그 바퀴벌레가 뽐내며 말했습니다.

"그래, 나도 너에 관해서 들은 것이 있다. 바퀴벌레, 나는 너를 맞을 준비가 되어 있다. 나는 영적인 레이드Raid, 바퀴벌레 죽이는 약품 상표를 한 통 가지고 있다!" 내가 말했습니다.

"오, 그래? 나는 너의 삶의 가장 화려한 다락방Penthouse에 오랫동안 살아왔다. 내가 너의 방언 기도를 두려워한다고 생각한다면 지금 즉시 내가 너에게 얼마나 치명상을 입힐 수 있는지 보여주겠다! 나는 바퀴벌레의 왕이다. 나는 지금까지 너의 삶이 더 이상 발전할 수 없도록 제한해 왔다. 하나님 안에서 더 이상 진전이 없었고 앞으로도 더 이상 나아가지 못할 것이다!" 바퀴벌레가 말했습니다.

"오, 그래?" 내가 도전했습니다.

"나는 돈을 사랑함이다. 나는 다른 것들에 대한 욕심이다. 나는 네가 기도하려고 침대에서 나오지 못하도록 하는 육신이다. 나는 기도 대신 프로그램으로 대체하여 너의 사역이 결국 아무것도 되지 못하게 하는 자이다. 너는 네가 나를 칠 수 있다고 생각하니, 이 꼬마야?" 바퀴벌레의 왕이 계속해서 말했습니다.

"그래, 자신 있다! 나도 너에 관한 이야기를 들었지만 나는 벌레에게 뿜어 죽이는 약 레이드를 가지고 있다!"

이리하여 바퀴벌레의 왕은 권투 장갑을 끼고 덤벼들었습니다. 치익~! "넌 나를 놓쳤어!" 치익, 치익 "못 맞추었지?"

그러다가 나는 그놈의 얼굴에다 뿌렸습니다. 스프레이의 힘이 그의 머리카락을 뒤로 날렸습니다. 그러나 그놈은 입만 한 번 다시고는 이렇게 말했습니다. "오, 그거 좋은 것이군! 나는 잡종 바퀴벌레야, 오늘 밤에 나는 데이트가 있으니까 다시 한번 뿌려봐!"

이 이야기는 무엇에 대해 말하고 있습니까? 당신이 방언으로 기도함으로써 자신을 세우기 시작하게 되면 성령께서는 당신의 거듭난 사람의 영의 등불이 점점 밝게 타오르도록 합니다. 당신이 기도하면 할수록 성령님은 어둠 속에 숨겨져 있던 것들을 조명하게 될 것입니다.

당신이 하나님 안의 어떤 영역에서 더 높은 영역으로 움직일 때마다 그 '바퀴벌레들', 즉 당신이 하나님과 함께 걷는 것을 방해해 왔던 육신의 일들은 어둠 속으로 숨으려고 소리를 지르며 도망칠 것입니다. 이어서 당신의 거듭난 사람의 영이 성령으로부터 세움을 통해 받은 능력으로 그들을 하나씩 하나씩 깨끗하게 없앨 것입니다.

마침내 당신은 가장 높은 다락방Penthouse까지 이르게 될 것입니다. 그곳이 바로 늙은 바퀴벌레 왕인 '자아' 씨가 거주하는 곳입니다. 그는 마지막으로 사라져야 할 자입니다. 그는 정말 한 판 싸움을 벌일 것입니다!

오랫동안 방언으로 기도한 후 마침내 나는 내 삶의 가장 높은 다락방에 도달하였습니다. 바퀴벌레의 왕인 미스터 자아가 권투 장갑을 끼고 나의 감정에 싸움을 걸었습니다. 정말 힘든 싸움이었습니다!

마지막으로 없애야 할 것이 왜 미스터 자아일까요? 왜냐하면 당신은 기도를 그만하게 되거나 아니면 당신이 하나님보다 더 사랑하는 것을 포기해야만 할 때가 오는데, '자아'는 바로 당신의 육신이 가장 사랑하는 것이기 때문입니다!

그러므로 둘 중에 하나가 일어날 것입니다. 당신이 기도를 그만두든지 바퀴벌레의 왕을 죽이든지 말입니다. 당신은 이 두 가지와 함께 공존할 수는 없습니다. 당신의 감정은 말합니다. '자아를 풀어 내보내지 말라.' 그러나 당신이 방언으로 기도를 계속하면 당신의 세움을 받은 영은 '자아를 풀어 내보내야 한다.' 라고 말할 것입니다.

당신의 감정은 이 내적인 전쟁이 너무나 강하기 때문에 기도하는 것만 제외하고는 무엇이든지 하고자 하는 느낌을 갖게 됩니다. 바로 당신이 이 곤경을 밀고 통과해 나가야 하는 것입니다. 당신이 이런 지점까지 도달한다면 계속 기도를 지속하십시오. 당신은 곧 바퀴벌레의 왕을 죽이게 될 것입니다. 그렇게 되면 당신의 삶과 당신의 사역은 새로운 기름 부음의 차원으로 올라가게 될 것입니다.

이것이 상쾌함이다

당신은 오랜 내적 전쟁에 지쳐 있습니까? 당신의 삶에서 상상하는 것들과 어떤 높은 것들이 하나님을 아는 지식에 대항하여 스스로를 높이고 있지는 않습니까? 당신이 정신적으로 힘이 다 빠졌다고 느낄 때까지 사로잡히지 않은 생각들이 부담이 되지 않습니까? 당신 자신을 끌고 교회로 가는 것과 한 발 더 나가서 매일 개인적으로 예배를 드리기 시작하는 것이 갈등이 됩니까? 당신의 감정이 '나는 지쳤어. 내 평생 교회에 앉아 있었지만 나는 더 이상 아무것에도 신경을 쓰고 싶지 않은 지점 가까이에 와 있어.' 라고 말하고 있습니까?

이사야 28장 11-12절에서 방언을 말하는 것은 지친 자를 쉬게 하는 상쾌함과 안식이라고 말하고 있습니다.

> 그러므로 더듬는 입술과 다른 방언으로 그가 이 백성에게 말씀하시리라. 전에 그들에게 이르시기를 이것이 너희 안식이요 이것이 너희 상쾌함이니 너희는 곤비한 자에게 안식을 주라 하셨으나 그들이 듣지 아니하였으므로

방언으로 기도하는 것은 하나님께서 우리에게 주신 너무나 값진 선물로서 우리는 이렇게 불완전한 세상의 한 가운데서도 상쾌함과 안식을 느낄 수 있습니다!

예수께서는 "왜 너희는 나의 멍에를 메고 내게서 배우지 않느냐?"(마 11:29)고 말씀하셨습니다. 주님께서 말씀하고 있는 멍에는 무엇일까요? 기억하십시오. 예수님은 온유하고 부드러운 분이십니다. 주님께서 당신이 짊어지라고 하는 멍에는 당신의 어깨에 커다란 복음의 짐을 짊어지고 인생을 무거운 발걸음으로 터벅터벅 걷는 것이 아닙니다. 주님께서 당신에게 요구하는 멍에는 주님을 더 알기 위해 배우는 책임입니다.

밭을 갈기 위해 황소들을 사용하던 때에 사람들은 항상 젊은 황소를 늙은 황소와 함께 멍에를 메도록 했습니다. 만일 젊은 황소가 줄 끝에서 돌아서려고 하지 않아도 늙은 황소는 어쨌든 돌아섭니다. 젊은 황소가 밭을 갈기를 원하지 않아도 늙은 황소는 그를 끌고 갑니다.

젊은 황소가 오후 네 시가 아니라 세 시에 일을 마치려고 하면 늙은 황소는 그가 더 일하도록 압력을 행사합니다.

우리가 주님과 함께 멍에를 멘다면 예수님께서 우리에게 이렇게 하실 것입니다. 그러므로 그 멍에를 당신의 목둘레에 고정시키고, 이것을 기억하십시오. "이것은 이중 멍에다. 다른 쪽은 예수님께 메여 있다." 만일 당신이 그분과 함께 멍에를 메고 그분을 배우기로 결심한다면 그분의 길이 부드럽고 평화롭고 능력이 있다는 것을 발견하게 될 것입니다.

예수님은 "나의 멍에는 내게 배우는 것이다"라고 말씀하셨습니다. 한 가지 방법은 방언으로 기도함으로써 안식과 상쾌함을 통하여 주님께 배우는 것입니다!

거기 머물러 있어라!

물론 선택은 지금 당신에게 달렸습니다. 당신은 전혀 방언 기도를 하지 않아도 됩니다. 하나님은 당신이 어떤 수준에 있든지 당신을 사랑하시고 용납하시고 당신을 위하여 하실 수 있는 모든 것을 행하실 것입니다.

그러나 당신이 하나님께 더 가까이 가기를 원한다면, 만일 당신이 두려움과 불확실함과 나쁜 습관과 하나님과 더 가까이 걷는 것 사이에 있는 염려들을 죽이기 원한다면, 방언으로 기도하는 것은 매우 귀한 선물입니다. 방언 기도는 당신에게 안식과 상쾌함을 가져다주고 하나님의 비밀을 풀고 하나님 안에서 당신을 더 높이 세우는 영적인 열쇠입니다.

방언으로 기도하는 시간에 들어갈 때는 당신이 어떤 종류의 곤경에 처하든지 당신이 할 수 있는 최선의 일은 기도하는 일을 멈추지 않고 거기 머물러 있는 것입니다!

당신은 결정적인 지점에 접근하고 있습니다. 당신은 영적인 '핵의 붕괴'를 체험하려고 하고 있습니다. 그런데 녹아내리도록 되어 있는 것들은 당신의 두려움, 걱정, 고통, 압력, 잘못된 것들에 대한 정욕, 가난의 굴레, 화내는 것, 분쟁하는 것 등입니다.

당신이 이 곤경을 통과하여 반대편에 서게 되면, 당신이 기도하며 믿어왔던 분야에 있어서 돌파한 것을 누릴 준비를 하십시오. 당신은 기도와 인내로 견디어 냈으며 이제 당신은 기적을 위해 잘 준비되어 있습니다!

네가 나의 영에 네 자신을 내어주게 되면,
나의 임재가 네 안에서 역사할 것이다.
너의 뱃속에 있는 것들을
살피고 조명함으로써
나의 뜻이 무엇인지 네가 알 수 있도록.

내가 너를 물줄기 곁으로 인도할 것이다.
나는 너의 뿌리 전체를 깊이 내리도록 하여서
네가 나의 영에서 난
열매를 나타내도록 할 것이다.

그러므로 성령이 하는 말을 들어라,
왜냐하면 그날에 많은 사람이
소리칠 것이기 때문이다.
그러나 너는 나의 말을 행하는
반석 위에 굳게 설 것이다.
너는 내가 너를 통하여
역사할 수 있는 자가 될 것이다.

12

틈 사이에 서 있도록 깨끗하게 되다

이런 곤경에 처하게 될 때 기도하기를 포기하지 말아야 하는 또 다른 중요한 이유를 알려드리겠습니다. 당신이 깨끗하게 되지 않은 그릇으로 남아있다면 당신은 하나님께서 의도하는 그런 방법으로 다른 사람들을 위하여 결코 틈 사이에 서 있을 수 없을 것입니다.

중보기도에 깊이 들어가기 전에 우리는 육신적인 본성을 죽이는 경험을 어느정도 해야만 합니다. 중보기도에는 헌신과 결단 그리고 인내가 필요합니다. 일반적으로 이것은 하나하나가 모두 육신에 반대되는 것입니다.

왜 기도 그룹이 쉽게 실패할까요?

좋은 의도를 가지고 시작은 하지만 많은 기도 그룹이 실패하는 이유가 바로 이것입니다. 기도 그룹에 참여하는 대부분의 사람은 끈기와 결단과 헌신이 없습니다. 사실 그들이 가진 것은 보트로 가득 채워 넘칠만한 흥분과 일 톤 쯤 되는 인격의 결함들입니다!

이 사람들은 그들이 방언으로 기도하는 동안에 그 도시 위에 있는 견고한 진들을 무너뜨릴 것을 생각하고 기도 그룹에 참여합니다. 그러나 실제로 그들이 시작 단계에서 하는 일들은 자신들을 세우는 일이지 다른 사람들을 위해 중보기도 하는 것이 아닙니다.

만일 그들이 계속 기도한다면 이 세우는 과정은 과거에 그들에게 방해가 되었던 인격적인 결함들이 표면으로 드러나도록 합니다. 성령께서는 나쁜 열매를 맺었던 뿌리, 즉 그들로 하여금 좋은 엄마, 좋은 아빠, 좋은 생활력이 있는 사람이 되지 못하도록 했던 육신적인 일들의 뿌리를 얼굴로 대면하도록 해 줄 것입니다. 전에는 이런 기질이 전혀 없어 보이던 사람들이 대단한 혈기를 부리기도 합니다.

이런 육신적인 기질들은 거기 늘 있던 것들인데 방언 기도가 이것을 표면에 드러나도록 한 것일 뿐입니다. 이제는 지속적인 기도를 통해 성령께서 그들의 거듭난 영을 세움으로써 이런 기질들의 뿌리를 깨끗하게 할 수 있도록 허락하는 것은 사람들에게 달려 있습니다. 만일 기도 그룹에 속한 사람들이 이런 드러난 흠들을 다루지 않는다면 그들은 작은 논쟁이나 거짓 교리 혹은 흔한 이기주의 등으로도 분열되고 말 것입니다. 그러나 그들이 계속 기도한다면 성령께서는 그들의 개인적인 세움에 대한 강조를 넘어서 성령의 능력을 그들을 통해 다른 사람들에게 풀어 놓을 수 있도록 하는 지점에까지 이르도록 하실 것입니다.

그래서 마귀는 신자들을 육신적인 상태에 머물러 있도록 일하고 있습니다. 많은 교회들이 서로 싸우고 혼란한 상태에 머물러 있습니다. 이런 육신적인 상태에 있는 신자들은 중보기도를 할 자격이 없습니다. 왜냐하면 그들은 병든 어린이들이 곧 죽어가도 그들을 돌볼만한 관심이 없기 때문입니다. 그들은 수많은 무리가 지옥으로 가는 것도 별로 개의치 않습니다. 그들은 자신들의 권리에 대해서만 너무나 관심이 많습니다.

우리는 모두 위대한 중보기도자가 되기를 갈망해야 합니다. 하나님께서는 우리를 지옥과 지옥에 가려고 애쓰고 있는 사람들 사이에 두기를 원하십니다. 그러나 우리는 먼저 육신의 일들을 죽이기를 원해야만 합니다.

중보기도에 굳세게 서 있기

그러나 우리는 마귀의 주의를 끌지 않고 부흥을 위해서나 영혼 구원을 위해서 활동적으로 기도할 수 없다는 것을 기억해야만 합니다. 바울은 에베소서 6장에서 우리가 직면하고 있는 전쟁을 경고했습니다. "보십시오. 우리의 씨름은 혈과 육을 상대로 하는 것이 아니요 통치자들과 권세들과 이 어둠의 세상 주관자들과 하늘에 있는 악의 영들을 상대하고 있습니다"(엡 6:12).

그러므로 당신은 항상 내부에서 계속되고 있는 성령님께서 육신을 죽이는 과정에 협조하면서 중보기도에 흔들리지 않고 굳게 서 있기로 결단을 해야만 합니다. 성령 안에서 기도함으로써 당신의 가장 거룩한 믿음 위에 자신을 세우며 건축함에 따라 당신은 하나님께서 문자 그대로 당신을 통하여 깊은 중보기도의 신음을 쏟아 부을 수 있는 영적인 자리에 도달하게 될 것입니다. 이때가 바로 믿을 수 없을 만큼 엄청난 성령의 능력이 풀려나기 시작할 때입니다.

하나님의 능력이 진정으로 틈 사이에 서 있는 어떤 사람에게 전달될 때 역사하는 영적인 활동의 양은 대단합니다. 이런 종류의 능력은 수많은 천사들에게 다른 사람들과 당신의 일에 재앙을 쫓아내고 환경을 변화시키는 일에 법적인 행동을 취하도록 권세를 줍니다.

그러나 이런 수준의 중보기도는 동시에 당신의 권위에 도전하는 능력들과 권세들의 도전을 초래합니다. 이 마귀의 세력은 화물열차와 같이 거칠게 당신에게로 달려듭니다. 그들의 목표는 당신의 불경건한 정욕에 대한 취약성이나 해야 할 일을 뒤로 미루는 흔한 습관 같은 것으로 당신을 그만두게 하여 멸망시키는데 사용할 수 있는 당신의 어떤 약점들이나 인격적인 결점들입니다.

이것이 바로 방언으로 기도하면서 몇 달씩 세움을 받는 것이 중요한 이유입니다. 그동안 성령께서는 당신의 거듭난 사람의 영을 세워서 마귀에게 권세와 능력을 주어 당신의 삶을 방해하고 지배하도록 했던 육신의 어떤 세력들도 죽이도록 합니다. 성령께서는 원수가 당신을 멈추게 할 수 없도록 영적으로 성숙한 자리에까지 당신의 영을 건축합니다.

당신이 일단 인내하며 기도하는 자리에 도달하기만 하면 성령께서 엄청난 영광의 파장, 즉 초자연적인 형태의 기쁨과 유쾌한 웃음 같은 모양으로 당신의 영혼에 넘치는 능력을 활성화하기 시작할 것입니다.

이런 영광의 파도를 즐기는 사람들은 인내하는 기도의 기술을 습득하고 다른 사람들을 물리적인 재앙이나 영원한 지옥으로부터 구출해 내는데 하나님에 의해 사용되는 사람들입니다. 초자연적인 기쁨과 웃음은 믿음이 그 받을 것을 얻어낸, 무엇인가가 변화된 성령의 영역으로부터 나오는 소식이며 이것은 곧 자연의 영역에도 나타나게 됩니다.

우리의 의로운 영 안에서 신음하기

그러면 이런 이기적이고 육신적인 것으로부터 깨끗하게 하는 과정을 통하여 인내하는 기도에 이르고 성령께서 중보기도에 사용하실 수 있는 준비된 그릇이 되기까지 이르는 이 영적인 추구의 과정에서 어떻게 우리는 마지막 승리를 확신할 수 있겠습니까? 이 질문에 대한 해답을 나는 고린도후서 5장과 로마서 8장의 두 다른 성경 구절들을 공부하고 낮은 목소리로 읊조리면서 찾았습니다.

우리의 궁극적인 승리에 대한 열쇠는 고린도후서 5장 5절의 간단한 문장 하나에 요약되어 있습니다. 하나님은 우리에게 성령의 보증을 주셨습니다. 문맥에 비추어 전 구절을 살펴봅시다.

만일 땅에 있는 우리의 장막 집이 무너지면 하나님께서 지으신 집 곧 손으로 지은 것이 아니요 하늘에 있는 영원한 집이 우리에게 있는 줄 아느니라 참으로 우리가 여기 있어 탄식하며 하늘로부터 오는 우리 처소로 덧입기를 간절히 사모하노라 이렇게 입음은 우리가 벗은 자들로 발견되지 않으려 함이라 참으로 이 장막에 있는 우리가 짐 진 것 같이 탄식하는 것은 벗고자 함이 아니요 오직 덧입고자 함이니 죽을 것이 생명에 삼킨바 되게 하려 함이라 곧 이것을 우리에게 이루게 하시고 보증으로 성령을 우리에게 주신 이는 하나님이시니라 (고후 5:1-5)

로마서 8장 22-25절로 가서 두 구절을 비교해 봅시다. 먼저 22절을 봅시다.

피조물[모든 만들어진 것]이 다 이제까지 함께 [잉태한 여인처럼] 탄식하며 함께 고통을 겪고 있는 것을 우리가 아느니라

모든 피조물이 사람의 타락으로 처하게 된, 썩어짐의 굴레에서 해방되기를 바라며 신음하고 있습니다. 모든 피조물은 마지막 원자 하나에 이르기까지 그때에 저주 아래 처하게 되었습니다. 이제 피조물은 새 하늘과 새 땅을 잉태한 채로, 잉태한 여자가 출산을 기다리듯이 산고 가운데 신음하고 있습니다.

23절에서 바울은 강조점을 피조물에서부터 당신과 내게로 옮겼습니다.

그뿐 아니라 또한 우리 곧 성령의 처음 익은 열매를 받은 우리까지도 속으로 탄식하여 양자될 것 곧 우리 몸의 속량을 기다리느니라

완전하지 못한 모든 피조물들은 썩어짐으로부터 구원받기를 기다리면서 중보기도하는 신음의 모습을 띠고 있습니다. 이것은 '성령의 첫 열매'를 가진 신자들도 포함합니다.

우리가 그 첫 열매를 소유하고 있으며 두 번째 열매, 즉 우리 몸의 속량을 기다리고 있다고 바울이 말한 것에 주의하십시오. 바울이 말하고 있는 첫 번째 열매란 무엇일까요?

예수께서는 죽으신 후 살아 나셨고 거듭난 우리는 첫 열매, 즉 그의 부활의 첫 수확이 되었습니다. 우리가 주 예수 그리스도께 무릎을 꿇고 거듭났을 때 입양 서류가 마련되었고 우리는 그의 첫 열매가 되었습니다.

우리가 거듭났을 때 나의 영의 사람은 즉시 그리스도 예수와 함께 하늘에 앉았습니다.

> 허물로 죽은 우리를 그리스도와 함께 살리셨고 (너희는 은혜로 구원을 받은 것이라) 또 함께 일으키사 그리스도 예수 안에서 함께 하늘에 앉히시니 (엡 2:5-6)

나의 영은 예수 그리스도와 똑같은 형상express image을 가지게 되었습니다. 내 영은 그로부터 태어났고 따라서 그리스도 안에서

하나님의 의가 되었습니다. **"하나님이 죄를 알지도 못하신 이를 우리를 대신하여 죄로 삼으신 것은 우리로 하여금 그 안에서 하나님의 의가 되게 하려 하심이라"**(고후 5:21). 그러므로 나는 내 안에 이런 의로운 느낌을 가지고 있습니다. 내 안에 있는 것이 너무나 거룩하여서 나의 육신과 끊임없이 전쟁을 하고 있습니다.

성령의 처음 열매를 가진 우리, 다른 말로 하면 거듭나서 성령 세례 혹은 보증을 받은 우리는 신음하고 있습니다. 우리는 몸의 속량이 완전히 이루어지거나 전체 입양 과정이 마무리되기를 기다리며, 즉 두 번째 열매를 기다리면서 우리는 의로운 영 안에서 신음하고 있습니다.

당신이 의로운 영 안에서 신음하는 이유는 육신의 몸 안에 갇혀 있기 때문입니다. 당신은 육신 안에 살고 있습니다. 당신의 육신은 아담으로부터 물려받은 그 안에서 역사하는 죽음을 가지고 있습니다. 그것은 죄를 지을 수 있기 때문에 당신이 육신대로 사는 것을 그대로 허락하면 반드시 죄를 지을 것입니다. 이것이 바로 바울이 갈라디아서 5장 16절에서 말하고 있는 것입니다.

> 내가 이르노니 너희는 성령을 따라 행하라 그리하면 육체의 욕심을 이루지 아니하리라

당신은 완전히 육신 가운데 살 능력을 가지고 있습니다. 뿐만 아니라 당신의 몸은 전쟁과 분쟁의 세계, 즉 어린이들이 굶어 죽어가고

있고 어른들은 서로 죽이는 죄와 타락이 편만한 곳에 갇혀 있습니다. 당신은 이 모든 저주스러운 죄를 가지고 있는 불완전한 세상에 살고 있고 당신 스스로도 아직 이 죄를 행할 수 있기 때문에 당신의 의로운 영은 당신의 몸 안에서 신음하고 있습니다.

실제로 바울은 모든 피조물들이 해산의 고통 가운데 있는 여자처럼 노예의 굴레에 팔려 이 굴레에서 빠져나오기 위해 울며 신음하고 있다고 말했습니다. 나는 이 혼란의 한 가운데 처해 있기 때문에 내 안에 심겨진 의는 나로 하여금 새 하늘과 새 땅과 새롭고 영광스러운 몸을 바라며 신음하게 합니다.

소망으로 구원받다

이것은 고린도후서 5장에 있는 구절들과 비슷하게 들리지 않습니까? 4절이 말하고 있는 것을 기억하십시오.

참으로 이 장막에 있는 우리가 짐 진 것 같이 탄식하는 것은 벗고자 함이 아니요 오직 덧입고자 함이니 죽을 것이 생명에 삼킨바 되게 하려 함이라

우리는 무엇을 바라며 신음하고 있습니까? 우리는 입양 과정이 완전히 마무리되기를 기다리고 있습니다. 그때가 언제입니까? 우리

의 몸이 속량 받는 때입니다. 다른 말로 하면 우리가 영광스런 몸, 즉 손으로 만든 것이 아니라 하늘로부터 온 집으로 옷이 입혀질 때입니다.

예수님께서 돌아오시고 우리가 부활의 몸을 받을 때 우리의 몸은 눈 깜짝할 순간에 썩어질 것에서 썩지 않을 것으로 변화 받게 될 것입니다(고전 15:52). 그 시간이 오고 있습니다. 그러나 우리는 우리의 몸에 갇혀 있는 동안 우리를 도와줄 누군가가 아직도 필요합니다. 그래서 하나님께서는 이 기다리는 시간에 우리를 강하게 만들어서 육신의 다스림을 이길 수 있도록 성령님을 우리에게 보내셨습니다.

고린도후서 5장 5절에서 바울은 이런 말을 하고 있습니다.

> 곧 이것을 우리에게 이루게 하시고 보증으로 성령을 우리에게 주신 이는 하나님이시니라

그래서 하나님은 그의 위대한 계획을 완전히 성취하기 위해서 우리를 구원하시고 역사하셨습니다. 실제로 바울은 똑같은 것을 약간 다른 방법으로 로마서와 고린도서에서 말하고 있습니다. 로마서 8장 24절과 25절에서 그는 우리가 소망으로 구원을 받았다고 말했습니다.

> 우리가 소망으로 구원을 얻었으매 보이는 소망이 소망이 아니니 보는 것을 누가 바라리요 만일 우리가 보지 못하는 것을 바라면 참음으로 기다릴지니라

무엇에 대한 소망으로 우리가 구원을 받았다는 말입니까? 성령의 처음 열매를 가진 우리는 부활 때에 우리의 몸이 영광스럽게 됨으로 속량의 과정이 완성되기를 기다리고 있습니다. 우리는 아직 보지는 못하지만 '우리는 기다리며 인내하고 있습니다.'

우리는 기다리는 것 외에 다른 방법이 없습니다. 예수님의 재림을 기다리며 하나님을 믿으면서 아무리 애써도 여전히 예수님은 하나님께서 '다시 갈 시간이다'라고 말씀하셔야 다시 오실 것입니다!

우리의 상속의 보증

고린도후서 5장 5절의 이 단순한 한 문장을 통해서 바울이 우리 삶에서 성령의 전반적인 사역을 다 망라하는 또 다른 어떤 것을 말하고 있는 것을 주의해 보십시오. 하나님은 우리에게 성령의 보증을 주셨습니다.

우리의 상속에 대한 보증으로서의 성령의 사역을 좀 더 자세히 알아보기 위해서 우리는 로마서 8장으로 돌아가야 합니다. 바울은 요점을 말하고 있습니다. "당신이 죄를 지을 수 있는 몸 안에 갇혀 있다는 것은 문제가 되지 않습니다. 물론 당신은 아직도 여기서 영광스러운 몸에 대한 소망 안에 갇혀 있습니다. 그러나 당신은 혼자 기다릴 필요가 없고 성령의 보증을 가지고 있습니다. 이것이 바로 성령께서 그의 사역을 수행하는 방법입니다."

만일 당신이 부동산 사업에 대해서 조금이라도 알고 있다면 '보증금'은 구매하겠다는 당신의 진지함을 나타내는 것이라는 것을 알고 있을 것입니다. 보증금은 약속된 소유권에 대한 돈입니다.

"내가 너에게 하늘나라를 조금 주려고 한다. 왜냐하면 나는 네가 나와 함께 있기 위하여 하늘나라로 올 때 약속된 소유물인 너를 원하기 때문이다." 그래서 하나님께서는 하나님의 '보증금'인 성령을 약속된 소유물인 당신에게 걸었습니다. 다른 말로 하면, 하나님은 우리에게 세 가지를 보장하기 위하여 우리의 상속에 대한 보증금으로써 성령을 보내셨습니다.

1. **성령님은 여기 지구 위에서 당신의 사역을 이룰 수 있도록 하는 능력에 대한 하나님의 보증입니다.** 성령께서는 당신의 삶에 있어서 하나님의 계획을 기도하기 위하여 초자연적인 기도 언어를 통해 당신을 개인적으로 세우는 데 자신을 제공하십니다. 그분만이 당신의 사역을 완성하도록 하나님의 방향과 인도와 능력에 대한 진정한 약속입니다. 그의 보증금만이 당신이 결과를 지켜볼 수 있는 유일한 보증입니다. 다른 어떤 길도 이런 보증을 하지 않습니다.
2. **성령님은 당신의 영광스러운 몸에 대한 보증입니다.**
3. **성령님은 그가 당신을 천국으로 데리고 갈 때 최후로 구매한 소유인 바로 당신을 하나님께로 구원해 내어 갈 능력입니다.**

그러므로 성령의 보증은 당신의 사역을 이루도록 도와주고 당신을 영광스런 몸으로 구원할 것이며, 당신을 하늘나라로 데리고 가도록 보증하는 것입니다. 이것이 바로 하나님의 당신에 대한 보장입니다. 당신이 그분을 따라가면 그분은 약속된 소유에 대한 그분의 보증금을 절대로 빼앗기지 않을 것입니다. 절대로!

당신이 개인적인 세움을 위한 방언이라 불리는 이 기본적인 방언 기도를 사용한다면 성령의 보증을 부추기기 시작하는 것입니다. 그 수준에서 성령께서는 그것이 얼마나 나쁜 것이든 관계없이 당신의 모든 문제들을 다루기 시작하십니다. 만일 그분이 당신 안에서 일하시도록 당신을 내어드린다면 그분은 그 모든 문제로부터 당신을 구원해 내실 것입니다.

'보증의 사역 The Ministry of the Earnest'

바울은 로마서 8장 26절에서 성령께서 어떻게 그의 사역을 수행하시는지 묘사하고 있습니다.

> 이와 같이 성령도 우리 연약함을 도우시나니 우리가 마땅히 기도할 바를 알지 못하나 오직 성령이 말할 수 없는 탄식으로 우리를 위하여 친히 간구하시느니라

우리는 앞에서 다루었듯이 '연약함 infirmities'이란 단어가 육신에

의해 우리에게 강요된 한계 때문에 결과를 만들어 내지 못하는 우리의 무능력을 말하는 것이란 것을 알고 있습니다. 이것이 바로 성령의 처음 열매를 가진 우리가 의로운 영에서 신음하는 이유입니다. 우리는 이 한계들이 제거되기를 원합니다. 이와 같이 성령께서는 우리의 연약함을 도와주십니다.

영적인 결과를 생산하는데 있어 내 머리가 좋지 않다는 것을 오래 전에 발견하였기 때문에 나는 성령님의 도움을 고맙게 생각합니다. 예를 들면 휠체어에 앉아 있는 지체 장애로 변형된 얼굴의 어린아이를 보게 되면 나는 불신앙 때문에 결과를 생산하지 못하는 나의 무능력과 대면하게 되고 이때 나의 의로운 영은 내 안에서 신음합니다.

만일 내가 마땅히 어떻게 기도해야 하는지를 알기만 한다면 휠체어를 타고 있는 저 어린아이는 일어나 온전케 되어 정상적으로 걷게 될 것입니다. 그러므로 성령께서는 이런 결과를 생산하지 못하는 나의 무능력을 도와주셔야만 합니다.

아시다시피 우리는 모두 하나님의 계획 가운데 위치와 부르심을 가지고 있고 그것은 휠체어에 앉아 있는 심하게 장애를 입은 어린아이도 마찬가지입니다. 이 어린이에게 우리는 어떤 기쁜 소식을 설교해야 할까요? "어린 신자야, 너는 더 이상 이런 상태로 살지 않아도 된다. 왜냐하면 네가 이렇게 사는 것은 하나님의 계획에 없는 것이다. 너는 나와 똑같이 하나님의 부르심을 가지고 있다. 교회가 그 상태로부터 자유롭게 되도록 너를 도와줄 수 없다면 너는 하나님이 의도하신 그 부르심을 결코 이룰 수 없을 것이다."

이것이 우리가 전할 말이 아니라면 복음이 무슨 유익이 있습니까? 복음이 오직 렉서스를 운전하며 주머니에는 돈이 많은 멋지게 보이는 사람들만을 위한 것입니까? 이 작은 기형아는 우리보다 하나님으로부터 더 적게 부름을 받았다고 생각하십니까?

설교자의 메시지는 이래야만 합니다. "사로잡힌 자여, 너는 이제 더 이상 사로잡혀 있을 필요가 없다. 눈먼 자여, 너는 더 이상 눈먼 자로 살 필요가 없다. 가난한 자여, 너는 더 이상 가난한 자로 살 필요가 없다. 감옥에 갇힌 자여, 너는 더 이상 네 자신의 몸속에 갇혀 있지 않아도 된다."

이것이 설교자의 메시지가 아니라면 그는 자신의 편안한 지대 바로 바깥에 널려있는 절박한 필요들을 잊어버리고 사는 것이 아닙니까? 그는 기도에 관심이 있습니까? 그는 이 세상의 근심에 너무나 사로잡혀서 스스로 변명을 하고 빠져나올 수 있다고 생각하고 있습니까? 크고 푸짐한 상급을 기대하며 예수님 앞에 서는 그날 예수님께서 '왜 너는 인내로 더 기도하지 않았느냐?'고 물으실 때 그는 어떤 변명의 말도 할 수 없을 것입니다.

이것은 거의 아무도 이해하고 있지 못하는 영역입니다. 휠체어를 탄 사람과 같은 경우를 만났을 때 '나는 단지 기도하고 하나님을 믿을 것입니다'라고 말할 지도 모릅니다. 그러나 우리가 그 사람을 위해 기도할 때 정말 하나님을 믿는다면 왜 그 사람은 고침 받지 못했을까요? 아무도 모릅니다. 휠체어에 앉아 있는 사람도 모릅니다. 그러나 누가 알고 있는지 말씀드리겠습니다. 성령님은 아십니다. 우리의 상속의 보증으로써 그분은 결과를 생산하지 못하는 우리의 무능력을 도와주시려고 우리에게 보냄을 받았습니다!

이것이 중보기도와 무슨 관계가 있을까요? 내가 방언으로 수많은 시간을 기도한지 이 년쯤 되었을 때, 나는 성령께서 원하심에 따라 나의 영 안의 깊은 곳에서부터 나오는 성령의 깊은 중보기도하는 신음을 경험하기 시작할 때에야 비로소 알게 되었습니다.

내가 왜 속으로 고통을 받고 있는지 궁금해 할 때 하나님께서 내 영에게 말씀하셨습니다. "세상을 향해 가지고 있는 마귀의 계획을 너는 좋아하느냐?"

내가 대답했습니다. "아닙니다. 좋아하지 않습니다! 나는 속으로 고통을 받고 있습니다."

"그래, 너는 네 몸의 속량과 모든 것들의 완성을 위해서 너의 의로운 영으로부터 신음을 하고 있는 중이다." 그분이 말씀하셨습니다.

"네, 맞습니다!" 내가 말했습니다.

나는 고침 받지 못한 상태로 휠체어에 앉아 있는 사람을 지나 갈 때마다 내 속 깊은 곳으로부터 고통을 경험하기 시작했습니다. 예수님께서 저 사람의 병과 고통을 짊어지셨다는 것을 조금의 의심의 그림자도 없이 알고 있었지만 나는 내 육신으로 말미암아 강요된 한계를 느끼곤 했습니다. 혹은 세상을 그냥 쳐다보기만 해도 전체 문명들이 굶어 죽어가고 있는 것을 볼 때 나는 내 안에서 고통을 느끼곤 했습니다.

나는 그 장애자의 상태나 그 처절하게 가난한 나라들이 직면하고 있는 비참한 곤경에 대해 무엇인가를 하기 원하곤 했지만 내 스스로의 힘으로는 할 수 없었습니다! 그러나 성령께서는 자기 뜻대로 활성화함으로써 깊은 중보기도의 신음의 방언으로 내 영 안에서 활동함으로 할 수 있습니다.

성령님은 우리의 연약함을 도우십니다

나의 경험은 성령도 우리의 연약함을 도우신다고 하고 있는 로마서 8장 26절의 말씀과 꼭 일치하였습니다. 이 말은 성령께서는 이미 돕고 있는 사람과 협력해서 도우신다는 뜻입니다.

이 말은 또한 바울이 "우리는 우리의 의로운 영으로부터 신음하고 있다"고 말하고 있는 23절로 우리를 되돌아가게 합니다. 그러므로 바울이 26절에서 "이와 같이 성령도 우리를 도우신다…"고 말할 때, 그는 "당신이 당신의 영으로부터 신음하고 있는 것과 똑같은 방법으로 그분도 역시 당신을 도와주실 것입니다."라고 말하고 있는 것입니다.

이 과정은 이렇습니다. 육신의 일들로 구성된 하나의 산이 당신을 위한 하나님의 계획과 당신 사이를 가로막고 있습니다. 성령께서는 "말로 할 수 없는 신음으로"(롬 8:26) 그 산에 집중할 것입니다. 당신은 일종의 약한 형태의 중보기도에 들어갔지만 당신이 틈 사이에 서 있는 것은 당신 자신을 위한 것입니다.

이런 신음들은 당신이 말로 할 수 없는 너무나 심오한 이야기만을 가리키는 것은 아닙니다. 이것은 성령 안에서 당신이 하나님의 계획과 당신 사이에 놓여 있는 것은 무엇이든지, 너무나 싫어하며 신음하고 괴로워하며 어떤 위치에 도달하는 것도 말하고 있습니다.

'이것은 정말 내 삶에서 없어졌으면 좋겠는데! 주님, 이것은 정말 싫습니다.'라고 하면서 당신의 심령은 부르짖습니다. 이 시점에서 그분이 당신의 길을 막고 있는 산을 움직이는데 필요한 믿음을 당신이 성령님께 드린 것입니다.

기도로 인내하면서 그 산이 당신을 패배시키지 못하도록 거절하기만 한다면 어느 시점에 이르러 성령께서 산을 제거하심으로 당신은 승리하고 그것을 통과하여 '녹아내리는 것'을 체험하게 될 것입니다. 왜 그럴까요? 왜냐하면 당신은 당신의 문제 가운데 머물러 있으면서 기도를 꾸준히 지속할 수 없기 때문입니다. 당신은 자신을 세우기를 포기하고 육신의 일에 자신을 내어 주든지, 성령께서 당신의 삶에서 그것들을 깨끗이 없애도록 허락하든지 둘 중의 하나로 가게 됩니다.

성령께서는 당신이 준비되고 깨끗하게 하는 것을 견디어 낼 수 있을 바른 때가 오면 그 문제를 끄집어낼 것입니다. 당신이 해야 할 일은 오직 기도를 계속하는 것뿐입니다.

멈추지 마십시오. 곤경을 통과하고 전진하십시오. 성령께서 당신을 위해 이 깨끗하게 하는 과정을 밝히 비추어 주실 것이며, 이 모든 과정이 끝난 다음에 당신은 당신의 삶에서 거대한 산이 제거될 것을 보고 이해할 수 있게 될 것입니다. 당신은 당신이 강력한 중보기도에 한 발자국 더 가까이 가 있음을 하나님께 감사할 것입니다.

방언으로 기도하는 것 대 깊은 중보기도의 신음

　고린도후서 5장과 로마서 8장에 있는 두 구절의 결합은 개인적인 세움을 위해 방언으로 기도하는 것과 하나님께서 자기의 뜻대로 하는 다양한 방언, 즉 성령에 의한 깊은 중보기도의 신음들 사이의 해묵은 차이점의 문제를 내게서 해결해 주었습니다.

　비록 당신이 냉담하고 무관심하고 딱딱한 마음으로 방언 기도를 시작했다 하더라도 성령께서는 당신을 깊은 중보기도의 신음을 통해 움직일 수 있는 지점에 이르도록 합니다. 이때 필요한 것은 오직 두 가지 요소뿐인데 그것은 당신의 무관심이 잘못임을 당신이 아는 것과 당신 스스로 자신의 의지로 가능한 한 자주 성령 안에서 기도하기로 결심하는 것입니다.

　당신이 방언 기도를 계속하면 성령께서는 당신을 세우고 충전시켜서 하나님의 사랑에까지 이르게 할 것입니다. 즉 동정심이 당신을 사로잡게 되고 때로는 당신이 사역하고 지나가는 데 어떤 사람이 휠체어에 아직도 매여 있는 것을 보면 당신은 그가 치유된 결과를 보기 전에는 살 수도 없을 것 같이 느끼게 됩니다. 이런 종류의 신음은 이렇게 말하고 있습니다. '난 더 이상 참을 수 없습니다. 너무나 고통스럽습니다. 나의 모든 이기심과 분쟁과 진리에서 떠나있는 부분들을 다 내려놓겠습니다. 성령님의 목적을 위해 내가 해야 할 일은 무엇이든지 할 것입니다.'

　우리가 진리에서 떠나 있는 부분을 내려놓는 것은 우리를 중보기도로 들어가게 하는 데 아주 중요한 부분입니다. 죽은 종교는 '나는 내 권리가 있다! 나를 옹호하자!' 로 이루어져 있습니다. 이것이 대부분의 교회 세계가 살고 있는 곳이며 그래서 대부분의 그리스도인들이 기적의 영역을 드물게 방문하게 되는 이유입니다. 그러므로 기쁜 소식의 복음이 휠체어에 매여 있는 어린 장애인에게까지 미치지 못하고 있습니다. 교회가 잘못하기 때문에 그 환자는 자신의 축복을 받을 기회조차 없는 것입니다.

그러나 우리가 우리의 의로운 영으로 이 세상의 고통과 죄와 비참함을 품고 신음하는 곳에 이르게 되면 우리는 아무하고도 더 이상 싸우기를 원하지 않습니다. 우리는 오직 기도하기만을 원합니다. 우리의 모든 차이점을 제쳐 놓고 기도를 시작합시다!

성령께서 들어 쓰시는 것은 우리의 의로운 영의 신음입니다. 성령께서 나를 살펴보시고 나의 새로운 본성이 신음 가운데 도움을 구하며 부르짖고 있는 것 즉 고통을 받고 있지만 내가 어떻게 기도할지 모르고 있음을 보시면 그분은 이렇게 말씀하십니다. "실례를 좀 하겠다. 나는 너의 연약함을 도우라고 보냄을 받았다. 나는 너의 도움을 구하는 부르짖음에 나의 신음을 더하기를 원한다. 그러면 이것은 네게 순전한 힘으로 바뀌어서 네가 육신의 무능력을 극복하고 솟아오르도록 해 줄 것이다."

"너는 막힌 곳에 다다랐다. 네 자신의 힘만으로는 이것을 떼 낼 수 없다. 너는 그럴만한 힘이 없다. 너는 어떻게 하는지도 모르지만 나는 안다!"

이렇게 해서 성령께서는 자신의 능력의 기름 부음, 즉 그의 중보기도, 그의 신음을 추가하여 당신의 영의 신음과 한 목소리로 섞습니다. 이 시점에서 그분은 당신이 문제를 극복하고 문제에 대해서 무엇인가를 할 수 있도록 당신에게 힘을 주십시오.

갈라디아서 4장 19절에서 바울은 개인적인 세움을 위한 방언과 깊은 중보기도의 신음 사이에 분명히 다른 점에 대한 통찰을 제공하는 계시의 말을 하였습니다.

나의 자녀들아 너희 속에 그리스도의 형상을 이루기까지 다시 너희를 위하여 해산하는 수고를 하노니

얼마나 많은 여자들이 자신들의 아기를 낳을 날을 선택합니까? 사람의 간섭함 없이 자기들의 아기가 태어날 날을 선택할 사람이 얼마나 됩니까? 얼마나 많은 사람이 이 진행을 중지하고서 "이틀만 더 기다려봐야지."라고 말합니까? 내 생각에는 별로 많지 않은 것 같습니다. 여자들은 자신들이 원하면 아기를 갖는 과정을 시작할 수는 있지만 자기들 마음대로 이 과정을 끝낼 수는 없습니다.

이와 마찬가지로 당신은 성령 안에서 기도하고 자신을 세움으로써 중보기도와 해산의 고통으로 인도하는 과정을 당신 마음대로 시작할 수 있습니다. 그러나 당신이 비록 이 세상의 불완전함 때문에 당신의 의로운 영이 신음하는 민감한 데까지 다다른 후에도 성령의 깊은 중보기도의 신음은 오직 그분이 원할 때만 당신에게 임하는 것입니다.

중보기도에 이르는 단계들

다른 사람들의 필요가 우리의 영을 강하게 감동함으로써 우리는 그분의 능력을 보태도록 하는 무엇인가를 마침내 성령께 드릴 때 우리 안에서 중보기도는 태어납니다. 이때가 가장 순수한 형태의 믿음이 우리 영으로부터 흘러나오는 때입니다.

당신이 자신의 의지로 방언 기도를 함으로써 세우는 과정을 시작한 후에 당신을 진정한 중보기도로 인도하는 단계를 말씀드리겠습니다. 성령께서는 먼저 우리가 지금까지 이야기했던 민감한 위치에 당신이 이를 때까지 당신을 세워줄 것입니다. 당신은 당신의 남편이나 아내나 구원받지 못한 가족을 보며 '오 하나님, 어떤 것보다도 나는 그 사람이 구원받기를 원합니다.' 라고 말하기 시작할 것입니다. 세우는 과정 중에 이 시점에서 당신의 심령의 욕망은 바뀌기 시작할 것입니다. 그 순간 당신은 중보기도로 향하는 첫 발자국을 내디뎠습니다.

당신은 자신이 성령님의 기도의 방향을 잡아 주고 있다고 생각할지 모르지만 그렇지 않습니다. 조는 차가 필요하고, 수지는 이것이 필요하고, 잰은 저것이 필요하다는 긴 기도 제목 리스트를 당신은 가지고 있습니다. 하지만 이 모든 것들은 하나님과는 거의 무관한 것들입니다.

당신은 긴 기도 제목을 들고 앉아서 '좋습니다. 나는 이 모든 것을 주장합니다.' 라고 말합니다. 당신이 '내 것으로 주장한다.' 고 말할 때 하나님은 들으셨습니다. 그리고 나서 당신은 '이제는 이것을 가지고 성령 안에서 기도해야지' 라고 말합니다. 이 시점에서 당신의 심령의 소원은 당신의 생각보다 당신의 기도의 방향을 이끌기 시작합니다.

하나님이 뭐라고 말씀하셨지요? 하나님께서는 당신이 그분 안에서 자신을 기뻐하면 당신의 심령의 소원을 들어주신다고 말씀하셨습니다(시 37:4). 즉 당신이 기도 중에 주 안에서 자신을 기뻐하면 당신이 가지고 있는 소원은 그분으로부터 나올 것이며 이런 소원들은 그분이 이루어줄 수 있는 소원입니다.

당신이 성령 안에서 기도하는 동안 성령께서는 작은 씨앗을 심기 시작할 것입니다. 이것이 바로 기적의 잉태입니다. 그것은 믿다가 타락한 당신의 배우자나 마약을 하고 있는 자녀나 구원받지 못한 친척들을 위한 거듭남에 관한 계획입니다. 성령께서는 당신의 심령의 소원의 인도를 받아 이런 씨앗들을 심습니다. 당신이 방언으로 기도하면 하나님께서는 당신의 영의 권세에 의해 이런 작은 '어린 아기'를 만들기 시작할 것입니다.

몇 달이 지나갑니다. 당신은 계속 기도합니다. 그러면 당신 속에서 자라고 있는 기적이 당신이 열매를 맺음에 따라 '나타나기' 시작합니다.

곧 당신은 주변에서 누가 기도하든지 말든지 관심을 갖지 않습니다. 당신은 일찍 일어납니다. 당신은 밤이나 낮이나 항상 기도합니다. 당신은 돌아다니면서 과거에는 전혀 관심도 없던 영적인 것들을 갈망합니다.

당신이 계속 기도하는 동안 몇 달이 지나갑니다. 갑자기 당신 자신이 아니라 하나님의 뜻에 의한 행위에 의해서 출산의 때가 되어 당신은 신음하기 시작합니다. 출산의 고통이 점점 더 가까이 다가옵니다. 영적인 영역에서 '어린 아기'가 탄생하는 것은 오직 시간문제입니다.

오랫동안 내가 자신을 세우는 방언 기도를 했을 때 하나님께서는 성령 안에서 어떤 것들을 탄생시키기 위해 나를 중보기도로 밀어 넣기 시작하셨습니다. 예를 들면 내가 중보기도를 하고 있는 중에 일시적으로, 부분적으로 귀가 안 들리는 증상이 나타난 때가 있었던 것이 기억납니다. 그날 밤에 완전히 귀를 먹은 한 여자가 나의 집회에 참석하였었는데 하나님께서는 그녀의 귀를 열어주셨습니다! 그녀는 음악도 듣고 남편과 아들의 목소리도 그녀의 생애에 처음으로 들을 수 있었습니다. 왜 그럴까요? 왜냐하면 하나님께서는 내가 이 여자의 치유를 위해 틈 사이에 서 있는 영적인 장소까지 나를 데리고 오실 수 있었기 때문입니다.

방언으로 기도함으로써 당신의 영에 구축물을 세우기 위해 수많은 시간과 날들과 달들을 보냄으로써 어느 날 성령께서 강력한 중보기도에 당신을 사용하기 시작할 수 있게 되는 것이 가치 있는 일입니까? 오, 물론이지요, 내 친구여. 기도한 매 분이 가치가 있습니다.

도둑질하고 죽이고 파괴하려고 하는 사탄과 사람들 사이에 서는 것은 대단한 명예입니다. 당신이 기도하고 있는 사람들은 지옥을 그들의 영원한 목적지로 알고 있었을 터인데 당신이 깨끗하게 하는 과정에 값을 지불함으로써 틈 사이에 서서 사로잡힌 사람들을 자유롭게 해방시켜 줄 수 있었다는 것을 아는 것과 비교할 수 있는 것은 아무것도 없습니다.

이 마지막 때에는
많은 사람이 이리저리 허둥댈 것이다.
두려움이 땅을 덮을 것이다.
세상에 임하는 것들을 보면서
사람들의 심령이 녹을 것이다.
그러나 너의 해답은 네 안에 있으니
여기저기로 해답을 찾아다니지 말아라.

눈을 들어 보라. 너의 속량이 가까웠다.
은혜의 성령이 말씀하십니다.
내 말을 행함으로써
너의 발을 기초 반석 위에 두어라.
속사람을 모든 능력과 힘으로
강건케 하여라.
왜냐하면 내 백성들에게서
나의 목적을 이루는 것은
내적인 능력에 있기 때문이다.
그 내적 능력을 통하여
내가 너를 마지막 날에 설 수 있도록
내가 너를 능력 있게 하겠다.

13

기도와 금식 : 능력의 쌍둥이

자, 이제 당신이 성령 안에서 일정기간 동안 기도하기를 방금 헌신했다고 가정해 봅시다. 당신은 하나님을 좀 더 친밀하게 알게 되고 당신을 위한 하나님의 계획 안에서 살아가기를 너무나 갈망하기 때문에 당신은 성령님의 깨끗하게 하는 과정에 자신을 내어 드리고 또한 당신이 마주칠지 모르는 어떤 곤경도 뚫고 기꺼이 통과할 준비가 되어 있습니다.

그렇지만 매번 수없이 실패를 거듭해 왔던 당신 삶의 어떤 분야에 대해서는 어떻게 합니까? 당신 삶의 갈라진 틈과 모퉁이로 너무나 집요하게 끼어들었던 육신의 일들, 즉 당신을 비웃음으로써 현재보다 결코 조금도 나아지지 않을 것이며, 당신이 이미 이룬 것보다 더 이루어 낼 수도 없을 것이라고 당신으로 하여금 믿도록 만든 것들은 어떻게 합니까? 이런 영역의 문제들로부터 한 번에 영원히 당신을 자유롭게 해 주도록 당신을 도와줄 수 있는 것이 있습니까?

나는 당신에게 기쁜 소식을 가지고 있습니다. 예수님께서 바로 이것을 위해서 우리에게 매우 중요한 열쇠를 주셨습니다! 이것은 별로 인기 있는 열쇠는 아닙니다만 사용하기만 하면 하나님께서 육신의 길을 따라 가버린 모든 세상을 향하여 노아의 방주를 닫아 주셨던 것과 똑같이 이 열쇠는 당신의 육신을 닫아버릴 것입니다. 그 열쇠는 금식입니다.

사탄이 가지고 있는 유일한 능력은 육체를 가진 몸은 물론 정신과 감정의 영역을 포함하는 육신의 본성을 조종하고 유혹하는 것을 통해서 뿐이기 때문에 만일 당신이 자신의 육신을 닫는 방법만 배운다면 당신은 사탄의 활동을 닫아버리게 될 것입니다.

나의 첫 금식 경험

내가 기도생활의 곤경에 처해 있을 때 하나님은 나에게 금식을 소개하셨습니다. 단순히 방언으로 기도함으로써 하나님을 너무나 갈망하게 되어 나는 하나님께 더 가까이 가는 방법들을 찾고 있었습니다. 이 시기에 나의 심령은 "아버지, 앞으로 한두 달 안에 하나님의 왕국을 위해서 무엇인가를 할 수 있도록 나를 도와주십시오. 나는 무언가 만질 수 있는 것을 보아야만 합니다!"라고 울부짖고 있었습니다.

금식을 할 때 곤경이 훨씬 더 빨리 즉각적으로 극복되는 것을 나는 발견하였습니다. 뿐만 아니라 내 육신의 일들도 마찬가지로 훨씬 더 빨리 표면으로 드러났습니다! 기도하면서 금식하는 것은 이미 내 안에 있는 것을 배가 시킨다는 것을 알게 되었습니다.

처음 금식을 했을 때 나는 놀라운 결과를 얻었습니다. 금식을 마치자마자 내가 살고 있는 세상의 모든 것에 문제가 생겼습니다!

내가 '하나님의 얼굴을 구하는 시간' 이라고 일컫는 긴 금식을 마치고 나와서 집회를 하러 들어갈 때 거의 비틀비틀 하면서 걸어 들어가야만 했습니다. 나는 무릎에 힘이 없었는데 음식이 부족해서가 아니었습니다! 나는 설교를 하기 위해서 겨우 서 있기도 힘들었습니다. 마치 하나님의 기름 부음이 내게서 떠나버린 것 같았습니다. 내가 기도해 주려고 사람들에게 손을 얹었을 때 그들은 벼락으로 때려도 하나님의 능력 아래서 넘어지지 않을 듯했습니다!

설상가상으로 우리는 한 달 생활비를 빚진 상태에 있었습니다. 금식하고 남몰래 숨어 기도하다가 나와 보면 이전보다 더 빚만 늘어 있을 뿐이었습니다! 나는 "하나님께서는 최소한 내가 하나님과 함께 갇혀 있는 동안에 각종 청구서들만이라도 초자연적으로 정리해 줄 수 있었을 텐데요!"라고 말했습니다.

나는 나의 상황에 대해 조바심이 나기 시작했습니다. 왜 그런지 이유를 알고 싶었기 때문에 나는 속으로 화가 나기 시작했습니다.

그때 내게 분명히 보여 지는 것이 있었습니다. 금식하는 동안 과거에 죽지 않았던 내 육신의 본성의 어떤 분야가 표면에 떠올랐던 것이 깨달아졌습니다. 이 육신의 일들이 표면에 나타나자 기름 부음은 더 적게 느껴졌습니다만 실제로는 이전보다 더 커졌었습니다.

이것을 요약해 말하면 바울이 바로 이렇게 말한 것입니다. "나에게 이르시기를 내 은혜가 네게 족하도다 이는 내 능력이 약한 데서 온전하여짐이라 하신지라 그러므로 도리어 크게 기뻐함으로 나의 여러 약한 것들에 대하여 자랑하리니 이는 그리스도의 능력이 내게 머물게 하려 함이라 그러므로 내가 그리스도를 위하여 약한 것들과 능욕과 궁핍과 핍박과 곤고를 기뻐하노니 이는 내가 약한 그때에 강함이라"(고후 12:9-10). 우리가 자연 상태의 힘으로 가장 약하게 느낄 때가 바로 죽지 않은 육신의 영역이 죽고 있는 중이기 때문에 이때가 대개 우리가 가장 강한 때입니다.

금식과 기도를 함께하는 것은 우리 삶의 육신의 일들이 좀 더 빨리 빛 가운데 드러나도록 합니다. 시험과 시련도 이런 것들을 빛 가운데 드러내기도 하지만 나라면 시련을 기다리지는 않겠습니다. 금식과 기도는 시련이 닥치기 전에 성령께서 어둠 속에 숨어 있던 이런 것들을 드러내도록 허락하게 되는 것입니다. 이런 것은 드러나면서 또한 우리의 성품을 강건하도록 만들어줍니다.

예수님께서는 금식에 관해서 어떻게 가르치셨을까요?

마태복음 17장에서 예수께서 자신의 제자들에게 금식에 관하여 가르치신 말씀을 만나게 됩니다.

예수님은 '변화산'이라고 부르는 곳으로 야고보, 베드로, 요한과 더불어 올라가셨습니다. 그 산에서 예수님은 방문을 받았습니다. 그 후에 주님은 자신과 함께 있던 세 제자들에게 그들이 본 것을 아무에게도 말하지 말라고 당부하신 후에 산 아래로 내려 왔습니다.

그동안 나머지 제자들은 산 아래서 어떤 사람의 아들에게 들린 귀신을 쫓아내려고 애쓰고 있었습니다. 이전에 제자들은 귀신들을 쫓아내는데 아무 문제가 없었습니다. 그런데 이번에는 그 사람으로부터 금방 나오려고 하지 않는 경우를 마주치게 된 것입니다. 그들의 시도가 성공하지 못하고 있는 동안 사람들이 그들 주위에 모여들었습니다.

아마도 제자들은 답답하고 당황하고 난처한 기분이었을 것입니다. 예수님과 야고보, 베드로, 요한은 산에서 내려와서 이런 상황을 마주하게 되었습니다.

그들이 무리에게 이르매 한 사람이 예수께 와서 꿇어 엎드리어 이르되 주여 내 아들을 불쌍히 여기소서 그가 간질로 심히 고생하여 자주 불에도 넘어지며 물에도 넘어지는지라 내가 주의 제자들에게 데리고 왔으나 능히 고치지 못하더이다 예수께서 대답하여 이르시되 믿음이 없고 패역한 세대여 내가 얼마나 너희와 함께 있으며 얼마나 너희를 참으리요 그를 이리로 데려오라 하시다 이에 예수께서 꾸짖으시니 귀신이 나가고 아이가 그때부터 나으니라 이때에 제자들이 조용히 예수께 나아와 이르되 우리는 어찌하여 쫓아내지 못하였나이까 이르시되 너희 믿음이 작은 까닭이니라 진실로 너희에게 이르노니 만일 너희에게 믿음이 겨자씨 한 알 만큼만 있어도 이 산을 명하여 여기서 저기로 옮겨지라 하면 옮겨질 것이요 또 너희가 못할 것이 없으리라 기도와 금식이 아니면 이런 유가 나가지 아니하느니라 (마 17:14-21, 한글킹제임스)

그 사람은 예수님께 나아와서 이렇게 말했습니다. "주 예수님, 나의 아들을 불쌍히 여겨주십시오. 그는 제 정신이 아니라 미쳤습니다. 귀신이 이 아이를 자주 불에 던져 넣습니다. 내가 주님의 제자들에게 데리고 왔는데 그들은 이 귀신을 쫓아내지 못했습니다."

예수께서 제자들에게 어떻게 대답하셨는지 주의해 보십시오. "아, 믿음이 없고 비뚤어진 세대여, 내가 언제까지 너희에게 참아야 하겠느냐?" 다른 말로 하면 "얼마나 오래 내가 너희를 대신해서 이런 일을 계속해야만 하느냐?"라고 하셨습니다. 만일 예수께서 제자들이 그 귀신을 쫓아낼 것을 기대하지 않으셨다면 이런 말씀을 하지 않으셨겠지요.

예수님께서 그 귀신을 꾸짖으시니 귀신은 그 소년에게서 나갔습니다. 그러자 제자들은 나라도 그렇게 했을 똑같은 일을 합니다. 그들은 사적으로 예수님께 찾아와 여쭈었습니다. "왜 우리는 그 귀신을 쫓아낼 수 없었습니까?"(나는 결코 이런 질문을 군중들 머리 위에 대고 외치지는 않았을 것입니다. 그러면 예수님께서도 큰 소리로 내게 이렇게 외치실 것이기 때문이지요. "네 불신앙 때문이다!")

예수님께서 20절에 대답하신 것을 주의해 보십시오.

이르시되 너희 믿음이 작은 까닭이니라 진실로 너희에게 이르노니 만일 너희에게 믿음이 겨자씨 한 알 만큼만 있어도 이 산을 명하여 여기서 저기로 옮겨지라 하면 옮겨질 것이요 또 너희가 못할 것이 없으리라

그 소년에게서 귀신이 나가지 않은 이유는 제자들의 불신앙 때문이라고 예수님은 말씀하셨습니다. 계속해서 주님은 그들이 이 불신앙을 다루는 법을 배우기만 한다면 산에게 말하기를 "여기서 저기로 옮겨가라!"고 말할 수 있을 것이고 그러면 산도 그들에게 복종하게 될 것이라고 말씀하셨습니다. 끝으로 예수님은 전혀 믿을 수 없을 정도로 엄청난 것을 말씀하셨습니다. "너희가 못할 것이 없을 것이다."

그러므로 예수님은 내가 그 특별한 종류의 불신앙을 다루는 법을 배우기만 한다면 내게 불가능한 것이 전혀 없을 것이라는 주님의 약속을 소유하게 된다고 말씀하고 계십니다. 이 진리를 깨달았을 때 나는 예수님께서 여기서 말씀하고 있는 것이 어떤 종류의 불신앙인지 알아내서 그것을 따로 분리해서 다루기를 원했습니다!

포착하기 힘든 종류의 불신앙 A Subtle kind of Unbelief

그래서 나는 예수님께서 어떤 종류의 불신앙을 언급한 것인지 찾아보기 시작했습니다. 이런 불신앙은 어떤 사람의 인생이 끝날 때까지도 자신에게 그런 불신앙이 있다는 것을 알지도 못하는 아주 미묘한

종류의 불신앙이라는 것을 나는 발견하였습니다. 만일 제자들이 그 귀신을 쫓아낼 수 없었던 이유를 알고 있었더라면 왜 예수님께 여쭈었겠습니까? 그들은 모르고 있었습니다.

이 미묘한 불신앙은 당신이 현재 처하고 있는 삶의 복잡한 문제로부터 자신을 끌어내거나 하나님께서 당신을 통하여 이루고자 하시는 것을 이루지 못하도록 당신의 삶에 천정을 만들어 놓습니다. 그런 천정이 거기 있는 한, 한 해는 또 다른 한 해와 같고 어느 날 당신은 오 년이 지났건만 당신의 기름 부음이 변화가 없고 사실은 아무것도 변한 것이 없다는 것을 깨닫게 될 것입니다. 당신은 오년 전의 당신과 지금도 똑같습니다.

왜 그럴까요? 그 이유는 당신이 당신 삶 위의 보이지 않는 천정 아래서 살고 있기 때문입니다. 혹시 당신이 알고 있다고 하여도 당신 자신의 힘으로는 그 천정을 부수고 통과할 수도 없습니다.

가정의 상황을 통하여 조금 더 설명을 드리겠습니다. 휠체어에 탄 지체장애인과 변형된 얼굴을 한 지적장애인 다섯 명이 내 집회에 참석했다고 가정해 봅시다. 그들의 팔과 다리는 뒤틀려 있고 그들의 머리는 한 쪽으로 축 늘어져 있습니다. 집회장으로 들어서서 나는 설교를 시작합니다. 나는 이런 상태에 있는 다섯 어린이들을 봅니다.

지금 나는 이 어린이들이 자신들의 믿음으로 고침 받지 못했다는 사실을 나무랄 수도 없습니다. 그들은 어떤 믿음도 가지도록 요구될 수 없는 상태입니다. 제자들이 그 귀신을 쫓아내지 못하였을 때 예수님께서는 그 귀신을 쫓아내심으로써 병 고침이 자신의 뜻임을 보여주셨기 때문에 나는 그들을 고치는 것이 하나님의 뜻이 아니라고도 말할 수 없습니다.

그래서 나는 그들에게로 걸어가서 손을 얹습니다. 나는 내 깊은 곳에 있는, 내가 가진 모든 믿음을 다 동원합니다. 나는 내 존재의 모든 섬유질과 모든 세포를 우유를 짜듯이 짜내서 이 어린이들을 치료할 믿음을 그들 위에 쏟아붓습니다만 여전히 그들은 고침 받지 못하고 있습니다.

그때 갑자기 예수님께서 그 영광의 몸으로 그곳에 걸어들어 오십니다. 나는 주님께 말합니다. "예수님, 제가 질문을 하나 드려도 되겠습니까?"

예수님께서 말씀하십니다. "잠깐만 기다리게, 로버슨 형제." 그러고 나서 주님은 그 어린이들에게로 걸어가셔서 순식간에 그들 모두를 고쳐주십니다! 주님은 돌아오시더니 내게 물으십니다. "질문이 있다고 했지?"

"네, 있습니다. 왜 주님은 내가 기도할 때 그 아이들을 고쳐주시지 않으셨습니까?"

예수님께서 제자들에게 말씀하셨던 것과 다른 말씀을 하셨을까요? 아닙니다. 주님은 나를 쳐다보며 똑같은 말을 하십니다. "로버슨, 그들은 너의 불신앙 때문에 휠체어에서 나올 수 없었어."

내가 주님께 항의합니다. "예수님, 말도 안됩니다. 더 많은 믿음을 갖는 방법이 어딘가에 있다면 나는 그 믿음을 가졌을 것입니다. 나는 나의 내부를 다 뒤집어 냈습니다. 나는 내 안에 있는 모든 섬유질을

다 끝어냈습니다. 그런데 어떻게 나의 불신앙 때문에 그들이 치료받지 못했다고 말씀하십니까?"

"로버슨, 네가 이 미묘한 불신앙을 가지고 있다는 것을 네 자신은 모르고 있기 때문이지."

예수님께 대하여 내가 발견한 한 가지는 그분은 나의 선생님이란 것입니다. 예수님은 가르침을 마치기 전에 이렇게 내게 해답을 주지 않은 채 문제의 윤곽만을 말씀하시지 않으십니다. 문제가 무엇인지 파악하는 것만으로는 충분하지 않습니다. 나는 해답이 필요합니다. 내가 찾아내기 힘든 이런 미묘한 불신앙을 찾아내어 다룸으로써 내게 불가능한 것이 없게 해주는 그런 어떤 방법이 틀림없이 있습니다.

금식은 산을 움직이도록 도와줍니다

이 해답이 마태복음 17장의 예수님께서 제자들에게 하신 말씀 안에 있다는 것을 알았습니다. 나는 그 해답을 21절에서 찾았습니다. **"그러나 이런 종류는 기도와 금식을 하지 않고는 나가지 않는다."**

예수님은 전체 상황을 한 단어로 분석하셨습니다. '그러나howbeit'는 '그럼에도 불구하고nevertheless'나 '그렇지만 이런 특별한 상황에서는however this particular situation may be'이란 의미의 분석적인 단어입니다. 실제로 예수님께서 말씀하고 있는 것은 우리가 조그만 겨자씨 크기의 믿음으로도 산을 움직일 수 있지만 미묘한 불신앙을 극복하기 위해서 기도와 금식이 필요한 상황들을 만나게 될 것이라는 것입니다.

예수님은 여기서 기도하며 금식하며 사는 방식lifestyle에 대해 말씀하고 계십니다. 옛날의 귀신을 쫓는 설교자들은 이런 생활양식에 대해 가르치고 격려하였습니다. 오늘날 우리는 이것의 중요성에 대해서 전과 같이 가르치거나 강조하지 않습니다. 그 결과는 무엇입니까? 기독교 역사상 우리는 말씀 가르치는 것이 최고로 발달된 시대에 살고 있지만 많은 사람은 귀신을 쫓아내고 모든 종류의 산들을 움직이는 일과 같은 말씀을 실행하도록 구비되어 있지 못합니다.

예수님께서 어떤 종류의 귀신은 기도와 금식으로만 쫓겨나간다고 여기서 말씀하신 것 때문에 우리는 종종 금식하는 것을 오직 귀신의 영향으로부터 풀려나는 것에만 관련을 시키곤 합니다. 그러나 예수님은 또한 이 귀신이 나가지 않은 이유는 제자들의 불신앙 때문이라고 말씀하셨습니다(20절).

이와 같이 예수님은 금식을 귀신 쫓는 것에만 연관시키지 않으시고 제자들이 자신들의 산을 움직이는 것과도 연관시키셨습니다. 주님은 말씀하셨습니다. "만일 너희들이 겨자씨 한 알만한 믿음을 가지고 있으면 너희들은 이 산더러 말할 수 있고 그러면 움직일 것이며 너희들에게는 절대적으로 어떤 것도 불가능하지 않을 것이다."

이 말씀을 마치시고 예수님은 기도와 금식에 대해서 또 말씀하셨습니다. 두 가지는 나의 산들이 움직이기를 거절하는 불신앙, 내게 모든 것이 가능하지 못하게 하는 어떤 불신앙의 자리에서부터 나를 끌어내는 것과 관련이 있다는 것을 의미하고 있습니다.

그러므로 나의 금식은 하나님을 움직이도록 하는 것이 아닙니다. 하나님은 보이지 않는 천정 밑에 제한되어 있는 분이 아닙니다. 나의 금식이 귀신을 움직이는 것도 아닙니다. 귀신은 나의 문제가 아닙니다. 어떤 방식으로든 금식은 나의 불신앙을 다루는 것입니다.

그러나 그 오랫동안 하나님께 대한 나의 질문은 이것이었습니다. "도대체 어떻게 금식이 나의 불신앙과 관련이 있을까?" 나는 로마서 8장에서 그 답을 찾았습니다.

> 또 그리스도께서 너희 안에 계시면 몸은 죄로 말미암아 죽은 것이나 영은 의로 말미암아 살아 있는 것이니라 (롬 8:10)

만일 그리스도께서 당신 안에 사신다면 당신은 이 구절의 나머지에도 자격을 갖추었습니다. 이름하여 당신의 영은 살아 있다는 것 your spirit is life입니다. 당신의 영에는 조에(zoe:그리스어로 하나님의 생명)가 들어갔으며 당신은 하나님이 가지신 것과 같은 종류의 생명을 가지고 그리스도와 함께 하늘에 앉아있는 것입니다.

그러나 나의 영은 살았다고 말하고 있는 똑같은 구절이 나의 몸은 죽었다고 선언하고 있는 것을 주의하십시오. 내가 아직도 이 몸 안에 살고 있기 때문에 나의 몸이 육체적으로는 죽지 않았다는 것을 나는 알고 있습니다. 그러면 바울이 언급하고 있는 죽음이란 어떤 종류의 죽음입니까? 로마서 8장의 이 구절을 이해하기 위해서 우리는 로마서 6장 6절에서 바울이 한 말을 참고해야만 합니다.

우리가 알거니와 우리의 옛 사람이 예수와 함께 십자가에 못 박힌 것은 죄의 몸이 죽어 다시는 우리가 죄에게 종노릇 하지 아니하려 함이니

이 '죄의 몸'이란 것은 무엇입니까? 이것은 우리가 거듭나기 전에 아담으로부터 물려받은 옛 사람을 말하는 것입니다. 이것은 새로운 탄생을 통해 우리의 영이 죽음에서 생명으로 통과하기 전에 우리 안에 있던 거듭나지 않은 '죄의 본성sin nature'입니다. 스스로를 높이는 것과 돈을 사랑하는 것과 같은 육신의 정욕들에게 힘을 부여하던 것은 죄의 본성이었습니다.

그러므로 그리스도께서 당신 안에 계시면 신분상으로는positionally 당신의 '죄의 몸', 즉 죄의 본성은 죽었고 당신의 거듭난 사람의 영 your reborn human spirit은 하나님께 대하여 살았다고 하나님께서 선언하신 것입니다.

우리는 우리의 영에 관한 신분상의 진리를 이해하고 있습니다. 예를 들면, 우리로 하여금 그리스도 안에서 하나님의 의가 되게 하시려고 예수께서 우리를 대신하여 죄가 되셨다는 것을 알고 있습니다(고후 5:21). 우리는 지금 그리스도 예수와 함께 하늘에 앉아 있습니다(엡 2:6). 우리는 위에만 있지 아래에 있지 않습니다(신 28:13).

그러나 우리의 육신에 관한 위치적인positional 진리에 관하여서는

우리는 거의 아무것도 알고 있지 않습니다. 이 진리의 핵심은 이렇습니다. 우리가 거듭나는 순간 하나님은 '옛 사람' 혹은 죄인의 본성인 '죄의 몸'이 죽었다고 선언하셨습니다. 위치적으로(신분상으로) 육신은 죄를 범할 '능력의 근원'을 잃어버렸습니다. 육신은 더 이상 우리를 지배하거나 다스릴 권리를 상실했습니다.

그러므로 당신이 성령 안에서 기도하거나 하나님을 경배하거나 그분의 말씀을 고백할 때 당신은 당신의 영이 그리스도 예수와 함께 하늘에 앉아 있다는 위치적인 진리를 강화하고 있는 것입니다. 당신이 방언으로 기도를 많이 하면 할수록 당신은 더 많이 은혜의 자리를 취하게 되는 것입니다. 반면에 당신이 금식을 하면 당신의 '죄의 몸'은 그리스도와 함께 십자가에 못 박혔고 당신의 육신은 더 이상 당신의 영의 작용을 다스릴 힘이 없다는 위치적인 진리를 강화하고 있는 것입니다.

이와 같이 당신이 금식하며 기도하기 시작할 때 당신은 영의 영역에서 두 가지 위치적인 진리를 실행하는 것입니다. 이것이 바로 기도와 금식이 능력의 쌍둥이인 이유입니다.

육신의 천정을 헐어버리기

때로는 미묘한 불신앙뿐만 아니라 육신이 우리의 삶의 천정을 이루고 있습니다. 마귀는 육신의 영역에 담배 피우기, 술 마시기, 화내기,

남 흉보기, 정욕과 같은 어떤 종류의 견고한 요새를 구축할 것입니다. 그러고 나서 마귀는 그 요새를 이용해서 우리를 통제하려고 합니다. 우리가 하나님으로부터 받으려고 하거나 하나님을 위하여 무엇인가를 이루려고 할 때마다 그는 이런 것들을 통하여 압력을 높임으로써 우리가 희망이 없다고 느껴서 스스로를 자제하지 못하도록 합니다.

그럴 때 우리는 흔히 어떻게 합니까? 우리는 형식적인 기도만 하고, 교회에 가고, 사역을 하려고 애를 쓰고, 프로그램들을 돌리면서, 우리 삶 위에 덮고 있는 육신의 천정 때문에 나타날 수 없는 하나님의 능력 대신에 많은 것들로 대체합니다. 그러나 우리의 삶은 결코 불어나지 않고 항상 같은 상태에 머물러 있습니다. 우리는 더 많은 프로그램을 부추기지만 능력에는 변화가 없습니다. 우리의 삶은 육신의 천정에 계속 부딪쳐 되돌아 올 뿐입니다.

그러던 어느 날 우리는 금식하고 기도하기로 작정합니다. 우리는 성령 안에서 기도하고 하나님을 경배하기 시작합니다. 우리의 영이 세워짐에 따라 우리는 금식을 시작합니다. 우리는 기도 생활에다 금식을 더함으로써 사탄이 우리의 삶의 통제 본부로 들어오는 문을 꼭 닫아버립니다.

조만간 우리의 삶 위에 있던 육신의 천정은 무너져 내리기 시작합니다. 얼마 지나지 않아서 육신의 활동 수준이 우리 삶에서 성령의 활동 수준과 똑같은 수준에 이르게 되고 우리는 계속해서 금식하고 기도합니다.

마침내 육신의 활동은 성령의 활동보다 밑으로 떨어지기 시작하고 육신의 능력이 깨어집니다. 이런 일이 일어나면 기도 응답은 자동적으로 되어지며 우리가 믿어 오던 것들이 일어나기 시작합니다. 우리는 잊어버렸지만 하나님은 잊지 않고 계시던 수년 동안 잠자고 있던 기도들에 대한 응답을 보기 시작합니다.

이 시점에서 마귀는 우리를 멸망시키려고 우리의 혼 속에 그가 장착해 두었던 컴퓨터의 프로그램을 검사하러 옵니다만 그것은 이미 없어지고 그 자리에 하나님의 프로그램이 있는 것을 발견하게 될 것입니다. 왜 그럴까요? 금식을 통하여 우리의 '옛 사람'이 그리스도와 함께 십자가에 못 박혔다는 위치적인 진리를 강화하였기 때문입니다. 육신은 우리로 하여금 죄를 짓도록 강요할 힘을 잃었습니다. 우리는 성령의 활동을 풀어 놓았습니다.

금식이 하나님을 움직이는 것은 아닙니다

개인적으로 나는 금식으로 인하여 하나님께 감사합니다. 왜냐하면 하나님 안에서 어떻게 계속해야 할지 모르는 곳에 나는 여러 번 이르렀었기 때문입니다. 나는 육신의 장벽을 어떻게 무너뜨려야 할지를 몰랐습니다. 이런 상황 가운데서 나는 금식이 목적을 이루는 하나의 방법, 즉 도구인 것을 발견하였습니다. 금식은 성령 안에서 기도하는 것과 결합하여서 나를 승리하도록 밀어붙이는 내게 필요한 '초강력 충전기super- charger'였습니다.

그러나 우리가 금식으로 하나님을 움직인다고 생각한다면 잘못된 것입니다. 우리 대신 기꺼이 행동하시겠다고 뜻을 밝히신 분을 우리가 어떻게 움직일 수 있겠습니까? 로마서 8장 32절은 이것을 분명히 하고 있습니다.

자기 아들을 아끼지 아니하시고 우리 모든 사람을 위하여 내주신 이가 어찌 그 아들과 함께 모든 것을 우리에게 주시지 아니하시겠느냐

우리의 금식이 하나님을 움직이는 것은 아닙니다. 금식은 하나님으로부터 받을 수 있는 곳으로 우리를 움직입니다. 금식은 육신이 우리 삶 가운데 붙잡고 있는 것을 파괴함으로써 육신의 일 대신에 우리가 계속해서 성령으로 일할 수 있도록 해 줍니다!

이와 같이 하나님께서 능력을 유보하고 계신 것이 아닙니다. 만일 하나님께서 그분의 방법대로 하셨다면 우리 모두는 죽은 자를 살리는 것 같은 능력으로 내일을 살고 있을 것입니다!

금식은 '낡은 가죽 부대'를 보존하도록 도와줍니다

한 발자국 더 깊이 들어가 봅시다. 마태복음 9장 14-15절에서 세례 요한의 제자들이 예수님께 금식에 관하여 질문을 합니다. 예수님의 대답을 내가 이해하기까지는 오랜 시간이 걸렸습니다.

그때에 요한의 제자들이 예수께 나아와 이르되 우리와 바리새인들은 금식하는데 어찌하여 당신의 제자들은 금식하지 아니 하나이까 예수께서 저희에게 이르시되 혼인집 손님들이 신랑과 함께 있을 동안에 슬퍼할 수 있느냐 그러나 신랑을 빼앗길 날이 이르리니 그때에는 금식할 것이니라

예수께서 말씀하시고 있는 날은 옛 언약에서 새 언약으로 바뀐 때, 바로 우리가 살고 있는 때입니다.

그런데 갑자기 눈에 띄는 특별한 이유도 없이 예수님은 계속해서 이렇게 말씀하십니다.

생베 조각을 낡은 옷에 붙이는 자가 없나니 이는 기운 것이 그 옷을 당기어 헤어짐이 더하게 됨이요 새 포도주를 낡은 가죽 부대에 넣지 아니하나니 그렇게 하면 부대가 터져 포도주도 쏟아지고 부대도 버리게 됨이라 새 포도주는 새 부대에 넣어야 둘이 다 보전되느니라
(마 9:16-17)

예수께서 여기서 말씀하고 계신 것을 파악해봅시다. 요한의 제자들이 예수께 와서 말했습니다. "바리새인들은 자주 금식하고 우리도 그렇게 합니다. 그런데 우리가 보니 예수님, 당신을 따르는 이 사람들은 전혀 금식을 하지 않는군요."

예수께서 대답하셨습니다. "내가 그들과 함께 있는 동안 그들은

금식할 필요가 없다. 내가 그 신랑이다." 다른 말로 하면 그 당시에 제자들은 두 개의 언약, 즉 구약과 신약 사이에 있었습니다. 예수님께서 칠십 인을 보내시기 전에 예수님은 문자 그대로 그들에게 기름 부음을 부여하였습니다.

제자들은 귀신을 쫓아내고 죽은 사람을 살렸습니다. 그들은 돌아와서 그들이 행한 일을 예수님께 말했습니다. 귀신들이 나간 것에 대해 그들은 귀신들보다 더 놀랐습니다! 누가복음 10장 17절은 말하고 있습니다.

칠십 인이 기뻐하며 돌아와 이르되 주여 주의 이름이면 귀신들도 우리에게 항복하더이다

그러나 그들은 예수님의 기름 부음 아래서 걷고 있었다는 것을 당신은 알아야 합니다.

요점을 말하면 예수님은 이렇게 말씀하십니다. "내가 너희들과 함께 있는 동안 너희들은 금식할 필요가 없다. 왜냐하면 내가 나의 기름 부음을 너희에게 부여할 것이기 때문이다. 그러나 나를 빼앗길 그날이 올 것인데 그때는 언약이 바뀔 것이다. 그날에는 너희도 금식할 것이다. 그날에 왜 너희가 금식해야 하는지 이유를 알고 싶으냐?"

"네, 그것이 바로 우리가 주님께 묻고 있는 질문입니다."

"왜 그날에 너희들이 금식을 할 것인지 정확히 말해 주겠다. 그것은

너희들이 낡은 가죽 부대에 새 포도주를 넣지 않고 낡은 옷을 새 헝겊으로 깁지 않기 때문이다."

예수님께서 요한의 제자들에게 하신 대답을 묵상하면서 나는 생각했습니다. '이것이 우리가 새 언약 아래서 왜 금식해야하는지에 대한 답변이었을까? 그들은 예수님께 금식에 관해서 질문을 했습니다. 그런데 "너희는 새 술을 낡은 부대에 넣지 않는다"고 말하는 것이 무슨 대답인가?' (나는 사역의 초창기에는 예수님의 말씀을 반도 이해하고 있지 못했다고 생각합니다!)

마침내 나는 예수께서 무엇을 말씀하고 계신지 이해하게 되었습니다. 당신이 거듭나는 그 순간 당신의 영은 하늘에 그리스도 예수와 함께 앉아 있습니다. 그러나 불행히도 하나님은 당신을 낡은 옷, 혹은 낡은 가죽 부대인 이 흙의 몸에 남겨 두어야만 했습니다. 어느 날 트럼펫 소리가 나고 이 흙의 몸이 썩을 것에서부터 썩지 않을 것으로 변화 받게 될 것입니다.

> 나팔 소리가 나매 죽은 자들이 썩지 아니할 것으로 다시 살아나고 우리도 변화되리라 (고전 15:52)

사람이 눈 깜짝할 시간에 우리의 몸이 영광된 몸으로 변화된다는 것을 상상할 수 있습니까?

그 순간에 나는 첫 사람 아담의 허리로부터 내게 주어졌던 몸을 더 이상 소유하지 않게 될 것입니다. 그 대신 나는 예수 그리스도로부터 태어난 영과 혼과 영광된 몸으로 만들어진 분명한 하나님의 아들이 될 것입니다.

하나님의 교회의 시간표에 나타날 다음의 위대한 사건은 들림 받는 것입니다. 그러나 그동안 우리들보다 앞선 수많은 세대의 성도가 증거할 수 있듯이 우리는 매일매일 죽어가고 있고 죄를 지을 수 있는 낡은 옷, 혹은 낡은 가죽 부대를 아직도 입고 있습니다.

내가 극단적인 성결교회에 속해 있을 때 사람들은 내가 죄를 짓도록 유혹하는 자는 마귀라고 말해주었고 나는 그렇게 이해했습니다. 그러나 나는 내 안에 있는 것이 마귀에게 동의했다는 것을 이해하지 못했습니다!

나는 갈라디아서 5장 16절이 이렇게 되었기를 바랐습니다. "내가 이르노니 성령 안에서 행하라 그리하면 모든 육신의 정욕과 전쟁들은 사라질 것이다." 그러나 이 구절은 그렇게 되어있지 않습니다. 이렇게 말하고 있습니다. "**내가 이르노니 성령 안에서 행하라 그리하면 너희는 육신의 정욕을 이루지 않게 될 것이다.**"

그래서 예수님은 이렇게 말씀하셨습니다. "내가 너희들로부터 빼앗김을 당하거든 그때에는 언약이 바뀌게 될 것이다. 너희들의 영은 나와 함께 자리에 앉아 있게 될 것이다. 그러나 불행히도 나는 너희들을 낡은 가죽 부대 안에 남겨 두어야 한다. 그러나 괜찮다. 왜냐하면 너희가 나가서 새 것을 산 것처럼 금식이 너희 낡은 가죽 부대에 똑같은 효과를 가져다 줄 것이기 때문이다. 금식은 너희 낡은 가죽 부대를 보전하여서 내가 너희에게 새 가죽 부대, 즉 영광된 몸을 줄 때까지 새 포도주, 즉 나의 능력이 낡은 가죽 부대를 통하여 활동할 수 있도록 할 것이다."

내용물을 담고 있던 용기가 내용물을 보존할 정도로 튼튼하지 못해서 설교자의 낡은 가죽 부대가 온 세상이 보는 앞에서 터져서 새 포도주를 쏟아 버리게 되는 것을 보는 것을 슬픈 일입니다. 이런 상황은 복음에 수치를 가져다줍니다. 만약에 그 설교자가 금식에 대해서 조금만 알았더라면 그의 낡은 가죽 부대는 죄에 대항하여 더 잘 보존되었을 수도 있었을 터인데 말입니다.

그러므로 금식은 마치 당신이 나가서 새 옷을 산 것과 같이 당신의 낡은 가죽 부대에 똑같은 효과를 가져다줍니다. 금식은 죄에 대항하여 낡은 가죽 부대를 지켜줍니다. 금식은 새 포도주가 낡은 가죽 부대 안에서 작용하는 동안 육신의 일들을 죽이도록 도와줍니다.

예수님의 사십 일 금식

예수님께서 광야에서 사탄을 대면하시고 그를 패배시켰을 때 예수님께서 하셨던 40일 금식을 살펴봄으로써 우리는 금식의 목적에 대해서 많은 것을 배울 수 있습니다.

그때에 예수께서 성령에게 이끌리어 마귀에게 시험을 받으러 광야로 가사 사십 일을 밤낮으로 금식하신 후에 주리신지라 시험하는 자가 예수께 나아와서 이르되 네가 만일 하나님의 아들이어든 명하여 이 돌들로 떡덩이가 되게 하라 예수께서 대답하여 이르시되 기록되었으되 사람이 떡으로만 살 것이 아니요 하나님의 입으로부터 나오는 모든 말씀으로 살 것이라 하였느니라 하시니 이에 마귀가 예수를 거룩한 성으로 데려다가 성전 꼭대기에 세우고 이르되 네가 만일 하나님의 아들이어든 뛰어내리라 기록되었으되 그가 너를 위하여 그의 사자들을 명하시리니 그들이 손으로 너를 받들어 발이 돌에 부딪치지 않게 하리로다 하였느니라 예수께서 이르시되 또 기록되었으되 주 너의 하나님을 시험하지 말라 하였느니라 하시니 마귀가 또 그를 데리고 지극히 높은 산으로 가서 천하 만국과 그 영광을 보여 이르되 만일 내게 엎드려 경배하면 이 모든 것을 네게 주리라 이에 예수께서 말씀하시되 사탄아 물러가라 기록되었으되 주 너의 하나님께 경배하고 다만 그를 섬기라 하였느니라 이에 마귀는 예수를 떠나고 천사들이 나아와서 수종드니라 (마 4:1-11)

나는 이 성경 구절을 읽으면서 왜 예수님은 사십 일씩 금식을 하셨는지, 왜 금식 끝에 사탄이 예수님께 도전했는지 궁금했습니다.

이 문제로 다른 사람들과 토론하면 흔히 듣는 대답은 대개 이런 것들이었습니다. "금식은 예수님을 가장 취약한 상태로 낮추었을 것이다. 그런 약한 상태에서 예수님은 유혹에 굴복하지 않으심으로써 마귀의 능력에 대한 주님의 우위를 보여주셨다."

그러나 실제로는 그 반대가 진리입니다. 예수님은 마귀를 대면할 준비를 위해서 사십 일을 금식하셨습니다. 왜 그럴까요? 왜냐하면 금식이 마귀에 대항하여 육신의 문을 닫아버리기 때문에 우리를 약하게 하는 것이 아니라 오히려 우리를 강하게 해 준다는 것을 주님은 알고 계셨기 때문입니다.

왜 예수님은 성령에 이끌리어 마귀에게 시험을 받으러 광야로 가셨을까요? 왜냐하면 예수님은 우리 대신에 우리 위치에서 시험을 받으셨기 때문입니다. 마귀를 이기신 후에야 주님은 돌아서서 그가 육신의 유혹 가운데서 사탄을 무찌르고 취하신 완전한 위치standing를 우리에게 주실 수 있었습니다. 이것이 예수님께서 나중에 누가복음 10장 19절에서 이렇게 말씀하실 수 있게 된 이유입니다.

> 내가 너희에게 뱀과 전갈을 밟으며 원수의 모든 능력을 제어할 권능을 주었으니 너희를 해칠 자가 결코 없으리라

그렇다면 금식은 예수님의 육신에 끼친 것과 똑같이 우리의 육신에도 같은 효과를 발휘할 것입니다. 금식은 우리가 마귀의 유혹에 대항하게 해주며 예수께서 이미 우리에게 주신 완전한 위치를 지키게 함으로써 육신적인 것을 제거하거나 육신의 열매를 죽이도록 도와줍니다.

예수님께서 우리에게 주신 이 위치가 얼마나 육신에 대하여 완전하고 강력한 것인지 이해하고 이것을 얻기 위해서 예수님께서 견디셔야만 했던 것이 무엇인지 배워야합니다. 더 이상 발전시킬 수가 없는

상태가 아니면 어떤 것도 완전하다고 선언될 수 없습니다. 육신과 마귀에 대하여 예수님께서 우리에게 주신 위치는 사탄의 최고의 악마적인 시험과 계략을 견디어 내었을 때에만 완전하다고 선언될 수 있다는 것을 의미합니다.

예수님은 사탄이 가지고 있던 가장 악한 것, 즉 가장 힘든 고문과 두려움과 압력과 걱정거리와 정욕과 부의 가장 악한 유혹에 지배를 받아야만 했었습니다. 이것이 바로 예수님께서 광야로 인도받으셨던 전적인 이유였습니다. 주님은 우리의 속량의 일부인 육신을 다스리는 완전한 위치를 얻기 위해서 우리를 대신하는 분으로서 하나님으로부터 온 사명을 감당하고 있었습니다.

이제 우리는 우리가 행한 일 때문이 아니라 예수님께서 행하신 일 때문에 그분이 우리에게 주신 은혜의 위치로 무장하고 하나님의 임재 안으로 들어갈 수 있습니다.

> 우리에게 있는 대제사장은 우리의 연약함을 동정하지 못하실 이가 아니요 모든 일에 우리와 똑같이 시험을 받으신 이로되 죄는 없으시니라 그러므로 우리는 긍휼하심을 받고 때를 따라 돕는 은혜를 얻기 위하여 은혜의 보좌 앞에 담대히 나아갈 것이니라 (히 4:15-16)

그러므로 하나님의 보좌 앞에서 우리는 유혹이나 시험이나 시련과 같이 우리가 필요한 때에 우리를 도우시는 하나님의 긍휼히 여기심을 발견할 수 있습니다.

우리에게 이런 종류의 위치를 주시기 위해서 예수님은 영, 혼, 육체의 세 수준에서 사탄을 대면하셔야만 했습니다. 이런 대면은 예수님의 신성 안에서가 아니라 그분의 인성 안에서 수행되었어야만 했습니다. 그래서 예수님은 이렇게 말씀하셨습니다. "사람은(자신의 인성을 일컬으심) 빵만으로 사는 것이 아니라 하나님의 입에서 나오는 모든 말씀으로 산다"(마 4:4).

사탄이 예수님께 씌우려고 했던 압력과 고문과 외로움과 두려움은 형언할 수 없는 것이었습니다. 그것은 마치 귀신들에게 영을 완전히 빼앗긴 사람들이 살고 있는, 미친 사람들을 수용하는 최저 수준의 격리 수용소를 볼 때 갖게 되는 공포와 비슷하다고 할 수 있을 것입니다. 예수님께서 대면하셨던 마귀의 적대행위는 아돌프 히틀러와 나치스가 통치권과 세계적인 권력을 미친 듯이 추구하도록 부추기는 것과 같은 그런 종류였습니다.

예수님은 가장 악한 사탄을 대면해야 했습니다. 주님은 단지 병을 가져다주고 고통을 주는 낮은 수준의 소모품 같은 이류의 귀신second level demon에 대해서 승리하신 것이 아닙니다. 주님은 어둠과 권세의 주관자만 다루신 것이 아닙니다. 예수님은 사탄 자신을 대면해야 했습니다! 그렇게 하심으로써 예수님은 영과 혼과 육체의 세 영역 모두에서 사탄을 패배시키셨습니다!

예수께서 처음 사탄을 패배시킨 것은 육체의 영역이었습니다. 사탄은 주님의 육체의 필요를 사탄이 제시하는 조건으로 공급하는 것으로 주님께 도전했습니다.

시험하는 자가 예수께 나아와서 이르되 네가 만일 하나님의 아들이
어든 명하여 이 돌들로 떡덩이가 되게 하라 (마 4:3)

사탄은 신체의 가장 큰 고통인 생명을 유지하는 데 필요한 기본적인 필요에 대한 위협으로 예수님께 압력을 가하려고 하였습니다. 사탄의 시도는 실패했습니다.

두 번째로 사탄이 예수님이 자살을 하도록 유혹하였을 때 예수님은 혼의 영역에서 사탄을 패배시키셨습니다.

사탄은 거룩한 도시에 있는 성전의 가장 높은 꼭대기에 예수님을 데리고 가서 그 꼭대기에서 뛰어 내려 자살을 하도록 심령의 감정적인 수준에서 주님께 압력을 가하기 시작했습니다.

이르되 네가 만일 하나님의 아들이어든 뛰어내리라 기록되었으되
그가 너를 위하여 그의 사자들을 명하시니 저희가 그들이 손으로
너를 받들어 발이 돌에 부딪치지 않게 하리로다 하였느니라 (마 4:6)

예수님은 하나님께서 자신을 위해서 천사들을 보냈음을 알고 계셨지만 단지 마귀가 그렇게 하라고 해서 성전에서 뛰어내림으로써 하나님을 시험하려고 하지 않으셨습니다.

보다시피 자살은 고통이나 두려움과 기나긴 싸움을 한 후에 희망이 없어진 상태에서 취하게 되는 마지막 방법입니다. 이 절망적인 상태에서 그 사람은 삶에 대하여 이렇게 말합니다. "인생에 진정한 답이

없다." 그런 의미에서 자살은 가장 악한 영혼의 고통이지만 예수님은 이 영역에서도 사탄을 패배시키셨습니다.

사탄은 감정이라는 우리의 혼적인 영역에서 우리를 괴롭힐지도 모릅니다만 우리는 오늘날 혼적인 고통에 대항하여 완전한 위치에 들어갈 수 있습니다. 그 위치는 평화의 왕이신 예수님에 의해 우리에게 주어졌으며 사탄이 무슨 짓을 하려고 하든지 관계없이 우리를 붙들어 줄 것입니다.

세 번째로 사탄이 예수님에게 자기를 경배하라고 하였을 때 예수님은 영적인 영역에서 사탄을 패배시키셨습니다.

사탄이 예수님을 육체적인 영역에서 시험할 때는 음식을 사용하였고 혼의 감정적인 영역에서 시험할 때는 자살을 사용했다는 것은 재미있는 일입니다. 그러나 사람의 영의 영역에서 예수님을 시험할 때 사탄은 주님께 세계의 왕국들의 영광을 제공하면서 돈과 권력의 힘을 사용하였습니다.

이 사실은 사탄이 사람의 영적인 것을 정복하는데 전략을 가지고 있다는 것을 보여주고 있습니다. 권력과 부는 사탄이 제공하는 어떤 것보다도 더 빨리 사람들이 하나님을 섬기는 것에서 자신을 섬기는 것으로 신의를 저버리게 한다는 것을 사탄은 알고 있습니다.

사탄은 예수님을 세상에서 가장 권력이 세고 가장 재물이 많은 사람으로 만들어 주겠다고 제의를 했습니다. 예수님께서는 단지 영적으로 자신을 사탄에게 넘겨주고 그를 경배하기만 하면 되는 일이었습니다.

그러나 하나님께 감사하게도 예수님은 사탄을 이기셨습니다. 그리고 나서 주님은 돌아서서 자신이 세 가지 수준에서 쟁취한 승리로 얻은 위치를 우리에게 주셨습니다. 금식이 예수님으로 하여금 시험의 기간을 준비하는 데 도움이 되었으므로 예수님은 우리를 대신하여 시험을 이기셨고 자신의 위치를 우리에게 주실 수 있었습니다. 그러므로 금식할 때 우리는 자신을 하나님께 양보하고 마귀에게 저항함으로써 육신에 대한 예수님의 위치를 실행하는 것입니다.

금식하는 방법들

우리는 방금 예수님께서 마귀의 유혹을 대면하고 준비하기 위해서 주님이 하셨던 사십 일 금식을 살펴보았습니다. 그러나 금식에는 몇 가지 방법이 있습니다. 내가 발견한 방법 중에 오늘날과 같이 바쁜 사회에 사는 사람에게 가장 실제적이고 효과적인 방법은 보통 하는 사흘 금식입니다. 이것은 한두 가지 방법으로 할 수 있습니다.

당신이 일정표 때문에 집을 떠나 어디에 가서 기도할 수 없다면 나는 포도나 사과 주스 같은 부드러운 주스를 마시면서 하는 주스 금식을 추천합니다.

금식 기간에는 할 수 있는 한 기도를 많이 하십시오. 그러나 당신이 어디에 가서 할 수 있다면 나는 오직 물(대부분 할인 매장에서 구할 수 있는 정류수나 증류수)만 마시면서 헌신된 완전한 금식을 권합니다.

만일 금식이 익숙하지 않은데도 사흘 이상 금식을 하기 원할 때는 나는 짧은 금식을 연속적으로 할 것을 추천합니다. 예를 들면, 당신은 3주 동안 연속해서 매주 3일씩 금식할 수 있습니다. 금식 기간 동안에는 신선한 야채, 과일, 샐러드만을 먹고 고기나 빵을 많이 먹지 않도록 하십시오. 금식 기간이 끝나면 당신이 원한다면 그런 음식을 먹을 수 있습니다.

당신이 영원히 죽이고 싶고 끊어버리고 싶은 육신의 영역의 견고한 요새 같은 육신의 행실을 다루고 있다면 당신은 결국 좀 더 긴 금식이 하고 싶어질지도 모릅니다.

하나님이 취하시는 금식

하나님께서 취하시는 금식을 이해하기 위해서 이 주제를 가지고 한 발자국 더 나아가 이사야서를 봅시다.

> 내가 기뻐하는 금식은 흉악의 결박을 풀어 주며 멍에의 줄을 끌러 주며 압제 당하는 자를 자유하게 하며 모든 멍에를 꺾는 것이 아니겠느냐 또 주린 자에게 네 양식을 나누어 주며 유리하는 빈민을 집에 들이며 헐벗은 자를 보면 입히며 또 네 골육을 피하여 스스로 숨지 아니하는 것이 아니겠느냐 And not hide yourself from your own flesh?
> (사 58:6-7)

이 성경 구절의 마지막 부분이 내가 붙잡힌 부분이었습니다. 나는 이렇게 생각했습니다. 주님, 주님께서 '주님이 취하는 금식은 내가 나의 얼굴을 나 자신의 육신으로부터 숨기지 않는 것'이라는 말이 무슨 의미입니까? 하나님께서 혹시 예수님께서 마태복음 6장 17-18절에서 말씀하신 것과 똑같은 것을 말하고 계신 것이 아닌지 궁금했습니다.

> 너는 금식할 때에 머리에 기름을 바르고 얼굴을 씻으라 이는 금식하는 자로 사람에게 보이지 않고 오직 은밀한 중에 계신 네 아버지께 보이게 하려 함이라 은밀한 중에 보시는 네 아버지께서 갚으시리라 (마 6:17-18)

아니면 하나님께서는 바울이 고린도전서 7장 5절에서 그가 남편들과 아내들에게 말한 것과 같이 이사야 58장 7절에 있는 것과 똑같은 말씀을 하시고 있는 것이 아닐까요?

> 서로 분방하지 말라 다만 기도할 틈을 얻기 위하여 합의상 얼마 동안은 하되 다시 합하라 이는 너희가 절제 못함으로 말미암아 사탄이 너희를 시험하지 못하게 하려 함이라

예수님은 우리가 금식하고 있다는 것을 사람들에게 나타내지 않도록 낯을 씻고 우리의 일상적인 일을 하는 금식에 대해서 가르치셨습

니다. 그런데 바울은 '산' 속에 스스로를 가두고 우리 자신을 온전히 드리는 금식과 기도에 대해서 가르쳤습니다. 두 가지 금식을 다 성경에서 가르치고 있습니다.

그러나 나는 주님께서 내가 아직도 나의 육신으로부터 나를 숨기지 않는다고 말씀하신 그 의미가 무엇일까 궁금해 하고 있었습니다. 그 말씀을 이해하기까지 연구와 묵상을 하는데 3년이 걸렸습니다.

당신이 금식을 작정하는 그날이 자신의 육신, 즉 잃어버린 사람들이나 가난한 사람들이나 헐벗은 사람들이나 하나님의 집에서 쫓겨난 사람들과 같은 사람들에게 관심을 두지 않는 당신 안에 있는 그 무엇으로부터 피하여 숨지 않기로 하는 날입니다. 그날은 당신이 하나님의 능력 안에서 활동하지 못하도록 하는 당신의 삶에 존재하는 어떤 천정으로부터도 숨는 것을 그만두기로 결단하는 날입니다. 당신이 금식하기로 작정한 날은 당신 자신으로부터 도망하기를 그만두기로 결단하는 날입니다.

예수님은 "그 귀신은 네 불신앙 때문에 나오지 않았다."라고 말씀하셨습니다. "이런 종류는 오직 기도와 금식으로만 나간다."라고 주님은 말씀하셨습니다. 그러면 금식이 당신의 불신앙과 무슨 관계가 있을까요? 금식은 하나님이 선언하신 육신의 위치를 실행하도록 합니다. 육신은 당신을 지배할 권리가 없습니다. 육신은 당신을 다스릴 권리가 없습니다.

당신이 금식과 기도의 삶의 형태를 취하고 산다면 마귀가 당신의 삶을 파괴하려고 역사할 발판인 육신의 활동이 없게 됩니다. 이것이 바로 예수님께서 "이 세상 임금이 오겠으나 그는 내게 관계할 것이 없다"(요 14:30)고 말씀하실 때 뜻하신 것입니다.

왜 그럴까요? 왜냐하면 성령 안에서의 금식과 기도는 당신 안에 있는 육신의 일을 파괴시키고 하나님의 능력을 풀어 놓기 때문입니다. 육신의 활동이 성령의 활동의 수준 이하로 떨어지는 순간 당신은 당신의 삶과 사역에 새로운 기름 부음을 받습니다.

사탄의 전술에 대비해 준비하십시오

우리가 육신을 피하여 숨지 않고 기도하며 금식할 때 우리는 갇힌 사람들을 풀어 놓는 것입니다. 이사야서 58장 6절을 다시 봅시다.

내가 기뻐하는 금식은 흉악의 결박을 풀어 주며 멍에의 줄을 끌러 주며 압제 당하는 자를 자유하게 하며 모든 멍에를 꺾는 것이 아니겠느냐

대부분 첫 번째로 풀려나야 하는 갇힌 자는 우리들 자신입니다. 금식을 통하여 육신이 치명타를 맞으면 우리는 영 안에서 좀 더 온전하게 자유롭게 걸을 수 있도록 일어서게 됩니다. 한 번 더 좋은 영적인 성숙의 자리로 성장하게 되면 우리는 다른 사람들을 자유하게 하기 시작합니다.

이때가 바로 우리가 마귀의 주의를 끌게 되는 시점임을 기억하십시오. 마귀는 아무도 자유하게 되는 것을 원하지 않으며 우리가 그의 어둠의 왕국에 중대한 위협이 되는 것을 원하지 않습니다!

그러면 당신은 "그러면 문제를 자초하는 것이 아닙니까?"라고 물을지도 모릅니다. 아닙니다. 나는 문제를 자초하는 것이 아닙니다. 나는 사탄의 전술을 예상하고 있는 중입니다. 성경은 말씀이 어떤 종류로나 형태로나 모양으로 뿌려지든지 마귀는 그것을 훔쳐서 그 말씀이 열매를 맺지 못하도록 하기 위해 온다는 것을 우리에게 말하고 있습니다(눅 8:11-15).

만일 우리가 마귀의 전술을 영적으로 조심하지 않는다면 우리는 좋지 않은 방법으로 깨닫게 될 것입니다. 우리가 준비되지 않은 상태에 처하게 되면 마귀는 우리나 우리가 사랑하는 사람들로부터 훔칠 더 좋은 기회를 갖게 될 것입니다.

우리는 아직 천국에 있지 않습니다. 우리는 전쟁이 선포된 한 위성에 살고 있습니다. 마귀는 천국으로부터 쫓겨나서 지금 이 지구 위에서 맹활약 중입니다. 마귀는 천국에서는 문제를 일으킬 수 없으므로 여기에서 문제를 일으키려고 최선을 다하고 있는 중입니다.

마귀가 여기 이 땅에서 활동을 하고 있는 한 폭풍은 우리의 집을 계속 칠 것입니다. 그러나 예수님께서 계시해 주신 것과 똑같이 확실하게 폭풍은 닥칠 것이지만 우리의 집이 주님의 말씀을 듣고 그대로 행하는 반석 위에 지어져 있는 한 마귀는 집을 무너뜨리기 위해서 아무 것도 할 수 없을 것이라는 것을 주님은 보장하셨습니다(마 7:24-27).

마귀는 그럴만한 힘이 없습니다. 마귀는 예수 그리스도의 반석 위에 있는 우리의 집을 밀어낼 장비를 가지고 있지 않습니다.

전체적인 하나님의 계획에 대해서 우리가 더 많은 계시를 얻을 수록 우리는 더 많은 승리를 이 땅에서 얻게 될 것입니다. 우리가 이 땅위에 존재하는 일시적이고 근시안적인 목표들보다도 하늘나라의 영광을 더 큰 상급으로 여기는 자리에 더 빨리 도달하면 할수록 이 땅의 전쟁을 위해 더 강력한 능력이 우리의 삶 가운데서 작용하게 될 것입니다.

잃어버린 성분 : 초자연적인 평강 Supernatural Peace

수년 전에 장기간 주님의 얼굴을 구하면서 금식하며 기도할 때까지 나는 어떻게 이 모든 것이 역사하는지 이해하지 못했습니다. 나는 무엇인가 다른 삶의 변화를 찾고 있는 중이었습니다. 나는 손을 얹을 수 있는 무엇인가를 원했습니다. 나는 하늘들이 열리거나 천사들이 나타나기를 기다리고 있었습니다.

그런 일들은 내게 일어나지 않았지만 그때 구하는 시간을 마치고 나왔을 때 전에는 결코 가진 적이 없었던 어떤 것이 내게 남겨져 있었습니다. 나는 전에 존재하고 있는지도 몰랐던 어떤 평안의 단계 속으로 들어가 있었습니다. 하나님은 내가 머물도록 그 반석 the Rock 위에 나를 두셨습니다!

당신은 이렇게 질문할지도 모르겠습니다. "당신은 항상 평안 가운데 살고 있지 않았었습니까?" 내가 금식하기 전에 당신이 이런 질문을 하였더라면 "네, 물론 전에도 평안 가운데 살았지요!"라고 대답했을 것입니다. 왜냐하면 나는 내가 전에 누렸던 평안과 비교할 더 큰 평안을 알지 못했기 때문입니다. 그러나 이 새로운 평안은 다른 것이었습니다. 이만한 평안은 흔들릴 수 없는 것이었습니다!

이 평안은 너무나 좋은 느낌을 주었으며 동시에 전혀 다른 것이었습니다. 일이 잘못되는 것처럼 보여도 나는 하나님의 계획이 구체적으로 나타날 것을 인내하며 기다리면서 즐길 수 있었습니다! 나는 어떤 상황에서도 부담을 느끼거나 걱정을 하지 않고서 나의 책임을 다 할 수 있었습니다.

기도와 금식을 통해서 하나님은 내가 이 평안 속으로 들어가게 하셨는데 이 평안은 내가 그분의 능력을 받는 자리에 머물 수 있도록 하는 것이었으며, 또 오감으로 체험할 수 있는 것이었습니다. 그분은 이 평안에 대하여 내 영에게 "이것이 네가 그동안 찾던 것이다. 이것은 네게 없었던 요소이다."라고 말씀하셨습니다.

이 땅의 상태는 더 나아지지 않을 것입니다. 예수님은 마태복음 24장에서 마지막 때가 어떨 것인지 우리에게 말씀하셨습니다. 전쟁과 전쟁의 소문들, 지진들, 슬픔, 박해, 거짓 선지자들, 많은 사람의 사랑이 식을 것 등입니다. 인생의 폭풍은 점점 더 난폭해질 것입니다. 시간이 지나감에 따라 더욱 더 심하게 될 것입니다.

금식과 기도는 우리의 육신적인 본성을 비우고 하나님께서 그분의 성품으로 우리를 채우시도록 허락합니다. 육신이 자리를 잃게 됨에 따라 하나님의 평안이 우리의 삶을 지배하기 시작합니다(골 3:15). 우리는 한 수준의 평안에서 또 다른 수준의 평안으로 올라갑니다. 우리의 믿음은 점점 더 위대해집니다.

이 모든 것이 당신과 나를 기다리고 있습니다. 우리는 단순히 삶의 위기를 극복하는 것보다 훨씬 더 많은 것을 할 수 있습니다. 우리 각 사람은 이 땅에서 하나님을 위한 힘이 되도록 되어 있습니다. 금식과 결합한 기도는 우리가 이 목표를 이룰 수 있도록 도와주는 능력의 쌍둥이입니다!

나의 영의 조용함 안에서
나의 음성은 알려진다.

나의 길과 나의 원칙과 나의 생각은
보여진다.

그러므로 나와 함께 날아가자,
은혜의 영이 말씀하십니다.
왜냐하면 나 외의 어떤 사람도
너를 높이지 않을 것이며,
어느 누구도 내 대신에 바른 자리를
너에게 주지 않을 것이다.

왜냐하면 평안은 열매이기 때문이다.
은혜의 영이 말씀하십니다.
네가 나에게 바른 자리를 내어 줄 때
평화로운 열매가 있을 것이다.

14

어떻게 방언으로
효과적으로 기도할까요?

방언으로 기도하는데 대해서 아주 실제적인 가르침이 필요해 보이는군요. 이제 '성령 안에서 기도함으로써 당신의 지극히 거룩한 믿음 위에 자신을 건축할 수 있도록' 효과적으로 당신을 돕기 위한 몇 가지 기본적인 지침을 주도록 하겠습니다.

얼마나 크게 혹은 작게 기도하는 것과는 무관합니다

사람들은 항상 내게 와서 "로버슨 형제, 형제는 어떻게 방언으로 기도를 하지요?"라고 묻습니다.

나는 간단하게 "나는 이렇게 기도합니다."라고 대답하고는 숨을 죽여서 기도함으로 시범을 보여줍니다.

"그렇지만 큰 소리로 기도하지 않습니까?"

"아니오, 보통은 크게 하지 않습니다."라고 나는 대답합니다. "하나님은 못 들으시는 분이 아닙니다."(물론 내가 큰 소리로 기도한다고 불안해하시지도 않지요!)

그러면 이렇게 또 묻습니다. "그러면 전투하는 방언은 무엇인가요?"

내가 그에게 묻습니다. "그것은 어떻게 하는 것입니까?" 그 사람은 거의 방언으로 비명을 지르는 듯이 시범을 보여줍니다.

"하나님께 말하는데 왜 그렇게 소리를 질러대십니까?" 내가 질문합니다.

"글쎄요, 나는 마귀에게 말하고 있다고 생각했습니다."

"오, 아닙니다. 고린도전서 14장 2절에서 방언은 하나님께 말하고 있는 것이라고 말하고 있습니다. 이제 당신이 원하신다면 큰 소리로 기도할 수 있습니다. 그러나 내가 말씀드리는데 얼마 지나지 않아서 당신의 편도선은 바하의 제 5 칸타타를 연주하게 될 것입니다! 당신은 편도선을 다치게 될 것입니다."

"당신이 전투하는 방언으로 기도하지 않는다면 방언으로 기도하는 것은 하나님과 어떤 일도 이루지 못하는 것입니다"라고 말하는 그룹이 있습니다. 그들은 마귀에게 말을 하고 있다고 생각하면서 방언으로 비명을 지르고 외칩니다.

그러나 당신이 방언으로 기도할 때 소리를 지르거나 속삭이는 것은 문제가 되지 않습니다. 말을 공급하는 분은 성령님이기 때문에 당신이 방언으로 소리를 지르는 것이 숨을 죽여서 기도하는 것보다 하나님의 왕국을 위하여 더 많은 일을 하는 것이 아닙니다. 당신이 만드는 것이 아니라 성령께서 말을 만드십니다. 성령님이 방언의 근원이라면 그것은 언제나 능력으로 충만해 있습니다.

(참된 예배에도 같은 원리가 적용됩니다. 예배를 큰 소리로 드리느냐 작은 소리로 드리느냐가 아니라 경배하는 말 한 마디 한 마디에 당신의 전 존재를 얼마나 쏟아붓느냐가 중요합니다. 당신의 마음이 어떤 문제를 분석하느라고 거리에서 방황하고 있으면서 주님을 진실로 예배할 수는 없습니다.)

내가 처음으로 순회 사역을 시작하였을 때 나는 모텔에서 방언으로 기도하면서 왔다 갔다 걷곤 했습니다. 나는 기도에 대해 아는 것이 없어서 가능한 한 큰 소리로 방언 기도를 했습니다. 나는 목소리를 높이는 것이 나의 기도를 좀 더 능력 있도록 할 것이라고 생각했습니다. 하나님은 귀가 멀지 않으셨기 때문에 내가 어떤 목소리로 기도를 하든지 들으실 수 있다는 것을 그때는 배우지 못했습니다.

나는 성령의 초자연적인 언어가 나의 입에서 나오는 그 순간 하나님께로 풀려나간 것이라는 것을 나중에야 깨닫게 되었습니다. 내가 하나님께 말을 하고 있기 때문에 내 영에서 방언으로 나온 그 단어들은 여전히 똑같은 의미를 가지고 있고 따라서 내가 속삭이든지 외치든지 아무 차이가 없는 것입니다.

기도할 때 열정은 꼭 필요한 것인가?

당신은 이런 질문을 할 수도 있습니다. "내가 성령 안에서 기도할 때 아주 열정적으로 기도하지 않으면 어떻게 됩니까? 무엇보다도 야고보서 5장 16절은 **의인의 효과적이고도 열정적인 기도는 크게 역사한다**고 말하고 있지 않습니까?"

물론 그렇게 말하고 있습니다만 야고보는 그 구절에서 믿음의 기도에 관해서 말하고 있습니다. 믿음의 기도는 당신의 삶에 나타난 어떤 '산'을 향하여 '산아, 움직여라!' 라고 말할 때 하는 기도입니다. 산이 움직일 때까지 어떠한 반대나 지옥에 대항하여 당신의 주장을 바꾸지 않을 만큼 충분히 강한 힘이 당신의 성품 속에 있을 때 이런 열정적인 기도는 크게 역사합니다.

그러나 그렇게 할 충분한 성품의 힘을 가지고 있지 못할 때에 성령 안에서 기도하는 것은 당신이 응답을 받을 때까지 당신의 주장을 견고히 잡고 있을 지점에 도달하도록 도와줄 것입니다.

그러므로 당신이 방언으로 열정적으로 기도하느냐 하지 않느냐는 실제로 중요하지 않습니다. 하나님이 당신의 영 안에서 무엇을 하고 계시는지에 달려 있는 것입니다.

예를 들면 내가 방언으로 기도하다보면 때때로 성령 안에서 내 영이 아주 강력해질 때가 있습니다. 나는 내가 무엇과 싸우고 있는 것 같은 것을 느낍니다. 그러나 이 강한 감격이 걷히면 나는 걷히도록 합니다. 나는 성령께서 나를 인도하시도록 그분을 신뢰합니다.

성령님은 내가 무엇에 관해 기도하는지 알고 계십니다. 그러나 나는 기도를 중단하지 않습니다. 나는 단지 숨을 죽여서 다시 조용히 기도를 계속합니다.

평안한 상태를 위해 기도하십시오

오클라호마 털사에 있는, 내가 목사로 섬기는 교회에서 우리는 교회 전체가 하나의 몸으로서 기도하기 위해서 정기적으로 모입니다. 이런 기도회에서 나는 자주 모든 사람들을 의자에 풀로 붙이듯이 앉아 있게 합니다. 그들은 거기 앉아서 아무것도 하지 않고 오직 방언으로 기도만 합니다.

수년 동안 어떤 사람들은 그들의 육신이 아직도 '끊임없이 활동' 하고 있기 때문에 이렇게 하는 것을 매우 힘들어 했습니다. 그들은 움직이지 않고 앉아서 성령으로 두 시간을 기도할 수조차 없었습니다. 그들은 자신들이나 성령님을 잘 모르고 지내는 것이 분명했습니다.

기도하다가 가끔 나는 대단히 평안한 가운데 들어가게 되어 바닥에 두세 시간씩 그냥 누워 있기도 합니다. 모든 것은 그렇게 조용해지고 나는 조금도 움직이고 싶어하지 않게 됩니다. 그럴 때에 성령님은 그분의 말씀으로부터 나를 가르치기 시작하시고 그러면 그분이 계시하시는 진리는 마치 수정처럼 너무나도 분명합니다. 이곳은 영 안에서 얼마나 놀라운 곳인지요!

그러나 대부분의 그리스도인들은 방언 기도로 도달할 수 있는 지극히 평안한 장소에 대해서 아무것도 모르고 있습니다. 그들은 그곳을 잘 알게 될 때까지 잠잠히 기도하면서 오랫동안 머물러 있어 본 적이 결코 없습니다. "로버슨 형제, 형제는 방언으로 기도하면서 걷는 것에 대해서 반대하십니까?" 아닙니다. 기도하면서 걷는 것에 대해서 반대할 이유가 전혀 없습니다. 그러나 성령님과 친숙하게 잘 알게 되는 것과 기도의 훈련을 배우기 위해 잠잠히 기도하면서 오랫동안 머물러 있는 시기가 옵니다. 당신의 영이 방언으로 그리스도의 비밀을 기도하는 동안 당신의 몸이 가능한 한 가장 조용한 상태를 유지하는 것은 지극히 평안한 장소에 도달하거나 머무는 것에 더할 나위 없는 도움이 됩니다.

세움은 감각을 불러일으키는 것이 아닙니다

많은 경우에 사람들은 방언으로 기도할 때 어떤 느낌을 기대하며 찾습니다. 그래서 나는 교회 전체가 한 몸으로서 기도할 때 사람들이 감각을 초월하도록 의자에 못 박아 둡니다.

"로버슨 형제, 형제는 방언으로 기도할 때 어떤 것을 느껴본 적이 없습니까?" 오, 물론 있지요. 나를 오해하지 마십시오. 감정으로 느껴질 때는 나는 감정을 환영합니다. 때때로 어떤 것이 내 영에 쌓이고 쌓여서 마침내 내 혼에게 전달되면 내 감정이 움직입니다. "와!" 그러나 나는 내가 느끼는 것에 근거해서 내가 어떤 것을 받고 있는지를 판단하지 않습니다. 나는 내가 하고 있는 방언이 나를 세우고 있다는 말씀을 믿으면서 방언으로 기도를 계속할 뿐입니다.

방언은 성령의 능력에 의해 우리의 영 안에서 나오는 것입니다. 감정은 방언이 당신의 혼을 통과할 때 추가되는 것입니다. 그렇기 때문에 감정을 더하는 사람이 당신이라면 당신이 소리를 치든지 속삭이든지 당신 기도의 결과에는 조금도 영향을 끼치지 못합니다.

초기에 성령 안에서 기도할 때는 내 손가락에 어떤 간지러움 같은 것을 느끼지 못하거나 어떤 감정적인 '높이'까지 오르지 못하면 나는 효과적으로 기도를 하고 있지 않은지도 모른다고 생각했었습니다. 그런 다음에 방언으로 기도를 하기만 하면 내 안에서 감정적인 싸움이 일어나곤 하는 시기를 통과했습니다. 하늘이 내게 향하여 닫혀 있다고 생각했기 때문에 나는 거의 기도하기를 그만둘 뻔했습니다. 나는 기도하면서 나의 경험이나 내가 경험하지 못하는 감정에 근거해서 내가 하늘까지 닿고 있는지 아닌지를 판단하고 있었습니다.

그러나 이제 나는 세움은 감각을 불러일으키지 않는다는 것을 알고 있습니다. 성령 안에서 기도하는 것은 우리의 감정보다 한 단계 더 깊은 것입니다. 감각은 우리의 혼의 영역에 속해 있지만 능력과 세움은 영적인 영역에 속한 것입니다.

성령께서는 방언으로 기도하는 데에 심지어 우리의 지성도 제외시키십니다. 이것은 우리의 육신적인 자존심을 세게 강타하는 것입니다! 우리는 성령 안에서 세 시간을 기도해도 하나님께서는 우리가 무엇에 관해서 기도하고 있는지 전혀 끼어들지 못하게 할 수도 있습니다!

예를 들면, 한 번은 옛 멕시코에 대한 환상을 보았습니다. 그 비전이 언제 이루어지는지 알아내려고 나는 성령 안에서 기도하고 또 기도했습니다. 나는 환상 가운데서 보았던 다가오는 부흥에 대해 하나님이 왜 좀 더 보여주시지 않는지 물으면서 이 비전을 가지고 하나님을 못 살게 굴었습니다. "내가 본 것이 어느 집회의 모습인지 제발 나에게 보여주십시오." 나는 기도했습니다. "내가 무엇을 해야 하는지 내게 보여주십시오."

어느 날 아침 기도 중에 주님은 마침내 나의 기도를 중단시키고 이렇게 말씀하셨습니다. "내가 너를 위해 계획하고 있는 것을 영어로 말한다면 너는 그냥 그 계획을 망쳐 놓을 것이다!" 주님이 옳았습니다. 왜냐하면 멕시코에서 내가 해야 할 일을 하기 위해 얼마나 큰 비용이 드는지를 나중에 알았을 때 나는 그것을 다루는데에도 추가적인 많은 세움이 필요했습니다!

그러므로 방언 기도는 당신의 감정적인 영역보다 더 깊은 것입니다. 방언은 당신의 생명이 그 위에 쉬고 있는 기초이자, 성령께서 양육하고 가르치고 세워주기 위해서 보내심을 받은 부분인 당신의 영으로부터 나오는 것입니다.

이것은 당신이 항상 놀라운 기분을 즐기리란 것을 의미하는 것은 아닙니다. 그러나 당신의 삶에 표준을 세우는 말씀, 즉 들은 그 말씀대로 당신이 그렇게 변화되는데 이 세움의 과정은 필요한 것입니다.

경배의 역할

그러므로 세움의 과정에 나의 감정을 꼭 포함할 필요는 없는 것입니다. 느낌을 원하면 나는 경배를 드립니다. 왜냐하면 경배는 나의 혼의 영역을 강화하는데 필요한 경건한 감정을 자아내도록 만들어진 것이기 때문입니다.

당신이 시련의 한 가운데 있을 때 경배를 드리는 것보다 더 좋은 것은 없습니다. 경배는 당신을 붙들어 주며 그 시련을 승리하면서 통과할 수 있도록 당신의 감정을 안정시켜 줍니다.(그렇지만 당신은 단지 문제를 현상 유지 하기만을 원하지는 않습니다. 당신은 하나님 안에서 더 멀리 나아가 그 문제로부터 놓여지기를 원합니다. 이것이 성령님이 하시는 일이며 여기서 방언 기도가 그 역할을 하게 됩니다. 왜냐하면 모든 영구적인 변화는 안에서부터 오기 때문입니다.)

그래서 야고보는 당신이 유혹이나 시험이나 시련을 만나거든 매우 기쁘게 여기라고 말했습니다. 고난이나 연약함이나 혼란의 한 가운데서 기뻐하십시오. 그것을 큰 기쁨으로 여기십시오. 당신의 아버지를 경배하며 흠모하며 당신의 감정을 풀어 놓으면서 모든 것을 하나님께 집중하면 기쁨은 마귀가 대항하여 활동하기 좋아하는 당신의 혼의 영역을 안정적으로 유지하게 해 줄 것입니다.

경배를 통한 개인적인 돌파 Breakthrough

나의 친한 친구이며 유명한 복음 전도자인 노블 헤이즈 Norvel Hayes 가 한 번은 하늘나라에 올라가서 예수님을 만나게 되었습니다. 거기 있는 동안 예수님은 그에게 말씀하셨습니다. "나의 백성들이 나를 충분히 경배하지 않는다."

우리가 찬양과 경배를 드리면서 시간을 보내는 경우는 흔히 교회에서 뿐입니다. 이것이 사실이라면 어떤 변화를 주어야만 합니다.

주님께서 눈 먼 사람과 귀 먹은 사람을 고치는 것을 본 것 외에 내 생애에 있어서 하나님과 함께 했던 가장 위대한 경험은 내가 몇 몇 사람들과 함께 있는 가운데 개인적으로 그분을 경배하는 도중에 일어났습니다.

앞에서 이미 언급했듯이 교회에서 성령으로 세례를 받고 '더듬는 입술로' 말을 하고 난 후 곧 나는 집에서 하나님을 경배하는 동안에 하나의 영적인 경험을 하게 되었습니다.

그 당시 나는 강한 영적인 전쟁을 치르고 있는 중이었는데, 나의 육신적인 본성이 살며시 되돌아와서 나를 압도하려고 하는 것을 나는 느낄 수 있었습니다. 로잘리와 함께 기도하는 동안 나는 열정적으로 하나님을 찬양하고 경배하면서 거실을 계속 왔다 갔다 하였습니다. 나는 육신에게 지고 싶지 않았지만 나의 힘은 거의 소진되어 있었습니다.

그 당시 나는 정말 어떻게 기도하는지도 몰랐습니다. 나는 구원받은

지 얼마 되지도 않았고 거듭난 뒤에도 교회를 가다 말다 했습니다. 교회에 가지 않을 때는 나는 별로 좋지 않은 장소에 가 있었습니다.

그래서 나는 내가 알고 있는 한 최고로 기도하며 하나님을 찬양하며 육신의 유혹을 거절하면서 왔다 갔다 걸었습니다. 하나님을 향하여 손을 들고서 '할렐루야'와 '하나님을 찬양합니다'를 반복해서 하는 것 외에 나는 어떻게 할 줄을 몰랐습니다.

위로 높이 쳐든 내 손에서 시작하여 갑자기 따뜻한 느낌이 내 위에 내려왔습니다. 그 느낌은 나의 팔과 어깨를 통과해서 흘러내리더니 내 가슴으로 들어와 나의 마음속까지 이르는 듯했습니다.

이 느낌이 내 다리로 흘러 들어가자마자 나는 뒤로 넘어졌습니다. 나는 숨이 차서 넘어졌지만 알아차리지 못했습니다. 그 대신 나는 힘도 안들이고 즉시 다른 말을 하기 시작했습니다. 몇 시간 동안 나는 성령님께 계속해서 양보를 해드리자 그 초자연적인 언어는 하나의 완전하고 유창한 기도 언어가 될 때까지 증가하였습니다.

거의 한밤중에 시작된 성령의 강한 기름 부음은 새벽 네 시까지 내 위에 임하여 있었습니다. 이것은 나의 갈급한 심령에 삶을 바꾸는 경험이었습니다.

두 번째 내가 성령의 강력한 활동을 경험한 것도 역시 내가 하나님을 경배하고 있을 때였습니다. 그때 나는 가족을 먹여 살리기 위해서 오레곤에서 나무를 솎아내고 있었습니다.

나는 사장과 '요새Fort'라는 별명을 가진 동료 직원을 구원하려고 작전을 펴고 있는 중이었습니다. 포트는 마약으로 몸이 상해서 메마르고 상습적으로 거짓말을 하는 젊은이였습니다. 나는 내 상관과 그에게 밤낮으로 간증을 했습니다.

나중에 사장은 내게 지불할 돈이 모자라서 더 이상 봉급을 줄 수 없게 되었지만 나는 이 두 사람에게 계속적으로 증거하기 위해서 임금을 받지 않고 일을 계속했습니다. 나는 봉급을 받고 있지 않았기 때문에 사장은 어디 가서 나무를 베라고 나에게 말을 할 수 없는 처지였습니다. 이것은 내게 유익이 되었는데 왜냐하면 나는 내 마음대로 포트 옆에서 일할 수 있었기 때문입니다.

잠깐 쉬려고 포트가 그의 전기톱을 끄기만 하면 나는 열정을 가지고 그에게 설교를 하기 시작하곤 했습니다. 그가 나를 피하려고 얼마나 빨리 톱을 다시 켰던지 당신도 보았어야만 했습니다!

마침내 나는 포트를 거듭나도록 만들었습니다. 그는 클래머쓰 폭포 Klamath Falls 바깥에 있는 숲의 호수 Lake of the Woods로부터 사분의 일 마일 쯤 떨어진 벌목공들의 천막 안에서 예수님을 영접하였습니다.

포트가 천막 안에 앉아 있는 동안 나와 또 한 명의 다른 그리스도인 벌목공은 손을 위로 쳐들고 주위를 돌면서 주님을 경배하면서 포트가 구원받도록 기도를 계속했습니다.(그 당시 나는 사람이 무엇인가를 느끼지 않으면 진짜 구원을 받은 것으로 믿지 않았습니다.) 몇 분 간격으로 나는 포트에게 손을 얹고 성령으로 기도를 하곤 했습니다.

그런데 이른 새벽쯤 되었을 때 갑자기 하나님의 임재가 그 천막 안에 임하였습니다. 오늘날까지도 나는 그것이 성령님이었는지 천사였는지 말할 수 없습니다.

나는 간이침대 위에 넘어져서 성령 안에서 배꼽을 잡고 웃기 시작했습니다. 나는 성령 안에서 얼마나 취했는지 그 간이침대에서 일어날 수가 없었습니다. 이 모든 일이 일어나는 중에 포트는 구원받고 성령으로 충만함을 받았습니다.

우리 세 사람은 모두 새벽까지 성령 안에서 소리 내어 웃으며 낄낄거리고 방언으로 기도하며 기뻐했습니다. 이 소리가 들리는 곳에 있던 사람들은 우리가 미쳤다고 생각했었음에 틀림이 없습니다.

다음날 사장은 그 전날 밤 천막 안에서 일어났던 일 때문에 내게 화를 내었습니다. 그러나 돈도 받지 않고 일을 해 주고 있었으므로 나는 그에게 대답할 필요가 없었습니다. 그런데 놀랍게도 사장은 그날 밤 다시 나에게 와서 "내 안에 무엇인가가 잘못 되었네."라고 말했습니다.

"나는 왜 그런지 알고 있습니다. 우리가 당신 문제를 기도로 끝장내겠습니다."라고 나는 대답했습니다.

"좋아, 그렇지만 우리 사람들이 하나도 없는 호수 반대편으로 가서 하면 안 되겠어?"

"물론 갈 수 있지요." 이렇게 해서 다른 그리스도인 벌목공과 나는 사장을 데리고 호수 건너편으로 가서 그도 역시 하나님 나라에 이르도록 기도로 끝장을 내었습니다!

그리고 나서 곧 포트는 사라져 버렸습니다. 봉급을 받으려고 며칠 후에 다시 나타났을 때 그는 술에 취해 있었고 마약을 하고 있었습니다. 그는 다시 돌아오지 않았습니다.

몇 년이 지난 후 나는 전임 사역에 들어간 후에 캘머스 폭포에서 집회를 열고 있었습니다. 집회를 마친 후 뒤의 방에 앉아 있는데 살이 적당히 찌고 단정한 한 젊은 남자가 걸어들어 왔습니다.

"나를 기억하겠나?" 그가 물었습니다.

"아니, 기억이 나지 않는데." 내가 대답했습니다.

"자네 나와 함께 숲에서 일하지 않았나. 내 이름은 아무개라네." 그 이름은 내게 아무 의미가 없었습니다. 그러자 그가 말했습니다. "자네는 나를 포트라고 불렀었지."

"내가 아는 포트란 이름을 가진 유일한 사람은 상습적인 거짓말쟁이이고 마약 환자였는데!"

그 젊은이는 금방 웃으면서 말했습니다. "그게 나야!"

나는 놀라면서 그를 쳐다보았습니다. "네가 맞아? 그런데 자네 이 집회에서 무엇을 하고 있나?"

"아직 못 들었나? 나는 이 집회를 후원하는 협력 목사 중에 한 사람이지!" 나는 거의 기절할 뻔했습니다! 수년 전 벌목공 천막 안에서 밤새 가졌던 우리가 체험한 성령의 부흥이 마침내 하나님의 왕국을 위해서 좋은 열매를 맺었습니다! 그런데 이 모든 것은 두 신자가 하나님을 경배하는 가운데 일어났던 것입니다.

주님과 함께 세 시간을 보내는 방법

나는 가끔 어떤 사람이 한 주간에 사용할 수 있는 시간이 서너 시간이 전부라면 그 서너 시간을 하나님의 임재 안에서 가장 능력 있게 보내는 방법이 무엇이냐는 질문을 받아왔습니다. 많은 해 동안 기도하고 하나님의 시중을 들은 후에 나의 대답은 이 세 가지로 압축되었습니다.

1. 경배와 찬양하기
이것은 우리의 연약함을 그리스도의 힘으로 맞바꿈으로써 시련의 기간 동안 우리에게 필요한 버티는 힘을 제공해 줍니다.

2. 하나님의 말씀을 고백하기
질병이나 아픔, 재정이나 고통, 염려나 두려움 등과 같이 제거되어야 할 필요가 있는 우리 삶의 '산들'에게 말하는 것.

3. 방언으로 기도하기
세워줄 뿐만 아니라 계시의 지식을 제공하는 초자연적인 언어.

보다시피 당신이 매주 한 시간씩 목사님을 통해 듣는 일반적인 메시지가 당신의 삶을 변화시키는 것이 아닙니다. 기름 부음이 있는 교사나 목사는 변화에 필요한 약간의 정보를 제공할 뿐입니다.

그러나 진짜 변화는 집에서 당신이 당면하고 있는 문제에 말씀을 적용함으로써 개인적으로 갖는 시간을 통해 옵니다. 당신이 성령 안에서 기도하고 말씀을 고백하며 경배하면서 시간을 드리는 것에 정비례해서 당신의 삶은 변화 받게 됩니다.

이제 하나님과 함께 시간을 보내는 것에 대해서 내가 말하려고 하는 것들은 단지 지침일 뿐이라는 것을 이해하는 것이 중요합니다. 당신이 아버지와 교제를 즐기기 위해서 문자 그대로 따라야만 하는 하나의 공식이 아닙니다.

당신이 하나님과 동행하는 가운데 이 세 분야에서 발전을 하면서 그냥 성령의 인도를 따르십시오. 당신이 이렇게 함에 따라 당신은 새로운 차원의 기도 응답과 강하고 지속적인 하나님의 임재를 즐기게 될 것입니다.

첫 시간 : 경배

첫 시간에 나는 경배와 찬양과 감사로 하나님의 임재 속으로 들어갑니다. 나는 이렇게 말하곤 합니다. "아버지, 제가 여기 있습니다. 나의 모든 필요는 이천 년 전에 십자가에서 다 충족되었기 때문에 어떤 부족함도 없습니다. 하나님은 나의 아버지시고 나는 자녀이기 때문에 나는 단지 하나님과 교제하려고 여기 있습니다. 나는 당신의 거룩한 언덕에 올라가려고 하는데 내가 찬양을 드리고 경배를 하면서 얼마나 높이 올라갈 수 있는지 지켜보십시오." 나의 목표는 나의 필요 대신에 교제를 통해 하나님과의 관계를 발전시키는 것입니다.

너무나 많은 신자는 그들이 무엇이 필요하거나 교회에서 그렇게 하라고 지시를 받을 때만 하나님의 임재 속으로 들어갑니다. 그러나 가장 높은 예배의 형태 중의 하나는 단지 우리의 이름이 어린양의 생명책에 기록되었다는 것 때문에 우리의 하늘 아버지이신 그분을 찬양하고 경배하기 위하여 우리의 개인적인 삶 가운데서 하나님의 임재 속으로 들어가는 것입니다.

하나님은 우리가 그분의 자녀들이며 그분이 우리의 아버지라는 것을 너무나도 기뻐하십니다. 자녀들을 즐기는 아버지로서 그분은 보좌 가까이에서 우리와 교제하시면서 시간을 보내기를 원하십니다. 그분은 우리가 거룩한 손을 높이 들고 순수한 교제 가운데서 단지 우리가 얼마나 그분을 사랑하는지 말하는 것을 좋아하십니다.

그러면 우리는 어떻게 하나님의 임재로 들어갈 수 있습니까? 성령님은 예수님을 영화롭게 하기 위해서 보내심을 받았습니다(요 16:14). 그분의 모든 사역은 당신을 예수님의 임재 가운데로 데리고 들어가는 것입니다. 그러면 예수님은 이어서 당신을 아버지의 임재 가운데로 데리고 들어가십니다. 예수님께서 아버지의 임재 가운데로 들어가는 것에 관해서 제자들에게 가르치셨던 똑같은 원칙들이 예수님의 임재 가운데로 들어가는 데도 적용됩니다.

예수님은 말씀하셨습니다. "너희가 기도할 때에 이렇게 말하여라… **하늘에 계신 우리 아버지, 그 이름을 거룩하게 하여 주시며**"(마 6:9). '거룩하게 하다hallowed' 라는 단어는 다른 모든 것보다 더 높이 올림으로써 우리의 삶에서 그의 이름을 거룩하게 한다sanctify는 뜻입니다. 경외하는 경배를 드리면서 그분의 임재 속으로 들어간다는 의미입니다.

우리는 하나님의 임재 안에 항상 있습니다. 우리는 예수의 이름을 가지고 있습니다. 우리는 하루의 어떤 순간에도 하나님께 간구할 수 있습니다.

그러나 예전을 갖추고 하나님의 임재로 들어갈 시간이 있을 때에는 그분을 기쁘게 해 드리는 방법이 있습니다.

무엇보다도 개인 경배에서 하나님께 자신을 드리는 방법이 있습니다. 그분 앞에 내가 드려야 하는 첫 부분은 나의 혼, 즉 나의 지성, 의지, 감정입니다.

나는 하나님께 나의 혼을 드리고 싶은 기분이 들지 않을 수도 있습니다. 아무도 나를 그렇게 하도록 이끌지 않을 수도 있습니다. 경배의 분위기를 만들면서 어떤 악단이 나를 따라다니지도 않습니다. 나를 위해 예배 음악을 연주할 카세트나 CD가 항상 있는 것도 아닙니다. 그러나 내가 나의 혼을 드리며 하나님의 임재 속으로 들어갈 때면 나는 거의 항상 그분을 영으로 경배합니다.

두 번째로 그분 앞에 나올 때 나는 그분을 존경합니다. 대사는 왕 앞에서 머리를 숙이고 선물을 드림으로써 지상의 왕에게 경의를 표현할 것입니다. 내가 나의 혼을 드림으로써 왕 중의 왕의 임재에 들어갈 때는 얼마나 더 많은 경의를 표해야 하겠습니까?

가끔 우리는 어느 분이 계신 곳에 우리가 들어가고 있는지 잊어버립니다. 물론 예수님은 우리의 가장 좋은 친구입니다. 그렇습니다. 그분은 우리의 아주 막역한 친구입니다. 그러나 우리가 간구를 가지고서 혹은 경배 드리려고 그분께 가까이 나아갈 때 그분은 우리의 대제사장이므로 그분은 우리의 최고의 경의와 존경을 받으셔야 마땅합니다.

바로 이런 이유 때문에 왕 중의 왕을 경배 드려야 마땅할 때 어떤 문제를 푸느라고 우리의 혼이 거리를 방황하지 않도록 하는 것은 매우 중요합니다. 우리의 혼이 왕으로부터 복 받기를 원한다면 우리는 우리의 혼을 왕의 임재 안에 있도록 해야 합니다. 딴짓을 하는 것은 아무리 낮추어 말해도 매우 불경스러운 것이라고 할 수 있습니다.

두 번째 시간 : 하나님의 말씀을 고백하기

그다음에 주님과 보내는 두 번째 시간은 내가 지금 당면한 문제를 가지고 십자가에 가지고 나가 푸는 데 보냅니다. 어떻게 하냐고요? 마귀가 나의 길에 보내준 문제에 대한 이미지를 말씀에 있는 이미지와 나의 입의 말로 대체합니다. 신자로서 이것은 나의 권리이며 나의 유산입니다.

두 번째 시간에 들어가면 나는 이렇게 말합니다. "아버지, 마귀가 내게 복종하는 것에 대하여 당신께 감사드립니다. 귀신들에 의해서 직접적으로나 간접적으로 생기는 질병이 당신의 이름으로 내게 복종하는 것에 대해서 당신께 감사드립니다. 내가 가난으로부터 구원받은 것과 가난이 당신의 이름으로 내게 복종하는 것에 대해 당신께 감사드립니다. 아버지, 나는 이 모든 것들을 인하여 당신께 감사드립니다."

"아버지, 잠깐만 기다려 주십시오. 마귀가 나의 영토를 침략하고 있습니다. 그래서 나는 이런 침략을 고백의 능력으로 정면에서 무찌

르라고 당신이 내게 주신 말씀과 믿음을 나는 사용하려고 합니다."

"내가 나의 마음으로 당신의 말씀을 의심하지 않고 내 입으로 고백하면 모든 기적 중에 가장 경이로운 거듭나게 하는 바로 그 엄청난 능력이 나의 산을 움직이는 데에도 역시 똑같이 작용할 것이라고 말씀하셨습니다."

그러므로 나는 나의 문제에다 하나님의 말씀의 고백을 퍼부으면서 보냅니다. 예수님께서 마가복음 11장 14절에서 무화과나무에다 말씀하신 것과 같은 방법으로 나는 나의 산에게 말합니다. 예를 들면, 만일 내가 재정적인 부족을 다루고 있다면 나는 이와 비슷한 말을 반복해서 고백합니다. "가난아, 너는 십자가에서 해결되었다. 예수님께서는 몸소 은혜의 행위로 나의 가난을 짊어지셨다. 그분은 부요하셨지만 나를 위해서 내가 부요하도록 그는 가난하게 되셨다"(고후 8:9).

"가난아, 내 말을 듣고 있니? 나는 하나님과 언약을 맺었다. 너는 나의 삶에 머물 수 없다. 너는 저주받았다. 너는 나의 삶에서 떠나야 한다!"

"그리고 너 부요함이여, 나는 북쪽, 남쪽, 동쪽, 서쪽으로부터 너를 부른다! 재정아, 내게 증가할 것을 명령한다! 나는 하나님께서 내게 주신 선물, 즉 그분의 말씀에 대한 믿음의 고백으로 신자로서 나의 권리를 주장하고 있다!" 두 번째 시간 내내 이것이 내가 가난을 저주하며 나의 삶에서 나가라고 명령하면서 가난의 산에게 말하는 방법입니다.

내가 방금 묘사한 것과 똑같이 내 삶에서 한 때는 마귀만을 괴롭히면서 보낸 적이 있습니다. 이렇게 하는 것보다 마귀를 더 화나게 하는 것은 없다고 나는 생각합니다!

어떤 사람은 이렇게 말합니다. "한 시간 동안 하나님을 경배하는 것은 이해할 수 있습니다만 당신의 문제를 향하여 같은 것을 반복해서 고백하는 것은 일종의 구걸이 아닙니까?" 아닙니다. 애걸하는 것이 아닙니다. 치유나 당신을 속박했던 중독으로부터의 구원같이 하나님이 이미 마련해 주신 것 가운데 어떤 것을 하나님께 반복해서 요구하는 것은 애걸하는 것입니다.

그러나 하나님의 말씀을 고백하는 것은 하나님께서 당신의 문제에 관해서 그분이 이미 말씀하신 것을 집행하기 위해서 당신의 심령에 이미 두신 믿음을 사용하는 것입니다. 문제에 대해서 믿음의 기도를 한 번 드렸으면 당신은 이제 그 문제에 관해서 하나님께 말해서는 안 되고 그 문제에게 말을 해야 합니다!

세 번째 시간 : 방언으로 기도하기

마지막으로 세 번째 시간에 나는 이렇게 말합니다. "아버지, 나는 그 문제를 십자가로 해결reconcile 했습니다. 나는 공격적으로 성령의 검, 하나님의 말씀을 휘둘렀습니다. 내가 기도하는 동안 성령 안에서 몇 가지 변화가 있었습니다. 나는 응답을 받은 것을 인하여 당신께 감사드립니다."

"그렇지만 아버지, 괜찮으시다면 나는 세움, 즉 나의 영의 사람을 좀 강하게 하는 것, 그리스도의 비밀을 기도하는 것이 좀 필요합니다."

그러고 나서 세 번째 시간은 방언으로 기도하면서 보냅니다. 나는 성령 안에서 기도함으로써 나의 지극히 거룩한 믿음 위에 자신을 건축하면서 그냥 누워 있거나 앉아 있거나 왔다 갔다 걷기도 합니다.

이렇게 하기만 하면 많은 경우에 당신은 너무나도 세움을 받았다는 느낌이 들기 시작해서 그만두기가 싫어질 것입니다! 당신은 이렇게 말하게 될 것입니다. "그냥 이어서 한 시간 더 방언 기도를 해야 되겠는데!"

이 세 번째 시간은 단지 내가 원해서 의도적으로 내가 기도할 수 있는 것을 발견한 것인데 그것은 의심하지 않게 되어 있는 내 안의 그 부분, 즉 나의 심령heart을 세워주시겠다고 하신 하나의 약속을 쟁취하는 것입니다.

기도하는 동안 무슨 말을 하고 있냐고요? 대부분의 경우 내 마음은 열매 맺지 못하기 때문에 무슨 말을 하는지 모릅니다. 그러나 나의 영은 하나님 앞에서 비밀을 교통하고 있다는 것과 나의 속사람, 즉 나의 심령은 지극히 거룩한 믿음 위에 자신을 건축하고 있다는 것은 확실히 알고 있습니다.

그러므로 한 주간에 주님과 보낼 수 있는 세 시간의 시간만 있다면 나는 이렇게 시간을 보낼 것입니다. 어떤 이유 때문에 어떤 주간에는 기도하면서 보낼 수 있는 시간이 한 시간 밖에 없다면 나는 그 한 시간을 이십 분씩 셋으로 나누어서 경배와 말씀과 방언 기도를 위해 사용하겠습니다. 이 세 가지 기도는 모두 당신에게 유익이 되고 당신으로 하여금 십자가의 완성된 사역에 대하여 수용적이 되도록 해 줄 것입니다.

말씀을 묵상하는 것의 유익

말씀을 묵상하는 것은 성령 안에서 기도함으로써 하나님의 비밀을 푸는 데 내가 당신에게 줄 수 있는 가장 중요한 지침 중의 하나입니다. 사분지 일 세기가 넘도록 나는 주님과 동행하는 삶 가운데서 가능한 한 방언으로 많이 기도하려고 노력을 기울였으며 또한 풍성한 보상을 받았습니다. 내가 경험한 가장 위대한 유익들 중에 어떤 것들은 기도하면서 말씀을 묵상하는 것으로부터 나왔습니다.

묵상이란 무엇입니까? 묵상은 하나님의 말씀을 당신의 혼과 영에 동화시키는 과정입니다(assimilating God's Word into your soul and spirit). 하나님의 말씀을 묵상하면 성령께서는 하나님의 지혜를 말씀의 형태로 취하여서 그것을 당신의 통찰력과 지혜로운 의견이 되도록 하여서 당신의 영에다 재구성하여 줍니다.

묵상은 단순히 하나님의 말씀은 진리라고 인정하는 것에서부터 말씀을 당신의 영 속에 심는 것까지 가능하게 합니다. 다른 말로 하면 말씀이 당신의 일부가 될 뿐만 아니라 그 말씀이 당신의 심령 속에 접붙여짐으로써 당신이 말씀의 일부가 되어버리는 것입니다.

말씀을 묵상하는 것과 방언으로 기도하는 것

나는 당신이 주님과 함께 보낼 수 있는 시간이 세 시간 뿐일 경우에 어떻게 할 것인지에 대한 실제적인 지침을 당신에게 주었습니다. 그러나 이 간단한 지침이 당신이 방언으로 더 많이 기도하면 할수록 하나님께서 당신과 교통하시는 하나님의 의사소통 통로가 더욱 분명해지고 확실해진다는 사실을 부정하는 것은 아닙니다. 당신이 성령 안에서 기도함으로써 당신의 지극히 거룩한 믿음 위에 자신을 건축하는 것은 당신에게 영원한 유익이 됩니다.

방언으로 기도하면 당신의 새로운 본성의 선생님은 당신 속에서 조명하는 과정을 시작하기 위하여 그분이 하늘로부터 여기까지 가져온 초자연적인 언어를 사용하십니다. 그 언어 속에는 당신의 삶을 향한 하나님의 계획의 비밀만 존재하고 있는 것이 아니라 모든 성경에 대한 이해도 있습니다.

그러므로 성령님은 당신이 자신을 드려서 하나님의 말씀을 묵상하게 될 그날을 희망하면서 살고 있습니다. 당신이 그렇게 한다면 당신은 성령님의 조명하는 사역을 훨씬 더 단순하게 해 주는 것입니다.

내가 서너 시간 동안 방언으로 기도할 때 나의 마음이 열매를 맺지 못하는 것을 나는 복이라고 여깁니다. 왜 그럴까요? 왜냐하면 내 영이 기도하는 동안에 나의 마음에 하나님의 말씀을 적용하는 법을 나는 배웠기 때문입니다. 이제 나는 이것이 자동적으로 되어

집니다. 방언으로 기도하려고 앉았을 때 나는 성경을 들고서 읽기 시작합니다.

내가 가장 좋아하는 것은 갈라디아서나 에베소서나 빌립보서 같은 책을 들고서 여러 시간 방언으로 기도하는 동안에 그 책을 반복해서 그냥 읽는 것입니다. 자주 나는 의자에 앉거나 바닥에 누워서 한 두 시간 기도합니다. 그러고 나서 나는 편리한 곳에 나의 성경을 그대로 펴 놓고 방 안을 걸어 다니면서 기도합니다.

성령님께서 의사소통의 통로를 통해서 무엇인가 말씀하실 경우에는 내 영은 들으면서 나는 얼마 동안 기도합니다. 이어서 나는 성경으로 돌아가서 방언으로 아직도 기도하는 가운데 책 전부를 다시 한번 더 읽습니다.

나의 영과 나의 마음이 동시에 하나님으로부터 받을 수 있어서 나는 기쁩니다. 성령님은 내가 성경에 있는 어떤 것을 반복해서 읽음으로써 내 마음에 두었던 모든 축적된 지식을 취하셔서 그것을 가지고 낮과 밤 묵상 과정에 활용하십니다. 이것이 바로 내가 받은 많은 계시 지식이 나온 곳입니다.

초대 교회의 말씀 묵상하기

기도하는 동안에 말씀을 묵상하는 것은 새로운 것도 아니고 나만 하는 것도 아닙니다. 초대 교회 사도들을 생각해 보십시오. 사도행전

2장에서 사도들은 오순절 날 성령의 충만함을 받았습니다. 이어서 사도행전 6장에서 그들은 신자들 가운데 공정한 식량의 분배에 관한 문제를 당면하게 됩니다.

사도들이 이렇게 말했습니다. "보십시오. 우리가 하나님의 말씀으로부터 벗어나서 식탁에서 봉사하는 것은 옳지 않습니다. 이 일을 위해서 여러분 가운데서 아주 존경받는 사람들 몇을 임명함으로써 우리가 하나님의 말씀과 기도하는 일에 우리 자신들을 계속 드릴 수 있도록 합시다"(행 6:2-4).

여기서 사도들이 헌신하겠다고 한 것은 말씀의 어떤 부분을 말한 것일까요? 구약의 모든 말씀입니다. 이것이 그 당시에 그들이 가지고 있는 말씀의 전부였다는 것을 기억하십시오. 그들은 우리가 할 수 있듯이 무릎 위에 성경을 펴 놓고 교회의 모든 기초를 가질 수 없었습니다!

그래서 사도들은 기도에 헌신하면서 동시에 구약의 모든 약속에 자신들을 계속적으로 드렸습니다. 사도들이 말하고 있는 것은 어떤 종류의 기도일까요? 글쎄요, 어떤 경험이 그들의 마음에는 가장 신선한 것이었을까요? 그들은 바로 아버지의 약속하신 것, 즉 방언으로 말하는 증거와 함께 성령 세례를 받았습니다. 그러므로 그들은 성령님이 그들에게 주신 새로운 언어로 기도하고 있었습니다!

사도들은 구약의 약속을 묵상하는 동안에 방언으로 계속해서 기도하였습니다. 이 방법은 하나님께서 그리스도의 비밀을 나타낼 수 있었기 때문에 교회의 기초를 튼튼히 놓는 것을 도왔습니다.

우리는 사도 바울의 삶 가운데서도 성령 안에서 기도하는 동안 말씀을 묵상하는 원리를 볼 수 있습니다. 예수님을 제외하면 바울은 모세 이래로 어떤 사람보다도 더 많은 계시 지식을 받은 사람이라는 것을 기억하십시오.

우리는 계시 지식을 받는 그의 열쇠 중의 하나를 이미 알고 있습니다. 바울은 성령으로 충만함을 받은 후에 자신이 어떤 사람보다도 더 방언으로 기도한다는 말을 했습니다(고전 14:18). 그러나 하나님의 말씀을 묵상하는 것도 또 하나의 중요한 열쇠입니다.

바울은 자신이 '히브리인 중에 히브리인'(빌 3:5)인 바리새인이었다고 말했습니다. 이 말은 그가 세 살부터 하루에 일곱 시간씩 구약 성경을 암송하기 시작했다는 말입니다.

바울 속에 간직되어 있던 모든 구약 성경 말씀은 "너희 모든 사람들보다 더 많이" 방언으로 기도한 것과 합하여 바울로 하여금 교회의 기초가 되는 많은 계시 지식을 받을 수 있도록 하는데 결정적이었다고 믿습니다. 이 계시 지식은 구약과 신약을 한데 모았습니다.

내가 확신하는 바에 의하면 바울은 율법과 예수 그리스도를 통하여 하나님과 우리가 맺은 언약, 즉 생명의 성령의 법과의 관계를 철저하게 이해한 유일한 사도였습니다. **"이는 그리스도 예수 안에 있는 생명의 성령의 법이 죄와 사망의 법에서 너를 해방하였음이라"** (롬 8:2). 오늘날은 이것을 이해하는 것이 상식 같아 보이지만 바울이 살던 시대에는 이것은 들어본 적이 없는 것이었습니다. 바울이 이런 깊은 계시 지식을 받을 수 있도록 해 준 두 개의 열쇠는 방언으로 기도하는 것과 구약 성경 말씀을 묵상하는 것이었습니다.

고백 : 최고 형태의 묵상

하나님께서는 당신과 나를 창조하실 때 믿는 능력뿐만 아니라 우리가 믿고 있는 것이 무엇이든지 그것을 따르는 능력을 주셔서 계속해서 우리 자신을 믿는 것에 복종하도록 하셨습니다. 불행히도 이 능력은 우리 안에서 좋게 작용할 수도 있고 나쁘게 작용할 수도 있습니다.

그래서 하나님께서는 여호수아가 이스라엘 자손들을 약속의 땅으로 인도하려고 할 때 여호수아에게 이런 지시를 하신 것입니다.

> 이 율법책을 네 입에서 떠나지 말게 하며 주야로 그것을 묵상하여 그 안에 기록된 대로 다 지켜 행하라 그리하면 네 길이 평탄하게 될 것이며 네가 형통하리라 (수 1:8)

얼마나 엄청난 가르침입니까! 무엇보다도 하나님은 이렇게 말씀하셨습니다. "하나님의 말씀이 네 입에서 떠나지 않게 하라." 이 말은 네 입에 있는 말씀이 다른 어떤 것으로 바뀌는 때가 있어서는 결코 안 된다는 말입니다. 말씀이 당신의 입에서 떠나도록 당신이 허락할 때 당신은 당신 자신을 반대하는 환경에 일치하도록 방치해 버리는 것입니다.

그러나 당신이 계속해서 말씀을 고백하면 당신은 적대적인 상황을 대항하여 당신과 하나님이 맺은 언약 안에서 활동하고 있는 것입니다. 말씀을 반복해서 고백함으로써 당신을 말씀에 복종시킨다면 당신은 묵상의 최고 형태 중에 하나를 적용하고 있는 것입니다.

환경은 사람을 차별하지 않습니다. 환경은 당신에게 밤낮으로 닥칠 것입니다. 그러나 당신이 극복하기 불가능해 보이는 상황을 얼굴을 맞대고 대면하고 서서 하나님의 약속을 반복해서 계속 고백하는 것이 밤낮으로 묵상하는 것입니다.

하나님의 말씀을 묵상하면 당신과 당신의 생각이 변화되어서 하나님이 본래 의도하셨던 승리하는 사람이 될 수 있는 기회를 당신에게 주는 것입니다.

결국 지속적으로 자신을 복종시키는 것과 일치하게 될 것입니다. 그래서 하나님께서는 여호수아의 입에서 말씀이 떠나지 않도록 하고 밤낮으로 말씀을 묵상하라고 하셨습니다. 하나님께서는 여호수아가 지속적으로 말씀에 복종하기를 원하셨습니다.

당신의 응답에 대한 그림을 그리십시오

우리들 대부분은 바쁜 일정 때문에 말씀을 밤낮으로 읽고 공부하고 암기할 수 없습니다. 그러나 우리는 말씀을 밤낮 묵상할 수는 있습니다. 읽는 것과 공부하는 것과 암기하는 것은 묵상을 보조할 수 있을 뿐이며 묵상을 대치하는 것이 아닙니다.

하나님께서 당신과 당신의 삶에 관해서 말씀하신 것을 밤낮으로 묵상하면 당신의 영과 마음은 전혀 새로운 일련의 상황 속으로 실제적인 여행을 할 수 있습니다. 곧 당신은 문제에 끌려 다니지 않게 됩니다. 그 대신에 당신의 믿음과 당신의 생각과 당신의 태도는 모든 약속이 예와 아멘이 되는 하나님을 향한 여행에 들어가도록 문제를 뒤에 남겨 두게 될 것입니다(고후 1:20).

당신의 입이 그 승리를 너무나 많이 묘사했기 때문에 당신의 영 안에 한 장의 그림이 그려진 하나님 안의 한 곳을 발견할 수 있을 것입니다. 그 승리의 그림은 점점 더 강해져서 실패를 가져오던 것이 어떤 것이었든지 간에 그 자리를 차지하게 됩니다.

그러므로 당신이 문제를 만나거나 하나님의 왕국을 위해서 정복할 것을 향하여 바로 돌진하려고 할 때는 언제나 당신의 특별한 문제를 언급하고 있는 성경 구절을 읽고 듣는 일부터 시작하십시오. 당신 안에 말씀의 거대한 저수지가 생길 때까지 계속하십시오.

그리고 그런 성경 구절들을 반복해서 입으로 말하면서 밤낮으로 묵상하십시오. 당신의 심령에 말씀이 그리는 그림이 당신의 마음에 장애물이 그리는 그림보다 더 선명해질 때까지 당신 마음으로 이 말씀을 계속 반복하십시오.

운전을 하고 있을 때나 집안 청소를 할 때나 직장에서 일할 때도 당신의 영에서 그 말씀들을 끌어내어 당신의 마음을 다해 계속 반복하십시오. 할 수만 있으면 언제든지 당신의 승리를 큰 소리로 말하십시오. 당신의 승리를 그림으로 그리는 데 당신의 말을 사용하십시오. 이렇게 하면 하나님께서는 그분이 여호수아에게 약속하신 "그리하면 네 길이 평탄하게 될 것이며 네가 형통하리라"고 하신 것을 행하실 것입니다.

자신의 실패를 극복함에 있어서의 묵상의 역할

나는 이 결정적인 원리를 나 자신의 개인적인 경험을 통해서 간증할 수 있습니다. 예를 들어 나는 처음으로 설교를 하려고 했을 때를 결코 잊지 못할 것입니다. 오레곤 주의 작은 성결 교회의 수요일 저녁 예배 시간이었습니다. 내 아내 말고 단 서너 명이 참석하고 있었습니다.

나는 할 수 있으리라고 확신하고 있었습니다. 그 네 사람은 우리 부부와 함께 커피숍에 앉아서 예수님에 관하여 여러 번 이야기를 했던 바로 그 사람들이었습니다. 나는 설교하면서 책상을 치기에 얼마나 열심이었는지 커피를 쏟을 뻔 하곤 했습니다!

그러나 지금은 공식적인 상황에서 똑같은 네 사람 앞에서 말씀을 전하려고 교회에서 일어서 있으니 무언가 특별한 일이 일어났습니다! 그것은 내가 어떤 결과를 만들어 내야만 한다는 위치에 놓여지게 된 것에 대한 두려움이었던 것으로 짐작이 됩니다.

고등학교 다닐 때에도 나는 말로 발표하는 것 보다는 차라리 발표를 안 하고 더 낮은 영어 점수를 받는 것을 선택했을 정도였습니다. 사람들 앞에 서는 생각만 해도 피가 내 얼굴에서 다 빠져나가서 얼굴이 하얗게 되고 어지러웠습니다.

그러나 나는 노트로 가득한 원고를 들고 모든 사람이 나를 쳐다보고 있는 가운데 강대상 뒤에 서 있었습니다. 로잘리는 내가 거기 서서 시작할 용기를 북돋울 때 내 얼굴이 창백했었다고 말했습니다. 그런데 갑자기 문이 활짝 열리고 세 사람이 더 들어와서 앉았습니다. 그들은 전혀 낯선 사람들이었습니다.

몸을 의지하려고 강대상을 잡고 앞으로 기대고 서서 나는 거의 정신이 나갔습니다. 그들을 내려다보면서 내 손가락 관절들이 하얗게 되는 것을 지켜보고 있던 것을 나는 지금도 기억할 수 있습니다. 나는 사람들을 바라보는 것이 두려웠습니다.

마침내 나는 힘을 다해 설교할 본문을 겨우 읽었는데 그 순간 정신을 완전히 잃고 아무것도 생각할 수가 없었습니다! 그날 일찍이 나는 무엇을 말할 것인지 수백 가지도 더 생각했었는데 나의 기억은 당황하여 완전히 다 지워졌던 것입니다.

할 수 없이 비상책으로 나는 설교 노트를 집어 들고 읽기 시작했습니다. 그러나 상황은 더 악화될 뿐이었습니다. 노트를 다 읽고 났을 때는 할 말이 아무것도 없었습니다. 나는 두려움으로 마비가 된 상태였습니다!

내가 부끄러운 모습으로 도움을 구하듯이 나의 목사님을 쳐다보자 목사님은 강대상으로 오셔서 나를 구해 주었습니다. 나는 속으로 얼마나 상처를 입었는지 울고 싶었습니다. 내 의자까지 걸어 들어가는 길이 너무나도 멀었습니다. 자리에 돌아와서 앉는 순간 목사님이 사람들에게 사과하는 말이 들렸습니다. "여러분, 죄송합니다. 설교자로서 부르심을 받았다고 내게 말하길래…"

이 모든 고문의 과정은 한 7분 걸렸습니다. 그날 밤 나는 머리를 베개에 파묻고 받은 상처가 조금이라도 사라질 때까지 울었습니다. 내가 설교하려고 다시 강대상에 서는 데는 이 년이라는 오랜 세월이 걸렸습니다!

그날 밤은 내가 알고 있던 모든 것을 확인시켜 준 것처럼 보였습니다. 나는 설교자가 되는 데 필요한 것을 가지고 있지 못했습니다. 나의 할아버지가 내게 하던 말이 귀에 맴돌았습니다. "네 녀석은 아무것도 되지 못할거야!"

첫 번째 설교 시도에서 완전히 낭패를 당한 후에 나는 나에게 극복해야 할 자신에 대한 빈약한 자기 영상과 나쁜 프로그래밍이라는 산이 있다는 것을 알았습니다. 그러나 하나님께 영광 돌릴 것은 그다음 몇 달 동안에 이 치명적인 패턴을 깨뜨리는 어떤 일이 일어났습니다. 나는 하나님의 말씀을 묵상하는 것의 중요성을 배웠습니다!

2년 후에 나는 용기를 내서 나의 두 번째 설교에 도전했습니다. 그런데 이번에는 무엇인가가 매우 달랐습니다.

2년 동안 내 몸은 군중 앞에 선 적이 없지만 그동안 나는 묵상을 통하여 군중들 앞에 서서 수백 번 설교를 했었습니다. 나는 눈을 감고서 내가 설교하는 것을 보곤 했습니다. 나는 내 영으로 내가 그 메시지를 반복해서 설교하는 것을 들을 수 있었습니다. 나는 내 속에 승리의 그림을 그리고 있었습니다.

나는 내가 따라야 할 필요가 있는 **"나를 강하게 하시는 그리스도를 통하여 나는 모든 것을 할 수 있다"**(빌 4:13)와 **"너희 안에 계신 분이 세상에 있는 자보다 크다"**(요일 4:4) 같은 진리의 영상을 묘사하는 구절들을 묵상했습니다. 실제로 내가 나 자신을 보는 방법을 바꿀 때까지 나는 이 구절들을 묵상하였습니다!

그것은 믿기지 않을 정도였습니다. 내가 실제 설교하는 순간이 왔을 때 나는 마치 수백 번 설교했던 것 같았습니다. 묵상을 통하여 나의 영 안에 창조되었던 그 영상을 따르는 것이 얼마나 쉬운지 나는 놀랄 뿐이었습니다.

묵상의 힘은 이렇게 대단합니다. 묵상은 당신의 삶의 모든 영역에서 문제를 말씀과 바꿔놓고 실패의 두려움을 믿음으로 바꿉니다.

말씀을 혼에 흡수시키기

당신의 혼은 흡수하도록 만들어졌습니다. 예를 들면 만일 당신이 모르는 말을 하는 사람들이 있는 나라로 가서 산다면 그 말을 사용하는 사람들과 계속적인 접촉 상태로 있는 것만으로도 당신은 그 언어를 흡수하기 시작하게 됩니다. 당신의 혼 전체는 당신이 그 언어를 배우도록 자동적으로 작동하게 됩니다. '감사합니다.'나 '안녕하세요.'와 같은 말을 당신이 암기할 때까지 반복해서 말하도록 하는 테이프를 가지고 일부러 노력하지 않아도 됩니다.

이와 똑같이 하나님의 말씀도 같은 방법으로 가까이 할 수 있습니다. 당신의 혼, 즉 당신의 지성과 의지와 감정은 자동적으로 말씀을 흡수하여 말씀의 진리를 따라 당신을 변화시키는 과정을 시작합니다.

예를 들면, 돕는 일에 부르심을 받은 나의 교회의 형제들이 자신들의 특별한 부르심에 탁월하기 위해서 그들이 묵상해야 될 성경의 책이 무엇이냐고 내게 물었습니다. 사업가로서 그들의 주된 관심 중에 하나는 돈이 그들을 소유하지 않고 그들이 돈을 소유하는 방법을 배우는 것이었습니다.

그래서 나는 그들에게 말했습니다. "잠언을 오십 번 정도 읽으십시오. 각 구절에 쓰여진 것을 시인하면서 목적을 가지고 정확하게 읽으십시오. 그 구절이 무엇을 의미하는지 몰라도 적어도 그 구절이 무엇을 말하고 있는지는 알 것입니다."

"당신이 모르는 단어를 만나면 사전을 찾아봄으로써 다음번에 그 단어를 보면 그 단어가 무슨 뜻인지 알 것입니다. 그러나 단어를 깊이 연구한다든지 다른 곳에는 같은 단어가 어떻게 쓰였는지 공부하는 일은 하지 마십시오. 그냥 잠언을 50번 정도 읽으십시오."

내가 그 사람들에게 왜 그렇게 하라고 했겠습니까? 왜냐하면 그들이 잠언을 오십 번쯤 읽을 때, 그들은 그 책 전부를 자신들의 혼에 흡수하게 되기 때문입니다!

세 구절이 1장에 하나, 5장에 하나, 9장에 하나 있다면 이것은 14장에 있는 한 구절을 이해하도록 해 줄 것입니다. 그러나 그들이 그 책을 오십 번 읽고 그들의 혼에 흡수할 때까지는 말씀이 이렇게 그들에게 함께 다가오지는 않을 것입니다.

성경의 한 책을 반복해서 읽으면 당신은 밤낮으로 묵상하도록 자신을 준비하는 것입니다. 당신이 당신의 영에게 원자재를 먹임으로써 성령께서는 그 책 전체를 당신에게 조명하여 줄 필요가 있게 되었습니다! 마침내 중심 주제가 당신 안에 탄생하게 될 것입니다. 그러면 어떻게 그 구절들이 서로 연결되어 있는지 깨달아짐과 함께 모든 위성 구절들이 자리를 잡게 될 것입니다.

성경의 한 문단에서 각 구절들이 어떻게 서로 연관이 있는지 이해하는 것은 묵상 과정에서 매우 중요한 부분입니다. 묵상에 관해서 주님께서 제일 먼저 내게 가르쳐 주신 것 중에 하나는 절대로 한 구절을 그 문맥에서 따로 떼어서는 안 된다는 것이었습니다.

내가 이해하려고 하는 한 구절이 있으면 성령님께서는 어디서부터 그 구절의 주제가 시작되고 어디에서 끝나는지를 찾아내고 내가 그 문단을 여러 번 반복해서 읽도록 주의를 주십니다. 이와 같은 방법을 통해, 나는 묵상함으로 그분을 돕습니다I assist Him in my meditations.

당신이 잠을 잘 때도 흡수 과정은 자동적으로 일어납니다. 예를 들면 당신이 요한일서를 100번 읽었다고 가정해 봅시다.(그런데 묵상하기 위해 당신의 혼을 드리는 데 처음 숙제로 이렇게 하는 것은 아주 좋습니다. 당신 안에 사람을 사랑하지 않는 것은 어떤 것이든지 이 책에 대항하여 전쟁을 치를 것입니다!) 그 후에 곧 어떤 사람이 어떤 일로 당신에게 잘못했다고 가정해 봅시다. 그러면 당신은 이 작은 도전을 핑계로 산처럼 더 많은 용서하지 못하는 것을 만들어 냅니다.

요한일서를 통해서 당신이 흡수한 하나님의 마음은 당신이 잠자는 동안에 어떤 것이 중요한 것이고 어떤 것이 중요하지 않은 것인지 당신이 구별할 수 있도록 도와줄 것입니다. 하나님의 마음은 하나님의 사랑에 관하여 당신이 흡수한 진리를 더 크게 하고 용서하지 못하는 산은 평지로 만들어버릴 것입니다.

이것이 바로 내가 말하는 '밤낮으로 묵상' 하는 것입니다. 당신이 당신을 제외한 모든 사람들이 다른 언어를 말하는 어떤 나라에서 새로운 언어를 배울 때와 똑같이 흡수 과정은 자동적으로 일어날 것입니다.

당신의 혼은 당신이 가장 복종하려고 하는 것이 무엇이든지 그것을 따라 변화되도록 만들어져 있습니다. 만일 그것이 당신을 제외한 모든 사람이 말하고 있는 새로운 언어라면 당신은 자동적으로 배우기 시작할 것입니다. 당신이 성령으로 기도하는 것과 말씀을 읽고, 말하고, 마음으로 반복을 거듭하면서, 말씀에 자신을 드린다면 당신의 영의 사람은 하나님의 진리의 계시 지식에 의해 자동적으로 조명을 받기 시작할 것입니다!

성령 안에서 기도하는 것에 대해 내가 준 지침은 결코 모든 것을 다 망라한 완전한 것은 아닙니다. 이 지침들은 좀 더 효과적인 기도 생활에 이르는 한 길을 가리키는 표시판일 뿐입니다. 하나님의 비밀을 푸는 열쇠는 방언으로 기도하는 것이며, 당신의 목표 지점은 당신의 삶을 위한 하나님의 완전한 뜻이며, 이 여행에서 당신을 돕는 분은 당신 안에 살고 있는 성령님이라는 것을 기억하십시오!

계속해서 내 얼굴을 구하여라
그러므로 [육신의 본성이] 죽음에서 죽음으로
진행할 수 있도록,
영광에서 영광에 이를 수 있도록.

너는 놀랍고 놀라운 일들이 일어나는 것을
보게 될 것이다.
너는 심는 과정에만 참여할 뿐 아니라,
추수하는 과정에도 참여하게 될 것이다.
내가 말하였으니 반드시 이루어질 것이다.
그러므로 내가 네게 열쇠를 준다.
그리고 내가 부른다.
오라. 오라. 오라.
오라, 은혜의 영이 말씀하십니다.

15

아가페 사랑을 향하여 하나님의 능력으로 전진하기

    그분이 초자연적인 언어를 내 영 안에 만듦으로써 제 삼위 하나님과 함께 하나님의 임재 안에서 한 시간을 보내는 것을 나는 최고의 영광으로 생각합니다.

    왜 그럴까요? 왜냐하면 성령님께서는 이 언어로 내가 하는 발음 하나하나를 통해 내 안에서 기적적인 변화를 일으키고 있기 때문입니다.

    수년 전에 나는 개인적인 세움을 위한 방언은 철저하게 신비한 것mysteries이고 하나님의 비밀divine secrets을 말하는 것이며 나 자신을 계시 지식으로 세우는 것이라고만 생각했었습니다. 그러나 곧이어서 나는 이와 마찬가지로 나를 깨끗하게 함으로써 내가 자기 자신의 유익을 구하지 않고 다른 사람들을 위해서 자신을 부인하는 이런 사랑, 즉 아가페 사랑으로 사랑하며 사는 법을 배울 수 있도록 하였습니다.

아가페 대 필레오

하나님의 사랑으로 사랑하며 사는 것을 배우는 것보다 더 높은 삶의 목표가 없기 때문에 나는 이것에 대하여 더 많이 알기를 원했습니다. 나는 필레오 phileo 사랑에 관하여서는 많이 알고 있었기 때문에 아가페 agape 사랑에 관하여 알기를 원했습니다.

나는 요한이 "하나님은 사랑이라"(요일 4:16)고 말했던 예수님께 나 스스로를 멍에로 씌웠습니다. 예수님은 단순히 우리를 사랑하는 것이 아니라 그분은 사랑입니다. 그분은 사랑 외에는 아무것도 할 수 없으십니다. 우리는 아가페 사랑을 알지 못했기 때문에 우리가 마땅히 그분을 알아야 하는 만큼 그분을 알지 못하고 있습니다.

우리는 보통 필레오로 사랑하는데 아무 문제가 없습니다. 필레오도 강한 사랑이 될 수 있습니다만 필레오는 사랑을 받는 사람은 물론 사랑하는 사람 자신의 이익도 걸려 있습니다. 이것은 "당신이 내게 즐거움을 주면 나도 당신을 사랑할 수 있습니다." 혹은 "나는 당신을 사랑할 것입니다. 그러나 나는 당신으로부터 무엇인가 대가를 돌려받기 원합니다."라고 말하는 조건부 사랑입니다.

그러므로 우리들 대부분은 어떻게 필레오 사랑으로 사람들을 사랑하는지를 알고 있습니다. 그러나 우리는 아가페 사랑으로 사랑하지는 못했습니다. 아가페 사랑은 자기를 부인하는 사랑입니다. 아가페 사랑의 전적인 초점은 사랑 받는 사람의 이익과 복지입니다.

필레오 사랑은 내가 나의 나라를 사랑하기 때문에 나를 전쟁터에 보낼 수 있습니다. 나의 자녀들이 더 좋은 삶을 살도록 하기 위해 나의 몸을 불태우는 데 내어 줄 수 있을지도 모릅니다. 나는 그 전쟁터에 나의 생명을 제물로 드릴 것입니다.

그러나 아가페 사랑이 전쟁터에 나간다면 더 높은 동기를 가지고 가는 것입니다. 여전히 나는 나의 자녀들이 위험의 두려움이 없이 살 수 있도록 나의 생명을 희생 제물로 드릴 것입니다. 그러나 그와 동시에 나는 적군 병사를 내 마음에 품습니다. 나는 전쟁이 끝나고 나의 적이 거듭나는 것을 위해 기도할 것입니다.

대부분의 결혼은 아가페 사랑이 아니라 필레오 사랑에 근거합니다. 배우자들은 그들이 상대방으로부터 받을 수 있는 것 때문에 서로 사랑합니다. 만일 결혼이 항상 하나님의 이기심이 없는 아가페 사랑에 근거한다면 더 이상 이혼은 없을 것입니다.

아가페 사랑은 자비롭습니다

아가페 사랑은 "너희 하늘 아버지의 자비로우심 같이 너희도 자비로운 자가 되라"(눅 6:36)고 말합니다. 우리의 하늘 아버지는 얼마나 자비로운 분이십니까? 당신과 나는 잃어버린 자로서 지옥을 향해 가고 있었습니다. 우리는 타협할 수 있는 어떤 것도 갖지 못했습니다. 우리는 하나님께 가까이 갈 수 있는 권한이 없었습니다. 우리는 스스로의 힘으로 하나님과의 사이에 다리를 놓을 능력이 없었습니다.

그러나 하나님께서는 당신과 나를 자비롭게 여겨주셨습니다. 우리는 그분의 자비를 받을 자격도 없고 대가를 지불할 수도 없었습니다. 우리는 절대 틀림이 없는infallible 하나님께 접근할 길이 없었습니다. 그러나 그 자비로우심으로 그분이 우리에게 다가오셨습니다. 하나님은 예수님의 피로 그 공간을 건너오셨습니다.

아버지께서 자비로우심과 같이 너희도 자비로운 자가 되라는 예수님의 명령에 당신은 어떻게 순종하고 있습니까? 예수님은 누가복음 6장 27-38절에서 지침을 마련해 주셨습니다.

어떤 사람이 당신의 코트를 달라고 하면 당신이 입고 있던 것을 주십시오. 그가 당신의 뺨을 때리거든 다른 뺨도 돌려 대십시오. 당신의 물건을 가져가거든 그가 원하는 것을 더 주십시오. 당신을 모욕하거든 그를 위해 기도하고 그를 용서해 주십시오. 당신을 미워해도 당신은 그를 계속 사랑하십시오.

왜 그래야 할까요? 당신은 그에게 자비를 베풀고 있기 때문입니다. 당신은 그 사람이 받을 자격이 없을 때 그에게 예수의 피로써 사이에 다리를 놓고 있는 것입니다. 이것이 아가페 사랑입니다!

이런 종류의 사랑 가운데 행하며 살 때 그 결과가 누가복음 6장 38절에 나타나 있습니다.

주라 그리하면 너희에게 줄 것이니 곧 후히 되어 누르고 흔들어 넘치도록 하여 너희에게 안겨 주리라 너희가 헤아리는 그 헤아림으로 너희도 헤아림을 도로 받을 것이니라

예수님은 이렇게 말씀하고 계십니다. "너희가 심지어 악한 자와 감사하지 않는 자들에게도 자비로우시고 다른 사람을 아가페 사랑으로 사랑하는 지극히 높으신 분의 자녀가 되면 나의 아버지께서는 너희가 무엇을 잃었든지, 누르고 흔들어서 넘치도록 하여서 회복시켜 줄 것이다. 네가 자비를 베풀었기 때문에 도둑이 네 뒷문으로 돈을 가지고 나가는 동안 나의 아버지는 정문으로 아가페를 가지고 들어오셔서 네가 잃어버린 것들을 넘치도록 회복시켜 줄 것이다!" 그러므로 아가페는 결코 실패하지 않습니다!(고전 13:8)

그렇지만 아가페 가운데 행하는 것은 말처럼 쉽지 않습니다. 우리들 대부분은 누군가 우리를 고소하면 우리의 첫 반응은 이렇게 나옵니다. "오, 그래? 그래 나를 고소해 봐라. 법정에서 한 번 해 보자!"

그러면 어떻게 아버지께서 자비로우심과 같이 우리도 자비로운 아가페에 도달할 수 있을까요? 우리가 아가페와 같은 사랑을 향하여 발전의 걸음을 걷는 여행에서 방언으로 기도하는 것은 우리를 깨끗하게 하는 데 주된 열쇠가 된다고 성경은 가르쳐 주고 있습니다.

기도를 통하여 아가페의 씨앗을 가꾸기

하나님께서 당신의 영에 아가페 사랑의 본성과 힘을 심어 놓으셨지만 당신은 당신 안에 그것이 있다는 것도 모르고 당신의 혼적인 감정으로 그것을 억누르고 지배했을지도 모릅니다. 그러나 당신이 방언으로 기도하면 당신은 육체적인 혼의 작용을 건너뛰어서 생명선을 당신의 영에다 던지는 것입니다.

세우는 과정은 곧 당신의 심령에 있는 아가페 씨앗이 싹이 나고 자라도록 영양을 공급하기 시작합니다. 당신의 영 안에 있는 사랑의 힘은 점점 더 커져서 어느 날 더 이상 혼의 감정의 지배를 받지 않고 혼을 지배하게 됩니다. 이것을 가리켜 옛 사람을 벗어 버리고 새 사람을 입는다고 부릅니다.

> 너희는 유혹의 욕심을 따라 썩어져 가는 구습을 따르는 옛 사람을 벗어 버리고 오직 너희 심령이 새롭게 되어 하나님을 따라 의와 진리의 거룩함으로 지으심을 받은 새 사람을 입으라 (엡 4:22-24)

온전한 사랑은 두려움을 내어 쫓습니다

당신이 자신을 말씀과 기도에 드림으로써 당신 스스로 새로운 사람을 입는다면 당신이 말하고 생각하고 행하는 모든 것이 아가페에 의해 다스려질 때까지 성령께서는 당신의 영을 통하여 당신을 세우고, 깨끗하게 하고, 당신의 성품을 발전시킵니다. 이 강력한 힘에 대해서 좀 더 배우기 위해서 요한일서 4장 17-18절을 봅시다.

> 이로써 사랑이 우리에게 온전히 이루어진 것은 우리로 심판 날에 담대함을 가지게 하려 함이니 주께서 그러하심과 같이 우리도 이 세상에서 그러하니라 사랑 안에 두려움이 없고 온전한 사랑이 두려움을 내어 쫓나니 두려움에는 형벌이 있음이라 두려워하는 자는 사랑 안에서 온전히 이루지 못하였느니라

'이로써'란 단어는 우리에게 다음 구절을 가리키고 있는 데 이 구절은 사랑이 우리 안에서 온전케 될 때 우리가 어떻게 그것을 알 수 있는지 말하고 있습니다. 이로써 하나님의 사랑이 우리 안에서 온전케 되었습니다. 온전한 사랑은 두려움을 내어 쫓습니다. 왜냐하면 두려움에는 형벌이 있기 때문입니다. 그러므로 우리 자신이 형벌과 두려움으로부터 깨끗하게 되고 있는 것을 발견하게 되면 사랑은 우리 안에서 온전하게 되고 있는 것입니다.

예를 들면, 만일 당신이 나를 고소하기로 결심했다고 할 때, 내가 이 일의 결과에 관하여 두려움과 형벌을 가지고 있다면 어떻게 내가 당신에게 자비를 베풀 수 있겠습니까? 그러나 사랑이 내 안에서 온전케 되었다면 나는 질 수 없다는 것을 압니다. 오, 당신은 그때 내가 가진 모든 것을 빼앗을지도 모르지만 누가복음 6장 38절은 나의 아버지

께서 내게 이 모든 것을 누르고 흔들어서 넘치도록 하여 되찾아 줄 것이라고 말씀하고 있습니다. 하나님은 내가 전에 가졌던 것보다도 더 많이 내게 주실 것입니다!

그러면 내가 하나님께 가까이 가고 있으며 아가페 사랑에 접근하고 있다는 표시가 무엇입니까? 내가 안식과 상쾌함에 들어감에 따라 나는 도중에 형벌과 두려움을 버리게 되는 바로 이것입니다.

나는 사랑이 감정이라고 생각하곤 했는데 사랑은 감정이 아닙니다. 사랑은 사랑할 수 없는 사람을 다룰 수 있도록 나를 도와주는 하나의 태도라고 생각했었습니다. 그러나 사랑은 태도도 아닙니다.

아가페 사랑 안에 둘러싸여 있는 것은 평안의 임재 안에 사는 것입니다. 당신이 하나님을 향하여 자라나고 그분의 사랑이 당신 안에서 온전해짐에 따라 형벌과 두려움이 붙잡고 있던 힘을 상실함에 따라 이 평안이 지배하기 시작합니다. 이것이 바로 당신이 필레오 사랑에서 아가페 사랑으로 깨끗하게 되고 있다는 첫 번째 표시입니다.

목회자로서 나는 당신의 심령을 열고 당신의 삶을 유린했던 형벌과 두려움이 영원히 사라지도록 당신 안에 강력한 아가페 사랑을 넣어줄 수 있었으면 하고 바랍니다. 나는 당신이 이 목표를 달성할 수 있도록 하는 과정을 알고 있습니다만 내가 할 수 있는 것은 이것에 관하여 당신을 가르치는 것뿐입니다.

나는 당신의 지성에다가 그것을 박아 줄 수 있습니다. 가능한 한 많이 나는 하나님의 기름 부음으로 당신의 영에 바로 가르칠 수도 있습니다. 그러나 당신의 삶에서 온전한 사랑이 생겨나도록 하는 과정을 내가 만들어 줄 수는 없습니다.

그러나 내가 성령 안에서 기도하는 데까지 당신을 데리고 갈 수 있다면 당신은 그 과정이 당신의 삶 가운데서 일어날 수 있도록 할 수 있습니다. 당신은 성령의 능력을 통하여 당신의 속사람을 세우고 건축하기 시작할 것입니다.

그러면 성령께서는 당신의 삶을 방해하던 모든 불안, 위협, 육신적인 것, 정욕을 깨끗하게 하기 위하여 당신의 속사람을 세움으로써 이런 것들을 죽이는 과정을 시작할 것입니다. 이렇게 해서 하나님의 사랑이 당신 안에서 온전케 됩니다. 성령께서 당신의 새로운 본성을 세움에 따라서 형벌과 두려움은 떨어져 나가고 당신은 아가페 사랑에 더 가까이 이르게 됩니다.

아가페 사랑을 진지하게 탐내라

우리의 삶 가운데서 아가페 사랑에 대한 좀 더 완전한 계시를 받도록 우리를 움직이는 데 있어서 방언으로 기도하는 것의 역할에 관해서 좀 더 발견하기 위해서 성경의 위대한 '사랑 장'인 고린도전서 13장을 봅시다. 이 장을 감싸고 있는 문맥을 먼저 살펴봅시다. 고린도전서 12장은 영적인 은사와 하나님의 역사와 다스림에 관한 무지를 없애주는 것을 다루고 있는 대단한 장입니다. 14장은 방언 기도에 관한 영적인 힘에 대해 가장 눈에 띄는 설명을 하고 있습니다.

> 너희는 더욱 큰 은사를 사모하라 내가 또한 가장 좋은 길을 너희에게 보이리라 (고전 12:31)

바울은 요점을 이렇게 말하고 있습니다. "나는 여러분에게 더 탁월한 길을 보여 주기 원합니다. 어려운 일을 많이 줄이기 원한다면 당신이 가장 좋은 선물을 탐내는 것과 똑같이 당신 속에 있는 모든 것으로 이 아가페 사랑을 탐낼 필요가 있습니다."

그러면 아가페 사랑을 추구하는 것이 얼마나 중요합니까? 바울은 고린도전서 13장 13절에서 이런 말을 하였습니다.

> 그런즉 믿음, 소망, 사랑, 이 세 가지는 항상 있을 것인데 그 중에 제일은 사랑이라

내가 선택하라고 했다면 나는 아마도 믿음이 제일이며 그다음이 소망이라고 말했을 것입니다. 소망은 당신의 믿음이 나타나도록 당신이 자신에게 하나님의 말씀을 먹이면서 보내는 시간을 포함하는 것입니다. 바울은 "믿음보다 크고 소망보다 큰 것은 자기를 부인하는 아가페다."라고 말하고 있습니다. 이 말은 당신의 삶에서 아가페보다 더 열심히 원하고 탐낼 것은 없다는 말입니다.

이 구절에서 '탐내다covet'라는 말은 구약 성경에서 "네 이웃의 아내를 탐내지 말라"(출 20:17)라는 십계명에 있는 것과 같은 강한 말입니다. 이 단어가 감정적인 부정으로 사용될 때는 정욕이 너무나 강해서

한 남자로 하여금 그가 탐내는 것을 가차 없이 추구하도록 하여 마침내 그의 모든 성품을 차지해 버리므로 한 남자를 완전히 불태워버리는 것을 의미합니다.

그러나 '탐내다'가 경건한 뜻으로 쓰일 때는 하나님께로부터 당신이 소유하기 원하는 것을 취하게 될 때까지 심령의 갈망을 가지고 추구하는 것을 의미합니다.

가장 좋은 선물을 열심히 탐내는 일에는 문제가 전혀 없었습니다. 금식도 하고 기도도 했습니다. 하나님께서 나를 사용하기 위한 조건을 갖추기 위해서라면 내가 할 줄 아는 것은 다 해 보았습니다.

그러므로 하나님께서 내 영에게 "그래, 네 안에 있는 모든 것으로 나의 선물들을 탐내라. 그러나 나는 네게 가장 좋은 선물을 탐내는 더 좋은 길을 보여주려고 한다."고 말씀하셨을 때 그것은 내게 충격이었습니다.

"하나님, 제가 금식하고 기도하면서 당신의 가장 좋고 가장 높은 것을 추구하며 평생을 보낸 후에야 제게 더 좋은 길을 보여주시겠다고 하시다니요?"

이에 대한 대답은 '그렇다'였습니다. 하나님은 당당하게 그렇다고 하셨습니다. 그렇습니다. 하나님은 내게 더 좋은 길을 보여 주실 것입니다!

고린도 사람들을 위해 바울이 쓴 본래의 편지에는 12장과 13장의 구별이 없었습니다. 그러므로 가장 좋은 선물을 탐내라. 그리고 더 좋은 길을 고린도 사람들에게 보여주겠다고 한 말 바로 다음에 계속해서 바울은 사랑이란 주제를 소개하고 있습니다. **"내가 사람의 방언과 천사의 말을 할지라도 사랑이 없으면…"**(고전 13:1).

다른 말로 하면 가장 좋은 선물을 열심히 탐내는 가장 좋은 길은 똑같은 강도로 아가페를 추구하는 것입니다. 이렇게 할 때 당신을 위해 하나님이 가지고 계신 가장 좋은 선물을 당신은 가능한 한 가장 강력한 방법으로 추구하는 것이 될 것입니다.

'가장 좋은 선물'은 무엇입니까? 당신은 하나님의 여덟 개의 직임 가운데 하나를 채우도록 부름을 받았습니다. 당신에게는 당신이 이루도록 부르심을 받은 직임이나 활동을 위해 당신이 자격을 갖추도록 해 주는 것들이 가장 좋은 은사일 것입니다.

능력보다 앞에 오는 깨끗게 하기

몇 년 동안 나의 소명을 위해 나를 구비시켜줄 선물을 대단한 강도로 나는 추구하였습니다. 나는 이렇게 기도하곤 했습니다. "오, 주님, 당신의 능력 안에서 나를 사용해 주십시오. 나는 금식도 하고 기도도 하겠습니다. 당신의 능력 안에서 당신이 나를 사용할 수 있도록 하는 일이라면 무엇이든지 하겠습니다!"

거듭난 날 이후로 하나님의 부르심이 내 안에 가득했습니다. 기도하다가 성령 안에서 자신을 잃어버릴 때는 언제나 성령이 부흥 가운데 움직이고 있는 것을 보았습니다. 나는 사람들이 거듭나기 위해서 강단으로 뛰어나오고 없던 팔 다리가 자라 나오고 비어있던 눈자리에 눈이 생겨나는 것과 같은 엄청난 기적이 일어나는 것을 보았습니다.

내가 영 안에 빠져 들어가면 이 환상이 꼭 따라왔습니다. 이 환상은 나를 몰아가는 힘이었습니다. 언젠가는 나의 삶과 사역 가운데 나의 상상을 초월하여 대단한 영광으로 하나님의 임재가 역사하는 것을 내 눈으로 볼 때까지 나는 자신을 성령님께 내어드리기로 결단하였습니다.

수년 동안 나는 위대한 부흥을 일으킬만한 강력한 기름 부음을 위해 애걸하고 금식하고 기도하며 하나님을 열심히 찾았습니다. 그러나 만일 내가 하나님께 집요하게 구하던 것으로부터 하나님께서 나를 구원해주시지 않았더라면 나는 완전히 파괴되었을 것입니다. 아직도 깨끗이 해야 할 성품의 흠과 잘못들이 있었습니다. 만일 하나님께서 내가 깨끗하게 되기 전에 나에게 능력을 주셨더라면 나의 삶과 사역은 결국은 파괴되고 말았을 것입니다.

사실은 이런 일이 과거에 많은 하나님의 사람들에게 실제로 일어났었습니다. 그들은 대단한 열심으로 하나님의 능력을 구했지만 그들은 원수의 속이는 전략에 자신을 내어 줌에 따라 감추어졌던 그들의 약한 곳들이 표면에 나타나기 시작했습니다.

예를 들면 알렉산더 도위Alexander Dowie는 지난 세기 초에 하나님의 기적의 능력 안에서 얼마나 크게 사용되었었는지 그는 자신을 따르던 만 명의 추종자들과 시카고 밖에다 시온Zion이라 불리는 한 도시를 세울 수 있었습니다. 도위의 사역을 통하여 역사하는 하나님의 능력은 불타는 부흥을 일으켰습니다. 그러나 결국 도위는 자신이 오리라고 한 엘리야라고 믿기 시작했습니다. 이렇게 속은 것이 결국 그의 사역의 몰락을 초래했습니다.

방해하는 것이 무엇이든지 그것을 미워하는 것을 배우기

부흥을 일으킬 기름 부음을 사모하는 나의 강렬하고 열정적인 기도에 즉시 응답하는 대신에 하나님은 내가 똑같은 강도와 열정으로 아가페 사랑에 자신을 동화시키는 것을 추구하라고 말씀하셨습니다. 하나님은 내가 사랑을 추구하면 동시에 하나님의 능력을 더 좋은 방법으로 추구하게 될 것이라고 나를 확신시켜 주셨습니다.

그리하여 나는 아가페 사랑을 추구하기 시작했고 나는 전보다 더 열정을 가지고 나의 삶에서 잘못된 것들을 미워하는 것을 배웠습니다. 그것은 깨끗해지는 것 앞에 오는 선행하는 경건한 분노였습니다.

당신을 하나님과 가까이 동행하지 못하게 하는 당신이 알고 있는 잘못들을 이런 강도로 미워하는 지점에 도달하게 될 때 당신은 마침내 무엇인가를 하게 될 것입니다.

가장 좋은 길을 추구하는 과정에서 나는 아가페 사랑과 같아지는 것을 내가 추구할 것으로 삼았습니다. 그런데 나의 노력은 오히려 반대 결과를 낳는 듯해 보였습니다. 사랑에 대해서 더 많이 배우면 배울수록 나의 지식은 나의 삶에 있는 잘못된 것들을 더욱 크게 보여 주었습니다. 이것은 고린도전서 13장에 나와 있는 아가페 수준으로 결코 사랑할 수 없는 가장 한심하기 짝이 없는 존재가 바로 자신이라고 믿는 소망이 없는 상태에 나를 처하게 하였습니다.

내가 아가페 사랑을 추구하는 과정 가운데 성령님께서 깨끗하게 하시려고 표면에 드러낸 것이 어떤 것이든지 마귀는 그것을 가지고 나를 파괴하는 데 사용할 수 있다는 것을 나는 알지 못했습니다. 그것은 하나님께서 나를 부르신 그 직임을 위해 나를 완전히 구비시키도록 내가 하나님께 충분히 자신을 내어드리도록 나를 도와주는 일련의 과정의 한 부분이었습니다. 나는 또한 내가 추구하고 있는 아가페 사랑으로 나를 데려다 줄 같은 장에 설명된 능력에 이르는 진행 과정에 대해서도 몰랐습니다.

아가페는 하루 밤에 배워지지 않습니다

우리 설교자들은 모두 고린도전서 13장에 관하여 설교하기를 좋아합니다. 우리는 아가페 사랑을 전공하고 싶어 합니다.

아가페 사랑은 무례하게 행동하지 않습니다. 자신의 것을 추구하지 않고 제공한 섬김에 대한 대가나 보상을 요구하지 않습니다. 다른 사람의 반응에 근거해서 주어지는 것이 아닙니다. 쉽게 기분이 상하지도 않습니다. 악한 것을 생각하지 않습니다. 악한 일을 기뻐하지 않고 진리를 기뻐합니다. 모든 것을 참으며, 모든 것을 믿으며, 모든 것을 소망하며, 모든 것을 견딥니다.

이 사랑은 결코 없어지지 않습니다 This love never fails. 당신은 이 사랑을 가지고 하늘나라에 갑니다. 방언도 그칠 것입니다. 예언도 그칠 것입니다. 지식은 사라져버릴 것입니다. 당신은 이런 것들이 필요 없어질 것입니다. 그러나 당신은 하늘나라 국경을 건너 하나님의 임재 안으로 아가페를 가지고 들어갈 것입니다.

물론 우리 설교자들은 아가페 사랑에 대해서 설교하기를 좋아합니다. 우리는 그리스어 단어를 분석하고 쉽게 기분이 상하지도 않는 온전한 그리스도인을 그립니다. 그리고 다음 날은 상담을 하면서 "네, 물론이죠. 당신에게 권리가 있습니다. 고소하세요!"라고 말합니다. 하나님 우리를 도와주십시오! 우리는 고린도전서 13장의 사랑이란 주제에 너무 열중한 나머지 우리를 그곳으로 인도하는 능력의 순서도 어기고 있습니다!

우리는 하루는 아가페 사랑에 대하여 설교한 다음 그 메시지를 들은 모든 사람들이 그다음 날은 서로 간에 친절하고 완전하게 될 것이라고 생각합니다. 더 이상 추한 짓을 하지 않을 것이라고 생각합니다. 비판하는 것이나, 자리에 없는 사람을 험담하거나, 화를 터뜨리거나, 화를 내며 문을 꽝 닫고 나가는 일도 없을 것이라고 생각합니다.

우리는 사람들에게 "여러분은 그런 일들을 해서는 안 됩니다."라고 말하고 나서 모두가 자동적으로 그런 일들을 그만 둘 것이라고 추측합니다. 왜 우리는 이렇게 가정합니까? 우리들 설교자들 대부분은 어제 거듭난 것처럼 보입니다!

아가페 사랑이 의미하는 모든 것을 이해하기 시작하면 당신은 대부분의 그리스도인들이 매일 이런 종류의 사랑 안에서 행하면서 살고 있지 않다는 것을 깨닫습니다. 대부분은 한번도 이런 사랑 안에서 살지 않을 것입니다. 이런 사랑은 당신의 죽지 않은 육신이 1온스만 남아 있어도 실천하기가 어렵습니다.

이 아가페 사랑에 관하여 설교하고 우리가 한 번 아가페 사랑 같이 되면 우리는 결코 낙심하지 않을 것이라고 말하는 것과 이런 종류의 사랑과 같아지는 과정을 이해하는 것은 별개의 문제입니다.

이 과정이 바로 우리가 놓치고 있었던 것입니다. 이것은 우리가 마침내 전적으로 아가페 사랑에 자신을 드릴 수 있을 만큼 강해진 영 안에서의 한 장소로 우리를 인도하는 세움을 위한 방언을 통한 하나의 발전 과정입니다.

의지의 힘만으로 아가페 사랑을?

우리는 결코 우리 자신의 의지의 힘으로 하나님께서 의도하는 충만함까지 아가페 사랑 안에서 행할 수는 없을 것입니다. 예를 들면, 사람들이 자신의 신경을 건드리는 사람에 대해서 그들의 의지가 버티지 못할 때까지만 친절할 수 있다는 것을 아십니까? 마침내 그들은 이렇게 말합니다. "썩 나가! 내 집에서 나가란 말이야!" 그들은 자신의 의지로 참을 데까지 참다가 화가 터지면 그들의 친절한 능력도 사라져 버립니다!

아가페 사랑에 대하여 환상적으로 생각하기는 너무 쉽습니다. 우리는 아주 멀리 떨어져서 눈에 보이는 대로 이렇게 말할 수 있습니다. "비록 내 몸을 불태우도록 내어 주고 내 모든 재산을 가난한 사람들을 먹이려고 내어 줄지라도 사랑이 없으면…" 그러나 사람들이 다른 사람들을 파괴하려고 하고 마귀가 모든 사람을 파괴하려고 하는 이 세상에서 한번 놓치면 죽는 치명적인 싸움이 전개되고 있습니다. 아가페 사랑 안에서 행하는 것에 대한 전망은 우리가 교회에서 기름부음 안에 있을 때 보던 것처럼 교회 밖 세상에서도 그렇게 좋고 쉽지는 않습니다.

당신은 예수님과 똑같이 되기를 원하십니까? 당신은 이렇게 말할지도 모르겠습니다. "물론이죠. 나는 죽은 사람을 살리고 큰 조직체의 지도자가 되고, 세상에서 최고의 설교자가 되고 싶습니다. 물론 나는 예수님처럼 되고 싶습니다."

잘 됐습니다. 그렇다면 그분을 사랑하는 것 외에는 아무에게도 빚을 지지 말라고 예수님은 말씀하셨습니다(롬 13:8).

이 말은 무엇을 의미합니까? 당신에게 진 사랑의 빚에 대해 몇 번에 걸쳐 갚을 것인지는 관계가 없지만 나는 결코 그 빚을 다 갚을 수 없을 것입니다. 당신이 내 뺨을 때릴 때 나는 다른 뺨을 돌려댈 수도 있습니다. 당신은 나를 모욕하고 나는 당신을 위해 기도할 수 있습니다. 당신이 나를 미워해도 나는 당신을 위해 선을 행할 수 있습니다.

이런 것들은 모두 아가페 사랑을 묘사하고 있습니다. 얼마나 여러 번 당신이 '내게 추한 짓을 하고' 그때마다 내가 당신에게 사랑으로 갚았다 하더라도 아가페 사랑은 내가 당신에게 빚진 자로 남아 있게 합니다.

예수님에 관한 또 하나는 그분은 자기 자신의 것을 구하지 않으셨다는 것입니다. 그분은 어떤 사람이 당신 차를 달라고 하면 기름을 채워서 세차를 하고 깨끗하게 정비를 해서 주면서 이렇게 말하라고 하십니다. "이 차를 당신에게 예수 이름으로 드립니다. 나로부터 빼앗을 수 있는 것은 오직 하나님께서 허락한 것일 경우일 뿐이므로 당신이 이것을 나로부터 빼앗아가는 것이 아니라는 것을 알기 바랍니다. 하나님께서 허락하시면 나는 심습니다. 나는 이 차를 당신에게 심는 것입니다. 그래서 나는 세차도 하고 정비도 하고 기름도 채웠습니다. 마귀는 내게서 아무것도 훔칠 수 없습니다."

이렇게 할 정도로 넉넉한 아가페 사랑 가운데서 행하는 사람을 존경하는 것은 좋은 일입니다. 그러나 당신의 영적인 행로에서 어떻게 이런 곳에 도달할 수 있을까요?

성령께서 당신의 삶에서 아가페에 반대되는 것은 무엇이든지 깨끗이 하도록 하는 어떤 길을 당신이 발견하지 않는 한 당신은 아가페에 이르지 못할 것입니다. 내가 당신이라면 나는 그분의 방법을 선택하겠습니다!

아가페로 나아가는 발전 과정

우리는 고린도전서 12장 28절에서 하나님의 다스림은 강력한 사도를 첫 역사로 시작해서 각종 방언, 즉 여덟 번째 하나님의 마지막 역사로 끝나는 것을 보았습니다. 그리고 고린도전서 13장 1-3절에서 바울은 그것의 순서를 바꿨습니다.

내가 사람의 방언과 천사의 말을 할지라도 사랑이 없으면 소리 나는 구리와 울리는 꽹과리가 되고 내가 예언하는 능력이 있어 모든 비밀과 모든 지식을 알고 또 산을 옮길 만한 모든 믿음이 있을지라도 사랑이 없으면 내가 아무것도 아니요 내가 내게 있는 모든 것으로 구제하고 또 몸을 불사르게 내어 줄지라도 사랑이 없으면 내게 아무 유익이 없느니라

여덟 번째 각종 방언으로부터 시작하면서 바울은 산을 옮기는 믿음을 통과하여 마지막으로 아가페 사랑에 최고를 드리는 것에 이르기까지 여섯 단계를 통하여 우리를 세우고 있습니다. 고린도전서 13장은 아가페 사랑이란 주제가 너무나 지배적이어서 우리는 우리를 세워서 마침내 여섯 단계의 영적 성숙을 통하여 우리가 아가페 사랑에 도달하도록 하는 단계별 일련의 발전 과정을 놓쳤습니다.

이 시점에서 당신은 이렇게 말할지도 모르겠습니다. "로버슨 형제, 나는 형제가 얘기하는 거꾸로 된 순서에 대해서 정말 알고 싶습니다."

자, 그러면 고린도전서 13장의 처음 세 구절을 한 구절씩 살펴봄으로써 바울이 정말 말하고 있는 것이 무엇인지 알아봅시다. 이렇게 함으로써 우리는 아가페 사랑에 이르는 하나님의 발전 과정을 발견하게 될 것입니다.

영적 성숙을 향한 여섯 단계

이 처음 세 구절에는 영적 성숙의 분명한 여섯 가지 수준이 열거되어 있으며 성령께서는 성령 안에서 기도하는 데 시간을 보내는 어떤 신자들의 삶 가운데서나 역사할 것입니다.

- 1단계

1절을 다시 봅시다.

내가 사람의 방언과 천사의 말을 할지라도 사랑이 없으면 소리나는 구리와 울리는 꽹과리가 되고

우리가 성령의 세례를 받고 방언으로 말하기 시작할 때 이것은 우리로 하여금 첫 번째 영적 성숙 단계인 방언에 대한 무제한적인 허용에 자동적으로 도달하게 합니다.

'사람의 방언'이란 말은 우리가 사전 지식이 전혀 없는 지구상의

어떤 언어로 설교할 수 있도록 성령님께서 초자연적으로 능력을 입혀 주는 것을 말합니다. '천사의 말'이란 것은 하늘나라에서 사용되는 언어를 말합니다. 우리가 자신을 세우기 위해서 방언으로 기도하면서 우리의 삶을 향한 하나님의 계획의 비밀을 기도할 때 우리는 대부분 천사의 말을 하고 있는 것이라고 생각합니다.

이 구절은 사랑을 위해서 방언의 가치를 무시하고 있는 것이 아닙니다. 이것이 말하는 요점은 이렇습니다. "내가 성령 세례를 받고 다른 방언으로 말할 능력을 가졌다 하더라도 내가 자신을 하나님의 사랑 안에 지키고 성령 안에서 기도함으로써 나의 가장 거룩한 믿음 위에 자신을 세우는 데 이 선물을 사용하지 않는다면 내게 아무 유익이 없을 것입니다"(유 20-21절).

성령 세례를 받고 방언을 말하면서도 분쟁과 용서하지 못함으로 가득 찬 교회 회중이 많습니다. 나는 짧은 시간에 한 사람을 파괴할 수 있는 소위 성령 충만한 사람들을 개인적으로 알고 있습니다.

그러므로 어떤 사람이 방언을 할 수는 있지만 그를 아가페로 이끌어 갈 성령의 깨끗하게 하는 과정에 자신을 내어 드리지 않는다면 그 방언은 그에게 아무 유익이 되지 못할 것입니다. 어느 정도 긴 기간 동안 방언으로 기도하면서도 변화를 겪지 않는 것은 불가능합니다.

• 2단계

2절은 이렇게 말하고 있습니다.

내가 예언하는 능력이 있어 모든 비밀과 모든 지식을 알고 또 산을 옮길 만한 모든 믿음이 있을지라도 사랑이 없으면 내가 아무것도 아니요

방언 기도는 우리 안에 두 번째 영적 성숙 단계를 생산하는데 그것은 예언의 은사의 사용입니다.

당신이 영으로 그리스도의 비밀을 기도하는 동안 하나님께서는 그에 대해 응답하기 시작하십니다. 갑자기 성령께서 그 비밀들 중의 하나를 걸어서 당신의 영에서 끌어내고는 당신의 지성에게 그것을 계시하심으로 당신은 예언을 통하여 그것을 풀어 놓을 수 있습니다.

• 3단계

우리가 방언 기도를 계속하면 우리는 하나님의 비밀, 즉 신비 mystery 를 이해함으로써 세 번째 영적인 성숙의 단계를 얻게 됩니다.

• 4단계

이 비밀들의 계시가 살아나고 네 번째 영적 성숙 단계인 지식의 이해와 축적을 우리 안에 생산함으로써 우리 영에서 작용하기 시작합니다.

그다음에는 치료의 비밀, 의의 비밀, 사랑의 비밀 같은 그리스도의 비밀이 내게 계시됨에 따라 나는 내 영에다 기둥들을 세우기 시작합니다. 내가 아버지 앞에 비밀을 기도하여 올릴 때 하나님은 초자연적인 통찰력을 내게 부여함으로써 기도에 응답하십니다. 성령께서 나에게

하나의 비밀을 더 이해하도록 해 줄 때마다 그 구축물의 기둥 하나가 더 일으켜 세워지는 것입니다.

한 기둥은 의의 계시에 의해 세워지고 또 다른 기둥은 평안의 계시에 의해 세워지며 또 다른 기둥은 아가페 사랑의 계시에 의해 세워집니다. 마침내 건축물 전체가 성령 안에서 비밀을 기도하는 것을 통하여 틀이 세워집니다.

내 영에 계시된 이 모든 하나님의 비밀들의 결합은 결국은 하나의 전체 지식의 도서관, 즉 내 영 안에 예수님에 대한 계시 지식으로 가득 찬 한 건물을 건설하게 될 것입니다. 그러면 나는 언제든지 내가 원하기만 하면 내가 필요한 어떤 책이든지 찾아 꺼낼 수 있습니다.

• 5단계

그러므로 기도로 들어서게 된 비밀은 기둥들이고 건축된 건물은 지식입니다. 이 지식은 당신이 하나님의 말씀에 의해 변화됨에 따라 당신의 심령에서 산을 옮기는 믿음이 생기게 하고 이는 또한 당신 속에 있는 지식의 내적 도서관을 가득 채우고 있는 이런 비밀들을 깨닫게 합니다. 이것이 영적 성숙에 이르는 다섯 번째 단계입니다.

산을 옮기는 이런 믿음을 생산하는 것은 말씀의 묵상과 성령 안에서 기도하는 것의 결합에서 나옵니다. 왜 그럴까요? 왜냐하면 믿음은 하나님의 말씀을 들음으로 생기는데 성령님은 초자연적인 방언을 통하여 말씀에 하나님의 통찰력을 주시는 분이기 때문입니다.

이 단계에서는 예수님은 "너희에게는 불가능한 것이 없을 것이다" 라고 말씀하셨습니다!

• 6단계

고린도전서 13장 3절은 여섯 번째 성숙의 단계를 우리에게 말합니다.

내가 내게 있는 모든 것으로 구제하고 또 내 몸을 불사르게 내어 줄지라도 사랑이 없으면 내게 아무 유익이 없느니라

방언 기도는 우리 안에 아가페 나눔giving의 능력을 갖도록 도와줍니다.

어떻게 사람이 자신의 모든 재산을 가난한 사람을 먹이는데 내어주고 자신의 몸을 불사르게 내어 주면서도 아직도 아가페 사랑을 가지고 있지 않을 수 있을까 나는 궁금해했습니다. 그때에 성령께서 내게 그 해답을 계시해 주셨습니다.

어떤 그리스도인들은 자신들의 드리는 것을 자랑함으로써 자기 높임 수준에서 살고 있습니다. 그들은 특히 사람들에게 부러움을 받음으로써 그들의 겸손함을 공적으로 드러내는 경우에는 극단적인 희생을 하면서도 기쁨을 누립니다. 어떤 사람들은 잘못된 이유로 자신들의 생명을 버리는 궁극적인 희생조차 합니다.

복음을 위하여 전 생애를 살면서 노동하는 것이 때로는 죽어서

주님과 함께 하기 위해 집으로 가는 것보다 훨씬 더 많은 것을 요구한다는 것을 마침내 나는 이해하기 시작했습니다. 아가페 사랑은 죽은 순교자보다 살아 있는 희생 제물이 되는 것입니다.

나는 육신의 정욕 때문에 헌금을 한 경우가 얼마나 많은지 생각하고서 나는 속으로 움츠러들었습니다. 그것은 설교자의 잘못이 아니었습니다. 마음으로 그의 캐딜락을 보고서 그것을 확실히 가지기 위해서 그에게 나의 1달러를 준 사람은 나였습니다. 그러나 성경은 내가 아가페 사랑으로 주지 않으면 내게 아무 유익이 없다고 단순히 말하고 있습니다.

그렇지만 아가페 사랑이 우리의 드림의 기초가 될 때 하나님께서는 우리를 버릴 수 없으며 버리지 않을 것입니다. 왜냐하면 사랑은 결코 없어지지 않기 때문입니다.

아가페를 추구하는 과정에서 내가 깨끗하게 되었습니다

이 여섯 단계는 하나님께서 우리를 아가페 사랑이 삶의 양식이 되는 영적인 성숙의 자리로 우리를 이끄는 단계별 발전 과정입니다. 이 발전 과정의 전부를 통해서 성령님의 깨끗하게 하는 일은 지속됩니다.

나는 이것을 어떻게 알게 되었을까요? 성령께서 아직도 나를 깨끗하게 하는 과정에 있기 때문입니다. 그분의 능력 안에서 행하고 부흥의 값을 알기 위해 나는 이십 년이 넘도록 하나님을 찾고 기도했습니다. 그러는 동안 나는 놀라운 하나님의 방문을 받았습니다.

그러나 나는 하나님의 방문 직후에 바로 마귀의 공격을 받는 때도 있었으며 내가 뒤돌아서서 그 공격을 멈추게 하는 데는 이전 보다 사 분지 일은 더 멀리 뒤처져 있는 자신을 발견했습니다! 성령께서는 그런 어려운 때를 이용하여서 나 자신을 잘 돌아볼 수 있도록 도와주셨는데 나는 내가 본 것을 좋아하지 않았습니다. 성령께서 나를 베드로전서 5장으로 데리고 가서 내가 겪고 있는 것이 무엇인지 이해하도록 해 주었을 때는 원수의 공격 중의 하나를 겪은 후였습니다.

> 그러므로 하나님의 능하신 손 아래에서 겸손하라 때가 되면 너희를 높이시리라 너희 염려를 다 주께 맡기라 이는 그가 너희를 돌보심이라 근신하라 깨어라 너희 대적 마귀가 우는 사자 같이 두루 다니며 삼킬 자를 찾나니 (벧전 5:6-8)

부흥의 값이 무엇입니까? 성령님은 나를 이 성경 구절로 데리고 가서 말씀하셨습니다. "이것이 값이다."

마귀는 '삼킬 만한' 사람을 찾고 있습니다. 이 성경 구절에 의하면 이 범주에 속하는 사람들은 그들의 염려를 모두 주님께 맡김으로써 그 염려들을 제거해 버리지 않은 사람들입니다. 그들은 자신의 염려를 다독거리고 걱정거리를 씻어주고 근심거리가 상상 가운데 왔다 갔다 행진하도록 허락함으로써 마침내 개미들의 언덕이 움직일 수 없는 산이 되도록 내버려 둡니다. 이리하여 그들은 원수의 전략에 쉽게 먹히는 취약한 먹이로 남아 있게 됩니다.

그러나 베드로는 이렇게 말합니다. "어서 당신의 모든 염려를 하나님께 던져 버리십시오. 이렇게 하는 것이 겸손한 행동입니다. 이것은 성령의 능력으로 하는 것입니다."

'여러분이 잠시 고난을 당한 후에'

베드로는 9절 10절에서 이어서 말하고 있습니다.

> 너희는 믿음을 굳건하게 하여 그를 대적하라 이는 세상에 있는 너희 형제들도 동일한 고난을 당하는 줄을 앎이라 모든 은혜의 하나님 곧 그리스도 안에서 너희를 부르사 자기의 영광에 들어가게 하신 이가 잠깐 고난을 당한 너희를 친히 온전하게 하시며 굳건하게 하시며 강하게 하시며 터를 견고하게 하시리라

성령께서 처음 나에게 이 구절을 보게 하였을 때 나는 고난이 도대체 성도에게 무엇을 이루게 한다는 말인가 하고 생각했습니다. 내 생애를 위해서도 나는 왜 은혜의 하나님께서 우리에게 잠시라도 고난을 허락하시는지 이해할 수 없었습니다.

나는 주님께 여쭈었습니다. "마귀는 나를 삼키려 하고 있고 내 주변

에는 이런 고난과 시련이 나를 에워싸고 있는데 왜 주님은 나를 잡아서 이 모든 고통으로부터 구원해 내지 않으십니까? 주님이 개입하셔서 내가 이 상황을 극복하도록 도와주시기 전에 잠깐 동안 내가 고통을 당하도록 허락하는 것이 무엇을 성취한다는 것입니까?"

이제 나는 당신에게 고난과 핍박이 무엇을 이루는지 정확하게 말씀드리겠습니다. 이런 시련은 당신이 아가페의 삶을 향해 정진하는 동안 당신의 불순물이 표면에 떠오르도록 만듭니다. 다른 어떤 것도 고난과 핍박보다 더 빨리 불순물들을 드러나게 하는 것은 없습니다.

당신만 이런 불편한 경험을 하고 있는 것이 아니라는 것을 아십시오. 똑같은 고난을 온 세상의 그리스도인들은 겪고 있습니다. 하나님과 함께 동행하기를 원하는 모든 그리스도인은 어떤 시점에서 어려운 시험과 시련의 기간 동안에 일어나는 깨끗하게 하는 일을 체험하게 될 것입니다.

그렇지만 하나님께서 당신에게 시험과 시련을 보내는 것은 아니라는 것을 이해하는 것이 중요합니다. 사탄이 염려와 걱정과 두려움을 통해서 삼키려고 오는 자라고 그는 말했습니다. 그러나 마귀가 당신에게 싸움을 걸고 당신의 약한 곳들이 드러나도록 할 때 하나님은 당신이 그의 말씀의 능력을 사용하여서 그 약한 곳들을 진리로 용접하여 강하게 만들 것을 기대하십니다.

이런 어려운 시련의 시기를 통하여 나의 삶의 깨끗하게 해야 할 것들을 표면에 드러나게 함으로써 하나님은 나를 굳게 하여 주고 강하게 하여 주고 안정되게 하여 줄 수 있습니다. 나는 그 당시에는 하나님께서 왜 내가 시련을 통과하며 고통을 받게 하시는지를 이해하지 못했습니다만 이제는 이해합니다. 그분이 내 안에서 깨끗하게 하시는 일의 열매를 나는 보고 있습니다!

깨끗하게 한 뒤에 오는 평안

지난 몇 년 동안 이해를 초월하고 묘사할 수도 없는 깊은 평안이 내 심령에서 자라났습니다. 나는 평화의 왕과 끊임없는 교제를 누릴 수 있는 내 영의 지성소 안의 어떤 비밀스런 장소를 발견하였습니다. 그 은밀한 곳에서 그분은 내가 수년간 이해하기 원했던 계시 지식을 나에게 설명해 주셨습니다.

이 평안은 마귀가 다룰 수 없는 것이었기 때문에 마귀를 대적하는 하나의 공격적인 무기였습니다. 이 평안이 나의 삶을 지배하기 시작했을 때 염려와 두려움과 내가 눌리곤 했던 위협 같은 것들이 사라졌습니다. 이런 육신의 일들은 이 평안의 능력 밑에서 문자 그대로 죽었습니다.

굳건하게 하며, 강하게 하며, 터를 견고하게 함

수년 전에 당신이 내게 "로버슨 형제, 형제는 하나님께 무엇을 구하고 있나?"라고 묻는다면 "나는 단지 하나님께 사용되기만을 원합니다. 나는 하나님께서 나에게 기름을 부으셔서 위대한 부흥을 일으키기를 바랍니다."라고 대답했을 것입니다.

"오십 명의 귀먹고 말 못하는 사람들이 집회에 인도받고 나왔다가 하나님의 능력이 그들이 앉은 곳을 가득 채우자 그들이 일어나 펄쩍 펄쩍 뛰면서 '나는 들을 수 있습니다! 나는 말할 수 있습니다!' 라고 소리를 지릅니다. 고침 받은 사람들이 그 도시를 침투하여 들어갑니다. 열흘 이내에 도시 전체가 집회에 참석하려고 하고 부흥은 탄생합니다! 그것이 내가 원하는 것입니다."

그때에 당신이 "로버슨 형제, 형제가 이런 기름 부음을 다룰 수 있을 것 같나?"라고 물으면 나는 "물론 할 수 있습니다. 주님이 하실 일은 오직 내게 그것을 주는 것이고 그러면 나는 증명해 보여주겠습니다!"라고 나는 대답했을 것입니다.

그러나 그때 마귀는 내가 원하는 이런 부흥을 놓고 화를 내면서 나와 싸움을 시작합니다. 어떤 공격에도 나는 나를 지켜주는 초자연적인 평안에 대해 감사합니다.

내가 잠깐 고난을 받은 후에 불순물들이 표면에 떠오르기 시작했습니다. 나는 몇 개의 주된 잘못들을 잘 보고 나서 주님께 말했습니다. "네, 모든 은혜의 하나님. 주님이 내 삶에서 깨끗이 없애려고 하는 것이 무엇인지 알겠습니다. 바로 없애도록 하겠습니다."

하나님은 내가 잠깐 고난 받는 것을 허락하시고 기다리고 계셨을까요? 물론입니다. 그러나 그것은 내가 그분께 나를 사용해 달라고 요청했기 때문입니다. 주님은 "이런 것들이 내가 너를 사용할 수 없게 하는 것들이다."라고 말씀하셨습니다. 나는 주님께 왜 주님은 내가 씨름하던 첫 날에 나를 고난으로부터 구해주시지 않으셨는지 여쭈었습니다. 주님은 "너는 첫 날 그런 것들이 너와 나 사이에 서 있다는 것을 믿지 않았기 때문이었다."라고 말씀하셨습니다.

그 후에 나는 하나님께서 부흥을 위한 나의 기도에 왜 그분이 하신 방법으로 응답하셨는지 이해하게 되었습니다. 위협과 두려움을 통해 사탄에게 디딤돌을 내어 준 나의 성품 가운데 있는 것이 무엇이든지 주님은 그것들을 죽여야만 했습니다.

그렇지 않으면 부흥이 한창일 때 적절한 시기에 마귀는 이런 약점들을 노출시키고 이것으로 나를 대적할 것입니다. 그 대신 하나님께서 그분의 은혜로 개입하셔서 방언으로 기도하는 깨끗하게 하는 과정을 통해 나를 굳건하고 강하게 하며, 터를 견고하게 하셨습니다.

이 깨끗하게 하는 과정이 모두 끝났을 때 나는 아가페 사랑을 위해 좀 더 깨끗하게 될 준비까지 되어 있었습니다. 수년 동안 이 과정을 통해 내가 성령께 자신을 내어드려 얻게 된 평안의 정도 때문에 나는 더 이상 깨끗하게 되는 것을 꺼리지 않게 되었습니다.

뿐만 아니라 나는 하나님께서 나의 모든 어려운 시련 위에 나를 높이기 원하신다는 것을 알고 있습니다. 내 삶 가운데 아직도 활동하고 있는 육신을 내가 볼 수 있을 때까지 내가 불 가운데 있어야 한다면 그것은 하나님의 잘못이 아닙니다.

나는 내 주변의 혼란에 의해 노출된 나의 약점들 하나하나에 대하여 하나님께 감사드립니다. 나는 은혜의 하나님께서 개입하셔서 이 약점들을 다루어 주시기를 바랍니다. 내가 이런 약점들이 있다는 것을 모르기 때문에 해마다 반복해서 똑같은 시련과 고통을 통과하면서 깨끗이 제거하지 못한 약점들을 안고 그냥 살아가는 것을 나는 원치 않습니다. 나는 실패한 사람들 중의 하나로 역사에 내 자리를 채우고 싶지 않습니다. 나는 자신을 깨끗이 하여서 하나님께서 부흥을 보낼 수 있게 되기를 원합니다.

나는 너무나 갈급하여서 십일조를 드리고 매 주일과 수요일 내가 앉은 교회 장의자나 따뜻하게 하면서 그냥 교회에 앉아 있을 수 없습니다. 나는 하나님의 최고봉과 가장 좋은 것을 너무나 원하기 때문에 골프 코스에서 시간을 보내다가 강단에 올라가서는 사람들의 변덕을 긁어주는 지식적인 강연이나 할 수는 없습니다.

부흥은 내 영에서 타오르고 있었습니다. 마귀가 와서 내가 가진 것을 훔쳐감으로써 기도에 대해서는 더 이상 설교조차도 하지 않는 이름뿐인 설교자에게서 겨우 조금 나은 상태에서 만족하며 그 자리에 머물러 있기를 나는 원하지 않습니다.

금식과 방언 기도가 나의 불순물이 표면에 드러나게 한다면 그렇게 되게 합시다. 만일 능력으로 나가는 진행 과정이 육신적이고 감각이 지배하는 삶을 초월하도록 나를 세워주는데 방언 기도가 필요하다면 방언으로 기도합시다.

만일 하나님의 최고와 최선을 취하는 더 좋은 길이 아가페를 추구하는 것이라면 그렇게 하십시오. 은혜의 하나님께서 내가 사랑 가운데 행하지 못하도록 하는 모든 것들을 나에게서 깨끗하게 없애줄 것입니다! 만일 내가 그 문제를 볼 수 있을 때까지 내가 고통을 당해야 한다면 나는 고통도 꺼리지 않습니다. 왜냐하면 나는 굳건하게 되며, 강하게 되며, 터를 견고하게 하기를 원하기 때문입니다. 나는 더 위대한 하나님의 영광의 파도를 경험하기를 바랍니다!

그렇지만 나는 나의 약점을 드러내기 위해서 시험과 시련을 그냥 기다리고 있지는 않기로 결단하였습니다. 성령 안에서 하나님의 비밀과 신비mystery를 기도하는 것은 나의 거듭난 사람의 영my reborn human spirit에 켜진 등불을 점점 더 밝게 타오르게 하여서 깨끗하게 제거될 필요가 있는 나의 모든 어두운 장소를 밝혀 준다는 것을 나는 발견하였습니다. 내가 내 안의 성령님의 일에 나를 내어 드린다면 이 약점들은 어려운 시련이 없이도 저절로 나가게 될 것입니다. 이것이 바로 내가 원하기 때문에 의도적으로 이루어지는 성장과 세움입니다!

방언도 그칠 것이다

그러므로 목표는 아가페이고 아가페 안에서 행하는 영적 성숙을 얻는 수단은 개인적인 세움을 위한 방언입니다. 그러나 바울이 고린도 전서 13장 8절에서 말하고 있는 것을 주의해 보십시오.

사랑은 언제까지나 떨어지지 아니하되 예언도 폐하고 방언도 그치고 지식도 폐하리라

아가페는 영원한데 반해서 우리가 이 땅을 떠날 때는 방언도 그칠 것입니다. 사랑은 죽음의 벽을 통과하여 당신과 함께 하늘나라로 갈 것입니다. 그러나 한번 하늘나라에 가면 당신은 이 땅의 어떤 언어로도 말할 필요가 없을 것입니다. 모든 방언도 그치게 될 것입니다. 거기서 당신이 말하게 될 유일한 언어는 하늘나라의 공용어일 것입니다. 당신이 만나는 어떤 사람에게든지 걸어가서 완전하고 분명한 대화를 할 수 있을 것입니다.

나는 케네스 해긴Kenneth E, Hagin 목사님이 예수님으로부터 직접 방문을 받았던 것을 이야기하는 것을 들었습니다. 그 당시 증인들은 해긴 형제가 자신들은 볼 수 없는 어떤 것을 보면서 알 수 없는 언어로 말하고 있는 것 같았다고 말했습니다. 그는 잠깐 동안 방언으로 말을 하고 누군가가 그에게 대답하는 것을 듣는 것처럼 멈추곤 하였기 때문에 그는 마치 어떤 사람과 대화를 나누고 있는 것처럼 보였다고 했습니다.

나중에 그 집회에 참석했던 사람들은 해긴 형제가 환상을 보았는데 환상 가운데 예수님이 거기 서서 그에게 말씀했다는 것을 알게 되었습니다. 해긴 형제는 예수님이 말씀하시는 알지 못하는 언어를 영어로 듣듯이 그의 마음으로 듣고서 그는 예수님께 방언으로 대답했을 것입니다. 두 분은 하늘나라의 언어로 대화를 했던 것입니다.

그러므로 방언으로 기도하는 것의 유익을 얻을 시간은 당신이 죽어서 하늘나라에 간 후가 아니라 지금입니다. 하나님께서는 당신이 이 생에서 당신 자신의 유익을 위해서 사용하라고 이 선물을 당신에게 주셨습니다.

그러나 이 값비싼 선물도 당신이 성령님으로 하여금 당신 안에서 그분의 초자연적인 언어를 만들도록 허락하고 그다음에 당신이 그것을 입 밖으로 말하지 않으면 이 선물도 당신에게는 아무 유익이 되지 않을 것입니다. 당신이 자신을 드려서 방언으로 기도하면 성령님께서는 당신을 세우고, 깨끗하게 하고, 당신의 가장 거룩한 믿음 위에 당신을 건축하고, 하나님의 아가페 사랑 안에 당신을 지켜 주실 수 있습니다.

하나님은 깨끗하게 되지 않은 사람 위에 자신의 영광을 부어 주실 수 없습니다

왜 하나님께서는 우리의 삶에서 우리를 방해하고 구속하는 모든 것으로부터 우리를 풀어서 자유하게 하기를 원하십니까? 물론 하나님은 우리를 자유롭게 하셔서 우리가 스스로 복을 받을 수 있게 하십니다. 그러나 또한 하나님은 우리가 사람을 섬기기 원하십니다. 하나님은 우리가 죄로부터 자유롭게 됨으로써 우리가 하나님의 아가페 사랑에 의해 동기가 부여되어서 우리가 잃어버린 사람들에게 예수님을 전할 수 있게 되기를 바라십니다.

우리는 성취할 위대한 사명을 가지고 있습니다. **"또 이르시되 너희는 온 천하에 다니며 만민에게 복음을 전파하라"**(막 16:15).

하나님은 우리가 죄가 없고 지혜로 가득해서 우리가 사람들에게 진리를 사랑 안에서 제시할 수 있게 되기를 바라십니다.

하나님은 이 땅 위에 부흥을 원하십니다. 당신이 하나님을 강요할 필요가 없습니다. 하나님은 그분의 보좌에 앉으셔서 이렇게 말하고 계신 분이 아닙니다. "오, 나는 차라리 보좌에 앉아서 사람들이 지옥에 가는 것을 지켜보는 것을 즐기겠다. 나는 부흥을 보낼 기분이 내키지 않는다. 나는 머리가 아파서 나의 영의 큰 역사 같은 것을 일으키고 싶지 않다."

아닙니다. 하나님은 그런 분이 아닙니다. 하나님은 끊임없이 자신의 강력함을 증거로 보여줄 사람을 찾기 위해 왔다 갔다 하시는 분입니다. 하나님은 부흥을 위해서 그분의 기름 부음을 사람들에게 부어 주기를 너무나도 간절히 원하십니다.

그러나 하나님이 부흥을 보내자마자 사탄은 하나님의 능력 안에서 역사하는 사람들에게 극심한 압력을 가하는 '소탕 작전'을 벌이게 될 것입니다. 이 마귀의 공격에 대항하여 버티지 못하는 사람들은 차라리 태어나지 않았기를 바라게 될 것입니다!

그러므로 하나님께서는 자신의 영광을 얼마간 부어주시고서 그 영광이 우리 존재에 깊이 스며들기를 원하십니다. 그러나 이 영광 중에 우리 삶에서 잘려나가지 않은 죽은 가지가 먹어치우고 남은 것만이 생산적으로 사용됩니다. 이것이 바로 끊임없이 성령의 깨끗하게 하는 역사에 우리 자신을 내어 드려야 하는 결정적인 이유입니다. 우리 자신만을 위해서가 아니라 잃어버린 사람들과 죽어가는 세상을 위해서 말입니다.

성령 안에서 걷기

이 책에서 나는 우리 안에서 마귀의 속임수에 대하여 우리를 지켜주고 하나님께서 우리를 위해서 구별해 놓으신 바로 그 특별한 계획으로 우리의 영을 프로그램 하도록 도와주는 일을 하시는 성령님의 능력을 간단하게 설명하였습니다.

가끔 내가 마치 "기도하십시오, 제발 기도하십시오."라고 광야에서 외치는 소리 같다는 기분이 들 때도 있습니다. 나는 오랫동안 힘써 외쳤습니다. 왜냐하면 하나님께서는 어떻게 성령 안에서 걸을 수 있는지 또한 어떻게 육신의 정욕과 갈등을 따르지 않을 수 있는지를 설교하라고 나를 구별하여 세우셨기 때문입니다. 내가 할 수 있는 한 나는 이렇게 하는 데 성실하였습니다.

하나님께서는 육신의 지배를 받는 삶에서 성숙과 자녀 됨 안에서의 삶으로 당신을 인도하시기 원하십니다. 이것이 그분의 우선순위이며 이 우선순위대로 살 것인지는 당신의 선택에 달려있습니다. 당신은 성령님의 리더십을 받아들여야만 합니다. 육신의 지배를 받는 삶에서 나와서 성령님이 지배하는 삶을 살기로 당신이 선택해야 합니다.

하나님께서 나를 가르쳐 주셨듯이 나는 당신에게 성령 안에서 걷는 데 중요한 열쇠 중의 하나가, 얼마 동안이든지 성령으로 기도하는 데 시간을 보내는 사람에게 나타나는 세움이라는 것을 가르쳐 주었습니다.

이제 당신은 당신이 해오던 것보다 조금 더 방언으로 기도하려고 합니까? 아주 더 많이 하려고 합니까? 그렇다면 내 친구여, 조심하십시오. 왜냐하면 당신은 역사에 당신의 자리를 차지하게 될 것이기 때문입니다! 당신은 하나님의 긍휼히 여기심을 발견하게 될 것입니다. 당신은 하나님의 능력을 발견하게 될 것입니다. 당신은 그분의 계획을 발견하게 될 것입니다.

시간이 얼마 남지 않았으므로 모든 시대의 가장 위대한 미스테리, 즉 인류를 향한, 당신의 세대를 향한, 당신 개인의 삶을 향한 하나님의 마음을 열어 달라는 요청을 지체하지 마십시오!

부록

부록 1

성령 세례를 받는 데 방해가 되는 것들

성령님을 받아들이는 것은 너무나도 간단합니다. 그러나 마귀는 다른 방언으로 말하는 것에 반대하여 사람들의 삶 가운데 견고한 요새를 구축하는데 최선을 다함으로써 문제를 복잡하게 만들려고 애씁니다.

혹시 당신은 오랫동안 성령 세례를 원하였지만 무언가가 당신이 하나님으로부터 이 귀한 선물을 받지 못하도록 방해하는 것처럼 보였을 수도 있습니다. 수년 동안 사역을 하는 가운데 내가 만났던 성령 세례를 받는 데 가장 흔한 방해에 관해서 이야기 하려고 합니다. 나는 또한 이런 방해들을 극복하도록 당신을 도와 줄 성경의 진리와 안내 지침을 주고 싶습니다.

마음의 견고한 요새들

마귀는 어떤 사람의 과거 속으로 들어가서 그 사람이 들었던 부정적인 것들을 이용해서 그의 마음에 방언 말하는 것에 반대하는 견고한 요새, 즉 정신적인 장애물을 구축하려고 합니다.

정신적인 견고한 요새는 어떤 사람의 감정에 의해 힘을 얻게 되는 생각의 체계a system of thoughts입니다. 이런 체계는 잘못된 논리와 하나님의 진리와 협조하지 못하도록 마음을 가로막고 있는 생각의 형태 thought pattern에 의해 만들어졌습니다. 그렇지만 이런 견고한 요새들은 그분의 말씀에서 발견한 하나님의 논리reasonings로 바꿈으로써 무너뜨릴 수 있습니다.

어떤 사람들은 방언은 오늘날을 위한 것이 아니라고 잘못된 가르침을 받았을 수도 있습니다. 또 어떤 사람들은 오직 교육도 받지 못하고 감정적인 사람들만이 방언을 말한다고 가르침을 받았을 수도 있습니다.

어떤 속임수였든지 방언을 말하는 데 그들을 내어 드리는 것을 방해하는 마음의 견고한 요새를 헐고 나오도록 이런 사람들을 도와 줄 바른 가르침이 필요합니다.

때로는 교단주의의 영이 있는 경우도 있습니다. 종교적 영은 흔히 사람들의 마음을 가림으로써 진리를 이해할 수 없도록 합니다. 그들은 그들의 교리가 말씀에 상반되는 데도 그들 자신의 '계시'에 진을 치도록 사람들을 납득시킵니다. 이런 '마음을 가리우는' 영들이 작용할 때는 예수 이름으로 이런 영들을 묶어야 합니다. 그런 다음에야 성령 세례를 구하는 사람이 성령 세례를 하나님으로부터 자유롭게 받을 수 있게 됩니다.

나는 성령님을 받아들일 만한 자격이 없습니다

사람들의 마음에 있는 주된 견고한 요새들 중의 하나는 성령 세례를 받으려면 먼저 그 사람이 아주 선해야good enough 한다는 가르침에 기인합니다.

어떤 '성결'holiness을 강조하는 교회들은 어떤 사람이 성령 세례를 받기 전에 먼저 거룩히 되어야be sanctified 한다고 가르칩니다. 담배를 피우는 것이나, 술을 마시는 것이나, 담배를 씹는 것과 같은 육신의 일들을 하지 않음으로써 준비되기 전에는 성령으로 충만 받을 수 없다고 사람들은 가르침을 받습니다.

그 결과 사람들은 이 거룩하게 되는 경험을 구하면서 몇 년씩 세월을 보내지만 그들의 삶에서 어떤 죄들은 제거할 능력이 전혀 없어 보입니다. 그들이 거룩하게 되기까지는 성령 세례를 받을 수 있을 만큼 자신들이 선하다는 것을 믿지 않기 때문에 그들은 결코 충만함을 받지 못합니다.

그러나 사실은 그 반대가 진리입니다. 성경은 육신의 일들을 죽이는 것은 성령을 통해서라고 말하고 있습니다(롬 8:13). 당신의 삶에서 하나님을 기쁘시게 하지 않는 모든 것을 죽이려고 성령님은 당신의 새로운 본성 안에서 일하고 계십니다. 사람의 혼과 육신을 깨끗하게 하기 위해 하나님께서 사용하는 수단인 성령으로 충만케 되는 것을 부인하는 것은 하나님의 말씀에 위배됩니다.

당신 자신의 힘으로는 결코 성령의 선물을 받을 만큼 선하게 될 수 없습니다. 이것이 바로 하나님께서 당신이 거듭날 때 문자 그대로 당신의 옛 본성을 끄집어내고서 당신의 사람의 영 안에in your human spirit 새로운 본성을 창조하신 이유입니다. 하나님께서 당신을 성령으로 세례 주는 데 기초로 사용하는 것은 당신의 노력이 아니라 바로 이 새로운, 의로운 본성입니다. 당신이 예수의 피로 씻겼을 때 이미 성취되었던 것 이외에 어떤 준비도 할 수 없는 것입니다.

이 재창조의 일을 하신 성령님께서는 당신을 충만하게 하는 일, 즉 당신이 받은 새로운 본성에 개입하셔서 당신을 모든 형태의 죄와 굴레로부터 자유하도록 도와주는 일을 할 준비가 지금 되어 있습니다. 이것이 바로 바울이 고린도후서 7장 1절에서 이야기하고 있는 성결하게 되는 일입니다.

> 그런즉 사랑하는 자들아 이 약속을 가진 우리는 하나님을 두려워하는 가운데서 거룩함을 온전히 이루어 육과 영의 온갖 더러운 것에서 자신을 깨끗이 하자

이 일을 이루기 위해서 성령님께서 당신을 충만하게 하실 때 제일

먼저 하고자 하는 일은 당신을 위해 기도하는 것입니다. 그러므로 성령님은 당신의 영 안에 방언이라는 초자연적인 언어를 창조하기 시작하십니다. 그분이 당신의 영에 창조하고 있는 똑같은 언어가 자동적으로 당신의 입에서 형성되기 시작합니다.

당신이 그 단어들을 말로 하고give utternace to those words 방언으로 기도하기 시작하는 순간 당신은 하나님의 교실 안으로 걸어 들어갑니다. 칠판 앞에 서 계신 분은 바로 다름 아닌 최고의 선생님the Master Teacher인 성령님입니다. 그분은 당신을 가르치고teach, 능력 있게 해 주고empower, 세우고edify, 거룩하게 하기sanctify 위해서 당신의 삶에 들어오셨습니다.

이것이 바로 하나님께서 우리에게서 방언을 이해할 수 없도록 하신 이유 중의 하나입니다. 이렇게 함으로써 성령께서 우리가 다루기를 원하지 않는 우리 삶의 죄에 관하여 우리를 위해 기도할 때 우리는 알지 못합니다. 방언으로 기도하면서 우리는 '나는 렉서스 차 한 대를 원합니다' 라고 생각하고 있을 수도 있지만 실제로 성령님은 방언으로 "내 생각에 너는 네 배우자에게 소리를 질러대는 짓을 그만두어야 한다!"고 말하고 있을 수도 있습니다.

그러므로 성령님을 모실 정도로 충분히 선한 사람이 되려고 노력하지 마십시오. 성령님께 당신 안에 그분의 충만함으로 살도록 허락하고 다른 방언으로 많이 기도하기로 결단하십시오. 이렇게 함으로써 성령님은 당신을 그분을 더 닮도록 만드는 과정으로 당신을 인도할 것입니다.

성령 충만 받기 위해서 나는 방언을 말하지 않아도 됩니다

실제로 신자의 영에 초자연적인 언어를 창조하는 것과 그의 영으로부터 그의 입술에서 발음되기까지 이 언어의 여정 사이에는 성령 안에서 하나의 선이 그어져 있습니다. 바로 이 선 상에서 신자들이 성령으로 충만함을 받은 후에도 방언으로 기도하지 못하도록 하는 견고한 요새를 구축하는 데 마귀는 가장 성공했습니다.

예를 들면 많은 신자가 여러가지 이유로 하나님께서 그들이 방언으로 말하는 경험이 없이 성령 세례를 받기 원하신다고 잘못 믿고 있습니다. 물론 이런 종류의 상황도 있을 수는 있겠지만, 이것은 하나님의 완전한 뜻이 아닙니다. 이런 식으로 생각하는 사람들은 이 단순하지만 너무나 귀한 방언을 말하는 선물을 통해서 그들의 삶에서 하나님께서 성취하고 싶어하는 위대한 것들을 정말로 모르고 있습니다.

나는 성령님께서 내가 말하도록 할 때를 기다리고 있습니다

또 다른 그리스도인들은 하나님께서 그들 위에 움직여서 그들이 방언을 말할 수 있도록 하기를 기다려야 한다는 잘못된 개념 아래서 수고합니다. 사실은 하나님께서는 그분이 이미 하신 것을 그들이 받아들이도록 노력하고 있는 중이십니다.

우리가 성령님께 우리를 채워달라고 하면 그분은 채워주십니다! 그분이 우리에게 방언을 주도록 우리가 애쓰고 있는 모든 시간, 그분은 자기가 우리의 영 안에 이미 창조한 그 언어를 우리가 말하기를 기다리고 있습니다. 그분은 그 언어를 창조하시지만 기도를 하는 사람은 우리입니다. 이 진리는 사도행전 2장 4절에 계시되어 있습니다.

그들이 다 성령의 충만함을 받고 성령이 말하게 하심을 따라 다른 언어들로 말하기를 시작하니라

그러나 마귀는 사람들이 이것을 알게 되는 것을 바라지 않습니다. 그들이 방언을 말하지 못했던 이유는 하나님께서 이 기초가 되는 계시의 은사를 그들에게 주기를 꺼리기 때문이라고 사람들이 믿도록 마귀가 애썼기 때문입니다. 만일 어떤 이유로든지 사람들이 방언의 은사를 받을 수 없다는 것을 믿도록 확신케 하기만 하면 마귀는 그들이 실제로 그 언어를 말하는 데까지 노력을 다하지 않도록 그들을 낙심시킬 수 있다는 것을 원수는 알고 있습니다.

많은 경우에 이런 상황에 처한 사람들은 너무나 낙심하여서 또다시 실패하는 것을 두려워하기 때문에 성령 세례를 구하는 것을 그만두어버립니다. 어떤 이유인지 그들은 하나님이 그들을 하나님의 영으로 충만케 하고 방언의 은사를 줄만한 자격이 없다는 잘못된 결론에 도달하고 맙니다.

이것이 바로 많은 신자들이 기도할 때 성령으로 충만함을 실제로는 받았지만 방언을 아직도 말해야만 하는 이유입니다.

성령님은 그들이 충만 받기를 구하자마자 이 신자들의 영에 그분의 초자연적인 언어를 창조하셨습니다. 그러나 그들의 마음에 있는 견고한 요새들이 자신들의 혀를 그 언어를 말하는 데 내어 드리지 못하도록 가로막습니다. 성령께서는 이런 신자들 안에서도 그분이 할 수 있는 한 최선을 다 하지만 그들은 방언으로 기도하는 것이 제공하는 가장 큰 유익은 상실합니다.

마음의 견고한 요새들은 어떻게 극복하는가

만일 마귀가 이런 마음의 견고한 요새들을 당신을 대적하는 데 사용하려고 하면 나는 당신에게 들려줄 기쁜 소식을 가지고 있습니다. 이런 견고한 진들을 무너뜨리는 데는 경건한 예배를 중심으로 하는 하나님의 말씀보다 더 강력한 것은 없습니다!

아마도 당신은 성령 세례를 받으려고 씨름해 왔을 수도 있습니다. 혹은 당신은 방언을 몇 마디만 하고 성령이 당신에게 주는 언어로 유창하게 말하도록 풀려나기를 바랄지도 모릅니다. 그렇다면 당신이 주님으로부터 바라는 것을 받지 못하도록 하는 당신 마음의 견고한 요새보다 당신의 믿음이 더 강해질 때까지 당신의 믿음을 세우는 것이 열쇠입니다.

성령 세례와 다른 방언으로 말하는 것이란 주제에 관해서 말씀이 말하고 있는 것을 당신이 부지런히 연구할 것을 제안합니다. 이 주제에 관해서 가르치는 테이프를 들으십시오. 방언을 말하는 것에 관한 성경의 원리들이 당신의 심령에 깊이 심겨질 때까지 당신이 손에 들고 있는 이 책을 반복해서 읽으십시오.

그리고 난 다음에는 예배 드릴만한 장소를 찾아서 예배 음악을 틀어 놓고 하나님과 홀로 질 좋은 시간을 보내십시오. 사실 당신 자신의 혼의 필요를 하나님으로부터 받을 수 있도록 당신 자신을 준비시키는 가장 강력한 방법 중에 하나는 그분을 경배하는 것입니다. 그래서 에베소서 5장 18절, 19절은 이렇게 말하고 있습니다.

> 술 취하지 말라 이는 방탕한 것이니 오직 성령으로 충만함을 받으라. 시와 찬송과 신령한 노래들로 서로 화답하며 너희의 마음으로 주께 노래하며 찬송하며

주님을 경배하면서 당신은 말씀을 말하고 응답에 대해 주님을 찬양하기 시작하십시오. "주님, 나는 받는 사람입니다. 주님, 성령으로 충만하게 해 주신 것을 감사드립니다. 내가 다른 방언으로 말할 수 있는 능력을 주셔서 감사드립니다."

당신의 혼은 당신이 가장 복종하는 것이 무엇이든지 그것에 맞게 당신을 변화시킬 것입니다. 믿음은 들음에서 생기며 들음은 말씀으로 말미암기 때문에(롬 10:17) 예수님은 당신에게 당신이 그분을 무엇이

라고 부르든지 그것이 될 것입니다. 당신이 그분을 세례를 주시는 분이라고 충분히 오랫동안 그렇게 부르면 당신은 말씀으로 성령의 선물을 받지 못하도록 당신을 방해해왔던 그 모든 혼의 견고한 요새들을 말씀으로 파괴하게 될 것입니다.

당신이 원하는 선물을 주시는 하나님과 그분의 신실하심에 초점을 맞추십시오. 당신이 예배하는 장소에 머물러 있는 동안 당신의 마음과 감정들은 하나님의 임재에 의해서 세례를 받기 시작할 것이며 성령님은 당신 위에 오셔서 당신을 채우고 당신의 영은 넘쳐흐르게 될 것입니다. 당신이 방언으로 말하지 못하도록 하는 당신 마음에 있는 모든 찌꺼기들이 깨끗이 없어질 때까지 주님을 계속해서 예배하십시오.

이때까지도 당신은 아직 어떤 '느낌feeling'도 실제적으로tangibly 못 느낄지도 모릅니다만 새로운 단어들이 당신의 영으로부터 떠올라서 당신의 입 안에서 형성되는 것을 당신은 알게notice 될 것입니다. 성령님은 당신 속에 그 언어를 창조하고 계십니다.

이런 일이 일어나면 모국어로 예배드리는 것을 멈추고 당신의 혀가 형성하기 원하는 말들words을 입 밖으로 말하십시오speak out. 성령님이 당신의 영에 창조하고 있는 그 언어에게 자신을 내어 드리십시오yield over to that language. 그리고는 그 초자연적인 말들이 생수의 강물같이 유창하게 당신으로부터 흐를 때까지 방언으로 말하기를 계속하십시오.

귀신에 의한 demonic 혼의 견고한 요새들

어떤 신자들이 성령 세례를 받는 데 방해를 받는 또 다른 이유는 일종의 귀신에 의한 견고한 요새를 가지고 있기 때문인데 이것은 그들이 구원받기 전부터 함께 있다가 아직도 그 귀신으로부터 빠져 나오지 못한 경우입니다.

예를 들면 이런 신자들은 마약, 유사 종교, 점성술 같은 신비주의에 관여했던 경우일 수도 있습니다. 그들의 연루는 점성술을 장난삼아 해 본다거나 위자 보드 Ouija Board 를 가지고 노는 것 같이 아주 단순한 것일 수도 있습니다. 그러나 이런 어둠의 영역에서 장난삼아 해보는 것조차도 사람들의 삶 속에 귀신들이 들어와 거주를 하도록 문을 열어 줄 수가 있습니다. 만일 이 문이 계속 열린 상태로 있으면 이런 귀신들의 견고한 요새들은 누군가가 마침내 회개하고 견고한 요새를 거절함으로써 그 순환 고리를 끊을 때까지 미래의 세대로 전이 될 수 있습니다.

우리는 느헤미야 9장 2절에서 이 원리를 발견합니다.

> 모든 이방 사람들과 절교하고 서서 자기의 죄와 조상들의 허물을 자복하고

어떤 사람이 이런 종류의 활동에 더 심하게 빠져 있었으면 귀신이 실제로 그 사람의 거듭나지 않은 영을 장악하려고 접근했을 확률은 더 큽니다.

사람이 거듭나게 되면 거기 있던 어떤 귀신들도 그들의 새롭게 창조된 영으로부터 나가야 합니다. 그러나 가끔 악한 영은 기회를 타서 단지 새 신자의 혼으로 이동해서 거기에 주거를 마련하기도 합니다. 이런 경우에는 그 사람이 성령 세례를 받고 방언의 선물을 받기 전에 그 귀신이 먼저 처리되어야 합니다.

그러므로 당신이 유사 종교나 마약이나 점성술 같은 신비주의에 관여한 적이 있고 성령 세례를 받는 데 문제가 있으면 이런 가능성을 고려해 보십시오. 이 과거의 관계 때문에 견고한 요새가 당신의 혼에 존재하고 있을지도 모릅니다. 무의식적으로 당신은 아직도 이와 같은 과거의 영향력에 어느 정도 기대어 있을지도 모릅니다.

만일 이것이 당신의 경우라면 이런 과거의 귀신의 활동과 이와 관련된 어떤 악령이든지 당신은 예수의 이름으로 담대하게 관계를 끊을 수 있습니다. 믿음으로 이 기도를 하십시오.

하나님 아버지,

나는 신비주의[혹은 마약이나 유사 종교 등]를 통해서 주님 밖에서 지식을 구하려고 했던 것을 회개합니다. 나는 주님이 나를 용서해 주시기를 간구합니다. 나는 또한 나의 조상이 관계했던 모든 형태의 신비주의에 대해서도 회개합니다.

나는 그런 관계의 결과로 초래된 나와 내 가정 위에 있는 어떤 저주든지 예수 이름으로 깨뜨려 버리노라!

나는 내가 문을 열어 놓았을 때 귀신의 활동을 통하여 나의 삶에 들어온 모든 악령에게 나를 떠날 것을 예수이름으로 명령한다. 나는 지금 나의 의지의 행위와 입의 말로 모든 이런 영들에게 문을 닫는다!

하나님 아버지, 나는 아버지께서 이 빈 장소를 당신의 성령으로 채워주시기를 간구합니다. 예수의 이름으로 기도합니다. 아멘.

아마도 당신은 이런 활동에 한 번은 깊이 관여했을지도 모르겠습니다. 예를 들면 대부분의 유사 종교에서는 사람들에게 영의 안내자를 그들의 삶 안으로 초청하라고 가르치는데 이것은 우상 숭배가 됩니다. 이런 경우라면 당신은 이런 혼의 견고한 요새로부터 구출을 받을 수 있도록 자신을 준비하기 위해서 금식하고 기도할 필요가 있을지도 모릅니다. 당신이 준비되었다고 느껴질 때 앞에서 제시한 기도로 기도하십시오.

당신이 받아들이지 못하도록 방해해 왔을지도 모르는 어떤 혼의 견고한 요새를 당신이 다룬 다음에는 내가 앞서 제안한 것을 따르십시오. 예배할 장소를 찾아서 믿음으로 당신을 풀어 놓아 주신 것과 성령으로 충만하게 해 주신 것과 방언의 초자연적인 언어를 주신 것에 대하여 하나님께 감사하기 시작하십시오.

당신이 하나님으로부터 원하는 것을 받을 때까지 예배 장소에 머무르십시오. 그리고 당신의 일상생활을 하는 동안 당신의 새로운 자유와 당신이 받은 성령의 선물에 대하여 주님께 끊임없이 찬양을 드리는 것을 잊지 마십시오.

부록 2
구원을 위한 기도

    당신이 성령으로 충만함을 받고 성령의 초자연적인 방언의 선물을 받기 전에 먼저 당신의 영은 그리스도 예수 안에서 다시 태어나야만 합니다. 당신을 죄로부터 자유롭게 하는 새로운 본성이 없이는 성령님께서는 아무것도 함께 일하실 수 없습니다.

    당신에게 새로운 생명을 주시려고 예수님께서 당신의 죄를 위해 죽으시고 살아나셨다는 것을 믿으십니까? 당신은 그분을 당신의 주인과 구원자로 지금 바로 모셔 들이기를 원하십니까? 그렇다면 심령으로부터 아래의 기도를 가지고 기도하십시오.

    사랑하는 주 예수님,
    내 심령에 들어오셔서 나의 죄를 용서해 주십시오.
    나는 예수님을 나의 주님과 구원자로 받아들이기 원합니다.

나는 다시 태어나고 싶습니다.

나는 예수님을 나의 주님과 구원자로 영접합니다.

나는 하나님을 나의 아버지로 영접합니다.

나를 구원하여 주셔서 감사합니다.

예수님의 이름으로 기도합니다. 아멘.

하나님의 가족이 된 것을 환영합니다! 이 책 뒤에 있는 주소로 우리에게 연락해 주십시오. 우리는 당신이 그리스도를 위해 내린 결단에 관하여 듣고 싶고 하나님의 자녀로서 승리하는 생활을 시작하도록 당신을 도와주기 원합니다.

부록 3

성령으로 충만 받기 위한 기도

이 책을 읽는 당신이 성령으로 세례 받은 적이 없다면 이 귀한 선물을 받는 일은 쉬운 일입니다. 당신이 할 일은 주님께 성령으로 당신을 채워달라고 믿음으로 구하는 것뿐입니다. 그러면 주님은 방언으로 기도의 은사를 주십니다.

당신이 이렇게 하면 성령님께서는 당신 위에 내려오게 되고 당신은 그분의 임재를 느끼게 될 것입니다. 성령님은 즉시 당신의 새로운 본성 안으로 들어가서 당신의 영 안에서 어떤 언어를 만들어내기 시작하십니다. 그때 당신의 혀와 입은 그분이 속에서 만들어 내고 있는 똑같은 말을 형성하기 시작합니다. 이제 당신의 심령으로 이 기도를 하십시오.

하나님 아버지,

당신은 신실하셔서 당신께 구하는 사람에게 성령님을 주시겠다고 당신의 말씀이 말하고 있습니다(눅 11:13).

그러므로 나는 예수 이름으로 당신이 성령으로 나를 채워주시기를 요구합니다. 내게 새로운 언어를 주셔서 당신께 감사드립니다. 지금 구한 것을 받은 것을 나는 믿습니다. 예수님의 이름으로 기도합니다. 아멘.

이 기도를 드린 후에 더 이상 당신의 모국어를 말하지 마십시오. 당신 자신을 성령님의 임재에 내어드리고 yield 당신의 마음으로 이해하지 못하는 그 말들을 입 밖으로 말하기 시작하십시오.

처음에는 마치 어린 아기가 말하는 것처럼 들리기도 합니다. 그러나 계속해서 당신 자신을 성령께서 당신에게 주시는 그 말을 말하는 데 내어드리면 당신은 당신의 영으로부터 나오는 흐름을 더 많이 끌어내기 시작할 것입니다. 곧 당신은 당신의 새로운 초자연적인 언어로 유창하게 말하게 될 것입니다. 당신이 방금 받은 이 은사 안에 당신이 튼튼히 세워지도록 적어도 15분은 새로운 언어로 계속 기도하십시오.

당신은 기뻐할 이유가 있습니다! 당신은 방금 당신을 하나님의 초자연적인 영역 안으로 인도할 문을 통과하였습니다!

믿음의말씀사 출판물

구입문의 : 031-8005-5483   http://faithbook.kr

■ 케네스 해긴의 「믿음 도서관」 책들
- 새로운 탄생
- 재정 분야의 순종
- 나는 지옥에 갔다 왔습니다
- 하나님의 처방약
- 더 좋은 언약
- 예수의 보배로운 피
- 하나님을 탓하지 마십시오
- 네 주장을 변론하라
- 셀 모임에서 성령인도 받기
- 안수
- 치유를 유지하는 법
- 사랑은 결코 실패하지 않습니다
- 하나님께서 내게 가르쳐 주신 형통의 계시
- 왜 능력 아래 쓰러지는가?
- 다가오는 회복
- 잊어버리는 법을 배우기
- 위대한 세 단어
- 하나님의 은사와 부르심
- 그 이름은 "놀라우신 분"
- 우리에게 속한 것을 알기
- 성령을 받는 성경적인 방법
- 하나님의 영광
- 은혜 안에서의 성장을 방해하는 다섯 가지
- 사랑 가운데 걷는 법
- 바울의 계시: 화해의 복음
- 당신은 당신이 말하는 것을 가질 수 있습니다
- 그리스도 안에서
- 말
- 방언기도의 능력을 풀어 놓으라
- 옳은 사고방식 틀린 사고방식
- 속량-가난, 질병, 영적 죽음에서 값 주고 되사다
- 네 염려를 주께 맡겨라
- 예언을 분별하는 일곱 단계
- 절망적인 상황을 반전시키기
- 당신의 믿음을 풀어 놓는 법
- 진짜 믿음
- 믿음이란 무엇인가
- 그리스도께서 지금 하고 계시는 일
- 충분하고도 넘치는 하나님 엘 샤다이
- 금식에 관한 상식
- 하나님의 말씀 : 모든 것을 고치는 치료제
- 가족을 섬기는 법
- 조바
- 당신이 알아야 하는 신유에 관한 일곱 가지 원리
- 여성에 관한 질문들
- 인간의 세 가지 본성
- 몸의 치유와 속죄
- 크게 성장하는 믿음
- 하나님 가족의 특권
- 기도의 기술
- 나는 환상을 믿습니다
- 병을 고치는 하나님의 말씀
- 영적 성장
- 신선한 기름부음
- 믿음이 흔들리고 패배한 것 같을 때 승리를 얻는 법
- 믿음의 선한 싸움을 싸우는 법
- 하나님의 계획과 목적과 추구
- 예수 열린 문
- 믿음의 계단
- 당신을 향한 하나님의 계획
- 역사하는 기도
- 기름부음의 이해
- 내주하시는 성령 임하시는 성령
- 재정적인 번영에 대한 성경적 열쇠들
- 어떻게 하나님의 영으로 인도받을 수 있는가?
- 마이더스 터치
- 치유의 기름부음
- 그리스도의 선물
- 방언
- 믿는 자의 권세(생애기념판)
- 믿음의 양식
- 승리하는 교회

■ E. W. 케년
- 십자가에서 보좌까지 무슨 일이 일어났는가?
- 두 가지 의
- 놀라우신 그 이름 예수
- 하나님 아버지와 그분의 가족
- 나의 신분증
- 두 가지 생명
- 새로운 종류의 사랑
- 그분의 임재 안에서
- 속량의 관점에서 본 성경
- 두 가지 지식
- 피의 언약
- 숨은 사람
- 두 가지 믿음
- 새로운 피조물의 실재

■ 스미스 위글스워스
- 스미스 위글스워스의 천국
- 스미스 위글스워스의 매일묵상
- 위글스워스는 이렇게 했다
- 스미스 위글스워스의 능력의 비밀

■ T. L. 오스본
- 행동하는 신자들
- 기적 – 하나님 사랑의 증거
- 새롭게 시작하는 기적 인생

- 좋은 인생
- 성경적인 치유
- 능력으로 역사하는 메시지
- 100개의 신유 진리
- 24 기도 원리 7 기도 우선순위
- 하나님의 큰 그림
- 긍정적 욕망의 힘
- 당신은 하나님의 최고의 작품입니다

■ 잔 오스틴
- 믿음의 말씀 고백기도집
- 하나님의 사랑의 흐름
- 견고한 진 무너뜨리기
- 초자연적인 흐름을 따르는 법
- 당신의 운명을 바꿀 수 있습니다
- 어떻게 하나님의 능력을 풀어놓을 수 있는가?

■ 크리스 오야킬로메
- 여기서 머물지 말라
- 이제 당신이 거듭났으니
- 당신의 인생을 재창조하라
- 이 마차에 함께 타라
- 그리스도 안에 있는 당신의 권리
- 성령님과 당신
- 성령님이 당신 안에서 행하실 일곱 가지
- 성령님이 당신을 위해 행하실 일곱 가지
- 기적을 받고 유지하는 법
- 하나님께서 당신을 방문하실 때
- 올바른 방식으로 기도하기
- 당신의 믿음을 역사하게 하는 법
- 끝없이 샘솟는 기쁨
- 기름과 겉옷
- 약속의 땅
- 하나님의 일곱 영
- 예언
- 시온의 문
- 하늘에서 온 치유
- 효과적으로 기도하는 법
- 어떤 질병도 없이
- 주제별 말씀의 실재
- 마음의 능력

■ 앤드류 워맥
- 당신은 이미 가졌습니다
- 은혜와 믿음의 균형 안에 사는 삶
- 하나님의 참 본성
- 하나님은 당신이 건강하기 원하십니다
- 영 · 혼 · 몸
- 전쟁은 끝났습니다
- 믿는 자의 권세
- 새로운 당신과 성령님
- 노력 없이 오는 변화
- 하나님의 충만함 안에 거하는 열쇠
- 더 좋은 기도 방법 한 가지
- 재정의 청지기 직분

- 하나님을 제한하지 마라
- 하나님의 뜻을 발견하고 따라가며 성취하라
- 하나님의 참 본성
- 하나님의 최선 안에 사는 법
- 더 큰 은혜 더 큰 은총
- 리더십의 10가지 핵심요소

■ 기타「믿음의 말씀」설교자들
- 성령의 삶 능력의 삶
- 복을 취하는 법
- 주는 자에게 복이 되는 선물
- 믿음으로 사는 삶
- 붉은 줄의 기적
- 당신이 말한 대로 얻게 됩니다
- 예수-치유의 길 건강의 능력
- 성령 안의 내 능력
- 존 G. 레이크의 치유
- 믿음과 고백
- 임재 중심 교회
- 성령충만한 그리스도인의 지침서
- 열정과 끈기
- 제자 만들기
- 어떻게 교회를 배가하는가
- 운명
- 모든 사람을 위한 치유
- 회복된 통치권
- 그렇지 않습니다
- 당신의 자녀를 리더로 훈련하라
- 오순절 운동을 일으킨 하나님의 바람
- 주일 예배를 넘어서
- 신약교회를 찾아서
- 내가 올 때까지
- 매일의 불씨
- 여성의 건강한 자아상

■ 김진호 · 최순애
- 왕과 제사장
- 새로운 피조물의 실재
- 믿음의 반석
- 새 언약의 기도
- 새로운 피조물 고백기도집(한글판/한영대조판)
- 성령 인도
- 복음의 신조
- 존중하는 삶
- 성경의 세 가지 접근
- 말씀 묵상과 고백
- 그리스도의 교리
- 영혼 구원
- 새로운 피조물
- 믿음의 말씀 운동의 뿌리
- 1인 기업가 마인드
- 내 양을 치라
- 새사람을 입으라